新・カント読本

牧野英二 編

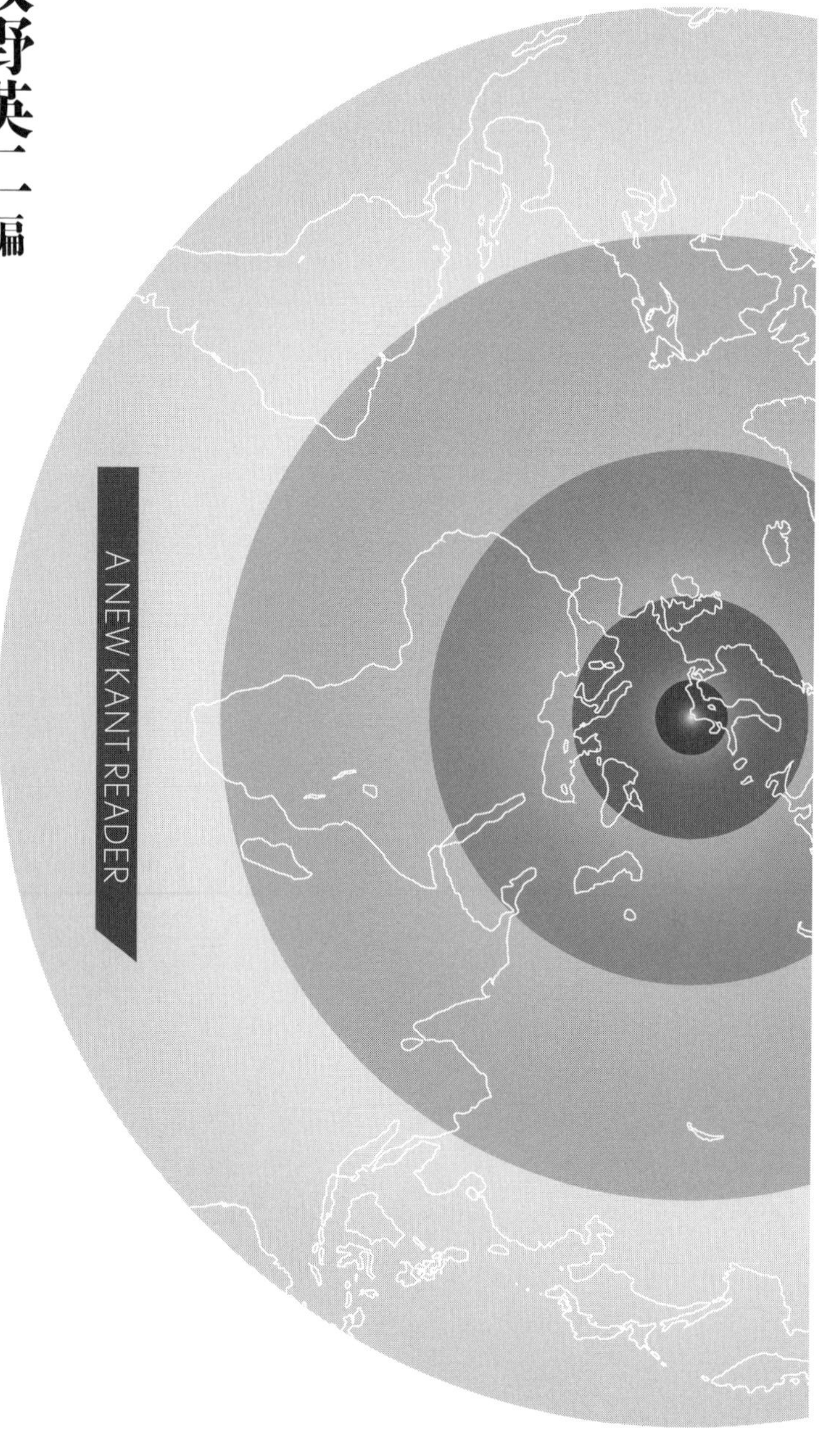

法政大学出版局

序論　グローバル化時代の新たなカント像

牧野英二

1　本書刊行の意図

最初に本書の刊行の意図および狙いと編集方針について、簡単に説明しておきたい。

二〇一七年一月にアメリカ合衆国にトランプ政権が誕生した。新大統領は、「アメリカ第一主義」を掲げ、イスラーム圏七カ国の国民の入国を「一時禁止」する大統領令に署名するなど、従来の政治・経済・金融・軍事にかんするグローバル化の枠組みを転換する政策を矢継ぎ早に実施した。そのため、アメリカ国内外に大きな混乱や多方面への影響を生み出したことは読者の記憶にも新しい。この点で、難民・移民を積極的に受け入れているカントの母国ドイツとは、まったく対照的である。

翻って日本国内では、この数年、文系学問の不要論・廃止論が語られ、大学の学校法人組織や公的助成金制度も大きく変更されるなかで、大学における科学技術研究の民生利用と軍事利用との「デュアルユース」（Dual use）をめぐる論争も高まっている。さらに、カントの「永遠平和論」の理念の実現とみられてきた「ヨーロッパ連合」（EU）についても、イギリスの離脱の決定や加盟国による難民受け入れの足並みの乱れもあり、その結成以来最大の危機に直面しているように思われる。

さらに、本序論執筆時の二〇一七年九月現在、北朝鮮による大陸間弾道弾（ＩＣＢＭ）の発射や水爆実験により、北朝鮮とアメリカ、その同盟国である韓国・日本との間に戦争勃発の危機をはらんだ緊張状態が続いている。かつてカントは、『永遠平和のために』の前書きで、この論文のタイトルがオランダの旅館の主人が店の看板に書いた文字に由来しており、その看板には墓地の絵が描かれたことを紹介して、永遠平和の実現の困難さを風刺した。対話による危機的状態の解決か、それとも武力による決着かの瀬戸際にあるかのような現在、いずれの場合にしても、関係諸国の人々はカントの問題提起にどのように答えるかという選択を迫られている。

要するに、世界をめぐる人間の生と知のあり方は急激に変貌しつつあり、いまや人類は、あらゆるレベルで「危機」（Krisis）に直面している、と言わなければならない。これらは、カントの哲学的概念に即して表現すれば、科学技術の意義とその批判、道徳と文化の「輝かしき悲惨」、大学での諸学部の争いにおける哲学部の役割や存在価値、道徳学や法論、そして永遠平和論などで提起された「人間の尊厳」「人権」「訪問権」の有効性や妥当性などとかかわる、緊急かつ普遍的な課題である。これらの「危機」に直面して、哲学的思索に携わる者には、二十一世紀にふさわしい「批判」（Kritik）の試みが求められているのではないか。

もしも、カントが現代に存命であれば、彼はこれらの事態をどのように捉えただろうか。また、現在、カントを研究する世界の研究者やカントの今日的意義を探究する国内外の哲学者は、どのように考えているのであろうか。本書は、これらの課題に直面する現代人、とりわけ日本の読者の切実な疑問に答えるために編集された「カント論集」である。

本書は、法政大学出版局の哲学者『読本』シリーズに属するかぎり、カント哲学思想に初めて接する読者のための「入門書」としての性格を有するが、同時に現代哲学・思想や現在の社会問題・政治問題に強い関心を抱く読者にも、執筆者たちとともに考えるためのヒントを提供するよう努めた。かつてハンナ・アーレントが看破した「手すりなき思考の時代」に、「手すり」を求める高齢化社会を生きる現代人に対して、カント哲学はどのような思索の手がかりを提供することができるだろうか。カントの哲学の全体像を射程に入れながら、彼の思索の歩みをたどり、読者とともにこれらの問いを深めていきたいと考えている。編者が本書を『新・カント読本』と名づけた第一の意図は、この点にある。

第二の意図は、『読本』シリーズ固有の事情にある。本書の刊行から遡ること約三十年前、一九八九年六月に『カント読本』（浜田義文編）が刊行された。その二年前に『ヘーゲル読本』（加藤尚武編、一九八七年三月）が刊行され、それに続く『カント読本』の刊行により、実質的に『読本』シリーズが開始された、と言ってよい。編者もまた、この書の執筆者の一人であった。実は、編者は『ヘーゲル読本』刊行直後、「『ヘーゲル読本』が出版されて『カント読本』がないのはおかしいのではないですか」と、当時法政大学出版局の評議員を務めていた故浜田教授に抗議の意味を込めた提案を行ったことが『カント読本』刊行のきっかけになった。こうした経緯もあり、編者は、当時、この書の構成、執筆者の選定や原稿の確認作業など編集業務の一端を担った。『カント読本』は、幸い多くの読者を得ることができたが、このたび再び版元から相談を受け、この機会に『新・カント読本』として全面的に新たな企画のもとで刊行することにした次第である。

2　本書の特徴と固有性について

本書は、近代ドイツの哲学者、イマヌエル・カント（Immanuel Kant, 1724–1804）の人物および思想を学ぼうとする読者のために編集された入門書である。現在、入手可能なカント哲学の入門書には、『カント読本』以外に『カント哲学案内』（岩波版カント全集別巻、坂部・有福・牧野編著、二〇〇六年三月刊）、『カントを学ぶ人のために』（世界思想社、有福・牧野編、二〇一二年五月刊。ただし、企画そのものは一九九〇年代）などがある。これらには、二十一世紀における読者の知的要請や最近のカント研究の成果がほとんど反映されていない。とくに『カント読本』は、刊行から三十年近く経過したこともあり、近年刊行の『読本』シリーズの諸著作と比べて、ややインパクトが弱く、テーマ設定や論述内容も物足りないという批評も仄聞してきた。したがって編者は、国内外のカント研究の新たな進展の成果を組み込んだ全面的な改定版が必要であると考えたわけである。

そこで、新たな企画の立案にあたり、本書では第一に、二十一世紀のグローバル化時代におけるカント哲学の意義と課題に狙いを絞って、基本方針を策定した。現代社会は、一時的に人の移動を制限することができたとしても、情報や金融、食料やエネルギーなどの移動を恒常的に制限することは不可能である。こうした複雑化した時代は、多くの点で、カントの時代とは異なっている。だが、人間の思考構造の本質的な点では、さほど変化はなく、それどころかさして「進歩」もみられないように思われる。とくに日本人は、そして最近の欧米人のなかにも、カントが「成熟」と呼んだ段階に達しておらず、むしろ道徳的意識の退行化現象とも言うべき「未成熟で野蛮な事態」が顕著になったように思われる。異質な他者に対する「寛容な態度」とは何か、「寛容のパラドックス」をどのように克服しうるかという問いとともに、「啓蒙とは何か」というカントの問いかけに、いま人間はあらためて応答すべき時期にあるのではないか。

第二に、本書では、既刊の『読本』や類書にはない新たなコンセプトとして、カントの前批判期思想から晩年の『オプス・ポストゥムム』にかんする論考を収録することにした。それによって、読者には、カントの前批判期の思想や十八世紀のカントに課せられた哲学的課題、そしてドイツにおけるカントの論争的な位置もまた、明らかになるはずである。カントの入門書では、従来、デイヴィッド・ヒュームやジャン゠ジャック・ルソーの影響には触れても、それ以外のイギリス思想や大陸の思想との密接な関係には立ち入って考察されない傾向があった。しかも前批判期の思想は、カントの成熟期にいたる過渡的な思想的営みとみられ、その独自性と批判期との連続性が顧慮されてこなかった。そこで本書では、カント解釈の通弊とも言うべき点に目配りして、単純な発展史観に拘泥することなく、若きカントの思想形成と晩年の再評価の視点を提供できるよう留意した。これらの論考は、いずれも従来のカント書や西洋哲学史の通説とは異なる新たなカント哲学の思索のプロセスと成果や、その今日的課題と現代にいたる論争状況を読者に提示してくれるはずである。

第三に、本書では、「コラム欄」を適宜加え、他の分野の碩学によるカント論を配することで、異分野の研究者からのカント像を提示いただくことにした。例えば、「カントとヘーゲル」をめぐる最新の議論から、従来論じられることのなかった「夏目漱石とカント」という斬新な観点からの考察などが編まれている。それによって本書は、読者に哲学史的な観点からのカント哲学の位置づけを理解いただけるだけでなく、現代の学問的文脈におけるカントの思索の射程を測定しようと欲する読者の知的関心にも応じられるような工夫を施した。要するに、十八世紀のカント哲学とその前後の哲学者、そして今日にいたる哲学者とカントとの影響関係の全貌を示すことを意図した。

第四に、本書では、近年の新たな研究成果に基づいて、ＩＳの台頭と退潮、「戦争前夜」の混迷をきわめる現代の社会的・政治的状況を踏まえたカント哲学の現代的な意義を読者に提示できるよう努めた。例えば、高齢化社会における生と死をめぐる倫理学的課題、人権論の検討、永遠平和論や正義論との関係など、カントと現代社会および国際関係との関連を考察するカント論考を収録した。とくに現代の哲学者からみたカント像、カント哲学の意義と新たな可能性に立ち入った論考を収録した。例えば、ジョン・ロールズ、ジャック・デリダ、ハンナ・アーレント、マルティン・ハイデガーなど、現代の哲学者によるカント論争をめぐる関連論考も寄稿いただいた。

3　本書の構成について

本書は、三部構成で、全二五本の論文と七本の「コラム・トピックス」、そして物語風の「カント年譜」・「カント関連文献目録」から編集されている。

第一部「カント哲学のグローバルな展開」には、これまでの『読本』シリーズにはみられないグローバルな規模での研究史や世界各地の研究状況が収録されている（第1章から第7章）。具体的に言えば、ドイツ、フランス、イギリス、アメリカ、ロシア、イラン、スペイン、メキシコ、そして漢字文化圏の日本以外に韓国、中国・台湾・香港など、十数カ国と地域に及ぶ主要な文化圏や言語圏におけるカント研究の受容史や研究の現状と課題について考察した諸論考を収録した。編者は、読者にいわば「知の地球儀」を俯瞰する気分を味わっていただくため、カントとともに隣国フランスから母国へと戻る知の冒険の旅を企図してみた。

まず第1章のフランス語圏にかんする論考では、十九世紀以降のカント哲学の受容史に留意して、特に「ポスト・モダン以後」のカント研究に焦点を当て、ジル・ドゥルーズやミシェル・フーコー、そしてジャック・デリダのカント解釈の新たな可能性について論じていただいた。現代のフランス語圏の哲学者たちは、「知と信」や「根源悪」の問題など、依然としてカントから学び、カントとの対決を通して自身の哲学的営為を続けてきた。読者は、こうした論述から大きな知的刺激を受けるはずである。

次に第2章の英米圏についても、この領域に詳しい日本の専門家にご執筆をお願いした。とくに近年、カント研究の進展が顕著な英米圏については、執筆者は「カント嫌いの雰囲気」を一変させたストローソン以降、ヘンリー・アリソン、クリスティーン・コースガード、バーバラ・ハーマン、オノラ・オニール、ドナルド・デイヴィドソンなど、現代の世界的規模でカント研究を牽引する哲学者たちの解釈や論争点を紹介するよう努めている。現代の英米圏の哲学研究は、過去の一時代とは異なり、カント哲学からの知的資源をどのように現代的文脈のなかで活用するか、凌ぎを削っているとも言えるからである。

第3章のスペイン語圏にかんする論考は、ドゥルセ・マリア・グランハ・カストロ（メキシコ市立大学）教授にご執筆いただいた。メキシコやスペインにおけるカント研究の状況も、日本では未知の領域である。ちなみに、カントがスペインの知識人によって理解され受容されたのは一九二〇年代のことで、ホセ・オルテガ・イ・ガセットとマヌエル・ガルシア・モレンテの努力によるものであった。それが、さらにどのような経緯でメキシコに受容され、カント研究が開始されたのかなど詳細については、本論文を参照されたい。

第4章のイスラーム圏にかんする論考は、イランの研究者であるセイェド・アリー・マフムーディ教授にご執筆いただいた。イランのカント哲学の受容史や研究状況は、日本ではこれまでまったく知られてこなかった。この機会に読者には、イスラーム圏のカント研究について知的刺激を味わっていただきたい。例えば、一九八三年のシャムソッディン＝エ・アディブ・ソルターニーによる『純粋理性批判』ドイツ語原典からペルシア語への翻訳によって、イラン人がカントの理論哲学に直接に関わることができるようになる重要な最初の一歩が踏み出された。この転換点は、カントの主著刊行から二〇二年後のことであり、イラン人がカントとその哲学に親しむようになってから、すでに一二〇年が経過していた。

第5章の韓国、中国・台湾など漢字文化圏（ベトナムは除く）については、編者が数年前に刊行した『東アジアのカント哲学』（法政大学出版局、二〇一五年刊）に収録された関連諸論文に新たな情報を加えて執筆した。カントの著作が、いつ・どこで・だれが・どのような理由により、漢字文化圏で翻訳・紹介されたのか、こうした受容史に関心をもたれる読者も少なくないであろう。読者には、これらの疑問に対する回答を得るためにも、ぜひとも本書を繙いていただきたい。

第6章のロシア語圏のカント研究については、ロシア科学アカデミーのダニール・アロンソン教授に本書への寄稿を依頼した。アルセニイ・グリガは、かつて『カント――その生涯と思想』（法政大学出版局、西牟田久雄・浜田義文訳、一九八三年。ただし、ロシア語の原著の刊行は一九七七年、ドイツ語訳は一九八一年刊行）で、ロシアのカント哲学の受容史、とくにトルストイやドストエフスキーなどロシア思想家に対する影響に力点を置いて考察した。だが、その後日本では、ロシアのカント研究の状況や課題については、新たな情報がまったく途絶えた状態にあった。そこで執筆者からは、隣国ロシアのカント研究にかんする最新情報を提供いただいた。本章は、ロシアとドイツとの密接なカント研究の現状を明らかにしている。読者には、グリガのカント書の続編ともいうべき論考についても、ぜひとも一読していただきたい。

第7章のドイツを中心とするドイツ語圏の現状と課題については、ハイナー・F・クレンメ教授にご寄稿いただいた。同氏は、フェリックス・マイナー社「哲学文庫版（Philosophische Bibliothek）」の『純粋理性批判』の編集協力者、『実践理性批判』『判断力批判』などの編者を務めた、現代ドイツを代表するカント研究者である。氏には、ドイツにおける最新の研究状況や論争について、簡潔にご報告いただいた。詳しくは氏の論考に譲り、ここでは現代のドイツ語圏（ドイツ・オーストリア・スイス）におけるカント研究が、英米系の分析哲学と英語の影響を強く受けている現状や、その問題点も指摘しておく。また、クレンメ教授がカント哲学の今後の展開にとって歴史と神学との関連に着目している点は、大いに示唆的である。

本書第一部は、以上の構成によって、カントをめぐる「知の地球儀」を読者が俯瞰できるよう努めてきた。これによって読者には、グローバルな規模でのカント哲学の受容史や新たな哲学的展開の動向と見取り図を提供できたはずである。

第二部「カント哲学の新しい読み方」では、近年のカント研究の成果を採用して、類書では収録されてこなかったカントの前批判期における主要課題について、イギリス経験論と大陸合理論の主要な二つの側面から考察している。第8章では、ドイツ啓蒙思想とスコットランド啓蒙思想からの影響関係について、とくに「常識」や常識哲学とドイツ通俗哲学、さらに批判期にいたるカントの批判哲学との対決に光を当てている。第9章は、ドイツのロックとも呼ばれたニコラス・テーテンスやランベルトとの思想的対話・対決を軸にして、ヴォルフ主義の形而上学とその批判者たちとの関係から若きカントの思索の固有性を明らかにした。

「批判期の哲学の研究」については、今日、構成主義や解釈学的な思考が優勢ななかで、カント解釈についてもさまざまな論争的状況にあることを示す。まず「理論哲学の主要論点」として第10章は、身体論や時間・空間論にかんする最新の研究成果に基づき、前批判期の「右手と左手」にかんする問題を現代の哲学者による「鏡像不一致」の議論から切り込み、批判哲学の時間・空間論と非ユークリッド空間との関連にも立ち入ったスリリングな論述を展開している。第11章では、いまなおカント解釈の主要な論争点の一つであるカテゴリー論と図式論の意義と課題について、図式論の不要説と有用説が対立する現代の主要な解釈の見取り図を提供し、同時に近年の概念主義と非概念主義との論争に参入する形で、執筆者のカントの読み方を提示している。第12章では、理論哲学から実践哲学の移行の議論として重要な役割を果たす、第三アンチノミーの議論とともに、超越論的自由と実践的自由との関係の検討をつうじて、「理性の因果性」としての自由が「瞬間」に働くという結論を導きだしている。「実践哲学の中心課題」についても、基礎づけ主義と非基礎づけ主義とが対立するなかで、第13章では、通説とは異なり、カントの批判期倫理思想の完成形態が『実践理性批判』ではなく、『人倫の形而上学』にあるという解釈を提示し、同時にこの書物のうちに定言命法の体系がみられるという新たな観点から、道徳法則と法の定言命法との関連を明らかにしている。第14章では、批判的倫理学および歴史哲学の観点から、宗教論との対決または対話の可能性と、宗教論のうちに隠されたアンチノミーの存在を指摘するという斬新な観点から、カントの思索の知られざる側面が明らかにされている。第15章では、カントと悪の問題が立ち入って考察されている。今日、「悪」の問題は、アーレントの「悪の凡庸さ」ないし「悪の陳腐さ」をめぐる議論やカントの「根本悪」と宗教との問題に限らぬ、広範な議論を呼んでいるテーマである。この章では、人間が善を為そうとしても「悪を為してしまう理由」を読者とともに熟慮する機会を提供している。

次の二つの章では、『判断力批判』と批判哲学の意義と制限を考察している。第16章では、『判断力批判』におけるカントの批判的営みを自然と美学の解釈学として読み取る方法を提示する。第17章では、超越論的哲学の課題の一つである趣味判断の意義をアーレントの解釈を手掛かりして、「共通感覚」の今日的意義を解明しようと試みている。

第18章は、自然哲学と晩年の自然把握の思想的展開に着目して、自然哲学と自然の形而上学との複雑な関係を成立史的な観点から読み解く試みである。第19章は、カントの謎に満ちた晩年の思想に属する『オプス・ポストゥム』の新たな展開を示すことを試みている。伝統的な解釈とは異なり、最近の研究によれば、『オプス・ポストゥム』には、カントの老年期のまとまりのない遺稿集ではなく、三批判書に残された未解決の課題に取り組んだカントの格闘のドキュメントとして、一つの「著作」と解釈する積極的把握の試みがみられるからである。

第三部「現代の哲学からみたカント哲学」に収めた第20章では、現代の哲学からみた応用倫理の新たな研究状況について、生殖医療や「尊厳死」などの議論の前提になる「人間の尊厳」の概念、医療現場の複雑な課題に対するカントの評価や批判の再解釈などが広い視野のもとで論じられている。第21章では、日常生活における「生と死の倫理」をめぐる諸課題に直面して、執筆者は「理由の能力としての理性」との関係から「自己崩壊する理性」のあり方を再検討している。そこでは、カントにおける生と死の倫理学のあり方が、生活者の視点からリアルに描き出されている。ここでもまた、カント哲学の現代的な位置価が明らかにされており、読者の多くが共感を覚えることであろう。

第三部の第22章では、今日の貧困や不平等・格差の問題と関連して、カントの人権論・正義論の意義と限界が論じられている。とくに、カントのパターナリズム批判などを手がかりにして、リバタリアン的解釈とリベラリズム的解釈の両側面から見たカントの新しい読み方の可能性が示されている。第23章では、カントの永遠平和と世界市民主義および世界市民法の重要性が強調されている。今日、無差別テロ・国際紛争・核戦争の勃発の危機が、身近に迫っていると感じる読者も少なくないように思われる。カントの平和に向けた提言と真摯に向き合うことが求められているゆえんである。

第三部の第24章では、非超越論的観点から見た、カントのコミュニケーション論の今日的意義が論じられている。とくにユルゲン・ハーバーマスのコミュニケーション論との関連からカントの重要性が強調されている。第25章では、対照的に、ゲアハルト・シェーンリッヒなどによる超越論的記号論の展開と論争状況を中心に、カントと言語哲学との関連に立ち入ってその論争点を提示している。

「コラム・トピックス」としては、①夏目漱石とカント――理性批判の世界反転光学、②ヘーゲルとカント――「観念論」の再検討、③新カント学派とは――歴史的再検証、④カントとハイデガー――心の闇を前にして、⑤パースとカント――プラグマティズムとカテゴリー論、⑥カントとエコロジカルな心の問題――生態学的観点から、⑦カント歴史哲学と物語り論――高坂正顕・坂部恵を導きの糸に、などの多様なテーマのコメントをいただいた。これらは、類書にはみられない多彩で刺激的な論評ばかりである。

巻末には、新たな資料と情報に基づいて「物語風に」カントの生涯と思想形成を概観し、そして主要著作リストおよび必要な解説を施した。読者には、本書に収録した諸論考と併せて、関連する箇所を適宜お読みいただきたい。

4　二十一世紀のカント哲学の理解に向けて

日本ではハイデガー研究者として知られているトム・ロックモアは、『カントの航跡のなかで――二十世紀の哲学』(Tom Rockmore, *In Kant's Wake: Philosophy in the Twentieth Century*, Oxford, Blackwell Publishing, 2006. 法政大学出版局、二〇〇八年刊）の論述のなかで、著作のサブタイトルが雄弁に語っているように、現代哲学の理解にはカントの影響の大きさを測定することが不可欠であるという、興味深い主張を展開している。

第一に、彼は、二十世紀の西洋哲学全般の簡潔な見取り図を描き出し、その主要な動向を四つの思潮に絞って、それらの間の主要な論争を辿っている。まずアメリカのプラグマティズム、次にフランクフルト学派を含むマルクス主義哲学、さらに現象学を中心とする大陸哲学を扱い、最後にリチャード・ローティを含めたアングロ＝アメリカの分析哲学の考察を含んでいる。第二に、それとともにロックモアは、二十世紀の主要な人物の哲学および思想形成と発展のプロセスを当時の歴史的・社会的文脈と不可分の出来事として理解するよう主張している。また、こうした理解に基づいて、それらの関連を簡潔明瞭な仕方で描き出し、当時の思想状況のなかで行なわれた主要な論争点や課題を明らかにした。第三に、そのさいロックモアは、カントの批判哲学のうちに「表象主義」と「構成主義」という両立不可能な二つの立場を見出し、この二つの立場の関連を手がかりとして、カントおよびカント以後の哲学的課題の所在を明らかにした。ロックモアによれば、カント以降の哲学的論争の歴史は、とりわけ二十世紀の論争全体は、ほとんどが両立不可能なカントの読み方を選択する仕方と不可分である。第四に、これらの論述展開によって、現代の哲学が、カントの思考の両側面をもつ批判哲学とどのような関係をもち、カント哲学およびカント学派、さらにカントの影響を受けてきた哲学者、カントを批判した哲学者とどのような論争的状況にあるかが明らかにされている。

しかし、この書物は、考察の範囲が認識論・知識論の領域に限定されており、現代の倫理学や美学・目的論・歴史哲学などの論述や論争点には立ち入っていない。今日のカント哲学の主要動向を概観するには、事実と価値との対立関係をはじめ、カント倫理学における動機や価値の内在主義と外在主義との関係、それと深くかかわる実在論や反実在論との関係などに立ち入る必要がある。これらについても、本『新・カント読本』の諸論考は興味深い議論を提供している。

ちなみに、二〇一〇年以降のグローバルなカント研究の動向については、二〇一〇年にイタリア・ピサで開催された第十一回国際カント学会と二〇一五年にオーストリア・ウイーンで開催された第十二回国際カント学会のプログラムが参考になる。

第十一回国際カント学会の共通テーマは、「世界概念ないし世界市民的意味におけるカント哲学の意義」であった。五大大陸からカント研究者の多くが集まった本学会では、言語哲学者で脳・心・意識の研究者として著名なジョン・サールをはじめ、編者を含む十数名による記念講演が行なわれた。個別部会での研究発表では、「カントと哲学的伝統」「認識論と論理学」「倫理学」「法と正義」「政治と歴史」「カントの哲学の概念」「カントとライプニッツ主義」「カントとショーペンハウアー」「科学・数学・自然哲学」「存在論と形而上学」「美学」「カントの遺産」「宗教と神学」「カントの政治的コスモポリタニズム」「カントと人間理性の本質的目的」「人間学と心理学」の分野別に、人文・社会・自然の諸科学にわたり、三六〇名以上に及ぶ研究者が個人研究発表を行った。

第十二回国際カント学会の共通テーマは、「自然と自由」であった。個別部会での研究発表では、「カントの前批判期の哲学」「形而上学」「認識論と論理学」「知識哲学と自然哲学」「目的論」「倫理学と道徳哲学」「法と正義の哲学」「政治、歴史、文化の哲学」「人間学と心理学」「宗教と神学」「美学」「カントと前批判期の合理主義と経験主義」「カントと詩人たち」「カントとドイツ観念論」「カントとウィーン学団」「カントと現象学」「カントと新カント学派」「カントと東ヨーロッパ」「カントと伝統的なアジアの哲学」「学校におけるカント」「現代におけるカント」などであった。これらの点からみて、現代におけるカント研究の拡大と深化は、グローバルにみても、予想以上に広範にわたり、活発に進展している。

本書では、上記のグローバルな動向を踏まえて、既存のカント入門書にはない多くの新たなカント研究上の成果が盛り込まれており、加えて『読本』シリーズのなかでも異彩を放つ新企画の書物である。編者としては、カント哲学を含む多様な哲学的・知的関心をお持ちの読者に本書を繙いていただけることを強く願っている。

G. デプラー作のカント肖像画（1791 年）

新・カント読本／目　次

凡　例

一、カントの文献（著作・遺稿・書簡・講義等）からの引用は、原則としてドイツのアカデミー版『カント全集』による。その場合、書名はドイツ語の略語で、巻数はローマ数字で、また頁数はアラビア数字で示した。たとえば、『実践理性批判』からの引用の場合は（KpV, V, 100）、また『判断力批判』の場合は（KdU, V, 205）のように、文中に記載した。

一、ただし、『純粋理性批判』からの引用は、慣例に従って、第一版はA、第二版はBとして巻数をローマ数字で、頁数をアラビア数字により、たとえば、（KrV, A 344/B 402）のように文中に記載した。

一、繰り返し参照する文献については、「前掲書」もしくは「同書」などの表記を用いた。欧文文献の場合には、適宜、*ibid.* / *op. cit.* / cf. / vgl. / vol. / Bd. / ……などの略語を使用した。

一、カントの全集の邦訳は、原則として岩波書店版『カント全集』を主たる引用文献として表示した。ただし、理想社版『カント全集』および個別の訳書だけに収録されている訳文などは、それを明記した。

一、訳文・訳語の選択は、原則として編者の判断で統一した（例えば、„transzendental“は「超越論的」、

„a priori"は「アプリオリ」）。ただし、場合によっては、各執筆者および訳者の判断を尊重した。その場合、岩波書店版『カント全集』および弘文堂版『カント事典』を主たる参考文献とした。

一、各章末に付した注のカント以外の参考文献については、読者の便宜を図り、邦訳のあるものについては原則として邦訳名を挙げた。邦訳のない重要文献については、原語により書名・著者名・出版社名・刊行年等を記載した。

一、引用文中の〔　〕は、引用者による補足ないし補注を示す。また、〔…〕は中略を示す。

一、本書には、カントの生涯と著作にかんする詳細年譜を掲載し、「物語風」の叙述形式で最新情報を収録した。読者には、本文中の読解のさいに、適宜、参照いただきたい。

一、巻末には、カントの主要参考文献リストを掲載した。詳しい編集方針については、その凡例を参照いただきたい。

一、人名索引および事項索引については、カントを除く、本文に登場する人名および主要な項目を収録した。これらについても、適宜、参照いただきたい。

第一部　カント哲学のグローバルな展開

カリーニングラード国立大学（当時）の前庭に立つカント像
中島徹氏（国士舘大学教授）撮影　2003 年 8 月

1 フランス語圏のカント受容

「人間」以後の超越論哲学の行方

宮﨑 裕助

多言語で重層的に進行しているカント研究の現状からしてみれば、「フランス語圏での受容」と限定することの妥当性はけっして自明ではない。フランス語であれ日本語であれ他の言語であれ、そもそもカント研究が一言語に閉じてなされてきたわけではなく、一言語の受容を限定して扱うこと自体が無用なバイアスをもたらすことになりかねない。したがって本章が採用している議論の枠組みはあくまで仮設的である。いわば一通り登ってみたあとで投げ捨てられるべき梯子にすぎないものと考えていただきたい。

以下では、一方でそうしたカント受容の概要を紹介しながら、他方で論者なりにフランス語圏の哲学——以下たんにフランス哲学と略す——のカント受容に固有と思われる問題提起を抽出することにより、そこからいま、どのようなカント研究の課題と可能性が開けているのかについて素描してみたいと思う。

1 観念学派の抵抗——十九世紀初頭のカント受容

フランス語が、英語やその他の言語に比して外国語でのカント受容が本格的になされた最初の言語であるということはけっして軽視しえない事実である。カントの著作のフランス語圏への導入や翻訳自体はカントの生前から行なわれており、それにかんする研究もすでに相当数ある。(1) これらを前提としつつ、まずその概要をみておこう。

カントの著作のフランス語訳の状況だが、(2) 初の訳書として一七九六年に『美と崇高の感情にかんする観察』(原著一七六四年)と『永遠平和のために』(原著一七九五年)が刊行されている。前者はいわゆる前批判期の著作であり、哲学者カントの仕事としてはいくぶん周辺的なテクストにすぎない。フランスのカント受容にかんしては後者が決定的である。『永遠平和のために』は、ドイツ語原著出版の数カ月後に出たその仏訳を通じ、フランス革命の掲げた共和主義的精神の哲学的基礎としてフランスの読者に受け入れられたのである。その拡がりは、フランスの革命指導家シエイエスがカント哲学の講読会を組織しようとしたほどであった。(3)

他方、批判哲学の受容は相対的に遅れたと言ってよい。『純粋理性批判』の初のフランス語全訳は、一八三五―三六年、ジョゼフ・ティソによる第二版に基づく訳であり、第一版の訳が出たのは一八四五年のことだった。また『実践理性批判』と『判断力批判』の訳がその翌年にジュール・バルニ訳により刊行された。フランス語で三批判書が出そろうのに、原書公刊から約半世紀かかったことになる。(4)

とはいえ、翻訳が出る以前に十八世紀末のカントの生前に彼の哲学そのものはすでにフランス語圏で議論の俎上にのぼっていた。とりわけベルリン・アカデミーの会員たちを中心にカントの著作は知られていた。ヒュームの仏訳者であったヨハン・ベルンハルト・メリアンが一七九七年にヴォルフ、ライプニッツ、カントといった当時のドイツ哲学の潮流を講じてカント批判を展開している(『われわれの二つの国民的哲学間の歴史的並行』一八〇〇年)。翌年ジョゼフ＝マリ・デジェランドは、当時のフランスの観念学派が集う学術誌『哲学の十年』――この雑誌は十九世紀初頭フランスのカント受容において重要な役割を果たした――の誌上でメリアンのカント論を評しつつ、ロックを擁護する立場からカント哲学を批判的に分析し、ベルリン・アカデミーの賞を授与された。また、当時カント通で知られていたシャルル・ド・ヴィレ著『カント哲学あるいは超越論哲学の根本原理』(一八〇一年)が同誌上で論じられるなど、カント哲学は無視されるどころか、同時代のフランスの哲学者たちによって多少なりとも議論の的になっていた。

しかし依然として翻訳が出ていない状況下でのことである。カント哲学は概略的に受容されたまま、コンディヤック以来のフランス観念学の手法に敵対する哲学とみなされ、総じて冷遇されていたと言ってよい。なかでも特筆されるべきは、デステュット・ド・トラシのカント批判であろう[5]。トラシもまたカントの原典に取り組んだわけではなく、オランダ人ヨハネス・キンカーの『純粋理性批判』解説の短論文』(一八〇一年)を評するなかでカントの哲学に接していた。一八〇二年に出たトラシの論文の論調は当時のフランス語圏の哲学者がカント哲学をどう受け止めていたかを示す典型とみなすことができよう。

トラシが堅持する観念学の「フランス的方法」は、まずもって私たちの身体に与えられた諸事実を観察するところから始まる(この点で哲学の体系性を旨とするドイツ哲学の方法とは明確に対立するとされる)。観念学は、身体が喚起する感覚という経験的事実を起点とするのであり、身体の生理学的過程がもたらす効果を分析しなければならない。感性や悟性といった諸能力は、カントの言うようなアプリオリな形式ではありえず、概念やカテゴリーが超越論的な演繹によって提示されるといったこともありえない。われわれは、なんらかの生得主義に陥ることなく、そうした観念が発生する仕組みを感覚経験として与えられる事実のもとに解明しなければならないのであり、その逆ではありえないのである。

要するに、当時のフランス哲学におけるカントの扱いは、おおむね観念学の手法の正当性を否定の側から補強する材料でしかなかった。先に触れたデジェランドは、トラシほどカント哲学に否定的ではなく、近年の研究によれば、フランスの経験論がカント受容を経由することで「経験の哲学」へと変革されたのだと主張している[6]。

しかしそうであったとしても、その種のカントないしカント主義は、従来の経験論を反駁するものではなく、デジェランドにとっても、結局のところひとつのエクレクティスム(折衷主義)の枠内で間接的に支持されたにすぎなかった。後年カントの三批判書が翻訳されたことで、こうしたフランスに特有の観念学的経験論は追い払われたのだろうか。

おそらくここで、メーヌ・ド・ビラン以降の十九世紀のフランスのスピリチュアリスムの伝統でのカントの扱いを検討すべきだろうが、そうした歴史的な経緯を逐一たどり直すことは本章の目的ではない。さしあたり、十九世紀フランス哲学における主要なカント解釈が、観念学派の解釈を嚆矢とする批判的な受容を基調としつつ、のちの影響力のある反カント主義を準備することになったと述べるにとどめよう。

2 内在か超越か——ベルクソンからメイヤスーにいたる反カント主義

アンリ・ベルクソンの哲学は、フランスのカント受容の伝統に照らしてみるとき、今日まで最も根本的で影響力のある反カント主義を打ち立てたと言うことができる。ベルクソンがカント哲学に対してとる敵対関係[7]は、ある仕方で、戦後のドゥルーズ、現代のメイヤスーといった哲学者にまで引き継がれている。とすれば、本章の問いはこうである——フランス哲学の伝統からカント研究の展望を開くためには、まさにそうした反カント主義との対決ないし緊張関係のなかでこそ構想されなければならないのではないか。

まずカント哲学に対するベルクソンの立場を確認しておきたい。ベルクソンの『物質と記憶』「第七版への序文」(一九一〇年)を開いてみよう。「観念論も実在論もどちらも行き過ぎた主張である。物質を、われわれがそれについてもつ表象に還元することは誤っており、同様にまた物質を、われわれのうちに表象を産み出しはするものの表象と異なる本性をもつものにしてしまうこともまた誤りである[8]」。

ここでベルクソンが想定している観念論(バークリ)と実在論(デカルト)の二元論はまさにカントが想定したのと同じものである。カントは、主観から分離して存在する物自体を認めることで観念論を回避すると同時に、当の主観の諸能力（感性および悟性）にアプリオリな形式を認めることでたんなる実在論をも回避し、そうした超越論的主観のもとに当の二元論を保持し調停したことはよく知られている通りだ。

他方、ベルクソンはその逆を行く。すなわち、そのような物質はベルクソンにとって「イマージュの総体」にすぎない。イマージュはある種の存在であるけれども、「その存在は観念論者が表象と呼んでいるもの以上の存在でありながら、一方、実在論者が事物と称するもの以下の存在である――イマージュは「事物」と「表象」の中間に位置している存在なのである」(9)。

このような仕方から始めることでベルクソンは、カントのいう物自体を拒否し、イマージュの理論の一元論を打ち立てる。それはけっして観念論ではなく、われわれの身体に生ずる純粋知覚の理論であり、その基本主張とは、物質はわれわれが知覚する通りに存在するということである。メイヤスーが的確に要約するように「存在することは現われることをけっして超越しないということ――存在は、おそらく現われ以上のものであるが、現われと本質的に異なるものではないということ」(10)なのである。

カントの二元論を根底から拒否するこうしたベルクソンのイマージュ一元論の賭け金とはいったい何だろうか。それは『物質と記憶』のみならず、ベルクソン哲学そのものの射程にかかわる大きな問いとなるだろうが、ここでは、メイヤスーの整理にしたがってこう述べておこう。すなわち、スピノザに始まる内在主義の企てを完遂することにより、「カントの超越論哲学を無用なものとすること」(11)なのである。

ベルクソンの場合、存在が現われを超越しないかぎり、その企ては、イマージュの内在主義と呼びうる。それに対してカントの哲学は、主観を超越した物自体の存在を想定するのであり、この主観は存在がみずからに現れるかぎりでの知覚の超越論的条件を吟味しうるにすぎない。すなわち、主観は有限なものとみなされたうえで、主観と客観の相関関係のなかでのみ当の物体は考察の対象となるのである。

では、そうしたカントの超越論哲学はなぜ問題含みなのか。内在か超越か(12)という哲学的立場のたんなる二者択一にとどまることなく、ここではベルクソンを離れ、カント哲学に抗する現代フランス哲学からの批判的応答へともう少し視野を広げておきたい。

現代の思弁的実在論（ないし思弁的唯物論）の旗手として知られるクァンタン・メイヤスーは『有限性の後で』（二〇〇七年）[13]において、カントを端緒とするこうした哲学的機制を「相関主義」と呼び、そこに、二十世紀哲学が総体としてはまり込んでいる隘路を抉り出した。相関主義の哲学は、いまや自然科学にとっては算定可能にもかかわらず人間的主体が存在しない世界での出来事――宇宙の起源（一三五億年前）や地球の生成（四五・六億年前）等――の意味を適切に説明できない。メイヤスーに言わせれば、それは、カントがそもそも哲学に課していたはずの科学の基礎づけを放棄してしまっており、科学にとって必要な物自体の思考可能性から撤退しているのである。

他方、カント以降洗練された相関主義の哲学（現象学からウィトゲンシュタインやハイデガーの哲学にいたるまで）は、一種の脱普遍化の効果をもたらした点で盲目的な信仰主義を招来してしまう。これは政治的に換言すれば、現代のリベラリズムが、特定の信仰を強制しないことでかえって個別の懐疑的狂信と共犯関係に陥ってしまっているという隘路にほかならない。

メイヤスーの診断によれば、テロリズムさえもたらしているこうした現代の危機的状況は、人間存在を有限化しながら人間という超越論的主体を世界の中心に据えた相関主義の哲学的機制によって醸成されている。カントはみずからの企てを「コペルニクス的転回」に比していたが、地動説を唱えたコペルニクスとは異なり、実際にはこれはわれわれを人間中心的な天動説に引き戻す「プトレマイオス的反転」でしかない。メイヤスーは、これこそ現代の哲学を袋小路に追いやった「カント的破局」[14]であると指弾するのである。

このようなカント的破局をメイヤスーがいかに乗り超えようとするのか、あるいは、こうしたパースペクティヴからみてベルクソン自身のイマージュ論とその継承が反カント主義としてどこまで有効たりうるのかといったことは本章の枠では扱うことができない。本章の問いとは、フランスの哲学的伝統に息づく反カント主義を考慮するかぎりで、新たなカント受容の可能性が開かれるのではないかというものである。しかしその問いにまっすぐ進む前に、もう少し迂回しよう。

3 「人間学的まどろみ」の外へ――二十世紀初頭からフーコーにいたるカント受容

二十世紀以降のフランス語圏のカント受容にかんしては、戦前では、レオン・ブランシュヴィック（ベルクソンと同世代で、スピノザやパスカル、カントの近世哲学史研究に携わる一方、新カント学派の影響のもとその後のフランス・エピステモロジーの展開を準備した。著書に『数理哲学の諸段階』一九一二年、『物理的因果性と人間的経験』一九二二年等）、ピエール・ラシェーズ＝レー（プラトン主義的観点から精神の活動性そのものに存在の基礎を探究した。主著に『カントの観念論』一九三一年）、ベルギー出身のH・J・ド・ヴィレーショーヴェル（一九三四―三七年の著書『カントの著作における超越論的演繹』は、前批判期から遺稿の『オプス・ポストゥムム』までを包括した全三巻の浩瀚な文献学的研究をなす）といった人々の研究を挙げなければならないだろう。

また、当時すでにドイツ近代哲学の包括的な受容が進んでおり、カントもその流れに位置づけられることになる。カントに特化したモノグラフこそないものの、マルシアル・ゲルー（『ザロモン・マイモンの超越論哲学』一九二九年、『フィヒテにおける知識学の進展と構造』一九三〇年等）の近世哲学史研究はテクスト分析に構造主義的手法を取り入れた先駆的研究として筆頭に挙げるべきものだろうし、また、その影響下で戦後のカント研究と数理哲学の展開を導いたジュール・ヴュイユマン（『カントの遺産とコペルニクス的転回――フィヒテ、コーエン、ハイデガー』一九五四年、『カントの物理学と形而上学』一九五五年）の功績は大きい。とりわけヴュイユマンは『代数学の哲学』（一九六二年）においてブルバキ以後の数学の構造主義視点にもとづき、カントからフィヒテにいたる哲学的方法を、ガロワ群論の概念形成と類比させながら哲学の普遍的方法論として再構築しようとしており、その哲学体系の再評価が進んでいる。[15]

他方、戦間期の混乱のなかでフランスに亡命し帰化したドイツのユダヤ人哲学者エリック・ヴェイユ（ドイツ語読みは「ヴァイル」）の存在にも言及しなければならない。一九三〇年代にアレクサンドル・コジェーヴの『精神現象学』講義に出席していたヴェイユは『ヘーゲルと国家』（一九五〇年）によって学位を取得しており、フランスのヘーゲル受容のキーパーソンとして知られているが、ドイツではハンブルク大学でエルンスト・カッシーラーの指導のもとにルネサンスの哲学者ピエトロ・ポンポナッツィの研究に従事していたのであり、その経歴はけっしてヘーゲル主義者のものでない。

むしろヴェイユはみずからをポストヘーゲル的カント主義者と称していた。彼の主著三部作『哲学の論理』（一九五〇年）、『政治哲学』（一九五六年）、『道徳哲学』（一九六一年）は深くカント的な体系的思考に貫かれた著作であり、そのカント研究は『カントの諸問題』（一九六三年）に結実している。

付け加えると、マールブルク学派の俊英ゲルハルト・クリューガーの名著『カントの批判における哲学と道徳』（一九三一年）の仏訳（一九六一年）[16]に序文を付して紹介したのもヴェイユであり、戦争の余波で混沌を来していたドイツのカント研究の成果はフランス語圏で命脈を保つことができたのである。なお、ヴェイユの哲学はとりわけポール・リクールに影響を与えており、リクールのカント読解にその形跡をみとめることもできるだろう。[17]

このように二十世紀前半のフランスのカント受容の状況を素描したうえで、議論を元に戻そう。ミシェル・フーコーが一九六一年博士号取得のために主論文『狂気の歴史』と併せて副論文としてカントの『人間学』の翻訳と注解を提出したことはよく知られている。[18]フーコーは、先に触れたヴェイユマンと親交があり、彼との議論のなかでカントの理解を深め、その成果は『言葉と物』（一九六六年）に活かされることになった。

『言葉と物』においてカントの批判哲学は決定的に重要な位置を占めている。フーコーはそこで人間を「経験的－超越論的二重体」と呼び、まさにその近代的思考の磁場を「人間とは何か」と問うことで切り拓いた転回点にカント哲学を位置づけたのであった。しかしフーコーによれば、この問いは人間が「経験的‐超越論的二重体」とみなされるかぎりひとつの罠である。すなわち、それはまさにそうした問いによって経験の可能性の条件を追究するが、かえって当の経験そのもの（物自体）を超越論的な機制のもとで覆い隠してしまう。結果そのことがふたたび同じ問いを誘発する——そのようにして近代の思考はいわば「人間学的まどろみ」[19]をむさぼるのである。

『言葉と物』の企ては、実のところ近代の人間主義的思考の閉域——現代のわれわれをも規定しているカント主義的な隘路——を暴き出しているだけではない。それは最後に、人文諸科学（言語学、精神分析、人類学）の新たな知の配置をも描き出している。フーコーはそこで構造主義のもたらした「思考と認識の一般的形式化」に言及し、「数学的アプリオリの新たな形態から出発して第二の純粋理性批判を行なう」[20]という課題を指摘しており、よく知られているように、先述の「人間」（主義）がいずれ「波打ち際の砂の表情のように」消え去る可能性を予見したのであった。

この可能性は、実のところかつてドゥルーズが指摘したような、フーコーの「新カント主義」[21]へと通じている。これはある意味で、先ほどベルクソンないしメイヤスーを通じて触れた反カント主義が進もうとしているのと同じ方向を指し示すものであろう。けっして同じ行先とは言えないが、それは、相関主義の隘路を脱して人間不在の世界を語り出そうとする思考の企てと同じ方向を指し示している。近年、思弁的実在論と呼ばれている哲学的動向は、カントを参照点としつつ、フーコーがすでに素描していた可能性を別の仕方で反復しているのである。

4　「怪物的なもの」の場——ドゥルーズから崇高論読解へ

ジル・ドゥルーズは、フランス哲学の反カント的な内在主義の伝統に属していることを自任しながらも、真正面からカントに取り組んだ稀有の存在と言えるだろう。ドゥルーズはカントを「敵」とみなしていることを隠さなかったが、その反カント主義はカントの回避によってではなく、まさにカントとの対決によってその批判哲学を換骨奪胎することに存している。とすれば、本章の問いにとって、ドゥルーズの試みこそ、フランスのカント受容の分水嶺をなすのではないだろうか。[22]

ドゥルーズのカント解釈は、批判哲学の体系を「諸能力の理説」とみなし、人間的主観の超越論的条件を実体化することなく、諸能力（感性・悟性・理性・構想力）の関係性としてこそ捉えようとするものである。[23] そのさい問題になるのは、批判哲学における『判断力批判』の位置づけである。ごく大雑把に言って、『純粋理性批判』が、悟性を主宰とする認識論の体系、『実践理性批判』が、理性を主宰とする道徳法則の体系だとすれば、『判断力批判』は、他の諸能力を規定する支配的な能力を欠いたままである（感性も構想力も定義上受動的能力である）。ここに『判断力批判』の特異な役割が明らかになる。それによれば、美的で反省的な判断のもとで諸能力は相互の支配関係から解放されてそれぞれが自由に戯れるなかで無規定的な一致を実現するものとされる。ドゥルーズが解明したのは、それがまさしく『判断力批判』にいたってはじめて問われることになった美的共通感覚の発生の問題だということである。ここには、諸能力が協働すべき超越論的発生の場が指し示されているのである。[24]

こうしたドゥルーズの着眼は（先に触れたゲルーの研究を介した）ザロモン・マイモンの『超越論哲学試論』（一七九〇年）[25]に由来しており、それ自体興味深い関係だが、ドゥルーズはここからさらにもう一歩踏み込み、美ではなく崇高の分析論に、諸能力の無規定的な一致のみならず、それらの不一致そのものの一致をも見出す。というのも、崇高の感情にあっては「構想力が理性の暴力のもとでその自由を失うように思われるときでさえ、構想力は悟性のすべての拘束から解放されて、理性との一致のなかに入っていき、悟性が構想力に隠していたもの、つまりその超越論的起源でもある超感性的使命をあらわにする」[26]からである。

ここにあって人間の諸能力は制御され規制された秩序から脱し、本質的な不調和を開示するのだが、その場合にあってさえ、未知の調和へと開かれる可能性を秘めている。ドゥルーズはここにランボーが「あらゆる感覚の錯乱

(dérèglement)」と述べた事態を重ね合わせ、そうした諸能力の規則逸脱的な行使のうちにカント以後のロマン主義の端緒となる契機を見出している。[27] そうした契機は、またしても人間主義的な閉域に回収される要因にすぎないのだろうか。ドゥルーズはそのことには触れていない。しかし少なくとも、カントのテクストのうちに見出されたそうした諸能力の錯乱には、崇高やロマン主義という美学的カテゴリーすら破壊するなにか「途方もない＝怪物的なもの(Das Ungeheuer)」があることを看て取らねばならないだろう。

ドゥルーズのカント書から二年後、一九六五年にアレクシス・フィロネンコによる『判断力批判』の名高いフランス語訳が出る。[28] それに後押しされるかたちで、同時代のフランス哲学者たちによって『判断力批判』の読み直しが推し進められた。後年カントの崇高論は、ひとつの流行と言ってよい外見のもとに議論の対象になったのである。七〇年代に行なわれたデリダの『判断力批判』読解の最終節の主題は「巨大なもの」(『判断力批判』第二六節)である。デリダは、美的呈示が不可能になってしまう端的に大きすぎる「途方もないもの」の手前に「ほとんど大きすぎる」もの、すなわち「巨大なもの」を位置づけ、数学的崇高のリミットを読み取っていた。[29]

そうした境界線の論理を徹底的に追究したのが、ジャン＝リュック・ナンシーである。ナンシーによれば、崇高のもとに問われているのは構想力の限界であり、そのとき構想力が呈示するのは、それによって起きる当のものなのだが、もはや呈示ではない何かにほかならない。ナンシーはそれを「捧げもの」と呼ぶことで、構想力自身が失神する痙攣的な瞬間を浮き彫りにするのである。そこに始まるのは「芸術」という名をもつであろうものの出来事である。[30]

ナンシーの崇高論が収められている論集『崇高について』には、ラクー＝ラバルト、リオタール、エスクーバ、ロゴザンスキーのカント美学の再解釈が収められており、二十世紀フランス思想の崇高論の到達点を示すものとなっている。なかでもカント崇高論の再解釈をはじめとして、それが芸術と政治の関係にもたらす射程を切り拓き、現代の『判断力批判』読解の可能性を大きく広げたのが、ジャン＝フランソワ・リオタールである。

シラーのカント解釈以降、美に対する感受性を陶冶し共有すること（「人間の美的教育」）が共同体の規範形成の基礎とみなされてきた。そのとき芸術は共同体を統合し人々を癒すための手段として役立つことになる。リオタールはしかしながら芸術の意味をそのような社会的機能に還元することに対して根本的に異議を申し立てる。というのも、芸術が美のみならず崇高の感情をも喚起しうるのであってみれば、芸術の使命とは、カント美学そのものの議論に即して、共同体を統合し有和する基盤を提供するだけでなく、まさに崇高における「不快の快」を通じてそうした基盤を打ち壊し、当の共同体を新たな外部へと開いていく批判的な役割をも担っていると考えられるからである。[31]

リオタールのカント論は、とりわけアヴァンギャルドの実験主義を、崇高論の再解釈を通じて理論化するものであり、カント美学のいわゆるポストモダン的解釈として広範な影響力をもったことで知られている。とはいえ、リオタールのみならず、二十世紀後半に切り拓かれた『判断力批判』再読のさまざまな広がりは、カント研究の内部でも外部でもいまだ汲み尽くされたとは言えない。[32]

驚くべきことに、現代のフランス哲学の展開は、ベルクソン以来の内在主義的観点から明確に反カント主義的問題提起を継続する一方で、こうした『判断力批判』再読のコンテクストにおいて、ある意味でもはやカントらしからぬカント像、いわば怪物的なカント像を打ち立ててきたのである。ただし、リオタールにしろデリダにしろナンシーにしろ、その基本戦略は、いわばポストハイデガー的な超越論哲学の（ほとんどフランス的とは言えない）伝統のもとにカント読解を推し進めており、内在主義に連なるドゥルーズの哲学と単純に同列にできないことも確かだ（実際、デリダもナンシーもリオタールもドゥルーズの先駆的な崇高論解釈に触れることがない）。

5　二十一世紀のカント研究にむけて

しかし現在から振り返ってみるとき、戦後フランス現代思想のカント受容において特異ともいえる仕方で集中的かつ多様なかたちで『判断力批判』の読解が取り組まれていたということが明らかになってくる。そうして提出された異形ともいえるカント像は、一方で、フランス語圏に限らず現代のカント研究のなかでどれほど整合的でありうるのかについて検証されねばならないだろう。

また他方で、メイヤスーのような現代の強力な反カント主義的問題提起を前にして、六〇年代以降のフランス現代思想のカント解釈がどこまで支持しうるものなのかについては現在から振り返ってあらためて検討する余地がある（とくにリオタールの立場は、メイヤスーの問題提起からすれば、普遍性要請を破壊する「強い相関主義[33]」として斥けられてしまうようにも思われる）。

最後に、こうした文脈のもとで二十一世紀以降のカント研究を一瞥してみよう。たとえば、カトリーヌ・マラブーの『明日の前に――後成説と合理性[34]』は、カントをめぐって切り拓かれた思考の現代的課題に答えようとする貴重な試みであるように思われる。マラブーは、カントが「純粋理性の後成説」（『純粋理性批判』B 167）と述べたものにかんして、現代生物学の発展がもたらした観点をも考慮することで悟性概念のアプリオリ性を再解釈し、超越論的主観の諸能力の発生論を練り上げ直すことを試みている。そしてそのことを通じてメイヤスーの反カント主義的な挑戦に応答しようとするのである。

これは、カントをめぐってさまざまに模索されている現在進行中の企てのほんの一例であろう[35]。フーコーが分析したように一方でわれわれが近代の人間学的な思考の条件を根本からカントに負っているのだとすれば、そうであればあるほど、他方でそれを打ち破る努力もまたカントとの格闘から出てくるということを現代フランスの哲学者たちは示している。

これまでにない速度と物量で文化のグローバル化や諸学派の交流や混成が進んでいる現在、フランス語での受容に特化してカント研究を枠づけることには慎重でなければならないだろう。にもかかわらずその受容史から引き出すべき洞察があるとすれば、少なくとも、先ほど述べたような二つに引き裂かれたカント像――カント主義と反カント主義、人間主義的カントと反人間主義的カント、規範的なカントと怪物的なカント等々――の狭間にあってなお、カントという名のもとに絶えずわれわれの思考の磁場が存続し続けてきたということである。

問題はどちらの側のカントにつくかということではない。両者の分裂を鋭く受け止めつつ、その狭間を穿つ手探りの思考からこそ新たなカントが到来するのである――それははたして、かつてドゥルーズが遠望した「哲学の未来を定義づけるあらゆる能力の規則逸脱[36]」を実現するようなカント像となるだろうか。

注

(1) さしあたり重要と目されるもののみ挙げておく。カントの生前ベルリン・アカデミーのフランス語使用者の議論から十九世紀初めのヴィクトール・クーザンの講義周辺にいたる初期のフランス語圏のカント受容にかんしては、マクシミリアン・ヴァロワ『フランスにおけるカントの影響の形成』(Maximilien Vallois, *La formation de l'influence Kantienne en France*, Alcan, 1924) という先駆的な研究がある。

カントの著作が最初にフランス語圏に導入された時期についての研究としては、まずジャン・フェラーリ「十八世紀末の最後の数年におけるフランスでのカント著作」(Jean Ferrari, « L'œuvre de Kant en France dans les dernières années du XVIIIe siècle », *Les études philosophiques*, oct.-déc. 1981: 399-411) が出ており、さらに一九九一年には、フランス革命以後からカント没年にいたるまでの同時代のフランスの哲学者たちのカント受容と批判にかんして、フランソワ・アズヴィ、ドミニク・ブレル『ケーニヒスベルクからパリへ――フランスのカント受容(一七八八―一八〇四年)』(François Azouvi, Dominique Bourel, *De Königsberg à Paris : la réception de Kant en France (1788-1804)*, Vrin, 1991) が刊行されている。とりわけ後者はこの主題について多数の豊かな資料を駆使してまとめられた決定版ともいうべき研究である。また前者フェラーリによる『カント哲学におけるフランス的諸源泉』(Jean Ferrari, *Les Sources Françaises de la Philosophie de Kant*, Klincksieck, 1979) は、カントの受容の逆、カントの著作におけるフランスの著者への参照を網羅的に調査した詳細な研究であり、別途参照されるべきものである。

（2）カントの著作の最初期から一九一七年までのフランス語訳のリストは以下にまとめられており、有益である。Patrick Hatchuel, « Kant en Français (1796–1917). Bibliographie des traductions françaises de Kant publiées entre 1796 et 1917 ». 本リストはウェブ上で公開されている。URL= http://hatchuel.fr/pdf/kant_en_francais.pdf

（3）アルセニイ・グリガ『カント――その生涯と思想』西牟田久雄・浜田義文訳、法政大学出版局、一九八三年、二九五頁。

（4）実のところボルン（Fredericus Gottlob Born）による『純粋理性批判』（第二版）のラテン語訳がカント監修のもとにすでに一七九六年に出ていたが、難解ゆえにフランス語圏の読者にはほとんど広まらなかったとされる。Cf. Vallois, *La formation de l'influence kantienne en France*, pp. 46–49.

（5）Destutt de Tracy, *Mémoire sur la faculté de penser; la métaphysique de Kant et autres textes* (1801), Fayard, 1992. 関連して次も参照。Oliver Dekens, « Kant résiduel. Destutt de Tracy. Une lecture idéologique de *la Critique de la raison pure* », *Kant-Studien* 94.2 (2003): 240–55. 以下、トラシのカント解釈の説明については本論文および注6のBraverman論文に負っていることをお断りする。

（6）Charles Braverman, "The Kantian Legacy in French Empiricism During the Early Nineteenth Century," *Kant Yearbook* 7.1 (2015): 16.

（7）この対立を包括的に論じた研究としては以下を参照。Madeleine Barthélemy-Madaule, *Bergson adversaire de Kant. Étude critique de la conception bergsonienne du kantisme*, suivie d'une bibliographie kantienne, préface de Vladimir Jankélévitch, PUF, 1966. また近年、この対立のもとで生じた「ベルクソン的カント主義」を解明しようとする研究も出ている。平井靖史・藤田尚志・安孫子信編『ベルクソン『物質と記憶』を診断する――時間経験の哲学・意識の哲学・美学・倫理学への展開』（書肆心水、二〇一七年）所収のカミーユ・リキエ論文および藤田尚志の解説を参照。こうした研究は、本章の観点では、後述のドゥルーズのカント解釈と比較対照されるべきものである。

（8）ベルクソン『物質と記憶』熊野純彦訳、岩波文庫、二〇一五年、一六頁。以下、原著参照頁数の指示は煩瑣になるため割愛したが、訳文は原著に照らして変更している箇所があることをお断りする。

（9）一六―一七頁。

（10）クァンタン・メイヤスー「減算と縮約――ドゥルーズ、内在、『物質と記憶』」（二〇〇七年）岡嶋隆佑訳、『現代思想』

（11）同頁。

（12）この二項対立はさまざまな文脈で異なる意味に用いられることがあり、注意を要するが、その用語法にかんして、さしあたり論者の念頭にあるのは、ジョルジョ・アガンベンの次の論文である。「絶対的内在」（一九九六年）、『思考の潜勢力』所収、高桑和巳訳、月曜社、二〇〇九年。

（13）カンタン・メイヤスー『有限性の後で――偶然性の必然性についての試論』千葉雅也・大橋完太郎・星野太訳、人文書院、二〇一六年。

（14）同書、二〇六頁。

（15）ヴュイユマンに関する日本語の文献として『メルロ＝ポンティ哲学者事典　第二巻――大いなる合理主義・主観性の発見』（白水社、二〇一七年）所収の「カント」（加國尚志訳）の項は、ヴュイユマンによる執筆であり、そのカント理解を端的に知ることができる。また『代数学の哲学』については、原田雅樹「ヴュイユマン『代数学の哲学』とスピノザ『エチカ』の幾何学的秩序」（上野修・米虫正巳・近藤和敬編『主体の論理・概念の倫理――二〇世紀フランスのエピステモロジーとスピノザ主義』以文社、二〇一七年、第一部・第四章）が参考になる。

（16）Gerhard Krüger, *Philosophie und Moral in der Kantischen Kritik*, Mohr, 1931; *Critique et Morale chez Kant*, trad. M. Régnier et préface d'Eric Weil, Beauchesne, 1960. 本書は、現在『知のトポス』（新潟大学大学院現代社会文化研究科誌上にて翻訳が連載中である。ゲルハルト・クリューガー「カントの批判における哲学と道徳」宮村悠介訳、同誌第一一――一三号、二〇一五―一七年。

（17）リクールのヴェイユ論については「エリック・ヴェーユの『政治哲学』（一九五七）」（ポール・リクール『レクチュール――政治的なものをめぐって』所収、合田正人訳、みすず書房、二〇〇九年）参照。またリクールとカントをめぐる研究については以下を参照。Pamela Sue Anderson, *Ricœur and Kant: Philosophy of the Will*, Scholars Press, 1993.

（18）ミシェル・フーコー『カントの人間学』王寺賢太訳、新潮社、二〇一〇年を参照。

（19）ミシェル・フーコー『言葉と物――人文科学の考古学』渡辺一民・佐々木明訳、新潮社、一九七四年、三六三頁。

（20）同書、四〇五頁。

（21）ジル・ドゥルーズ「ミシェル・フーコーの基本的概念について」宇野邦一訳、『ドゥルーズ・コレクションII――権力

二〇一三年一月号、一四八頁。

／芸術』河出文庫、二〇一五年、四七頁。

(22) ジル・ドゥルーズ『記号と事件――1972-1990年の対話』宮林寛訳、河出文庫、二〇〇七年、一七頁。

(23) ジル・ドゥルーズ『カントの批判哲学』（一九六三年）國分功一郎訳、ちくま学芸文庫、二〇〇八年。

(24) ジル・ドゥルーズ「カントの美学における発生の観念」（一九六三年）江川隆男訳、『無人島 1953-1968』前田英樹監修、河出書房新社、二〇〇三年、一一七―一四八頁。

(25) ザロモン・マイモン「超越論哲学についての試論」平川愛訳、『知のトポス』第三号、新潟大学大学院現代社会文化研究科、二〇〇八年、九五―一九六頁。関連して次も参照。ダニエラ・フォス「マイモンとドゥルーズ――内的発生の観点と微分の概念」小嶋恭道訳、『hyphen（ハイフン）』第二号、DG-Lab（ドゥルーズ＝ガタリ・ラボラトリ）、二〇一七年、六〇―七四頁。URL = https://dglaboratory.wordpress.com/2017/05/17/

(26) 前掲「カントの美学における発生の観念」、一二九頁。

(27) ジル・ドゥルーズ「カント哲学を要約してくれる四つの表現について」（一九八六年）守中高明訳、『批評と臨床』河出文庫、二〇一〇年、七七頁。

(28) Emmanuel Kant, *Critique de la faculté de juger*, trad. Alexis Philonenko, Vrin, 1965.

(29) ジャック・デリダ「パレルゴン」（一九七八年）高橋允昭・阿部宏慈訳、『絵画における真理』上巻、法政大学出版局、一九九七年、二〇〇頁以下。また『判断力批判』における「怪物的なもの」の主題に特化した重要な論文として、ジャコブ・ロゴザンスキー「「Ungeheuer なもの」の限界で――カント『判断力批判』における崇高と怪物的なもの」拙訳、『知のトポス』第五号所収、新潟大学大学院現代社会文化研究科、二〇一〇年も参照。

(30) ジャン＝リュック・ナンシー「崇高な捧げもの」（一九八四年）、『崇高とは何か』所収、梅木達郎訳、法政大学出版局、一九九九年。

(31) リオタールのカント崇高論の註釈には、Jean-François Lyotard, *Leçon sur l'Analytique du sublime*, Galilée, 1991 があるが、本章で取り上げた論点についてはとりわけ以下を参照。ジャン＝フランソワ・リオタール「ポストモダンとは何かという問いに対する答え」（一九八二年）、『こどもたちに語るポストモダン』所収、管啓次郎訳、ちくま学芸文庫、一九八八年。

(32) 本章で触れたフランス現代思想のカント崇高論の解釈はごく一部でしかない。さらなる議論については、拙著『判断と崇高——カント美学のポリティクス』知泉書館、二〇〇九年を参照されたい。

（33）前掲『有限性の後で』、六四頁以下。

（34）Catherine Malabou, *Avant demain. épigenèse et rationalité*, PUF, 2014.

（35）本章で扱ったフランス的パースペクティヴにかかわる二十一世紀以降のカント研究として——英語文献も含みアプローチもさまざまだが——参考までに以下を挙げておく。Peter Fenves, *Late Kant: Towards Another Law of the Earth*, Routledge, 2003; Peter Szendy, *Kant chez les extraterrestres. Philosofictions cosmopolitiques*, Minuit, 2011; Olivia Custer, *L'exemple de Kant*, Peeters, 2012; Béatrice Longuenesse, *I, Me, Mine: Back to Kant, and Back Again*, Oxford University Press, 2017; Geoffrey Bennington, *Kant on the Frontier: Philosophy, Politics, and the Ends of the Earth*, Fordham University Press, 2017.

（36）前掲「カント哲学を要約してくれる四つの表現について」、七九頁。

2 英米圏のカント研究

経験論の伝統

城戸 淳

1 二十世紀後半からの発展

二十世紀後半（第二次世界大戦後）以降、イギリスとアメリカにおけるカント研究は、いわゆる「分析哲学（analytic philosophy）」との密接な連携のなかで急速に拡大してきた。もちろん分析哲学の源流の一つは、二十世紀初頭にケンブリッジ大学のバートランド・ラッセルやG・E・ムーアが、ドイツ観念論の衣鉢を継いだ「イギリス観念論」の思想潮流から訣別したところに求められる。それゆえ分析哲学者は当初から、ドイツ式の「深い」形而上学を毛嫌いしていたし、カント哲学もそのなかに十把一絡げにしていたのである。

そうしたカント嫌いの雰囲気を一変させたのが、オクスフォード大学のP・F・ストローソンが一九六六年に上梓した『意味の限界――『純粋理性批判』論考』[(1)]であった。ストローソンは『純粋理性批判』の超越論的分析論を、「超越論的論証」によって経験の一般的構造を析出する「記述的形而上学」として解釈することを提唱した。エッカート・フェルスターの語るように、この超越論的論証が爆発的に流行した結果として、一九七〇年代からは英米の一流大学の哲学科にはかならずカントの専門家がポストを占めるようになり、英米圏のカント研究は一気に飛躍

したのである。(2)

もう一つ、英米圏のカント研究を駆動した要因として、ジョン・ロールズの『正義論』(3)の影響があげられるだろう。ロールズは「カント的構成主義」を標榜して、定言命法の手続きや正義の優越といったカント倫理学の基幹的な思想を、現代の政治哲学に復権させた。さらに、ハーヴァード大学のロールズのもとからは、クリスティーン・コースガード、バーバラ・ハーマン、オノラ・オニールといった錚々たる研究者(ちなみにこの三人は女性である)が育ったという事情も見逃せない。彼女たちの活躍もあり、分析的倫理学の手法でカントのテクストを分析して議論することが流行して、カント倫理学研究は大いに隆盛を迎えた。

とはいえ、ここでひとこと挿んでおくなら、もちろん英米圏におけるカント研究の発展は、たんに、第二次世界大戦後のアカデミズムにおいてイギリスやアメリカの大学が覇権をとったという事情によって説明できる部分も大きい。この覇権の確立にともなって、世界の学術的な共通言語が英語に一元化されてきた。こうした英語帝国主義の功罪は、ひとまずここでは措こう。ともあれ、カントはもはやドイツでのみ流通するローカルな哲学者ではなく、グローバルな規模で研究される哲学者であるのは確かなことである。その世界的な学術の標準語が英語であるがゆえに、英語によるカント研究が大きな割合を占めるようになってきた。この流れは、ドイツやオーストリアのカント研究者が英語で論文を発表するようになって、いっそう拍車がかかっている。英米の大学で教鞭をとるドイツ語圏出身のカント研究者もいる(さきのフェルスターもその一人である)。このような広い学術的な意味での英語圏のカント研究は拡大する一方であって、これを国籍などによる狭い意味での英米圏のカント研究から識別するのは難しくなってきたし、今後もその傾向は強まると思われる。

また、英米圏では分析哲学や分析倫理学と連携することでカント研究が進展してきたのは確かであるが、現代の英米圏のカント研究がそうした分析系の研究一色で染められているかといえば、もちろんそうではない。カント全集のあらゆる問題局面に英米圏のカント研究は及んでいるし(たとえばマイケル・フリードマンのカントの科学論の研究など）、ドイツ本国にも引けをとらない思想史的な研究も活発に展開されている（ここではフレデリック・C・バイザーとエリック・ワトキンスの名前をあげるにとどめよう）。ひと昔まえなら、英米圏のカント研究は分析哲学式の問題設定や解釈手法への偏頗が著しいとか、歴史的なカントに即して読む文献学的な誠実性に乏しいなどと腐すこともできたかもしれないが（実際そのような評価はある程度は妥当なものだった）、もはや現在ではそういう断定は実情にそぐわないだろう。

英米圏のカント研究の充実は、ガイアー／ウッド編のケンブリッジ版カント全集[4]の偉業にも見ることができる。この全集は総じて信頼できる最新の英訳を提供しているが、なかでも『オプス・ポストゥムム』をはじめとする「遺稿」がじつに上手く編集・抄訳されていること、さらには各種の講義録が収録されていることが目を引く。今後この全集は英米圏のカント研究のテクスト的な基盤の役割を果たすだろうし、さらには英語で研究発表する世界中のカント研究者にとって不可欠のツールになるだろう。

英米圏のカント研究はいまや質・量ともに世界的なカント研究を牽引している。その多彩で充実した展開を見るとき、現代の英米圏のカント研究について、その全体像の輪郭をえがくことも、なんらかの解釈の傾向や個性を特定することも難しいと言わざるをえない。そこで、ここでは視野をせまく絞って、二十世紀後半の英米圏のカント研究に大きな駆動力を与えたストローソンやロールズなどの哲学者に着目して、そこからの解釈の流れを辿ってみることにしたい。そのように限定的に見れば、やはり英米圏のカント解釈にはある種の傾向、あるいは偏りのようなものが認められるように思われる。しかもそれはホッブズやロック、ヒューム以来の経験論の精神に根ざすものであり、息のながい哲学的伝統を覗わせる。以下では理論哲学と実践哲学のそれぞれについて、そうした英米圏のカント解釈の一断面をスケッチしてみよう。

2　超越論的論証と自然主義

ストローソンに由来する「超越論的論証（transcendental argument）」とは、経験の成立という最低限の事実から、その超越論的な前提条件を論理分析することで、懐疑論者に答えるという類型の論証である。ストローソンは『意味の限界』において、『純粋理性批判』の演繹論や類推論から、ありうべき超越論的論証を再構成してみせた。すなわち、私があることを経験しているという事実の前提条件として、時空的に再同定可能な個物の存在や、主観的な経験系列と客観的な物体存在との区別、経験を自己帰属させる主体の自己意識の統一などが析出される。このように概念分析をつうじて経験一般の制約構造を明らかにする議論を『純粋理性批判』に読みとることで、ストローソンは分析哲学のプロジェクトの核心部にカント哲学を召還したのである。

しかも、ストローソンはこの超越論的論証を、「超越論的観念論」の形而上学や「総合（synthesis）」の心理学から分離することを試みる。超越論的観念論はつまるところ存在を表象に還元するバークリー主義であり、カントがさかんに語る「総合」の理論はじつのところ「超越論的心理学という空想的な主題」に属するお伽話にすぎない。[5] こうした前時代的な夾雑物から超越論的論証を純化して、分析哲学流の冷静な議論として再構成することがストローソンの目論見である。

このようなストローソン式の超越論的論証の解釈はたちまち一世を風靡し、英米圏のみならず、ドイツを含む世界的なカント解釈の動向にも絶大なインパクトを与えた。[6] よく知られるように、これに対しては早くからバリー・ストラウドが、それは本当に懐疑論に対する応答になっているのか、疑義を呈していた。[7] 超越論的論証が示しているのはせいぜい、一般に経験的な認識というものを考えうるならば、物理的な個物がたいていは再同定可能でなければならない、というような条件的な必然性にすぎない。ここでは懐疑論者は、一方では経験的認識一般の可能性を承認しつつ、しかし他方では（認識の妥当性の如何は判別できない以上）われわれの経験は偽なる認識で満たされているかもしれないと主張していると見なされ、その不整合が暴かれている。しかしながら、われわれはそもそも世界についてなにも知らないのであって、経験的な認識などまるっきり幻想にすぎない、と言い放つような過激な懐疑論者に対しては、このような超越論的論証は無力であろう。

じつはこうした論争状況は、まさにカントが直面していた課題に原型がある。じっさい『純粋理性批判』の演繹論においてカントは、このような過激な懐疑論者に答えるという課題をみずから設定している。カントによれば、われわれの心が脈絡のない「表象の盲目的な戯れ」（A 112）で占められ、そこからいっこうに「経験が成立しない」（A 111）という可能性があるのである。これはひとまずは経験論に対する懐疑であると言える。経験論式に感覚印象から連想によって物理的世界を作り上げようとする立場に対して、その感覚の束はどうにもならない無秩序な雑踏かもしれないではないかと懐疑論者は言い募り、外的世界の不可知論への門戸を開く。たとえばデイヴィッド・ヒュームにとっても、たしかに物体の観念は、われわれ人間にとって自然な信念であるにせよ、じつのところ正当化されえない空想の産物かもしれないのである。(8)

とはいえ、こうしたヒューム的な懐疑論は、感性的直観の多様を前提とするカント的な認識論にとっても危険なものになりうる。この懐疑を斥けるには、たんに「客観的演繹」のスタイルで、経験の客観的な対象はカテゴリーによって思考されなければならない、と主張するだけでは足りない。ここでの懐疑論者は、そもそも「経験」という事実を認めないからである。必要なのはさらに、主観の認識源泉のなかには雑多な感覚与件を統御し概念化しうる超越論的総合の機能があり、その働きのもとで必然的に経験の対象が総合されて成立するのだと語る「主観的演繹」の手続きである（cf. A XVII）。これによって、感覚与件という最低限の前提から、主観的な認識源泉に基づいて、経験の事実の必然性を論証することができる。（ここでは詳細は省くが、「主観的演繹」の役割をこのように評価する点で、私はヴォルフガング・カールの解釈にしたがっている。）

もちろんストローソンの再構成する演繹論の論証においては、こうした主観における総合機能の物語は「超越論的心理学という空想的な主題」へと放逐済みである。それゆえストローソン式の解釈からは、そもそもヒューム的な過激な懐疑論に対して答えるための道具立てが奪われているのである。ストローソン流の超越論的論証を奉ずる解釈者たちは、「総合」を悪魔祓いする代償として、極端な懐疑論に対する無力さを甘受するつもりであろう（過激派など無視しておけばよい！）。しかしそれは、圧倒的な経験論の潮流に対抗して、アプリオリな総合判断を基礎づけようと試みていた、カントその人のとりうる選択肢ではなかったのである。

しかも注意すべきことに、こうした反心理学主義的な傾向は、ストローソンとその一派だけではなく、ギュンター・ツェラーの指摘するように、ヘンリー・E・アリソンやポール・ガイアーといった現代英米の代表的なカント研究者にも共有されている。アリソンは「認知的（epistemic）条件」は「心理学的条件」とは違うと強調し、ガイアーは演繹論は心理学ではなく認識論であると繰り返し述べる(9)。

もちろん、人間という動物がたまたま有しているにすぎない認知能力の主観的な特性に、客観的な科学的認識の根拠を求めることができないのは当然である。その意味では反心理学主義は、批判的警告としてつねに念頭に置かなければならない。だが他方では、人間の認識能力の自発的な活動性にかんする心理学的な記述を脇に追いやり、経験一般の概念分析に自己限定することによって、現代英米系のカント解釈は自縄自縛に陥りかねないようにも思われる。こうした穏健な自己限定のもとでは、総合の理説を駆使してヒュームの懐疑に真正面から答えるというカントの強烈な哲学的野心には背を向けて、私の経験の事実をいったんは前提したうえでその可能性の条件を分析することで満足するほかないからである。はたして、いかにも英国式の現実主義を反映した、こうした穏健なカント解釈が、本当にカントの超越論哲学の深度に届いているのか、われわれは警戒してもよいかもしれない。

ともあれ、このように二十世紀のカント解釈においては、反心理学主義という解釈態度が幅広く共有された規範であった。これに対抗して、あたかも心の哲学や認知科学の興隆を追いかけるように、カントの認識論における心理学的な側面を積極的に評価しようという反動が起こってきた。その代表格はパトリシア・W・キッチャーである。キッチャーは、演繹論のプロジェクトはカントの「超越論的心理学」に即して理解すべきだと主張した。[10] ただし心理学といっても、伝統的な意味での「霊魂《プシュケー》」実体の能力や機能の記述ではない。むしろ現代的な「機能主義」のスタイルで、たとえば総合の作用は、入力された諸表象から新たな表象を出力するプロセスであるとされ、統覚的な自己意識はこの「総合の観察」に還元される。カントは十八世紀の認知心理学者なのである。

こうしてキッチャーを筆頭に、心の哲学や認知科学の術語や理論を大幅にとりいれてカントを読みなおそうという解釈潮流が形成された。大きく見ればこうした潮流の背後には、「自然化された認識論」を標榜するウィラード・ヴァン・オーマン・クワインの「自然主義（naturalism）」が英米圏の哲学の主流を牛耳るようになったという事情がある。自然主義においては、特権的かつ規範的な認識論的反省がメタ的に認識を基礎づけるという超越論哲学の概念そのものが放棄されるのである。キッチャー的な解釈は、このようにカント哲学を「自然化」しようとする大きな傾向の、一つの現れであったと言えよう。

じつのところ、こうした自然主義の思想的源流は、ロックの「観念」モデルや、あるいはヒュームの「人間本性（human nature）」論にまで遡ることができる。[11] ロックやヒュームは、人間の心が観念を獲得し構築する自然本性的な仕方を記述することで、認識論を構築しようとした。このような経験論に対してカントは厳しい批判を向けたが、当然ながら、その批判はそのまま自然主義的なカント解釈にも当てはまる。すなわちカントの批判によれば、経験論式のカテゴリーの「自然学的導出」（これをカントは「経験的演繹」と呼ぶ）によっては、アプリオリな総合判断が有する規範的な必然性が説明できないのである（A 85ff./B 117ff.）。とはいえ、そもそも自然主義は、改訂不可能な絶対的真理を認めないという立場であるから、そうしたアプリオリな概念や判断の特権的な地位を声高に唱える論難など、痛くも痒くもない。このように、カントにとって致命的に重要なことが、自然主義者にとってはどうでもよいわけである。

以上からわかるとおり、二十世紀後半からの英米圏のカント解釈は、経験の事実を前提した超越論的論証と、自然主義にそった心理学的解釈という二つの方向から、カントに迫ろうとしてきたが、どちらもカント哲学の核心には手が届いていないように思われる。超越論的総合の理説にせよ、認識の規範的な必然性にせよ、カントを英米哲学の流儀で咀嚼しようとすると、どうにも呑み込めない異物が残るようである。これはつまるところ、広い意味での「理性」の自律的な働きに、どれほどの規範的な力を認め、学の存立をそこに託すかという問いに帰着すると言ってよい。もちろん、ストローソン以後の分析哲学の展開として、こうした理性への問いが、「所与の神話」を斥けて「理由の論理空間」に訴えるウィルフリド・セラーズや、さらにはそこからカントを突き抜けてヘーゲルを召還するジョン・マクダウェルにおいて、いかに答えられているか、ということは興味ぶかい課題であろう[12]。しかし本章ではこれに立ち入らずに、広い意味で実践に関わる局面に視線を移して、こうした理性への問いが同じく自由と道徳性をめぐっても先鋭化してゆく様子を、残された紙幅のなかで一瞥しておくことにしたい。

3　自由と道徳性

カントの倫理学の中核にあるのは「超越論的自由」という概念である。これは先行する自然経過からは独立に、みずからある状態を開始する能力のことであって、現代的な言い方では「非両立論」的な自由に相当するものである。ホッブズ以来、経験主義的な伝統に培われた英米系の哲学者は、自然法則と両立しうる「両立論」式の自由概念を支持してきた。こうした英米的な観点から見れば、超越論的自由なるものは化け物じみた概念であって、神さまについてならともかく、人間については認容しがたいものである。「〔超越論的〕自由の概念はあらゆる経験論者にとって躓きの石である」（KpV, V, 7）と、『実践理性批判』においてカントがいわば予言していたとおりである。超越論的自由については、敬して遠ざけるというのが、カント倫理学解釈の常道であったと言える。

これに対して、カントの自由論を現代的に再評価するのに大きな貢献をした哲学者がドナルド・デイヴィドソンであった。デイヴィドソンは、哲学の「理屈で自由を消し去ってしまうことはできない」（『人倫の形而上学の基礎づけ』GMS, IV, 456）というカントの言明にあからさまに共感を表明して、なんとかして自由を自然主義的な枠組みのなかで救済できる構図を考えようとする。その「非法則的一元論（anomalous monism）」によれば、心の自由な働きは法則的には説明できないが、脳を含む物理状態とトークン＝トークン的に同一であるとされる。(13) このデイヴィドソンのアイデアを用いて、ラルフ・ミーアボーテのように、カントの自由論を両立論式に解釈しようとする解釈者が登場してきた。ミーアボーテによれば、カントにおける人間の自由は、理性的に「熟慮」して、みずからの行為を「内面的に物語る」ことに存するのであり、こうした心的出来事はともかく脳の物理過程と同一であるから自然主義の枠内に収まる。

アリソンの『カントの自由論』によれば、このような解釈はつまるところ自由を心の内側に閉じ込め、無力化することに等しい。これに対してアリソンは、みずからの「格率」を自己決定する超越論的な働きに、人間的自由の核心を見出す。すなわち、われわれは自己の格率に基づいて現象世界のなかで実践的に自由に行為しているが、その格率は、あるいは根本的な格率としての「心根（Gesinnung）」は、みずから自由に採用して取り込んだものであると考えるべきなのである。このように心根を根源的に獲得する超越論的自由は、もちろん時間的な現象としては経験されえないから、超越論的観念論によって叡知的な次元に訴えるほかない。(14) アリソンの解釈はカントの文字と精神に即した優れたものであるが、やはり英米流の両立論の伝統とは異質の、かなり挑戦的なものであるのは確かである。

ロールズがカント倫理学の復権に貢献したことは最初に述べた。やはりロールズにとっても、カント主義を現代的に解釈するさい、超越論的観念論のいう現象と叡知界の二元論や、そこに立脚する超越論的自由の構想は邪魔であった。ストローソンを彷彿させるようにロールズは、カントの道徳哲学から超越論的観念論を分離することを提唱する。ロールズによれば、有名な「原初状態」の想定は「経験論の枠組みにおけるカントの自律の構想と定言命法の手続き的解釈」であると見なしうる。こうした解釈によって、人間的行為の次元を超えたカントの深遠な形而上学を回避しつつ、経験論の範囲内でカント倫理学の説得力を手続き的に再構築することができるという[15]。

ロールズに見られるような脱形而上学的な態度は、英米系のカント倫理学解釈にひろく浸透しているように見うけられる。たしかに、たとえば定言命法の諸定式などについては、分析的な手法での手続き的な解釈が目覚ましい成果をあげたのは認められてよい。しかし問題が先鋭化するのは、その定言命法の道徳的な規範性はいかにして正当化されうるか、と問うときである。そもそもカントはまさにそのような「基礎づけ」の問いに答えるべく、理性の超越論的自由に訴えて、「目的の国」といった道徳形而上学の構想に踏み込んだのである。

ロールズ門下のコースガードは、この原理的な問いに果敢に挑戦した一人である。その『義務とアイデンティティの倫理学——規範性の源泉』によれば、道徳的な規範性の源泉は自己の実践的アイデンティティの理解に求められる。ある行為について考えるとき、「そんなことをしたら自分を許せなくなる」と確信することがあるだろう。それは、私のアイデンティティに統合されえない、私が私であるかぎり反省的に認証しえない行為なのである。それだから、不道徳にふるまうことで私は、社会的に生きる人間としてのアイデンティティの統合性（integrity＝誠実性、高潔さ）を喪失してしまうことになる、とコースガードは訴える[16]。

しかし、このヒューマニスト的な訴えはじつのところ道徳性には届かないように思われる。G・A・コーエンの指摘するように、「こんなにも忌々しいほど利己的だとは、いかにも俺らしい」と嘯くようなアイデンティティもありうる。あるいは、マフィアの組員は命懸けで反社会的な掟に従い、おのれの信じる任侠道を貫き通す。このように、人のアイデンティティの選択は恣意的であり、個性的なアイデンティティはかならずしも道徳性を帰結しないのである。これに対してカントなら、経験的な個人的差異をいっさい捨象した、純粋な実践理性としての叡知人に「本来の自己」（GMS, IV, 457）を見出すことで、普遍的に成り立つ道徳法則の次元を確保することができるだろう。コースガードは、カント的な義務論を救おうとしつつ、規範性の源泉を人間化してしまい、道徳性を任意の選択肢の一つに貶めた、というのがコーエンの判定である[17]。

やはり、超越論的自由や純粋実践理性の理念を経験論的に換骨奪胎したうえで、一貫してカント倫理学全体を解釈しとおすことは難しいように思われる。とはいえ他方では、そうしたカントの理念的な語り口をそのまま額面どおり形而上学的に信じることも、もはや不可能であるにちがいない。これが現代のカント倫理学研究のジレンマである。

注

（1） P. F. Strawson, *The Bounds of Sense: An Essay on Kant's* Critique of Pure Reason, London: Methuen, 1966. 熊谷直男・鈴木恒夫・横田栄一訳、勁草書房、一九八七年。

（2） エッカルト・フェルスター「アメリカから見たドイツ観念論」小川仁志訳、『ヘーゲル哲学研究』第一三号、二〇〇七年、一一六頁。

（3） John Rawls, *A Theory of Justice*, Cambridge, Mass.: Harvard University Press, 1971, revised edition, 1999. 川本隆史・福間聡・神島裕子訳、紀伊國屋書店、二〇一〇年。

（4） Paul Guyer/Allen W. Wood (eds.), *The Cambridge Edition of the Works of Immanuel Kant*, 15 vols, 1992–2005.

（5） *The Bounds of Sense*, pp. 22, 97. 邦訳、一〇頁、一〇六頁。

（6） その一端は、ヘンリッヒ、アーペル、ローティ他『超越論哲学と分析哲学――ドイツ哲学と英米哲学の対決と対話』竹市明弘編、産業図書、一九九二年、に紹介されている。

（7） Barry Stroud, "The Transcendental Arguments," 1968, in R. C. S. Walker (ed.), *Kant on Pure Reason*, Oxford: Oxford University Press, 1982. 「超越論的論証」田山令史訳、『現代思想』第二二巻四号臨時増刊「カント」、一九九四年、所収。

（8） David Hume, *A Treatise of Human Nature*, 1739–40, 1. 4. 2. 『人間本性論 第一巻 知性について』木曾好能訳、法政大

学出版局、一九九五年、二一八頁以下。

（9）Guenter Zoeller, "Main Developments in Recent Scholarship on the *Critique of Pure Reason*," *Philosophy and Phenomenological Research*, 53/2, 1993, pp. 461 ff.

（10）Patricia W. Kitcher, *Kant's Transcendental Psychology*, Oxford: Oxford University Press, 1990.

（11）最近わが国では、こうした自然主義的な伝統を踏まえて、むしろカント哲学はそこから逸脱した、歪んだ論理で出来ていると批判的に捉える解釈が出ている（冨田恭彦『カント哲学の奇妙な歪み――『純粋理性批判』を読む』岩波書店、二〇一七年）。

（12）現代英米哲学とカントとの関係については、加藤泰史・舟場保之／カント研究会編『現代カント研究13　カントと現代哲学』（晃洋書房、二〇一五年）の諸論文、とりわけ近堂秀「自己意識の統一による超越論的論証――ストローソン、デイヴィドソンからカントへ」、村井忠康「自己意識への二つのアプローチ――オックスフォード新カント主義からカントへ」を参照されたい。

（13）Donald Davidson, *Essays on Actions and Events*, 2. ed., Oxford: Clarendon Press, 1980, esp. pp. 207ff.『行為と出来事』服部裕幸・柴田正良訳、勁草書房、一九九〇年、二六二頁以下。

（14）Henry E. Allison, *Kant's Theory of Freedom*, Cambridge: Cambridge University Press, 1990.『カントの自由論』城戸淳訳、法政大学出版局、二〇一七年。ミーアボーテの解釈については同書第四章第2節、超越論的観念論については序論を参照のこと。

（15）Rawls, *A Theory of Justice*, pp. 226f. 邦訳、三四五頁以下。Cf. Onora O'Neill, *Bounds of Justice*, Cambridge: Cambridge University Press, 2000, ch. 4. オニール『正義の境界』神島裕子訳、みすず書房、二〇一六年、第四章。

（16）Christine M. Korsgaard, *The Sources of Normativity*, Cambridge: Cambridge University Press, 1996, Lecture 3 & Lecture 4. 寺田・三谷・後藤・竹山訳、岩波書店、二〇〇五年、第三講、第四講。

（17）Korsgaard, *Sources of Normativity*, Lecture 5. 邦訳、第五講。この問題はつぎの拙論で論じた。城戸淳「理性と普遍性――カントにおける道徳の根拠をめぐって」、熊野純彦編『岩波講座　哲学06　モラル／行為の哲学』岩波書店、二〇〇八年、所収。

3　スペイン語圏のカント研究

スペイン、メキシコでの展開

ドゥルセ・マリア・グランハ・カストロ

（中野裕考 訳）

1　十九世紀スペインにおけるカント哲学の受容

十九世紀ヨーロッパでカント主義は大いに好評を博したが、スペインではそうではなかった。この時期にスペインで知られていたカントは、フランス語の情報源のものに限られていた。スペイン語で著された批判哲学の紹介はきわめて表面的で、単純化されており、ほとんど正確ではなかった。カントがスペインの知識人によって理解され受容されたのはずっと後の一九二〇年代のことで、それはホセ・オルテガ・イ・ガセット（1883–1995）とマヌエル・ガルシア・モレンテ（1886–1942）の努力によるものだった。

十九世紀スペイン哲学に批判哲学がほとんど入ってこなかったのは、カタルーニャの司祭ジャウマ・バルメス（1810–48）の思想と作品によるところが大きい。カント哲学に関してバルメスが知っていたのは『純粋理性批判』に限られ、彼はそれを一八四五年のパリ滞在時にクロード・ジョゼフ・ティソの仏訳で読んでいた。バルメスはカント哲学を断固として拒否し、誤謬に満ち、懐疑論的で形而上学破壊的な哲学、重大な危険とみなして、スペインに根づくのを妨げようと努めたのだった。

一八九一年にマルセリーノ・メネンデス・ペラヨ（1856–1912）が、道徳学政治学王立アカデミーへの入会講演として「批判主義と懐疑論、とりわけカントについてのスペインの先人たちの源流」を講じた。興味深いことにこの講演では、十九世紀スペイン哲学者たちのうち何らかの意味でカント主義的と言える者が、メネンデス自身を含めて何人か挙げられている。

一　フランシェスク・シャビエ・ジョレンス・イ・バルバ（1820–72）
二　マヌエル・デ・ラ・レヴィージャ（1846–81）
三　ホセ・デル・ペロホ（1852–1908）
四　マルセリーノ・メネンデス・ペラヨ（1856–1912）

ジョレンスに認められるカント主義はかなり漠然としている。彼は著作を残したわけではなく、一八四七年にバルセロナ大学で行った講座「哲学とその歴史」を通じてカタルーニャの知識層を教育した。最も傑出した弟子がマルセリーノ・メネンデス・ペラヨであった。ジョレンスのカント主義は、観念論的諸潮流、とりわけフィヒテ、シェリング、ヘーゲルの体系を阻止するための対抗軸を求めていた当時の哲学諸潮流を志向した批判的方法である。マヌエル・デ・ラ・レヴィージャも、真のカント主義者とは言えず、むしろクラウゼ主義者ないし実証主義者とみなされる。彼はほとんど書物を著さず、三五歳の若さで痴呆を患って亡くなった。彼の貢献はどちらかというと文学批評であって、哲学的テーマに関する寄与としてはマドリード学芸協会と『批評雑誌』や『現代雑誌』における講演が見出される。彼はスペインを近代化に覚醒させるというクラウゼ主義の関心を共有していた。ただレヴィージャにとってこの近代化は、カント主義に代表されるというよりは実証主義に代表されている。というのも、彼にとって実証主義はスペイン文化を停滞させていたあらゆる陋習に対抗するための最も強力な武器だったからである。レヴィージャは実証主義に幾分カント的な観点を盛り込もうとし、自らをカント主義者でもクラウゼ主義者でもなく、批判的実証主義者とみなした。彼の意見では実証主義はあらゆる超越的なものを廃棄し、唯物論に導きかねないという問題を抱えていたが、そうした問題はカント哲学にはない。レヴィージャは実証主義の極端な帰結に対抗しつつ、カント哲学についてのスペイン新スコラ主義による伝統的解釈を無効にするために『純粋理性批判』を用いた。その伝統的解釈はカント哲学を、反形而上学的で唯物論的だと拒否していたのである。クラウゼ主義も新スコラ主義も理性理念を認識する可能性を支持していたが、レヴィージャがカントに従って示したのは、学とはたんに事実についての学にほかならないため、それは不可能だということである。けれどもこれは超越的なものを否定するのではなく、それを異なる認識的文脈に、つまり実践理性のそれに置くのである。こうしてレヴィージャのカント主義は、クラウゼ主義に対抗するために実証主義の衣をまとう。ただし彼は折衷的な人物であり、哲学者というよりも文芸批評家であったし、カント主義よりも実証主義に力点を置き、最終的には進化論的、ダーウィニズム的な実証主義とみなせるような知的立場を唱えるようになっていった。

ホセ・デル・ペロホは一八七三年と七四年にハイデルベルクで学び、ヴィルヘルム・ヴントとクーノ・フィッシャーの講義に出席していた。一八七五年初めにスペインに戻り、批判哲学のよりよい理解のための土壌を整え、現代ヨーロッパの討議によってスペイン文化を再生し再活性化するために出版社と『現代雑誌』を設立した。カント哲学は、この近代化の運動、論争的であらゆる議論に開かれた運動との関係で、文化的討議を更新し近代化する役割を与えられていた。フィッシャーの下で学んだとはいえ、ペロホがスペインに紹介したカント主義は、『実践理性批判』に重心を置くハイデルベルク学派のものではなく、『純粋理性批判』をより重視するマールブルク学派のカント主義だった。後者の著作の方が、ペロホが追求していた実証科学主義の目的に直接適用しやすかったからである。スペインに帰国したこの同じ年に彼はまた、ドイツ文化への興味を読者に喚起するという普及目的を述べつつ、『ドイツにおける知的運動についての試論』と題した六つの論考を出版した。これはマドリードの文化生活でカントが一定のプレゼンスを示した最初のことだったが、本当のカント学派の形成とは言えない。十九世紀を通じてカントとその哲学は実質的には知られず、知られていたのは哲学史に表れたものに限られる。『現代雑誌』においては、カントの思想はどちらかというと口実であって、本当の目的はクラウゼ主義に対抗し、クラウゼ主義の真相を暴露し破壊することで始まる、スペインの文化的更新の方にあった。ペロホによってスペインにもたらされたカント主義は、初めから一定の実証主義的傾向に染まっていた。さらにスペインでペロホのカント主義は、クラウゼ主義に対抗するためより一層の実証主義を添加された。彼が創設した『雑誌』は何よりもヨーロッパ文化、とりわけ実証主義の普及運動なのであった。

2 マルセリーノ・メネンデス・ペラヨの貢献

マルセリーノ・メネンデス・ペラヨは十九世紀末から二十世紀初頭にかけてのスペインの文化生活のなかで最大の人物である。一八七六年から七七年の間、彼はサンタンデール市庁舎と公教育省の奨学金を受けてヨーロッパの諸々の図書館に旅し学んだ。専門はむしろ歴史であったが、彼はスペインの哲学伝統の歴史を哲学的に考え研究するような歴史家であった。彼はスペイン人哲学者たち、とりわけ崇拝の念を公言していたジョアン・ルイス・ビベスの思想をカント的に解釈した。ペラヨにとってビベスはカントの批判主義の先駆者であって、カントによる魂の不死性の要請や認識の批判的・超越論的基礎づけを先取りしていた。メネンデスはビベスをカント的人物として提示しようとしたのだが、この比較は若干強引であり正確ではない。カントの取り込みは、スペインの哲学伝統に批判哲学の根本特徴の現存を見出すという目的をもった歴史的分析による。ペラヨはカントを歴史的にスペイン化しようとした。つまりビベスら、スペインにおける批判哲学の先行者たちの思想をカント的に解釈し、近代的思惟はすでにスペイン哲学のなかに現存していたのだからスペインが近代化する必要はない、と示そうとした。これが、ペラヨがカント哲学に行った独特な加工であり、カント哲学の重要性を認めた仕方なのであった。『スペインにおける美的理念の歴史』という著作で彼は、カントはその革新的営為ゆえにそれ以前と以後を分ける分水嶺となったと考えた。カント哲学の重要性についての彼のこうした認識は、ドイツ滞在中に知り合ったクーノ・フィッシャーから得たものだった。フィッシャーは、古典ギリシア哲学の時代区分をソクラテス以前と以後で分けられるのと同様、哲学においてカント以前と以後の時期を分けられると提案した最初の人物である。ペラヨの解釈では、批判哲学の根本問題はあらゆる認識を現象的認識に制限し、感性の限界を超えていく可能性を認めなかった点にある。彼はカントの哲学体系を拒否したのだが、それは彼が理性理念の思弁的認識の不可能性に賛成しなかったため、この点はバルメスの先の批判と完全に一致する。メネンデスは『スペイン異端史』においてカントの体系全体に対してきわめて直截な批判を行った。この書で彼は、正統派と一致しない諸教義の批判を通じてスペインの文化的諸事象のカトリック版を示している。けれどもこの『スペイン異端史』の「カントとカント的美学者」と題された章で彼は美的判断についてのカントの教説を入念に分析し、カントの第三批判、すなわち『判断力批判』を大いに称賛している。学問としての美学の確立はカントに負うと指摘し、カント哲学の特徴は閉鎖的な学派のあらゆる考えに対立する批判的性格だと述べている。つまりペラヨにとって批判哲学を特徴づける本質構造とは反独断論的開明性であり、だからその哲学的立場は思想の自由に通じるのである。『批判哲学についての試論』でメネンデスはカント哲学の歴史的基礎を探求したが、それは彼が次のように考えていたからである。もしいずれかの正統派哲学者がカントと同じことをカント以前に考えていたとしたら、カント哲学の一部は正統的なものになっていただろうし、カトリック正統派の諸見解と一致する思想家によって採用されうるものとなっていただろう。

3　初期の翻訳

カントの受容史に関しては、スペイン語に最初に訳されたカントの諸著作を挙げる必要がある。それは遅まきながら一八七〇年代になってからだった。それ以前にカントについてスペイン語で書かれていたのは、幾人かの（例えばバルメスなどの）歴史家がその著作で行った引用だけである。スペイン語に全訳された最初のカントの著作は、一八七三年にマドリードで『法の形而上学原理』という題で出されたものだった。訳者は法律家のガビーノ・リサラガだが、ドイツ語から直接訳したわけではなく、ジョゼフ・ティソとジュール・バルニがそれぞれ一八三七年と一八五三年にパリで出版していた仏訳に基づいていた。リサラガが訳した書はカントが一七九七年に出版した『人倫の形而上学』第一部に当たる。その後一八七五年にはマドリードで、『カントの論理学』という題で全訳されたカントの二番目の書物が出た。訳者はアレホ・ガルシア・モレノとファン・ルビラであった。またしても翻訳はドイツ語から直接でなく、ジョゼフ・ティソが一八四〇年に行っていた仏訳からなされた。翌年の一八七六年にはカントの二つの著作がまとめて出版された。一つは『判断力批判および美と崇高の感情についての考察』と題され、訳者はアレホ・ガルシア・モレノとファン・ルビラで、前回同様ドイツ語から直接ではなくジュール・バルニが一八四六年に行っていた仏訳からのものである。一八七六年にマドリードで出されたもう一つの著作は『実践理性批判および人倫の形而上学の基礎づけ』と題されていた。その訳者はアレホ・ガルシア・モレノ一人で、一八四八年のジュール・バルニの仏訳に基づいていた。さらに翌年の一八七七年には自由教育機関の設立者の一人ファン・ウニャ・ゴメスが一八四三年のジョゼフ・ティソの仏訳を用いてカントの一連の形而上学講義を『カントの形而上学』という題で出した。一八八一年にはアントニオ・ソサヤとフリアン・デ・バルガスが、ジュール・バルニによる仏訳を用いて『人倫の形而上学の基礎づけ』を出版した。一八八三年にはホセ・デル・ペロホが『純粋理性批判』の翻訳を出版した。これが、ドイツ語からスペイン語に直接訳された初めてのカントの著作である。けれどもこの翻訳は全体には及ばず、B 294、つまり「原則の分析論」第二章の終わりで止まっている。一九二八年にマヌエル・ガルシア・モレンテが歩みを進め、ドイツ語からスペイン語に直接、B 488/A 466まで、つまり「第四アンチノミーへの注解」まで訳した。スペイン語で『純粋理性批判』の全体を読めるようになるには、一九三四年にマヌエル・フェルナンデス・ヌニェスがドイツ語から直接訳したものが出るまで待たねばならなかった。一八八六年には『実践理性批判』の第二の翻訳がアントニオ・ソサヤによって、バルニの仏訳に依拠するかたちで出た。以上が十九世紀になされたカントの著作のスペイン語訳である。

4 二十世紀スペインにおけるカント哲学の受容

カント主義は二十世紀になってスペインに、これから述べるようにホセ・オルテガ・イ・ガセットとマヌエル・ガルシア・モレンテによって決定的な仕方で入ってくることになる。一九〇五年四月から一九〇七年八月までオルテガはドイツ留学を果たす。ライプツィヒ、ニュルンベルク、ケルン、ベルリン、そして何よりマールブルクで学んだ。この地で彼はヘルマン・コーエン、パウル・ナトルプ、そしてヴントの新カント学派に影響された。スペイン語における思想の「ドイツ化」でもう一つ決定的だったのはマヌエル・ガルシア・モレンテで、彼は一九〇六年に自由教育機関の研究拡大会議の奨学金を得てドイツに旅した。マールブルク、ベルリン、ミュンヘンに滞在し、そこでもう一人の給付生オルテガ・イ・ガセットと出会い、カッシーラー、コーエン、ナトルプらマールブルクの新カント学派の哲学を学びはじめた。スペインに帰国するとただちに彼は、古典および近代ヨーロッパ、とりわけドイツの著者たちをスペイン語に訳す準備に着手した。一部を挙げるにとどめるが、「スペインおよび外国の哲学者集成」のために、カントの三批判書のスペイン語版を加えたし（一九一三年にエミリオ・ミニャナ・ビジャグラサとの共訳で『実践理性批判』、一九一四年に『判断力批判』、一九二八年に『純粋理性批判』）、カルペの「一般集成」のために『人倫の形而上学の基礎づけ』を加えた。

スペインにおけるカント哲学の受容はきわめて問題含みであった。カント哲学の紹介を阻害し困難にした紆余曲折を経て、一九三六年に内戦が勃発すると、フランシスコ・フランコ（1892–1975）将軍の独裁政権はオルテガとガルシア・モレンテによって始められていた革新精神の芽を抑えてしまった。フランコ政権の間、スペインはイデオロギー的に孤立状態にあって、翻訳は言語にとって有害であるとして拒否されていた。フランコの死後に変化が表れ、検閲の仕方も変わっていった。カント関連二次文献が現れはじめ、翻訳活動が徐々に加速し、一九六九年ころにはフェリペ・マルティネス・マルソアによる『たんなる理性の限界内の宗教』の翻訳が出た。近年、二〇一〇年にハシント・リベラ・デ・ロサレス・チャコン博士はピサで開かれた国際カント学会にて、スペイン語圏カント研究協会〔Sekle〕設立時の彼の尽力について報告している。この協会はスペイン語圏のカント研究者をまとめるもので、「若手研究者のためのカント賞」を創設し、オンライン雑誌を発行し、三度の大会を（ボゴタ、マドリード、メキシコで）開催し、二〇一八年にはバレンシアで次回大会を予定している。

5　十九世紀メキシコにおけるカント哲学の受容

続いて、カント哲学がメキシコに、異なった仕方と道のりを経て入ってきた事情を見てみよう。メキシコにカント哲学の知識が取り込まれ社会的に広がっていった過程を見ることは、この国の性格という客観的条件に関わるだけに、重要な意味をもっている。そのため、新興国家として、独立国家形成過程にあったメキシコをとりまく特殊条件を参照することも不可欠となる。独立国家メキシコ誕生の初期から、カント哲学はスペインにあったような敵対的環境には直面せず、むしろ歓迎されてきた。ただしメキシコにおけるカント哲学の取り込みは、その元の場所〔ドイツ〕におけるのとは異なった諸条件のもとで生じたことは強調しておく。

ドイツの大学は、ヨーロッパ南部の諸大学のスコラ的伝統を終わらせ、大学での指導の本質的部分として研究に力点を置く新しい伝統を開始していた。一五五一年にサラマンカ大学の計画により設立されたメキシコ大学は、その精神において中世的で、旧時代の規範の存続に努めていた。このような伝統主義的な捉え方は、メキシコ独立達成後には度重なる大学の抑圧や幾人かのリベラルなメキシコ人への根強い偏見を生みだした。それは新しい大学に生まれていた根本的な変容を無視し、大学の開放を断固として拒否するものだった。というのもそれは大学を、不毛な哲学や神学に支配された植民地的制度と結びつけていたからである。

一八二一年にメキシコ独立が完了すると、副王領の機関の多くは姿を消し、政府が教育に関して統括する権利を主張するようになった。副王領の一機関だったメキシコ王立教皇大学は、数多くの変革・改革プロジェクトを課せられた。弁護士で司祭のホセ・マリア・ルイス・モラ（1794–1850）が任命され、新生メキシコ共和国のすべての教育施設の模範となるような教育再編プロジェクトを提起した。本章の枠内ではモラの教育計画の全貌には立ち入らず、彼が率いたサン・カミロ校で学ばれた「人文主義と観念学的研究」に話題を限定する。

この「観念学的研究」は、ナポレオンによって「観念学派」と呼ばれたフランス啓蒙主義後期の思想家たちに呼応していた。そのなかで最も重要なのはアントワーヌ・ルイ・クロード・デステュット・ド・トラシ伯であり、彼はカント思想をフランス語圏に初めて紹介したフランス知識人の一人である。彼は、カントの理性批判は自らがうち建てた「観念学」の一部をなすと考えた。この「観念学」こそモラの機関で広範に教えられた学説であり、その研究は、ガビーノ・バレーダ（1818–81）が一八六七年にオーギュスト・コントの実証主義哲学を採用するまで、四五年の間続いた。それゆえ一八二二年からメキシコ人は、モラが紹介した「観念学派」の思想家を通じて、カント哲学について知っていたと言える。さらに引き続きカント哲学は、フランス折衷主義の最重要部を通じてメキシコに紹介されていった。つまりヴィクトール・クーザン、ジュール・ミシュレ、エドガール・キネらである。ミシュレは歴史家にして政治家フランソワ・キゾーの傑出した弟子であり、このギゾーはデステュット・ド・トラシの死後数日のうちにフランス・アカデミー会員の地位を占めたが、ここから観念学派とフランス折衷主義者たちとの直接の交流を読み取れる。

十九世紀半ばにはメキシコにおけるカント哲学の勢いは明らかになっていた。実際、イグナシオ・マヌエル・アルタミラノ（1834–93）は、その法学校の哲学史講座でカント、フィヒテ、シェリング、ヘーゲルの哲学を論じていた。同様のことがホセ・マリア・ビヒル（1829–1909）の『哲学雑誌』での一連の執筆についても言える。一八五七年九月、メキシコ大学総長ホセ・マリア・ディエス・デ・ソジャノ博士は共和国大統領に、大学組織改革計画に関し古代哲学と近代哲学の新たな比較講座創設を提案した。そこではデカルトの『方法序説』、ライプニッツの『モナドロジー』、カントの『純粋理性批判』、スピノザの『エチカ』が研究される予定であった。けれどもメキシコ王立教皇大学はこの年に閉鎖されてしまい、ようやく一九一〇年に、ポルフィリオ・ディアス（1830–1915）大統領によってメキシコ独立百周年を記念すべく再開されたのだった。

6　二十世紀前半メキシコにおけるカント哲学の受容

再開された大学における哲学文学部ではじめにカント哲学を講じたのは、エゼキエル・A・チャベス（1868–1946）とアントニオ・カソ（1883–1946）であった。とはいえ両者とも本当の意味でカント主義者だったとは言えない。チャベスとカソの仕事は、この国に人文学の専門教育のための公共機関を創設し強化することに向けられていた。というのも二十世紀に入った時点でメキシコには、学術称号によって哲学者の認証を行う機関がなかったからである。カソが講じたカントの考えは、ハイデルベルクで学び、一八九六―九七年にかけてソルボンヌで有名なカント哲学講義を行ったエミール・ブートルーの解釈に依拠していた。ブートルーはカソに多大な影響を与えたのだった。

ドイツの大学で直接哲学を学んだ最初のメキシコ人はアダルベルト・ガルシア・デ・メンドーサ（1900–63）で、彼はメキシコ政府から奨学金を受けて七年間（一九一八―二六年）、ベルリン、ハイデルベルク、ライプツィヒ、バーデン、テュービンゲン、シュトゥットガルトの諸大学で学んだ。その間、リッケルトとヴィンデルバント、ナトルプとカッシーラー、フッサールとシェーラー、ハルトマンとハイデガーの講義に出て、新カント学派、価値論、現象学、実存主義などの潮流を吸収した。一九二六年に彼はドイツ哲学の豊富な最重要文献という共有財産をもってメキシコに戻った。彼の図書室は四万冊の書物からなり、そこには同時代ドイツの最重要哲学者たちの作品の大部分が原書で含まれていた。彼は自らをカント主義者としてではなくむしろ現象学者とみなしていた。一九二七年には大学の哲学文学部で名誉教授という肩書で哲学の最初の講義をはじめ、その後フッサールの現象学、シェーラーの価値論、ハイデガーの実存主義について究明する一連の著作を出しはじめた。彼がドイツで学んだ頃には、フッサールによって創始された現象学とその輝かしい二人の弟子たちの思想、つまり価値の理論ないし価値論のマックス・シェーラーとマルティン・ハイデガーの実存主義の間には、まだ亀裂が生じていなかった。メンドーサは、フッサールの現象学、シェーラーの価値論、ハイデガーの実存主義、マールブルクとバーデンの新カント学派を扱う講義をし書物を刊行した最初のメキシコ人となった。一九二八年には、彼の講座の学生たちはこれらいずれの哲学潮流にもなじんでいた。そのなかで傑出していたのはとりわけギジェルモ・エクトル・ロドリゲス（1910–88）とフランシスコ・ラロヨ（1912–81）である。メンドーサは新カント学派というより現象学者であったが、これらの彼の最重要の弟子たちは新カント学派の方に傾斜していく。ロドリゲスはマールブルクの新カント学派、ラロヨはバーデンの新カント学派に力点を置いた。ロドリゲスはメキシコを出ることはなく著作も少ないのだが、哲学文学部の多くの講座をもつ教育者であった。一九三一年にラロヨはメキシコ政府奨学金を受け、ドイツの諸大学で学んだ。一九三三年までドイツに滞在し、主にフライブルクとハイデルベルクの大学に通ったが、またギーセン、ベルリン、ケルンの大学にも学んだ。一九三六年にラロヨはエゼキエル・A・チャベスの後任として哲学文学部の教育哲学講座を継ぐ。ロドリゲスとラロヨの多くの弟子たちは、集まって「批判哲学友の会」という実り豊かな研究者共同体を結成したが、彼らは国立高等学校や教員養成学校の教員であり、メキシコのこれらの教育機関において三〇年以上にわたって深甚なる影響を与えることになる。ラロヨは国立高等学校や教員養成学校の中等・高等教育のための数多くの教科書を出したが、そのためにミゲル・アレマン（1900–83）大統領時代にはバーデンの新カント学派がメキシコ国家の公式哲学とみなされるほどだった。

7　二十世紀半ば以降の動向

さらに一九三八年頃にはスペイン内戦によってメキシコにスペイン人亡命者たちがやってくると、ドイツ思想研究は密度を高めていく。というのも、これらの亡命知識人たちはみなマドリード学派とオルテガのドイツ志向に親しんでいたからである。メキシコに移住したスペイン人は二万五千人と見積もられている。哲学者のなかにはホアキン・シラウ、ルイス・アバッド・カレテロ、ウェンセスラオ・ロセス、エウヘニオ・イマス、ホセ・マリア・ガジェゴス・ロカフル、エドゥアルド・ニコル、アドルフォ・サンチェス・バスケス、ホセ・ガオス、フアン・ダビッド・ガルシア・バッカ、ルイス・レカセンス・シシェスらがいる。彼らはみなオルテガとガルシア・モレンテのドイツ的影響をとどめており、カントの著作に親しみ、その翻訳も行っていた。彼らの大半はメキシコに住み、授業や著作を通じてカント哲学の普及に寄与した。けれどもオルテガと最も深く連携していたのはホセ・ガオス（1900–1969）だったが、彼はオルテガの弟子であっただけでなく、ガルシア・モレンテの弟子でもあった。ガオスはドイツで学んだわけではなかったが、生涯にわたってドイツの大哲学者たちの著作の翻訳の仕事に集中的に取り組んだ。スペインではブレンターノ、ヘーゲル、シェーラー、ハイムゼート、フィヒテ、カント、またガルシア・モレンテと共同でフッサールの翻訳を出版していた。さらにメキシコでは、とりわけハイデガーとハルトマンの著作の翻訳を出版した。哲学文学部における数多くの哲学史講義で、ガオスはカント哲学を講じたが、自らをカント主義哲学者とみなすことはなかった。

より最近では、カント哲学研究において最も傑出したメキシコ人はフェルナンド・サルメロン・ロイス（1925–1997）である。彼はホセ・ガオスの弟子で一九六五年にドイツのフライブルク大学の大学院で研究を行った。メキシコでカントへの関心は持続的であり、メトロポリタン自治大学イスタパラパ校には「カント文献センター」があるし、文化経済基金には「イマヌエル・カント図書館」があり、そこでは精力的な文献考証を経たドイツ語・スペイン語対訳版のカントの諸著作が出版されている。またメトロポリタン自治大学イスタパラパ校は一九七四年にフェルナンド・サルメロンやルイス・ビジョロ・トランソ（1922–2014）をはじめとする哲学者によって設立されたことを記しておきたい。ビジョロはホセ・ガオスの弟子であり、カント哲学の大家としても知られる。現在、カント研究者として知られた現代のメキシコ人哲学者としては、グスタボ・レイバ、テレサ・サンティアゴ、エンリケ・セラーノ、カルロス・メンディオラ、カルロス・ペレダ、ペドロ・ステパネンコ、ファビオラ・リベラ、エフライン・ラソス、ビセンテ・デ・アロ、エドゥアルド・シャルペネル、ステファノ・ストラウリーノ等、スペイン語圏カント研究協会（Sekle）のメンバーたちである。

おわりに

最後に記しておきたいのは、カントは古代ギリシア以降の最重要哲学者とみなされる人物であり、現代哲学の展開において「コペルニクス的転回」の不可逆的な歩みを進めたことである。カントの著作は哲学史博物館のなかで忘れられた古典などではなく、むしろ後代の哲学の問題設定にとって参照点をなす。その業績は、批判哲学の対立者として自らを打ちだすものも含めて、大半の現代の哲学諸学派・諸潮流の考察対象となっている。このケーニヒスベルクの哲学者の銘は「Sapere Aude（自らの悟性を用い自分自身で考えることを重んじよ）」である。したがってカント哲学を際立たせるのは、一つの思想の学派や教説に閉じこもらない批判的性格である。またそれゆえにカント思想の最も忠実な解釈は、解釈する者の形成する、特定の哲学派に与しないものだと考えられる。私見によれば、必要なのはカントのテクストがそれ自身で、自らの活力でもって姿を現すようにすることであって、カント哲学の総体と不可分な超越論的観念論の重要諸概念を頭ごなしに切り捨てることではない。カントのテクストに関して不偏不党の立場をとることは、特定のテーゼや概念を特別扱いせず、重視されるものとされないものとの間に差をつけないということである。スペイン語圏では、ハシント・リベラ・デ・ロサレス博士の主導でSekleが設立されたことが、カント思想の自由な研究促進にとって重要な一歩であった。そこではカント思想についての定期的なゼミが開かれており、参加者の活動のための多様な情報提供の場となっている。Sekleの学問的目的は、カント哲学とその時代、先行者たち、後世への影響について、またその思想、哲学的方法、さらなる展開の可能性、現代における受容についての研究の推進である。こうした目的は『カント研究誌』でも実現されているのである。

4 イスラーム文化圏のカント研究
イランにおける受容と展開

セイェド・アリー・マフムーディ
（寺田俊郎 訳）

1 緒言

イランにおけるカント研究は、世界で最も偉大で影響力のある哲学者の一人、イマヌエル・カントをめぐる哲学史の興味深い一端をなしている。イランの学者たちは、カントの哲学を批判的に検討するとともに、それを理解し、紹介し、翻訳し、分析しようと真剣に試みてきた。

本章で私が試みるのは、カント研究に関する次のような重要な問いに答えることである。

一、イランでカント研究が始まったのはいつか。
二、カント哲学をイランに導入したイランの学者たちの努力はどのようなものであったか。
三、カントのどの論考がペルシア語に翻訳されているか。
四、イランの大学およびイランの学術研究者たちのカント研究の状況はどのようなものか。
五、カントの『純粋理性批判』『実践理性批判』『判断力批判』および政治哲学の影響はイランの学者たちや思想家たちにとってどのようなものであったか。

以下はイランにおけるカント研究の簡潔な説明を提示すると同時に、その最新の展開をできるだけ幅広く紹介するものであることを述べておきたい。

2　歴史的背景

イランにおけるカント研究の背景は約一五〇年前にまで遡る。その時代以来、イラン人はカントとカントの批判哲学を知ろうと努めてきた。カント研究の道を拓いたのはファトフ＝アリー・シャー・カージャール（1772–1834〔カージャール朝の第二代シャー〕）の孫の一人、バディ＝アルモルク・ミズラ・エマド＝アルドラー王子（1829–92）であった。また、次のような学者たちの名を挙げることもできる。バディ＝アルモルクの助言者ミズラ・アリー＝アクバル＝エ・ヤズディ、アガ・アリー・モッダレス＝エ・テフラーニー（1816–89）、ミズラ・ハディ・ハエリ、アボルハサン＝エ・シャラーニー（1899–72）などである。テヘランのフランス大使館職員の一人であり後に当地で全権大使の地位に就いた、クノート・ド・ギャビオン（1816–82）が、イランの学者たちからカント哲学について尋ねられたことも、言及する価値がある（Mahmoudi, 2015A, 173–174）。

モハンマド・アリー・フォルーギー（1877–1942）が著した『ヨーロッパ哲学史』（*Seyre Hekmat dar Oroupa*）の出版は、イランにおけるカント研究の転換点であった。フォルーギーは、最も著名なイランの科学者・研究者・政治家の一人である。フォルーギーは、パフラヴィー王朝（一九二一〜七九年）で三度首相に任命され、フランスで開かれた国際連盟理事会議長に任命された（Mahmoudi, 2015B, 146–149, 172–173）。『ヨーロッパ哲学史』は、基本的な情報源となり、カント哲学の諸相をそれまでよりも詳細にイラン人に紹介した。本書でフォルーギーは七〇頁をカントに当てている。フォルーギーの試みに倣って、カゼメ・エマディ、アッバス・ザリャブ・ホエエ、ナジャフ＝エ・ダリャ・バンダリ、マノオヘフル＝エ・ボゾルグメールなどの文筆家や翻訳家が、カントに関するイラン人の一般的・歴史的知識を促進するために、アンドレ・セレソン、ウィル・デュラント、バートランド・ラッセル、フレデリック・コプルストンのカントの生涯と哲学に関するいくつかの本を翻訳した。これらの努力は、レザー・シャー・パフレヴィー（1878-1944）が君主の座から追われた一九四一年から行われた。一九八三年のシャムソッディン＝エ・アディブ・ソルターニー（1931-）による『純粋理性批判』のドイツ語からペルシア語への翻訳によって、イラン人がカントの理論哲学に直接関わることができるようになる重要な最初の一歩が踏み出された。この転換点は、カントの主著の成立後二〇三年、イラン人がカントとその哲学に親しむようになって一二〇年にして生じたのである。

3　カントの作品の翻訳

ここ三〇年は、カントの作品のペルシア語訳が実現した時期として注目に値する。さらに、イラン人の翻訳家や著述家のなかには、カント哲学の批評や評価に関する書籍や論文を研究し翻訳した人々もいる。

これまでのところ、以下のカントの論考がペルシア語に翻訳されている。『純粋理性批判』には二つの翻訳がある。一番目は（先述の通り）シャムソッディン＝エ・アディブ・ソルターニー訳、二番目はベフロウス＝エ・ナザーリー訳（二〇一五年）。『実践理性批判』にも二つの翻訳がある。一番目はエンシャ＝アッラー・ラフマティ訳（二〇〇六年）、二番目はマヌーチェフル＝エ・サネイ＝エ・ダッレビディ訳（二〇一二年）。『判断力批判』はアブドルカリム・ラシディアン訳（一九七七年）。『プロレゴーメナ』はゴラマリ・バッダド＝エ・アデル訳、『永遠平和のために』はモハンマド・サブーリ訳（二〇〇一年）。さらに、「啓蒙とは何かという問いへの答え」には二つの翻訳がある。一つはホマユーン・フーラドヴァンド訳（一九九〇年）、もう一つはシロウス・アリアンポウル訳（一九九七年）。『人倫の形而上学の基礎づけ』はフミド・エナヤトおよびアリー・ゲイサリ訳（一九九〇年）、『倫理学講義』

（一九九九年）、『人倫の形而上学』（『法論』および『徳論』を含む）（二〇〇一年、全二巻）、『たんなる理性の限界内の宗教』（二〇〇一年）、これらはすべてマヌーチェフル＝エ・サネイ＝エ・ダッレビディによる訳である。さらに、「世界市民的見地における普遍史の理念」（一九九九年）も同じ翻訳者による。

したがって、この三〇年間はイラン人たちがカントとその哲学を原典で直接かつ十分に知ることに比較的成功した時期であり、それ以前の一二〇年間とは比較にならない。先述の文献のなかには、間違い、見落とし、曖昧さのゆえに再翻訳ないし改訂されなければならないものがあることを、明記しなければならない。総じて、イラン人たちがカント哲学を原典で知ることができるようになったのは、さまざまな理由で最近のことであり、いまだ完結には遠い。その理由としては、たとえばイランにおける西洋哲学に対する伝統的な否定的態度、知識の欠如、カント哲学の難しさなどがある。

4　大学や学術機関におけるカント

周知のように、カントは自らの哲学的人生のうちいわゆる批判期の間に三つの論考を完成させた。『純粋理性批判』『実践理性批判』『判断力批判』である。「カントの政治哲学」と呼ばれるべき第四の批判を付け加えることもできるかもしれない。したがって、カントは理論哲学の問題を第一の批判で、道徳哲学の問題を第二の批判で、美学と目的論の問題を第三の批判で、政治哲学の問題を第四の批判で提示したことになる。

カント哲学は、イランのいくつかの大学で修士課程および博士課程の学生に教えられている。授業のテーマは、カントの認識論、倫理学、神学、教育、歴史哲学、政治思想である。

イランの大学では一九四一年から、哲学、政治思想、政治学、教育の学生のなかに、学位論文のテーマとして、カント哲学の諸側面を取り上げる学生たちがいた。現代イランの歴史八〇年の間、二〇〇七年までにイランの学生たちは、一〇〇点の修士および博士の学位論文をカントをテーマとして執筆した（Kadivar, 2007, 94-95）。

カント没後二〇〇年の節目にあたり、「カント哲学の批判的研究」というセミナーが二〇〇四年一二月にテヘランのイラン哲学研究所で開かれた。アメリカ、イギリス、ドイツ、カナダから何人かの卓越したカント学者が参加し、イランの内外からペルシア人学者が参加した。このセミナーの報告集として、これに参加した研究者によって書かれた二〇点の論文がペルシア語と英語で出版された。

5　カントの四つの批判書

さて、イランにおけるカントの四つの批判書の位置づけを簡潔に説明する。

一　『純粋理性批判』　先に触れたように、『純粋理性批判』の翻訳の他に、いくつかの書籍、雑誌論文、翻訳がイラン人の思想家によって上梓された。たとえば、エザトッラー・フォウラドヴァンドの翻訳によるステファン・ケルナーの『カント哲学』、ミル＝アブドルホッセイン＝エ・ナギブザデフの翻訳によるヤスパースの『カント』、シャラフォルッディン・ホラサーニーによる『「ジョルダーノ・」ブルーノからカントへ』、カリム・モジタヘディによる『カントの批判哲学』などである。ユストゥス・ハルトナックの『カントの知識論』には二つの翻訳がある。一つはアリー・ハアキー、もう一つはゴラマリ・ハッダド＝エ・アデルによるものである。

『純粋理性批判』におけるカントの認識論を理解することは、イランのエリートたちが「ヌーメノン」と「フェノメノン」、すなわち形而上学や信仰の領域と知識や理解の領分との区別を新しく知る機会であった。イランではカントの認識論の理解、分析、批判的検討に関する多くの書籍と雑誌論文が出版されている。

二　『実践理性批判』

カントの道徳哲学は、さまざまな理由で古くからイランの思想家たちによく知られていた。第一に、イスラームの倫理では、クルアーンや預言者ムハンマド（570–632）とその教友の実践とに、義務論的倫理学に関連するさまざまな例が見られる。もっとも、道徳に関して言えば、功利主義や徳倫理に基づく道徳的信念も見出される。第二に、シーア派の思想は「善」と「悪」の概念を合理性に基づいて考察する。歴史的に見れば、この学派は、イスラーム世界における合理主義の思想潮流であるムータジラー思想（八世紀～十世紀）に従うのである。シーア派の倫理は合理主義的であり、善と悪は人間の理性によって生み出されるとする。それゆえ、倫理は前宗教的である。理性が道徳的概念を生み出し善と悪を区別する。その後に、神が信徒に個人生活と社会生活において善を為し悪を避けることを命じるのである。

シーア派には、今日「黄金律」と呼ばれている格率がある。「何であれあなたが自分自身に是認するものを、他の人々にも是認せよ、そして何であれあなたが自分自身に是認しないものを、他の人々にも是認するな」というものである。この規則はカントの定言命法から帰結することの一つである（Kant 1998, 30–31 および 38, Mahmoudi 2016, 92 および 97）が、これは、預言者ムハンマドの後継者である最高指導者《イマーム》アリー（601–661）によって、その息子の最高指導者《イマーム》ハサン（624–670）に宛てられた手紙に使われている（Ali-ibn-e Abitaleb 1991, 301）。高名なイラン人の詩人であり、世界最大の詩人の一人であるサアディ＝エ・シーラーズィー（1210–91）もまた、その黄金律を自身の詩の一つに反映させている。サアディは、それをイスラーム神秘主義〔スーフィズム〕のピール〔老師〕から聞いたと説明し、何であれあなたが自分自身に是認しないことを他の人にも是認するな、というその助言を心に留めるよう勧めている（Saadi 1986, 821）。

イランの政治は、他の国の政治と同じように、その統治と政治行動とを倫理を基礎として確立する必要がある。政治を実行する際に功利主義を無視する余地はないとしても、私が拙論「政治世界における功利主義的道徳と義務論的道徳」で説明しているように、功利主義と義務論的道徳とを組み合わせて包括的な選択肢を検討するべきであろう。

三　判断力批判　カントの第三の批判書は二つの部分を含む。第一部は「美感的判断力の批判」と題され、第二部は「目的論的判断力の批判」と題される。そのテクストは「美しいもの」と「善いもの」とに共通する未開拓の領野を説明する。それゆえ、目的論的判断力は美感的判断力から成立すると理解され、神学は目的論という人間学的な基礎の上に成り立つ。カントは「究極的目的」に言及するが、それは道徳的存在者としての人類が目的自体だということである。

イラン人は、崇高、目的論、倫理、神学などの基本的な問題にとって重要な論考として、『判断力批判』にもっと注目する必要がある。『判断力批判』のペルシア語への翻訳は正確で達意のものだが、にもかかわらず、イランの学者たちは、その講義、書籍、雑誌論文においてこの文献のさまざまな側面についてまだ十分に分析的・批判的観点から論究しているとは言えない。

四　政治哲学　政治哲学に関するカントの小品の西洋諸国における翻訳は、主として一九七〇年代の初めにドイツ語から英語へと翻訳されたものであった。イランでは、先に述べたとおり、政治哲学に関するカントの作品のいくつかがペルシア語に翻訳されている。これまでのところ、カントの政治哲学のさまざまな側面について、いくつかの書籍、雑誌論文、博士論文が執筆されている。イランの学生のカント哲学に取り組む意欲については先に説明したとおりだが、そのなかにはカントの政治哲学について学位論文を書いた学生もいる。二〇〇一年には、ホサイン・ジャマリがペルシア語で『カントの政治哲学における理性と政治秩序』（*Aghl va Nazm-e Siasi dar Falsafehe Siasi-e Kant*）と題された学位論文を提出した（未刊、Kadivar 95）。私の博士学位論文は『カントの政治哲学——理論哲学と道徳哲学における政治思想』（*Falsafehe Siasi-e Kant: Andischehe Siasi dar Gostarehe Falsafehe Nazari va Falsa-*

fehe Akhlagh）と題され二〇〇二年に提出、テヘランで二〇〇五年に出版され、二〇〇七年と二〇一六年に版を重ねた。この書のアラビア語訳が、アブドルラフマン・アル＝アラヴィによって行われ、レバノンのベイルートで二〇〇七年に出版された（Mahmoudi, A 2015）。

理論的研究に従事し、イランの発展過程に順応するイランの学者や専門家のなかには、カント哲学は建設的であり調和的であると考える人もいる。それゆえ、彼らによれば、カント哲学は認識論、人間学、倫理学、歴史哲学から神学、教育、人権、代議制民主主義、永遠平和に至るまで、イラン社会のさまざまな側面に役立てられるべきである。ダリウシュ・シャヴェガン（1935– ）は、イランの傑出した知識人であり、イランとイスラームの伝統、そして東洋と西洋の文化と文明に関する研究に取り組んでいるが、彼は、カント哲学はイラン人にとって「健全で」あり、イランの思想の合理的学風に合致していると考えている。私の理解では、シャヴェガンの見解は、イラン人はカントの学風を人間の発展とよき生に役立てるべきだというものである（Shavegan 1997, 142）。

6 結　論

カント研究は、西洋の伝統哲学と現代哲学の理解、紹介、批判的検討に集中してきたイランの思想家と学者にとっての転換点である。その起源は一世紀半前にまで遡る。イランの学者はカントの重要な論考や論文をきわめて精力的にペルシア語に翻訳し、カント哲学のさまざまな側面に関する研究を行い、学位論文を書いてきた。

カント研究はイランで続行中であり、直接的、間接的にイランの思想家にさまざまな影響を与えている。しかしながら、イランにおけるカント哲学の理解と批判的検討を改善し向上させるにはまだしばらく時間がかかるだろう。

文献一覧

Ali-ibn-e Abitaleb, *Nahjal- Balagha*, [*Peak of Eloquence*] trans. by Seyed Jafar-e Shahidi, second edition, [Arabic and Persian texts], Tehran, Amouzesh va Enqelab-e Eslami Publication, 1991.

Saadi, Moslehibne-Abdollah, *Kolliat-e Saadi*, [*Saadi Collections*], by the efforts of Mohammad Ali Foroughi, second edition, [Persian Text], Tehran, Amirkabir Publication, 1986.

Shayegan, Dariush, *zire Asemanhay-e Jahan*, [*Under the world's Heavens*], trans. by Nazi Azima, third edition, [Persian Text], Tehran, Farzan-e Rouz Publication, 1997.

Kadivar, Mohsen, "Ashnai-e Iranian ba Kant", ["Iranian's familiarity with Kant"], in Movahed, Zia (ed.), *Majmoue Maghalat-e Seminar-e Kant*, [*Proceeding of the Kant's Seminar*], [Persian and English Texts], Tehran, Moaseseh-e Pajouheshi-e Hekmat va Falsafeh-e Iran, [Iranian Institute of Philosophy], 2004.

Kant, Immanuel, *Groundwork of the Metaphysics of Moral*, trans. by Mary Gregor, Introduction by Christine M. Korsgaard, Cambridge, Cambridge University Press, 1998.

Mahmoudi, Seyed Ali, *Falsafeh-e Siasi-e Kant*, [*Kant's Political Philosophy, Political Thought in the Realm of Theoretical philosophy and Moral Philosophy*], third edition, [Persian Text], Tehran, Negah-e Moaser Publication, 2016.

Mahmoudi, Seyed Ali, *Kant be Revayat-e Irani*, [*Kant in Iranian Narrative, Philosophical Deliberations on Morality, Politics, and Perpetual Peace*], [Persian Text], Tehran, Negah-e Moaser Publication, A2015.

Mahmoudi, Seyed Ali, *Noandishan-e Irani*, [*Iranian Intellectuals, Critique of Challenging and Effective Thoughts in Contemporary Iran*], [Persian Text], Tehran, Nashre Ney Publication, B2015.

Mahmoudi, Seyed Ali, *Deraksheshhay-e Democracy*, [*The Radiances of Democracy, Deliberations on Political Morality, Religion, and Liberal Democracy*], third edition, [Persian Text], Tehran, Negah-e Moaser Publication, 2014.

Movahed, Zia (ed.), *Majmoue Maghalat-e Seminar-e Kant*, [*Proceeding of the Kant's Seminar*], [Persian and English Texts], Tehran, Moasesseh-e Pajouheshi-e Hekmat va Falsafeh-e Iran, [Iranian Institute of Philosophy], 2004.

5 漢字文化圏のカント研究
その受容史と意義および課題

牧野英二

1 中国大陸・台湾のカント研究の特徴と意義

1 中国におけるカント哲学の受容史

本章では、十九世紀後半以降今日にいたる漢字文化圏のカント哲学の影響作用史における意義と課題を、中国・台湾、韓国の順に考察する。カント哲学が初めて中国に受容されたのは、十九世紀末に遡る。主として日本語の著作の媒介により、康有為（1858–1927）、梁啓超（1873–1929）、章太炎（1869–1936）、王国維（1877–1927）の四人が重要な役割を果たした。康有為は、『諸天講』（一九三〇年）で東洋と西洋の天文学説を網羅したが、カントの天文学説に言及しただけで彼の哲学には触れていない。また彼は、『純粋理性批判』「超越論的弁証論」の神の論証を批判した。梁啓超のカント哲学の紹介は、主に一九〇三年から一九〇四年に数回にわたって『新民叢報』に掲載された「近世第一大哲カントの学説」から窺うことができる。

梁啓超は、中江兆民によるアルフレッド・フイエ（1838–1912）『理学沿革史』の翻訳をもとに、イギリス人や日本人の著書を十数冊翻訳した。右の論考は、カントの認識論、形而上学、道徳哲学、法哲学を紹介し、『永遠平和のために』で結んでいる。彼は、その注解に仏教学と宋明儒学の概念を用いて、カントの思想を論述した。賀麟は、梁啓超によるカントはドイツのカントではなく、中国化されたカントであると批評している。梁啓超は、朱子の説とカント、仏教とを比較した。朱子と比べて王陽明の学説はよりカントの道徳哲学に近い、と彼は考えた。梁は康有為と同様、カント哲学を本格的に研究したわけではなく、日本の著作の翻訳や紹介を通じて理解した。にもかかわらず彼は、後世の研究の濫觴のような役割を果たし、当代の新儒学との思想的連関が注目されている。章太炎は一九〇六年に日本に滞在し、『民報』を編集する間、日本の著作を通して西洋哲学を吸収した。彼は『民報』第一六号（一九〇七年）に「五無論」を発表し、カントの「星雲説」に触れている。

カント哲学が中国に受容された最初の段階では、中国の知識人は、主に日本語の著作の翻訳や紹介によってカント哲学を理解したが、次の段階では、ドイツ語でカントの著作を読み始め、ドイツに留学してカント哲学を研究する人物も現れる。この二つの段階の間には、王国維という過渡期の人物がいた。彼は日本の著作を通じてカント哲学を理解しつつ、カントの著作の英訳や日本語訳を読み、カント哲学の術語や学説を借用して中国の伝統哲学の諸問題を探究した。例えば、カント認識論の枠組みによって中国の伝統的な人性論を検討し、カントの理性論によって「理」の問題を議論し、カントの自由論を用いて「命」の問題を論究した。王国維は日本語と英語に通じたが、ドイツ語が読めなかった。一九〇二年二月、羅振玉の援助によって、彼は東京に留学した。彼のカント倫理学理解は、主にアボットの英訳書に依拠している。桑木厳翼著『哲学概論』は明治三十三年（一九〇〇年）に出版され、直ちに王国維によって中国語に翻訳された。この書の第六章第二〇節「自然の理想——宗教哲学及び美学」もカント美学に論及している。

次の段階に至って、直接カントの著作を読み始め、カント研究のためドイツへ留学した、蔡元培（1868–1940）、張君勱（1887–1968）、鄭昕（1905–74）に絞り、ここでは彼らのカント研究の方法とともに、彼ら自身の哲学的観点の構築のプロセスを説明してみたい。まず、カント美学からの影響については、蔡元培が「美」の普遍性や無関心性、「美」と「崇高」に触れたのは、すべて『判断力批判』による。一九三〇年代に蔡は、「美的教育をもって宗教に取って代える」説を唱えた。彼によれば、宗教は最初、徳、智、体、美という四つの教育を含んでいた。しかし徳、智、体は文化の発展とともに、次第に宗教から独立した。美的教育も最終的には宗教から独立しなければならない、とみなした。

一九二〇年一月、張君勱は、梁啓超、蔣百里とともにイェナにドイツ哲学者オイケン（1846–1926）を訪問し、その後オイケンにドリーシュ（1867–1941）の中国訪問を促した。一九二三年二月、ドリーシュの北京訪問中、張は同月一四日に清華大学で「人生観」というテーマで講演した。張はカント哲学と儒家思想との接点を見出す。彼は、オイケンやベルクソン（1859–1941）の「意志の自由」説を最も擁護し、それはカント哲学にまで遡ると解釈し、カントの「意志の自由」が認識論と倫理学をつなぐ最も重要な概念であると把握した。

一九四九年、中華人民共和国の成立後、張君勱は、世界各地を回って講義を始め、儒家思想の宣揚に努めた。伝統儒学について張君勱はとくに、陽明学とカント哲学の親近性に注目した。しかし、張君勱はたんに「比較、類比（格義）」というやり方で、カント哲学と陽明学を比較しただけでなく、両者の重要な相違も見出した。カント哲学と陽明学に対するこの見解は、後に牟宗三の陽明学に関する解釈によってさらなる発展を遂げ、それによって彼は、梁啓超から現代の新儒家に至るまでの重要な仲介者となった。

ドリーシュの訪中は、中国でカント研究ブームを巻き起こした。彼は一九二三年に北京を訪問したとき、「カント以前の認識論およびカントの学術」というテーマで講演し、張君勱が通訳を務めた。翌年はカント没後二〇〇年に当り、『学芸雑誌』第六巻第五期は、「カント哲学特集」で論文を二〇編掲載した。一九二五年、『民鐸雑誌』第六巻第四期もまた、「カント特別号」で論文を一三編掲載した。鄭昕はベルリン大学、イェナ大学に留学し、一九三二年に学位を取得して帰国し、北京大学哲学系に勤めた。彼が中国語圏のカント研究に最も大きく貢献したのは、『カントの学述』（一九四六年）の刊行による。この書物は、最初の厳密な意味でのカント哲学の専門書である。この段階に、カントの原著の初訳（周暹、尉礼賢（Richard Wilhelm 生没年不詳）共訳、一九一三年）『人心能力論』が刊行された。桑木厳翼著『カントと現代哲学』は、余又蓀によって中国語訳された（一九三五年）。この書は一九六七年に台湾商務印書館によって再版され、台湾のカント研究に一定の影響を与えた。

2　一九四九年以降の中国のカント研究

一九四九年以降、中国大陸の学術環境に劇的な変化が生じた。カント哲学研究は、著しくイデオロギー的形態の影響を受け、曲折した時期を通過することになる。概括的に言えば、一九四九年から一九七八年までの時期は、カント哲学が目立たない時期であった。一九六六年から一九七六年の間に起きた「文化大革命」の期間がとくに顕著である。一九七八年から現在までは、活気あふれる発展の段階である。とくに、二〇〇四年以降、現在までのカント哲学研究の発展が著しい。

中華人民共和国の成立により、共産党がマルクス主義を指導的思想として、このイデオロギー的形態を学術研究の領域に持ち込んだ。「旧世代」と呼ばれた学者には「思想改造」が要求され、自らの研究をマルクス主義によって導かれることになった。一方、旧ソ連の哲学研究の方法も哲学史の分野に持ち込まれ、アンドレイ・ジダーノフ（1896–1948）の哲学史が研究の基準となり、哲学の階級性、唯物論と唯心論、弁証法と形而上学との対立が強調された。哲学史そのものがマルクス主義の合理性を強調する解釈手段とされた。こうした状況のなかで、マルクス主義の思想的源泉の一つであるドイツ哲学が重視されたが、ヘーゲル哲学と比較してカント哲学の地位は著しく低下した。

この段階のカント研究の意義は翻訳にある。カントの多くの著作が翻訳された。注目すべきは、文化大革命期にも「課題組」が『宇宙発展史概論』（一九七二年、『天界の一般自然史と理論』）を翻訳し刊行したことである。これらの訳書のなかで最も評価すべきは、藍公武訳『純粋理性批判』である。その刊行は一九五七年であって、学術的貢献と影響力が現段階まで及んでいる。藍は、カント研究者であり、カント哲学の真髄に迫った。藍は、中国語圏のカント読者に有益な門を開き、カント研究の基本概念の訳語も定めた。彼の訳書は「藍本」とも呼ばれているが、刊行後三、四〇年間、カント研究の基礎となった。

この時期にカント文献の翻訳はようやく評価できるものになったが、批判すべき点も多かった。研究の進展により、訳書の誤りも明らかになっていった。当時の訳者はドイツ語がほとんどできなかったので、英訳書から中国語に翻訳した。翻訳という営みは至難のわざであり、一致する意味を生み出すことはほぼ不可能ですらある。もう一つの問題は、翻訳者の言葉遣いにあった。藍公武が一九三〇年代に翻訳した『純粋理性批判』は、漢文調と近代中国語調の割合が半々であり、現在の中国語とは相当異なっている。専門用語の翻訳にはさらに根本的な問題がある。カント哲学の訳者や研究者は、自分の理解に依拠して新しい訳語を作ったため、同じ概念に多くの中国語の訳語があるという事態になった。

一九七八年は、中国大陸で改革開放が開始された年であり、中国学界の復興の年でもあった。その年一〇月に「全国西方哲学史討論会」が開催された。この会議の目的は、西洋哲学研究の性質・対象・方法などの基本問題を検討することにあった。この会議をきっかけとして、中国大陸のカント研究に新しいページが開かれる。一九七九年に李澤厚の『批判哲学的批判――康徳述評』が出版され、カント哲学研究に大きく貢献した。当時、李は、人間が認識主体であることが近代西洋の主体性哲学の重要な成果である、と述べた。また「人間は目的である」というカントの思想を強調した。マルクス主義における人間の解放思想に通じるという李の見解は、彼が「文化大革命」時に感じたものに関わっている。この書物は、一九四九年以降中国大陸で全体的にカントを研究した最初の単著であり、総体的に伝統的研究の枠組みを突破し、できるだけカント哲学を肯定した著作でもあった。一九七八年以降の多くの若者が、この書を通じてカントに興味をもつようになる。

上述の訳書と研究書は、中国大陸における新たな時期のカント哲学研究の幕開けとなった。それ以降、中国大陸のカント哲学研究は盛んになり、二十一世紀になって勢いが増していく。

(1) この新時期に最も顕著なのは、カント著作の翻訳の増加であり、過去の英訳依存から一変し、原文からの翻訳が重要視されるようになった。翻訳の範囲も三批判だけでなく、他の著作や書簡にまで及んだ。苗力田が弟子の李秋零と『カント著作全集』の翻訳をはじめた。苗力田は二〇〇〇年に亡くなり、その後全集の翻訳はほぼ李秋零一人で進められている。二〇〇三年に第一巻が刊行され、二〇一〇年に全巻が翻訳された。これがカント著作の翻訳の第二の頂点である。『カント著作全集』の底本はアカデミー版カント全集(全九巻)であった。現在、李秋零は国家社会科学基金重大項目『康徳往来書信全集』訳注」を担当し、二〇一六年完成を目指していたが、目下未完である。この時期にはいくつかの海外のカント研究書が翻訳され、前の時期と比べて圧倒的に数が増え、多くは直接ドイツ語から翻訳された。多くの訳者は、大学などの現場でカント哲学の教育と研究を実践し、質はかなり高まった。同じ著作の複数の翻訳が刊行され、読み比べながら研究を進めることが可能となった。この時期の最も大きな問題は、依然として訳語の不統一にある。

(2) この時期のカント哲学研究の成果も顕著である。一九七八年以降発表されたカント論文は三〇〇〇編余に達し、毎年三〇〇編のペースで増えている。これらの著作と同時期の論文を読めば、次の諸特徴を見出すことができる。

第一に、前時期の研究成果を整理し、出版したことである。一九七八年以前の最も困難な「文化大革命」の時期でも、カント研究は中断しなかった。多くの学者は研究成果を刊行できなかったものの、カントについて講義し、研究し続けた。一九七八年以降、学界の雰囲気が変わり、先輩学者の研究成果や、長い間利用した講義ノートが整理され、出版された。

第二に、新世代の学者が現れた。この時期は、大陸の改革開放が始まったばかりであり、西洋から新思潮が中国に入り、一時期西洋哲学の研究が顕著となった。カント哲学の魅力や、それと近代西洋思想との関係の深さに魅かれ、多くの若い学生がカント哲学の研究を選択した。大陸の学界では「文化大革命」の一〇年間に世代交代があったが、学生が卒業後大学で教鞭を執り、カント哲学研究の主力となった。

第三に、カントに対する再評価である。この時期、学界は徐々にカント哲学から否定的で一面的なレッテルを取り除き、カントと伝統哲学・近代哲学との関係や、哲学史におけるカントの重要な地位を積極的に肯定した。八〇年代には、学界に「カントは必要、ヘーゲルは不要」「ヘーゲルを離れ、カントに戻る」という呼び声も挙がった。また何人かの学者が「コペルニクス的転回」は認識論だけでなく、倫理学・美学・宗教哲学にも存在する、と主張した。カントは伝統哲学が展開した積極的成果の上で、深い哲学的思索によって西洋の啓蒙哲学を新たなレベルに高め、近代の基本原理としての理性や自由を論じ、近代人と社会に貴重な哲学理念を提供した。哲学問題にかんするカントの広い思索と洞察は、人類の貴重な遺産となり、今後の哲学と文化に大きな影響を与え続けるだろう——彼らはこう考えた。ここに至って初めて、カントが「近世第一の大哲学者」という名に値することになった。

第四に、伝統的テーマが深化し、研究範囲が拡大した。三批判書は多くの研究者の注目の的だったが、一九七八年以降の学界でも例外ではない。それ以前の時期よりも、カントのテクストそのものが探究されるようになった。同時に、カントの歴史哲学・宗教哲学・政治哲学・法哲学などが注目され始め、前批判期の哲学まで研究された。その他、カント哲学と中国伝統思想との比較研究も話題になり、存在論・現象学などの研究もカント哲学研究と重なってきた。このような専門書はまだ少ないが、多くの論文が発表され、その勢いがますます強くなっている。

(3) この時期のカント哲学研究の特徴は国際カント学会との連携である。一九八一年九月に北京人民大会堂で「カント『純粋理性批判』刊行二〇〇周年およびヘーゲル没後一五〇周年学術会議」が開催され、国際カント学会会長フンケ教授、国際ヘーゲル協会会長ベーヤー教授、国際ヘーゲル聯合会会長ヘンリッヒ教授が招待され、講演した。その後国際カント学会にも中国大陸の学者が参加し、海外の学者と共に直接対話と議論を行った。多くの中国人学生が留学し、海外の学者も中国で講演した。このような学術交流のなかで、カント哲学はしばしば主題として取り上げられている。二〇〇四年にカント没後二〇〇周年を記念し、北京大学外国哲学研究所と北京大学哲学系が「現代的視野の中のカント道徳哲学」国際会議を開催した。英米・ヨーロッパの学者と中国の学者が集まり、カントの道徳哲学について批評し、解釈し、また擁護した。さらにカントの道徳哲学と他の哲学との関係や、カント道徳哲学における政治学的意味などについて熱い議論が交わされた。二〇〇六年、中国人民大学哲学院が中英米サマー哲学学院第一一期「カント哲学」セミナーを開催した。二〇一〇年代に入り、中国のカント哲学研究の発展に伴い、国際交流はますます強まっている。中国大陸のカント哲学研究をいかに海外に紹介し、どのように国際的に影響を与えるかが、今後の課題となっているのである。

3　戦後の台湾のカント研究の特徴

台湾のカント研究に重要な役割を果たしたのは、牟宗三（1909–95）と黄振華（1919–98）である。牟宗三は現代新儒家の主要な代表者で、カント哲学の概念と構造を広く借用して儒学を再構築した。これによって台湾の学界は、カント哲学に広範な興味を持つようになった。厳密に言えば、牟宗三はカントの専門家ではない。彼はドイツ語に通じなかったからである。彼は英訳書によって、カント哲学を研究した。しかし、彼のカント哲学の応用は専門家の哲学を超えて、哲学的思考の領域に及んだ。牟宗三には、カントの認識論を検討した『認識の心的批判』という書がある。この書は一九四九年に完成されたが、一九五六年と五七年に初めて出版された。この書物は「もう一つの『純粋理性批判』を書き直したものである」。その主な目的は、カントの哲学的思索によって、ラッセルとウィトゲンシュタインが理解している論理と数学を純粋知性に融合させることである。また牟宗三には、儒学とカント哲学との対話を扱う著作が数冊ある。『智的直覚と中国哲学』（一九七一年）、『現象と物自体』（一九七五年）、『円善論』（一九八五年）である。総じて言えば、牟宗三が儒家思想とカント哲学とを対話させた主な論点は、三点に概括できる。第一に「一心、二門を開く」思想の枠組み、第二に「実践理性が思弁理性より優れている」観点、第三に「自律倫理学」の概念である。

この牟宗三の研究方向に沿って儒家思想とカント哲学の比較を進めたのが、李明輝、李瑞全、楊祖漢である。楊祖漢の『儒家とカントの道徳哲学』(一九八七年)には、儒家とカントの道徳哲学の比較論文が三編収録された。「儒家哲学の観点からカントの道徳哲学を見る」は、牟宗三の観点に基づいてカントの道徳哲学を論評した。「カントの霊魂不滅論を論ずる」は、儒家の観点からカントの霊魂不滅論を批評した。「程伊川の才性論」は、カントの人性論(「根本悪」の論述)によって程伊川の才性論を考察した論考である。

黄振華は一九七四年『カント哲学における理論理性と実践理性との関連を論ずる』により、ドイツ・ボン大学の哲学博士の学位を取得した。この博士論文の他、彼が生前に出版した『カント哲学論文集』がある。彼の死後、弟子の李明輝は『黄振華先生全集』を編集した。そのうち、カント哲学に関する著作が三冊ある。注目に値するのは、黄振華がカント哲学と儒学との比較研究だけでなく、前者と仏教学との比較研究も行なったことである。

労思光(1927–2012)の『カントの認識論の要義』は、著者の理路が明晰であるのみならず、現在でも中国の読者のカント認識論に対する理解に役立つ重要な文献である。さらに著者自身が独創性のある哲学者でもあるため、彼のカント研究は、思想の発展に深く影響を与えている。彼の『中国哲学史』全体のなかでは、カントの影響が至るところで見られる。第二巻で、彼は『中庸』、『易伝』を漢代の哲学と規定し、漢代の儒学の発展を「心性論を中心とした哲学」とは異なる「宇宙論を中心とした哲学」と見なした。この考え方は、カントが「道徳神学」と「神学的道徳学」を区別したことから影響を受け、しかも主体性の哲学から後者の影響を退けている。労思光はそうした観点を自分の宋明儒学の研究にまで徹底させている。

以上、戦後の台湾のカント研究を簡潔に回顧した。要するに台湾のカント研究は、清末以来の中国学界全体のカント哲学の受容過程の継続にほかならない。ほとんどの仕事は、カントの著作の翻訳とカント哲学の紹介に集中しており、主として三批判書と『人倫の形而上学の基礎づけ』に限定され、カントの初期思想および晩年の法・政治哲学、歴史哲学、教育哲学にはあまり触れていない。ここに今後の課題が指摘される。

また注目に値するのは、一九七〇年代以前、台湾の学者は主に英訳書を通じてカント哲学を受容したが、一九八〇年代以降になると、黄振華の影響によって台湾の学生がカント哲学を学びにドイツに留学したことである。これによって、ドイツ語は台湾の学界がカント哲学を受容する媒介となった。他方、中国大陸ではカント哲学関係の論文は、未だレベルの異なる中国語の訳書を使用している。牟宗三、黄振華、労思光の影響下で、カント哲学は中国哲学と文化を解釈する際の重要な参考資料になり、現代新儒家の重要な思想的源泉にもなっている。

最後に、中国・台湾のカント研究の特徴かつ課題は、いずれも全国規模学会が存在しない点にある。個別の大学や研究機関が行ってきたカント研究が組織化されれば、短期間で飛躍的な進歩が期待できるはずである。

2　韓国におけるカント研究の特徴と意義

1　韓国のカント研究の受容史

本節でも、日本、中国・台湾との交流史を踏まえて、韓国における影響関係を明らかにしたい。韓国人が哲学的な関心から西洋哲学思想を探究したのは二十世紀初頭であり、その時初めて出会ったのが、カント哲学と当時流行した新カント学派の思潮であった。李定稷（1841–1910）の『燕石山房稿』「未定文稿別集」に収録された「康氏哲学説大略」の執筆時期を一九〇五年頃と推定するなら、韓国のカント研究はカント没後一〇〇年経って始まり、西洋哲学が韓国に受容された時期とほぼ重なる。李定稷の著述は、韓国人による西洋哲学関連の最初の著述と見られる。西洋哲学思想のなかでも、カント哲学に対する韓国人の関心は時期的に早く、最も多くの研究書と紹介書に結実した。以下では、その重要な理由を五点に集約して紹介する。

第一に、西洋哲学が日本と中国を経由して韓国に移植されたという日中両国の西洋文化の受容事情と、韓国の国際政治的・社会的・文化的な状況がある。二十世紀前半の韓国文化に強い影響を及ぼした日本帝国の国際政治的な特殊事情が思想交流にも反映され、西洋近代の教育制度の導入により、ドイツ哲学が自然な形で流布された。その中心にカント哲学があった。その結果、一九四五年以後数十年間にわたり韓国の大学で必須教養科目として開設された「哲学概論」の内容の相当部分が、カント哲学の紹介と解説であった。

第二に、カント哲学と韓国人の考え方との親近性である。韓国人は、カントの主体性、人格・倫理、万民平等、市民社会、国際平和の思想に親和性を感じた。五〇〇年にわたる朝鮮時代の性理学的倫理思想に慣れていた韓国人は、新時代の「拒むことのできない」思想である西洋思想のうち、カントの道徳哲学から儒教思想との類似性を発見することによって、東洋人の文化的な敗北感を振り捨てて安堵しつつ、それに近づくことができた。

第三に、カント哲学が持つ西洋哲学の代表的性格にある。十九世紀以降、世界の文化の多岐多様な流れと韓国社会の文化制度の変化によって、西洋思想が韓国に流入した。また西洋文化はギリシア・ローマの伝統とキリスト教、近代の数学的自然科学と政治経済思想および制度をその核として持ち、このことを最も包括的に代弁する哲学がカント哲学である。カント哲学のこのような位相が、近代文化の波及力によって西洋哲学を新しく学んだ韓国では注目された。

第四に、カント哲学の政治的な中立性である。啓蒙主義に属するカント哲学は、当時の西洋の伝統思想では、その著述の一部が出版禁止されるほど「革命的」であった。しかし、一世紀が経過してから宗教・政治的な背景が異なる韓国に受容されたカント哲学はすでに「穏やか」であった。左右二つのイデオロギーの緊張状態にあった二十世紀の韓国社会では、カント哲学は、対峙する平等の原則と自由の原則を掲げる左右どちらにも受容できる比較的「安全な」哲学思想であった。

第五に、カント哲学が韓国語に翻訳される際の理解可能性の高さである。哲学思想は、自然言語で表現されるために解釈の可能性が豊かである反面、曖昧な側面がないわけではない。外国語に訳される際にはなおさら、難解で誤解されやすい。ところが、カント哲学の術語は、韓国語で理解される際にほとんど問題がなく、しばしばドイツ語の模糊とした意味をより明確に表している。このことは、韓国文化のなかでカント哲学がたんに理解されるといった次元を超えて、再生産的な素材になる可能性を示している。この点こそ、カント哲学が韓国で今後も最も活発に研究される要因である。

2　韓国のカント研究の展開過程

このように受容されたカント哲学は、代表的な「西洋哲学のテクスト」の役割を担いつつ、韓国社会の文化形成に少なからぬ影響を及ぼした。韓国人によるカント哲学の研究・紹介・受容過程は、四つの時期に区分できる。初期の時代、大韓民国樹立以前の二十世紀前半の四〇年間は素朴な受容期（一九〇五―四四年）、次の四〇年間は能動的受容期（一九四五―八四年）、その後一五年間は研究の深化の時期（一九八五―九九年）、第四に二〇〇〇年以降は反省的な生産の時期である。

最初の四〇年間が素朴な受容期と言われる理由は、韓国人が国際情勢に巻き込まれて十分な批判的検討を行なう間もないまま、当時韓国に流入する西洋文化の主な通路であった日本と中国から押し寄せた「西洋哲学」を受容する過程で、日本と中国で好まれたカント哲学に容易に接することができたからである。政治的主権を喪失した時期の韓国人の関心を大きく引いたのは、カントの道徳理論と永遠平和思想であった。

一九四五年以後の四〇年間は、韓国哲学界が自発的な選択によりカント哲学を積極的に受容・研究・伝播した時期である。第二次世界大戦後、韓国に多数の大学が設立され、哲学科も多数設置された。また大学でアメリカ式の教科課程が編成される傾向が強まり、ほぼ全大学に教養科目として「哲学概論」などが設けられ、一九七〇年代初頭に「哲学」が多くの大学生の必修科目になった。その時、『哲学概論』の多くの教科書が出版され、カント哲学は、その内容の核心になった。この時期に、カントの原著の最初の韓国語訳、朴鐘鴻・徐同益共訳『形而上学序論』（一九五六年）が出版された。カントの主要著述の韓国語訳が刊行されることによって、カント哲学は学界から一般社会にまで本格的に広がった。

一九八五年以後の一五年間は、多数の単行本の研究書の刊行とともに、国内外でカント哲学専攻の博士が多数輩出された時期である。彼らは一九九〇年に「韓国カント学会」を創設し、活発な研究活動を展開した。一九九五年には、学会誌『カント研究』を創刊した。この時期には、テーマごとに複数のカント研究者による学術的討論の場が開かれるようになった。しかしこの時期から、カント哲学が韓国の社会全般に及ぼす影響力は減退した。

二〇〇〇年にいたって、韓国のカント学界では次第に独自の「哲学者」たちの声が聞かれるようになった。この時期から、多数の学者は「総論」的な視野を持ちつつも、「各論」を広げ、各論の深みを失わずに概観しつつ、これに基づき各自の哲学的な主張を本格的に開陳していったのである。哲学界は反省的な生産の時期に入った。なお、このような深化された各論あるいは反省的な総論研究の成果に基づき、ハングル世代によるカントの主要著作の新訳と初訳が多数刊行された。それによって、カント研究者相互間の研究交流とともに、カント思想について一般読者たちと多岐にわたって意見を分かち合う場が設けられた。日韓両国のカント研究を媒介とした学術交流も徐々に進展し、二〇〇六年六月筆者は、日本人のカント研究者として初めて「韓国カント学会」で招聘講演を行う機会を与えられた。

二〇一三年春、すでにカントの主要著作の翻訳・注釈を刊行した白琮鉉教授と同学の士は、既存のテクストを発展させ、『韓国語版カント全集』の編纂・発行に取り組んだ。この編纂事業は、訳者たちと大宇財団および韓国学術協議会、出版社アカネットの協力が産んだ結果であり、民間レベルの学術事業の成功事例と言えよう。カントの全著作と生前出版された講義録、死後編集された書簡集と遺稿集の韓国語訳を、一〇年間の企画事業として二〇一四年から刊行開始したのである。この『カント全集』は全二四巻に及ぶ。ここには、最新の文献考証の成果による『オプス・ポストゥムム』の訳も含まれ、この翻訳が実現すれば、漢字文化圏における初訳が実現する。この全集の刊行計画とは別に、韓国研究財団が支援する『韓国語版カント全集』の編纂事業も進行中であり、近いうちに韓国のカント学界は二種類の全集を持つことになる。

3 韓国におけるカント研究の生産的な活動の可能性

一九〇〇年代初めにカント哲学が受容され韓国人に特別な関心を引いた時期と同じく、その後もカントは、韓国ではまず「道徳哲学者」と見られた。韓国の状況は特異である。白琮鉉説によれば、仏教や性理学の受容とその活用の場合もそうであったように、純然たる思弁や理論を空疎と見なし、「実践」に対する論説を重視する韓国人の性向がそこに確認できる。韓国人のこの性向は、ある面で韓国の学問の真の発展を妨げる要因でもある。とはいえ、カントの道徳哲学への関心は、別の観点から見ると、一〇〇年間の韓国社会の倫理的な状況がそれほど芳しくなかったことを反映しているとも言える。

長い間韓国社会の倫理の主流は、仏教的・儒教的な要素であり、この「自然主義的」な伝統倫理の根幹には「報恩」があった。白説によると、二十世紀に入りキリスト教が広範に伝播されることによって、キリスト教の「超自然主義的」な「誡命」が道徳原則として波及した。このことによって韓国は、世界の三つの宗教の倫理的要素が均一に影響を及ぼす社会となった。なお、現代社会のどこにでも見られるように、韓国社会でも「善」の価値を「利」の価値に対置させる功利主義と、善の価値を無効にする物理主義とが広まっている。このような状況が韓国社会の倫理概念を錯綜させ、非倫理的な状況を加速化させた。しかしそこにはまた、旧倫理復活の可能性や、新倫理樹立の可能性もある。そこで、ある人々は儒教的倫理の新しい解釈を試みることになった。

ところが、白教授の解釈によれば、儒教的な「報恩の倫理」は「親しさ」と「温情」を伴っており、「情の深い世の中」を願う韓国人の心情にかなうものの、普遍的な社会倫理として機能するためには相当な限界を持っていることが、すでに十分露呈している（儒教倫理は近親主義、位階主義、縁故主義を煽るので）。超越的絶対者と来世に対する信仰を前提にするキリスト教倫理もまた、現世主義的な性向が非常に強い韓国社会のなかで「普遍性」を得ることは容易ではなかったのである。そのため、カントの人格主義的で自律的な「義務の倫理」は、韓国社会の倫理の根幹を立てるのによい方案の一つになりうる。ただし、「義務」という言葉自体が西洋的であるため韓国社会には新しく、「冷たく重い」ものであるために、依然として韓国人は「情が冷める」感じを受けるので、韓国社会に根づくにはさらなる年月が必要である。とはいえ、二十世紀後半以降、韓国社会の文化の全般的な変貌とともに韓国人の情緒も少なからぬ変化を見せているため、「義務の倫理」が根づくことは十分可能であり、この「義務の倫理」こそ、韓国社会の普遍的な倫理化に大きく役立つと言えるだろう。

さらに韓国の学風の上で可能な作業は、カントの批判哲学の精神を生かしつつ、理念論としての形而上学を発展させることである。現代の国際情勢と哲学との関係を考えるには、カント哲学を批判的に考察し、カントの晩年の法・政治哲学、歴史哲学、教育哲学に触れる必要がある。哲学とは何か、その現代的状況での役割や意義は何かの探究は、カント哲学の東アジアにおける受容史・影響史・概念史の考察を深めることによって、一層意義深いものになるからである。さらに二十一世紀の特徴の一つとして、日本に留学した韓国の若手研究者による、アメリカと日本のカント哲学の方法論を活用した応用倫理学的研究の成果も出始めている。これは、漢字文化圏における新たな可能性を窺わせる研究として注目すべきである。これらの課題は、今日哲学に取り組む者の普遍的な課題でもある。

付記

本章は、牧野英二編『東アジアのカント哲学』（法政大学出版局、二〇一五年）第二・第三部収録論文を加筆し再編集したものである。詳しくは、当該箇所を参照されたい。最後に、本章の執筆にあたり、右記の編著の筆者・李秋零（中国人民大学教授）、李明輝（台湾中央研究院研究員・国立台湾大学合聘教授）、白琮鉉（国立ソウル大学教授）、韓慈卿（梨花女子大学教授）の先生方、また訳者の廖欽彬（中国広州中山大学副教授）、張政遠（香港中文大学専任講師）、李美淑（国立ソウル大学教授）の先生方には、この機会にあらためてお礼申し上げたい。

6　ロシアのカント研究
グリガ以後、一九九六年から二〇一七年まで

ダニール・アロンソン
（滝沢正之 訳）

この四半世紀のあいだで、カントはロシアで飛びぬけてよく研究されている哲学者となった。このことは、ある程度までは、すでにソヴィエト時代にも認めることができた流れの結果である[1]。その一方で、鉄のカーテンの崩壊、イデオロギー的な圧力の減少、ソヴィエト・ロシア以後の他の諸々の現実のためでもある。これら諸々の変化の概略を示すべく、本章は二つの部分からなる。第一に、カントの著作のロシア語への翻訳について論じ、最近の重要な翻訳のいくつかに言及する。第二に、筆者が最も重要だと考える、現代ロシアのカント哲学研究のいくつかについて要約をする。結論において、現代ロシアにおけるカント研究の全体的な特徴と、現代ロシア哲学の広い枠組みのうちでの（いくぶんかパラドキシカルな）その位置について簡潔に論じる。

1　カントの翻訳

現代ロシアにおけるカントの翻訳、そして、外国の学会とロシアのカント研究との共同作業の最も重要な業績は、おそらく、ネッリ・モトロシーロヴァ（モスクワ大学）とブルクハルト・トゥシュリング（マールブルク大学）によ

って編集された、カントの著作のドイツ語―ロシア語二カ国語全集である。(2) 編集作業は十九世紀初頭に開始されており、それ以来、四巻と半分が出版されている。この全集は、カントの公刊著作の改訂訳（一部は新訳）を含んでおり、そのうちには、批判期の諸論文（第一巻）、『純粋理性批判』の両版（第二巻の第一部と第二部）、『実践理性批判』と『人倫の形而上学の基礎づけ』（第三巻）、『判断力批判』（第四巻）そして、『人倫の形而上学 法論』（第五巻第一部）が収められている。近く刊行される第五巻の第二部には『徳論』が収録され、最終巻である第六巻には『たんなる理性の限界内の宗教』が収められる。各巻には、カントのアカデミー版全集からの膨大な学問的注釈と頁づけが付されている。モスクワ大学、マールブルク大学、マインツ大学からの研究者による共同研究をつうじて、この版は、ロシアおよびドイツのカント研究の最新の成果を反映したものになっている。

別の注目すべきものとしては、一九九九年にRAS〔ロシア科学アカデミー〕哲学会によって出版された、V・A・ジュチコーフ編の『純粋理性批判』がある。ロシア革命以降の『純粋理性批判』のすべての版と同じく、この版はN・O・ロースキイの古典的な翻訳（一九一五年）を使用しているが、既存の版とは異なり、この版は明白な誤りや綴り間違いを除いては、いっさい元の翻訳を変更していない。そのかわりこの版は、「ロシアにおける『純粋理性批判』の翻訳の、存在するすべての版の異同を読者に紹介する」(3) ため、ロースキイの用語や言いまわしに別の翻訳からの代案を補っている。この企画の背後にある発想は、「どれほど精巧で専門的な翻訳も、どこか一面的であったり不完全であったりすることがどうしても避けられない」(4) というものであり、異なる翻訳を立体鏡のように重ねあわせることによってのみ、ロシアの読者はカントの本来の思考に可能なかぎり接近することができる、というものである。この版はまた、『純粋理性批判』の一七八一年版と一七八七年版との差異、また、一七九〇年版、一七九四年版、一七九九年版の差異を反映したものである。

これらは重要な著作であるため、前述の諸版は、再翻訳であるか、すでに存在した諸翻訳の新版である。これらとは別に、これまでに翻訳されたことがなかったカントの著作の翻訳がある。この点についても同様に一定の発展がある。たとえば、『諸学部の争い』の最初の全訳が分冊版で刊行された[5]。二〇〇〇年には、倫理にかんするカントの講義が、『カントの倫理学講義』と題されたP・メンツァーの一九二四年版から翻訳された[6]。しかし、とりわけ言及する価値があるのは、たぶんL・E・クルィシトープの業績である。クルィシトープは、カントの『哲学的宗教論講義』[7]の翻訳を出版し、近年は、自然法にかんするカントの講義へのファイヤアーベントの注釈（『ファイヤアーベント自然法講義』[8]）の翻訳に携わっている。『哲学的宗教論講義』の翻訳にさいして、クルィシトープは一九七一年のK・H・L・ペーリッツによるドイツ語版に依拠しているが、そのさい、彼女は、同じ講義の四つの別の概要からの異同を補った。さらに、翻訳者あとがきでクルィシトープは、この哲学者が講義で依拠していたヴォルフ主義の教科書の文脈からカントの本来の思想を解きほぐそうと試みた。

RAS哲学会版『純粋理性批判』を出版したのちに、その編者たちは、理論哲学にかんするカントの思考の発展を明らかにするような手稿のうち、そのいくつかを翻訳してこれを補完することを決めた。これが、カントの『レフレクシオーン』、カントの形而上学講義、合理的心理学講義、神学講義、そして『オプス・ポストゥムム』からの部分訳を含み、そのすべての翻訳に綿密な学問的注釈が与えられた書籍に結実した[9]。

言うまでもなく、カントの『手書き遺稿』のほとんどの部分は、いまだ翻訳されないままである。この欠落は、近い将来には埋められそうにない。また、現行の翻訳の多くは、いまだに完璧には程遠いものである（二カ国語版における翻訳のいくつかも例外ではない）。

2　カント哲学研究

多くの著者が指摘するように、革命前のロシアでは、カント哲学が学問的に偏りのないかたちで議論されたことはほとんどなかった。そのかわり、しばしば、ある注釈者がこの哲学者にたいして何かしらの立場をとるということは、実存にかかわる選択だと見なされていた。[10] それとは対照的に、ソヴィエトの哲学は、カント哲学を観念論の体系と見なすという、型にはまった整理法を確立させた。このような整理は、一般的に言えば誤っているが、ヘーゲルとマルクスに影響を与えており、それゆえ研究に値するものであった。A・N・クルグローフが示すように、ソヴィエト時代には、形成史が顧みられなかったかわりに、影響史がカント研究を支配していた。[11] つまり、多くの研究者が、カントを後代の思想家への影響の点から見ており、その一方で、カント自身の知的文脈は別のものに取りかえられてしまうか、あるいはまったく無視されていたのである。

現代のロシアでは、ロシア帝国とは状況が異なっており、カント研究者は一般的に、自らの研究対象にたいして偏りのない態度を示すことに成功している。[12] 同時に、現代の研究はソヴィエト連邦のときよりもずっと多層的であり、一つの主要な潮流というものはたぶん見つけられない。今日では、さまざまな研究者たちが、カントをドイツ新カント学派のパースペクティヴから見たり、ロシア宗教哲学のパースペクティヴから見たり、あるいは英語圏の分析哲学の伝統のパースペクティヴから見たりしている。しかしながら、とくに目を引くのは、形成史の役割が劇的に浮上したことである。数多くの論文、そして何冊かの書籍が、カントの知的文脈を形づくった著述家たち、とりわけJ・N・テーテンスを扱っている。[13] A・N・クルグローフは、ロシアはイタリアと並んで今日のテーテンス研究の主導的な中心であると主張している。

現代ロシアにおけるカント研究の拡大をまさに示しているのが、この哲学者とその後継者および後代の反応をとくに専門とした学術雑誌（それ自体がロシアでは唯一の例である）『カントフスキイ・ズボールニク（カント論集）』が二〇〇九年から季刊になったことである。二〇〇九年に、この雑誌を発行しているカリーニングラード国立大学がイマヌエル・カント記念ロシア国立大学に改名されたことは象徴的である。[14] 今日では、カリーニングラード（かつてのケーニヒスベルク）は、モスクワとともに、ロシアにおけるカント研究の中心地となっている。[15]

さて、カント研究におけるさまざまな主題に取りくんだ事例のいくつかを、簡潔に紹介したい。

V・V・ワシーリエフは『カント形而上学追補』（一九九八年）[16]で、カントの理論哲学における諸カテゴリーの演繹の問題を扱った。この著者がこの主題を選んだのは、「諸カテゴリーの超越論的演繹は超越論的分析論の核心であり、超越論的分析論もまたカント純粋理性批判の中心部分である」（p. 153）からである。このような立場は、カントが、第一批判の他の章の多くで「演繹」で獲得した諸結果を利用してはいるが、その逆ではない（p. 62）という洞察によって補強されている。かくして、演繹の議論を適切に理解することが、「アプリオリで綜合的な認識の可能性、射程、限界にかんする批判哲学の中心的な問いに答えるための」（p. 153）鍵なのである。

カントの議論を再構成するために、ワシーリエフはその系譜を、一七七〇年の就職論文から、さまざまなカントの書簡や手稿を経て、『純粋理性批判』の両版、『プロレゴーメナ』と『自然科学の形而上学的原理』、そして後批判期の著作『哲学における目的論的原理の使用について』に至るまで辿っている。ワシーリエフは、カントの超越論的演繹が二つの独立した議論に分割されることを示す。そのうちの一つの議論は、「十分な演繹」と呼ばれるもので、諸カテゴリーが思考の論理的な諸機能と一致することに依拠している。それゆえこの議論は、現象が経験の対象として知覚されるのは、ただそれがあらゆるカテゴリーのもとに服するときであり、またそのときのみであることを証明しはするけれども、同様のことをあらゆる可能なフェノメノン、また、実際に知覚されていないフェノメノンにたいして証明することはできない（p. 130ff.）。「主観的な演繹」として言及される別の議論は、すべての可能な表象が諸カテゴリーに服することを証明しはするが、しかし、すべてのカテゴリーに服するということは証明しえない。というのも、関係の諸カテゴリーは、統覚の綜合的統一を確保するために不可欠なものではないからである（pp. 127–128）。

このことはカントの演繹全体に欠陥があることを示している。最終的には、演繹は、諸カテゴリーがわれわれの概念の可能性の条件であることを証明しそこねているだけではなく、これらの概念の対象の可能性の条件であることについてもまた証明しそこねている。カントはこの欠陥を、統覚の超越論的綜合を「客観的綜合」と同一視することによって、つまり、表象が必然的に他のすべての可能な諸表象と綜合的に統一されるというまさにそのことによって補おうと試みた。しかし、この主張は、とりわけカント自身の超越論的誤謬推理での議論に照らしてみると、立証されないままに留まっている。超越論的誤謬推理において、カントは、「私」はいかなる特定の対象も指示しておらず、ただあらゆる可能的な諸表象の超越論的統一の表現としてのみ使われると主張しているのである。

この著作の最終章で、ワシーリエフは、一七七〇年代中期に実際にカントが、自我はある種の非感性的な直観によって与えられる対象である、と考えていたことを示す諸研究に言及する(p. 133)[17]。この著者は、諸カテゴリーの演繹の議論全体が当初はこの前提に依拠しようとしていたのであり、この前提が棄却されたのちには誤りを免れえないものとなったと結論づける。カントは、自我が実体であるという見解を、この問題についてのヒューム的な見解を知ったのちに捨てたのだが、たぶんカントはテーテンスを読むことからこのことを学んだのかもしれない、とワシーリエフは示唆する(p. 148)。

E・Ju・ソロヴィヨフの著作『道徳と法の定言命法』[18]は、学問的な研究上の複雑な諸問題を議論しつつも、それを一般向けに魅力的なしかたで提示することができており、その点で際立っている。この著作は、カントの倫理的な主題にかんする初期の著作、とりわけ『人倫の形而上学の基礎づけ』と、後期の法哲学とのあいだのつながりを確立しようとしている。そして、この課題を解決していく過程で、カントの実践哲学の全体的な目的と文脈について独創的な再構成を提案する。

ソロヴィヨフの見解では、カントの法哲学は定言命法の理論の余分な付録ではなく、本質的な核心である。カントの道徳哲学の主要概念のすべては、明確な社会哲学的・法学的含意をもっている。たとえば、他律は「人間を傀儡にしてしまう社会秩序」、「統制的な政体」として理解されるべきである(pp. 115–116)。他方で、道徳とは「パターナリズムおよび実利一辺倒化に与する理由を排除するような、行為のしかた」である(p. 99)。ソロヴィヨフが考察するところでは、カントの道徳哲学はまずもって、後期絶対主義国家の論理に対抗するもの、それも、そのパターナリズム、個人の人生を多種多様な他律的な命法に服従させること、快楽主義的かつ功利主義的な思考法の喧伝によって人格を抑圧することなどを含めて対抗するものとして考えだされたのである。また、この種の国家が成立したのは部分的には宗教的な危機の結果であったのだが、ソロヴィヨフによれば、この危機は「神の死によってではなく、神の法の死によって」(p. 347) 生じたものである。「近世初期の人間は……ほとんど神の存在を疑わなかった。……それと同時に、神が人々になにを命令しているのか、どのような規約にしたがって神は人々を裁くのかを理解したいと思ったときに、彼はだんだんと神の存在を不確かだと感じるようになった」(*ibid.*)。絶対主義国家の命令主義とパターナリズムとは、この危機にたいする反応の一つであり、また、さまざまなプロテスタントの宗派が増えたことは、もう一つの反応なのである (pp. 39–41)。

ソロヴィヨフによれば、カントは人間の尊厳を破壊せず、また、社会秩序を無視もしないような解決を探し求めていた。それゆえに、カントは、絶対主義的な規律を信仰義認の立法不要論で置きかえるのではなく、自律のために奮闘しはするが、自分が社会の内に生きており、したがって、けっして純粋に自律的ではありえないことを認識している、そういった個人の自己統制で置きかえたのである。そういうわけで、実定的な法秩序は(強制的にであれ合意を介してであれ)外的に課せられた規範の集合ではなく、個人の道徳的な自己統制を拡張したものなのである。ソロヴィヨフは、このように法と国家を道徳的に理解することは、とりわけ全体主義を経験したのちの今日において意義あることだと強調する。それというのも、全体主義とはまさに、政治における個人の人生の完全な他律化に相当するものだからである。

ソロヴィヨフの研究は、一般向けの書籍として優れている一方で、つねに学問的な水準に達しているわけではないことを注記しておく必要がある。著者はしばしば、テクストやその他の出典を吟味せずに、絶対主義的な統制や宗教改革といったことについて、またカント哲学についてさえ、通念に頼ってしまう。たとえば、「法論への序論」(AA006: 231) から「権利についての普遍法」についてのカントの議論を引用するさいに、ソロヴィヨフは「現代のカント研究は、これらの定式が定言命法を表現していることで一致している」と確信をもって結論づける（p. 157）。「法の定言命法」というまさにその表現が、オットフリート・ヘッフェが個人で発案したものであるのに、ソロヴィヨフは、奇妙なことに、カントの法律と定言命法とのあいだの関係にかんして現在進行形の議論があるという事実を無視してしまう[19]。

A・N・クルグローフは、この一〇年間、哲学だけでなく神学、詩、創作も含む、ロシア文化におけるカント的発想の受容の研究に従事している。この主題についての彼の最初の著作は『十八世紀末と十九世紀前半におけるロシアにおけるカント哲学』（二〇〇九年）[20]である。この著作は、七年戦争のあいだケーニヒスベルクがロシアによって統治されていた時代に、カントがロシア人ともった最初の出会いから始まる。著者は、元からロシア人でないとしても、ロシアに住んだことのあるカントの文通相手や学生の伝記を辿る。この著作では、たとえばF・A・ハーンリリーダーの来歴のロシアにおける部分が、（A・V・グリガによってもなされていたように）たんに彼自身の言葉によって後付けられるだけではなく、著者がロシアの国家保管文書で発見した文書によっても後付けられており、そうした研究として最初のものである（pp. 95–96）。

クルグローフは、ロシアにおける初期のカント受容にいくつかのパラドックスを指摘している。たとえば、一七九五年に、おそらくロシアにおけるカント哲学の最初の宣伝者であるJ・W・L・メルマンが、まさに彼のカント主義のゆえに国外追放された（そして悲劇的に客死した）のだが、それは、カント自身がサンクトペテルブルグ科学アカデミーの会員に選ばれるたった一年前である。ありそうな説明としては、当時のロシアではカントはまずもって自然科学者として知られており、カントの哲学的見解はほとんど知られておらず、後に危険思想と考えられるようになった、というものがある（p. 165）。

研究の過程でクルグローフは、繰りかえし語られてきたいくつかの神話を否定する。たとえば、スラヴ主義的な哲学者たちはつねにカントの発想に反対したが、西欧主義者たちは称揚しただとか、ロシア正教の思想は満場一致でカントに敵対していたとかいった神話である。[21] クルグローフは説得力をもって、さまざまな思想家たちのカントにたいする態度は、西洋にたいして賛成の立場にあるか反対の立場にあるかには対応しておらず、他方で同じように、ロシアの神学学会の講師たちが、各々まったく相異なる態度を表明してもいたことを示している。

ロシアのカント受容にかんする一貫した研究、ドイツ啓蒙主義の思想家たちにかんする別の研究、解釈者によってしばしば濫用されてきたカントの諸概念、たとえば「因果性」や「超越論的主体」[22]についての含蓄ある注釈、これらのゆえに、クルグローフはおそらく今日のロシアで主導的な位置にあるカント研究者である。

ここでは詳細にわたって論じることはできないが、言及に値する多くの研究がある。A・K・スダコーフは一連の論文[23]において、『人倫の形而上学』でカントが理解しているような結婚の権利は、カント哲学が禁じている、物件としての人格の所有を含意しているのではないかという問題を提起している。スダコーフは、この哲学者が主張する、結婚の愛を無関心的な快楽の形式とする理論を再構成するという問題を、別の時代のカントの著作に依拠することで解決しようと試みている。世界的に主導的な地位にあるシェリング研究者であるP・V・レーズヴィフの論文では、カントの超越論的理想の教説が後期シェリングの「積極哲学」に与えた影響が再構成されている。[24] G・D・ガーチェフによる著作は、第一批判におけるイメージとメタファーの役割を扱っている。[25] 他の興味深い研究としては、V・A・ジュチコーフ、V・A・チャールィ、S・A・チェルノーフ、L・N・ストローヴィチ、V・K・ショーヒン、L・A・カリンニコフ、V・N・ブリュシンキン、T・B・ドルガーチ、N・V・モトロシロヴァ、A・Mハリトーノヴァ、L・F・クルィシトープやその他の人々の著作がある。なお、重要なこととして、現代ロシアにおけるカント研究のすべてがこのような高い水準を保っているわけではないことを注記しておく。この欠点は、部分的には、途方もない数の新しい著作があるということで説明されるとはいえ、『カント論集』においてさえも、なんらの独自研究をも主張することなく、過去の思想家の仕事をたんに語りなおしているだけの論文が存在するのである。

奇妙なことかもしれないが、ロシアの基準からすると前例のない量の研究が費やされているにもかかわらず、カントの思想は、現代ロシアの哲学者たちにとって、霊感の主たる源ではない。G・W・F・ヘーゲル、M・ハイデガー、C・シュミット[26]、H・アーレント、M・フーコーといった思想家たちのほうが、おそらくもっと求められている。ときに、あれこれの著述家があれこれのカントの発想（たいていは「命法」あるいは「超越論的主体」）に言及するにもかかわらず、M・ママルダシヴィリ（1930–90）以来、名のあるロシアの哲学者は誰も現代の諸問題に真剣にカントの哲学を当てはめようとしていない。今日、明確なカントのイメージが共有されていないことが部分的な理由であろう。マルクス－レーニン主義的なカントは絶えて忘れ去られているし、新カント学派的なカントはいまだ適切に回顧されておらず、英語圏の分析哲学的カントはとりたてて関連性があるように思えず、新たなカントはいまだに出現していない。ロシアにおける現代のカント研究の先に述べた偏りのなさは、おそらく、同じ硬貨のまさに裏側である。カントの哲学を、格闘すべきものとして考えている著述者がほとんどいないのである。ロシアにおける多層的なカント研究が、格闘するに値するようなケーニヒスベルクの思想家の新しい像をわれわれにもたらしうるかどうかは、時間が明らかにしてくれるだろう。

3 結論

注

（1） たとえば、B・W・エメリヤーノフとZ・A・カーメンスキイの研究によると、一九七四年から一九八二年のあいだに出版されたカントにかんする学術論文の一年あたりの数は、一九一七年から一九七三年のあいだの一二倍である。B・V・エメリヤーノフ、Z・A・カーメンスキイ「ロシアにおけるカント（一九七四―一九八四年の文献の分析的解題）」、

『カント論集』カリーニングラード、一九八五年、八三頁。
（2） https://kant2015.univie.ac.at/en/edition-projects/ を参照せよ。
（3） V・A・ジュチコーフ編、I・カント『純粋理性批判』モスクワ、ナウカ社、一九九九年、五頁、編者による前書き。
（4） 前掲書、八頁。
（5） L・A・カリンニコフ編、I・カント『諸学部の争い』カリーニングラード、二〇〇二年。
（6） A・K・スダコーフ、V・V・クルイロワ訳、I・カント『倫理学講義』モスクワ、二〇〇〇年。
（7） L・E・クルィシトープ訳・注・後序、A・N・クルグローフ編、I・カント『哲学的宗教論講義（K・H・L・ペーリッツ編）』モスクワ、二〇一六年、三八四頁。
（8） クルィシトープの翻訳による、これらの講義の序論は『カント論集』ですでに発表されている。I・カント「ファイヤアーベントの自然法」序章、『カント論集』二〇一六年a、三巻、七五―八一頁、I・カント「ファイヤアーベントの自然法」序章、『カント論集』二〇一六年b、四巻、五八―六二頁。
（9） V・A・ジュチコーフ編、I・カント『遺稿より（『純粋理性批判』への資料、『オプス・ポストゥムム』）』モスクワ、二〇〇〇年。
（10） その好例が、第一次大戦開戦時のものであるが、V・F・エルンの有名な講義「カントからクルップへ」（一九一四年）である。エルンは断固として、カントの超越論的分析論と超越論的感性論が二十世紀初頭のドイツ軍国主義の直接的な起源だったと主張した。
（11） A・N・クルグローフ「現代ロシアのカント研究に関する短評」、M・E・ソボレワ編『ソヴィエト後のロシア哲学――自己分析の試み』ミュンヘン、二〇〇九年、九一―一〇四頁。
（12） しかしながら、偏りなく書くことに成功したという事実は、実際にカント哲学にたいして完全に無関心的な態度をもっていることを意味しない。カントを啓蒙の象徴と見なすような研究者たちがいるが、そういった人たちは自分たちが蒙昧主義と見なすものをカントと対置させがちである。たとえばS・A・チェルノフは、カントの理性と合理性への信頼を「流行の」哲学的な折衷主義と脱構築に対置させる（S・A・チェルノフ「カントはなおアクチュアルか?」」、M・ソボレワ編『ソヴィエト後のロシア哲学――自己分析の試み』オットー・ゼンガー社、ミュンヘン－ベルリン、二〇〇九年）。A・N・クルグローフは、一連の論文で、後期のカントは、フランス革命の流血を正当化しようとすることで、自身の啓蒙主義的な立場を裏切っていると不満を述べている（A・N・クルグローフ「未成年、および真の思考様式転換の課題」第一部、『カント論集』二〇一四年a、三巻（四九）、一九―三九頁、A・N・クルグローフ「未成年、および真の思考様式転換の課題」第二部、『カント論集』二〇一四年b、四巻（五〇）、三九―五三頁。クルグローフの論文にたいする批判としては以下を参照。A・G・ミャスニコフ「応用哲学のための試金石としての政治革命観」『カント論集』二〇一五年、四巻（五四）、九二―一〇二頁）。どちらの著者も、カントを純粋に価値中立的な研究対象としてはおらず、自分がカント哲学にとって本質的だと考えているなにかと自分自身の立場を同一視していることは明らかである。しかしながら、上記のどちらの著者の（一流の）業績も、彼らの実存的な態度にはほとんど影響を受けていない。

（13）たとえば、以下を参照せよ。V・V・ワシーリエフ『哲学的心理学の歴史　西欧―十八世紀』カリーニングラード、二〇〇三年、V・V・ワシーリエフ『十八世紀形而上学における魂に関する学説』バルナウル、二〇〇〇年、V・A・ジュチコーフ『十八世紀ドイツ哲学史より（古典主義前夜の時代）』モスクワ、一九九六年、V・A・ジュチコーフ『啓蒙時代初期のドイツ哲学（十七世紀末―十八世紀最初の四半世紀）』モスクワ、一九八九年、A・N・クルグローフ『テーテンス、カント、および十八世紀後半のドイツにおける形而上学に関する議論』モスクワ、二〇〇八年、V・A・ジュチコーフ編『クリスティアン・ヴォルフとロシアにおける哲学』サンクトペテルブルグ、二〇〇一年。

（14）今では、イマヌエル・カント記念ロシア国立バルト連邦大学となっており、ロシアにおいてこういった公的な基準を満たす十個の大学のうちの一つである。

（15）奇妙なことに、言及した出来事と「カントとケーニヒスベルク学会」設立のすぐ後にメディアで論争が勃発し、その流れで、前世紀に一部のロシア知識人たちによってカントに与えられたいくつかの特徴づけが戯画化されたかたちで再生産された。都市部の「カント主義化」に反対する人たちは、このことを、大学における「哲学者‐西欧主義者集団」による策略と見なした。そういった人たちは、カントに「自由主義西欧の形而上学的傲慢さの具体化」、「弁証法的に、生を死と、善を悪と等値した」哲学者、「極端に非精神的な」思想家等々といったレッテルを貼った（S・コルニロフ「カンチキとファンチキ〔カント亡者の戯れ〕」『文学新聞』二〇一三年五月一五日、URL: http://www.lgz.ru/article/-20-6415-15-05-2013/kantiki-i-fantiki/; V・シュリギン「カントをおし立てて」『文学新聞』二〇一三年四月一〇日、URL: http://www.lgz.ru/article/15-6411-10-04-2013/s-kantom-napereves/.）。その一方で、こういった論争は感情的なものであったために、『カント論集』の誌面には目立った痕跡をなにひとつ残していない。

(16) V・V・ワシーリエフ『カント形而上学追補（諸カテゴリーの演繹）』モスクワ、ナスレジエ社、一九九八年、一六〇頁。

(17) H・シュミッツ『カントはなにを欲したか？』ボン、一九八九年、一九〇―一九一頁、W・カール『沈黙するカント』ゲッティンゲン、一九八九年、九九―一〇〇頁。

(18) E・Yu・ソロヴィヨフ『道徳と法の定言命法』モスクワ、プログレス-トラジツィヤ社、二〇〇五年。

(19) R・G・アプレシャンは、この著作の書評で、ソロヴィヨフの定言命法の理論にかんする解釈のこの欠点および一般的な問題点について記している。（R・G・アプレシャン「定言命法――道徳-法-歴史 E・Yu・ソロヴィヨフ『道徳と法の定言命法』出版に寄せて」『哲学の諸問題』二〇〇七年、七巻、一六七―一七五頁）。ヘッフェの著作は以下のものである。『定言的な法の諸原理――近代の対位法』ズーアカンプ、フランクフルト、一九九五年。

(20) A・N・クルグローフ『十八世紀末―十九世紀前半のロシアにおけるカントの哲学』モスクワ、カノンプリュス社（地域社会障碍者機構「リハビリテーション」運営）、二〇〇九年、五六八頁。

(21) 言うまでもなく、この神話は、カントにたいする現代の政治評論的な批判者に共有されており、そういった人たちにはカントを無視した見解を「ロシア的な思想」と総括する傾向が一般的にある（注15を参照）。

(22) 以下を参照。A・N・クルグローフ「I・カントにおいて超越論的主体は存在したか？」『二〇〇四年歴史哲学年鑑』モスクワ、ナウカ社、二〇〇五年、一四五―一五三頁。

(23) A・K・スダコーフ「個々人の交流――異教人類学の呪縛の下でのカント婚姻法理論」『カント論集』二〇一三年、三巻、三三―四九頁、A・K・スダコーフ「カント『美と崇高の感情に関する観察』における愛の哲学」『哲学と文化』二〇一七年、二巻、一三六―一五〇頁、A・K・スダコーフ「カント『倫理学講義』における愛の哲学と家族の倫理」『カント論集』二〇一七年、二巻、一〇―二三頁、A・K・スダコーフ「カント的「愛の哲学」理解の鍵としての「美の分析論」」『カント論集』（印刷中）。

(24) P・V・レーズヴィフ「後期シェリングとカント」『二〇〇二年歴史哲学年鑑』モスクワ、ナウカ社、二〇〇三年、二八〇―三〇三頁。

(25) G・D・ガーチェフ『カントとの秋――『純粋理性批判』における形象性』モスクワ、二〇〇四年、三二九頁。

(26) 二〇〇九年六月に『ルースキイ・ジュルナール』の編者たちが「シュミットは周縁的、カントは時事的」と題されたO・ヘッフェのインタヴューを発表した。これは明らかにロシアの状況の特殊性を照らしだすためのものである。というのも、ロシアでは時事的なのはカントよりもシュミットのほうなのである。（URL: http://www.russ.ru/layout/set/print/Mirovaya-povestka/SHmitt-marginalen.-Kant-aktualen）

7 ドイツ語圏における現在のカント研究
直面する課題と論争

ハイナー・F・クレンメ
（千葉清史 訳）

ドイツ語圏、すなわちとりわけドイツ、オーストリア、スイスにおける現在のカント研究を概観するのは容易ではない。それには三つの理由がある。

第一に、カント哲学はすでに大学における哲学・倫理学教育システムにしっかりと組み込まれてしまっている、ということがある。カント哲学の知識や関心は広範囲に広まっている。おそらくカントは、依然として、大学で最も多く教えられている哲学者であろう。しかし、カント哲学はさらに、高等学校以下の学校教育においても取り扱われており、しばしばカリキュラム上にも明記されている。その際、カントの実践哲学関連の文献が特に重要視されている。『道徳形而上学の基礎づけ』はもちろん、その他には特に、論文「「啓蒙とは何か」という問いへの答え」が挙げられることが多く、この著作は、部分的には歴史の授業でも扱われる。カントはまたメディア、例えばラジオやあるいはテレビでも、つねにまた繰り返し取り上げられている。

第二に、カント哲学を専門にし、カントについての研究業績を公表しているさまざまな教授ならびに講師たちの研究関心を通底するような、共通した哲学的基盤が存在しない、ということがある。たしかに今日、カント哲学のあらゆる分野の研究は、一般的に、分析哲学や英語圏の哲学のさまざまな方向性の強い影響のもとに形成されている。

この影響は特に理論哲学において顕著であり、この領域ではしばしば、カント哲学についての研究会やシンポジウムが、ドイツ語圏の国々ですら、英語で行われている。分析哲学的志向を持つ哲学者は、カントを原則的には分析哲学の領域での現在の論争に寄与する著者とみなす。その際、カントが自らの哲学をどう理解したのか、あるいは彼は自らの哲学をどのような哲学史的文脈において展開したのかということは、現在の論争への寄与ということに比べれば、後景に退くことになる。それに対して、カントをむしろ強いテクスト志向のもとで扱うことを選んだり、あるいは、カントの諸著作は、例えばクリスティアン・ヴォルフ、デイヴィッド・ヒューム、ジャン＝ジャック・ルソーがカントに与えた影響を解明することを通じてよりよく理解されうる、と考える教授たちもいる。今日、カントが先行の哲学者から受けたこうした影響についての知識は、数十年前に比べてきわめて詳細なものとなっている。最後に第三には、カント哲学の研究を行う特別な施設や研究機関が設置されている大学が各地に点在している、ということがある。ここでは次の研究機関を挙げておきたい。

(a) 出版社ヴァルター・デ・グロイター（ベルリン、ボストン）から発刊されている雑誌 *Kant-Studien* の編集作業の統括を主たる任務とする、マインツの Kant-Forschungsstelle（カント研究所）。しかしながら、この雑誌に関わる現在の三人の編集者はマインツで教鞭を執ってはいない。そのうちの二人、ベルント・デルフリンガーならびにハイナー・F・クレンメはそれぞれトリアーとハレ－ヴィッテンベルクで教えている。三人目の編集者であるマンフレート・バウムはヴッパータール大学を退官している。ルドルフ・マルターとハイナー・F・クレンメによって運営されてきたマインツの Kant-Forschungsstelle を将来運営するであろう人物が誰になるかは、現在のところまだ決まっていない。

(b) ディーター・シェーネッカー教授によって運営されている、ズィーゲン大学の Zentrum für Kommentarische Interpretation zu Kant（カント注解的解釈センター）(ZetKIK)。

(c) ハイナー・F・クレンメによって運営されている、ハレ－ヴィッテンベルク大学の Immanuel-Kant-Forum

（イマヌエル・カント・フォーラム）（IKF）。これは、哲学一般のセミナーを行い、また、„Interdisziplinäres Zentrum für die Erforschung der Europäischen Aufklärung“（ヨーロッパ啓蒙研究のための学際的研究センター）も共催している。このフォーラムは、二〇一七年にハレで設立された„Christian-Wolff-Gesellschaft für die Philosophie der Aufklärung“（啓蒙思想の哲学のためのクリスティアン・ヴォルフ協会）との緊密な連携のもとで、ハレ大学における啓蒙思想（Chr・ヴォルフ、A・G・バウムガルテン、G・F・マイアー、J・A・エーベルハルト）ならびにカント研究（L・H・ヤコービ、J・S・ベック、H・ファイヒンガー、P・メンツァー）の重要な伝統を引き継ぐことを意図している。

(d) ラインハルト・ブラントとヴェルナー・シュタルクによって設立・運営されてきた、マールブルク大学のKant-Archiv（カント資料館）。マールブルクは、カント研究ならびにカント主義的哲学の展開の、非常に長く重要な伝統をもつ（H・コーエン、P・ナトルプ、E・カッシーラー、J・エビングハウス、K・ライヒ）。しかしながらこの伝統は、残念ながらここ数年のところ、カント研究の領域を専門としない研究者が教授ポストに招聘されたことにより、中断されてしまった。

(e) ベルント・デルフリンガーによって運営されている、トリアー大学のKant-Forschungsstelle（カント研究所）。トリアーにもまた、（例えばN・ヒンスケに代表される）カント研究の重要な伝統がある。この伝統が、数年後のベルント・デルフリンガーの退官後も維持されることになるかどうかは、現時点ではまだわからない。

(f) ボーフム大学（ビルギット・ザントカウレン）のForschungsstelle für Klassische Deutsche Philosophie（古典ドイツ哲学研究所）ならびに、テュービンゲン大学（ウルリッヒ・シュレッサー）の古典ドイツ哲学講座、そして、ベルリン・フンボルト大学（トビアス・ローゼフェルト）、ライプツィヒ大学の„Forschungskolleg Analytic German Idealism“（分析的ドイツ観念論研究講座）（アンドレア・ケァンならびにジェイムズ・コナント）等は、それぞれさまざまな仕方でカント哲学に取り組んでいる。

ドイツ語圏の国々における重要なカント研究者――例えばアンドレア・マーレン・エッサー（イェナ）、クリストフ・ホルン（ボン）、ベルント・ルードヴィッヒ（ゲッティンゲン）、ゲオルク・モーア（ブレーメン）、あるいはマルクス・ヴィラシェック（フランクフルト・アム・マイン）――のそれぞれについて語るとすれば、この報告の枠を超えてしまうことになろう。すでに大学を退官した年配の哲学者のうち、その詳細なカント研究が国際的に認知されており、またその研究を依然として出版ないし講演の形で公表し続けている者としては、わずかにマンフレート・バウム（ヴッパータール）、ラインハルト・ブラント（マールブルク）、フォルカー・ゲアハルト（ベルリン）、オットフリート・ヘッフェ（テュービンゲン）が挙げられるのみである。今回の短い概観の枠内では、彼らのそれぞれの研究関心を、それにふさわしい仕方で、おおよその形で提示することすら、端的に不可能である。とはいえ、次のことを指摘しておくことは重要であるように私には思われる。ドイツ語圏の国々におけるカント研究は、今日、世界中のカント研究と連携している。一方で、非ドイツ語圏の客員研究者が、例えばドイツで自分の研究プロジェクトを実行するチャンスが多くある（例えばドイツ学術振興会、アレクサンダー・フォン・フンボルト財団等）。他方、ドイツ語圏の国々の研究者が、自分の研究プロジェクトを、国際的カント研究との交流のもとで展開するということもある。ドイツ語圏に特有のカント研究、といったものは存在しない。研究者間での緩やかな相違、といったものはもちろんある。ドイツ語圏の国々で行われているカント研究のうち、分析哲学的性格を持つものは、世界のどこかで分析哲学的観点から行われているカント研究とほとんど区別されないが、それに対し、歴史的‐テクスト批判的なカント研究（と私はひとまとめにして呼びたいと思うのだが）にはある種の地の利がある。後者は、自らの研究において、通常ドイツの現場においてのみ研究されうるようなソースや伝統に注目する。カント哲学の研究にとって非常に役立つ知見を与えてくれるような、哲学以外の学問領域との研究協力もまた重要である。ここではただ歴史と神学を挙げておこう。

【コラム①】

夏目漱石とカント

理性批判の世界反転光学

望月俊孝

厭世と帰還　明治二十三（一八九〇）年九月、満二十三歳の夏目金之助（1867–1916）は帝国大学文科大学英文科に進学する。十月末に教育勅語発布、翌月末、大日本帝国憲法（前年二月発布）が施行。この秋、東大一期生の井上哲次郎（1856–1944）が六年余りのドイツ留学から戻り、文科大学哲学科教授に就任する。その井上が文部省の委嘱で『勅語衍義《えんぎ》』を公刊した翌年九月、西田幾多郎（1870–1945）が哲学選科に入ってくる。第二学年の漱石は『哲学会雑誌』（翌年六月『哲学雑誌』へ改名）の編集委員となる（約二年間）。二十六年秋には大学院へ進み、着任したてのケーベルの美学講義を受講、最終学年の西田はショーペンハウアー演習に出る。

漱石は早くから「misanthropic 病」を患い、二十三年夏、正岡子規宛書簡に希死念慮の「世迷言《よまいごと》」を吐露。その後「何となく英文学に欺かれたるが如き不安の念」から焦燥が昂じ、二十七年末に鎌倉円覚寺帰源院に参禅。翌年四月、高等師範学校を突如辞して松山中学へ、その翌年四月には熊本の第五高等学校へ移る。三十三年秋からは文部省の命で英国に留学し、ロンドンの下宿に立て籠もって文学論を猛勉強。三十五年十二月、帰国の途につく直前に、子規の訃報に接して、船中で何か心に期すものがあったらしい。

彼はこうして「遠い所から帰つて来た」。その春から帝大、一高の教師となり、日露戦争只中の翌年十二月に『吾輩は猫である』初回を執筆。それを雑誌に連載・完結する明治三十八、九年の手帳に、決定的《クリティカル》な省察がある。

「開化ノ無価値なるを知るとき始めて厭世観を起《おこ》す。開化の無価値なるを知りつゝも是《これ》を免かる能《あた》はざるを知るとき第二の厭世観を起す。／茲《ここ》に於《おい》て発展の路《みち》絶ゆれば真の厭世的文学となる」。漱石はあえて「茲《ここ》に」踏みとどまって、近代的自我の現実を見つめる文学の道をゆく。そしてこの「第二の厭世観」から現世逃避へ「発展」して「形而上に安心を求」めたがる人に、厳しく糾問する。そもそも「形而上とは何ぞ。何物を捕へて形而上と云ふか。世間的に安心なし。安心ありと思ふは誤《あやまり》なり」（岩波新版『漱石全集』十九巻、二二五頁）と。

漱石のカント研究

四十年春、帝大を辞め、朝日新聞入社。翌年九月連載開始の『三四郎』は、二十三歳で帝大に入る青年の恋の行方を追う。物語中盤、講義直後に与次郎が三四郎に問いかける。「カントの超絶唯心論がバークレーの超絶実在論にどうだとか云つたな」「どうだとか云つた」「聞いてゐなかつたのか」「いゝや」「全然 stray sheep だ。仕方がない」（同五巻、四二〇―一頁）。学生二人は不得要領で傍らを通り過ぎる。テクストは近代哲学史上の重大案件を見つめている。

「カントの超絶唯心論」は不可解な言辞だが、「超絶」が transcendental の古い訳だと勘づけば、「唯心論」は idealism だと知れてくる。つまり「カントの超越論的観念論」。人はこれを今でもなぜか「唯心論（spiritualism）」と錯視短絡して、「唯物論（materialism）」に対置する。しかし漱石の批評眼《クリティシズム》は、idealism を「唯心論」と訳す学界作法に倣いつつも、spiritualism は「スピリチュアリズム」と表記して、注意深く峻別する。くわえて『三四郎』単行化（四十二年五月）の二カ月前、『文学評論』第二編第一章「十八世紀に於ける英国の哲学」に言う。「神《ゴッド》、心《ソール》、物《マター》」の「三つの実在」を立てるデカルトに、英国経験論が鋭く対立し、まずはロックが「天賦観念《インネート、アイデア》」を反駁、バークリは「所謂《いわゆる》唯物主義を打破」すべく物体の外在を否定、「観念こそ実在である。物質こそ毫《ごう》も実在を有して居らぬ」という「唯心主義《アイデアリズム》」を唱えたが、「遂《つい》に」「デヴィッド、ヒュームなる豪傑」が登場して「心も神も一棒に敲《たた》き壊《こ》はし」、「吾人《ごじん》が平生「我《イゴー》」と名づけつゝある実体は、丸で幻影の様なもので、決して実在するのではない」と喝破した（同十五巻、六七―七六頁）。

同書は数年前の帝大講義「十八世紀英文学」（三十八年六月から四十年三月）に加筆したもので、快刀乱麻の舌鋒は、デカルト形而上学の「三つの実在」を「敲《たた》き壊《こ》」わした先の、無「実体」、無自性《むじしょう》、諸法無我《しょほうむが》、一切皆《いっさいかい》空《くう》の境界《きょうがい》を睨んでいる。いまや近代理性主義《ラショナリズム》はヒューム棒喝《ぼうかつ》の一撃で独断のまどろみから覚め、理性批判が「経験の地盤（Boden der Erfahrung）」に帰還出現する。この思索行程が無性に気になったのか、漱石は『三四郎』起稿間近の真夏に「カントの哲学を研究し」、手帳にこう書き記す。

Empirical realism and a transcendental idealism（Kant）
Transcendental realism, ipso facto empirical idealism（Berkeley）
Is space within or without us?

（同十九巻、四〇三頁）

そして二頁先にも“○ Empirical realism and a transcendental idealism”（同、四〇七頁）の一行だけを今一度書きとめる。漱石はバークリでなくカントを選びとったのだ。

反転往還の妙　実在論と観念論……。この英文メモがいずれも「経験的実在論」で始まるのが小気味よい。じじつ第一批判は序論冒頭、「われわれの全認識が経験とともに始まることに何の疑いもない」（B 1）と道破した。問題は「超越論的観念論」に繋ぐ“and”である。これをただ「と」とする怠惰は恥ずかしい。この世にありとあらゆる「物（Ding）」は「一般に（überhaupt）」現象であり、表象であり観念《アイディア》だ。この根本洞察に形而上無実体、縁起、空の暗示を読み重ね、「色即是空」に唱和して「経験的実在論にして超越論的観念論」としてみよう。ちなみに色《しき》は色受想行識《しきじゅそうぎょうしき》の五蘊《ごうん》の起点で、外界に実在し五感対象となる物体を指し、デカルトやバークリの「経験的観念論」を論駁した「経験的実在論」の初発見解とも平仄が合う。

「にして」はいま、日常の経験的世界観を素朴実在論の囚われから解放し、この刹那に「超越論的観念論」へ観点を翻した、反転光学始動の符牒である。ところで大乗般若の智慧は、みずからおのずと「色即是空、空即是色」と往還する。そこでわれらが批判の愛智《フィロゾフィーレン》も呼吸《いき》を合わせ、〈経験的実在論にして超越論的観念論、超越論的観念論にして経験的実在論〉の世界反転光学の調べを、つねに新たに奏でてゆくことにしよう。この不断反転往還の中央読点が啓く、玄妙寂静の空白近傍、漱石最後の夏の漢詩に引く禅語「明暗双双《めいあんそうそう》」を投影してみれば、カント理性《ロゴス》批判の深層に超越論的言語《ロゴス》批判を読みとる道筋も浮かんでくるだろう。

かくして批判哲学は、現象・観念の背後根底に本体を措定する「超越論的実在論」の伝統教義《ドグマ》から手を切った。あの『三四郎』の問いかけは、この激烈な思考法革命の機微にふれている。ところが同時期の西田『善の研究』（明治四十四年）はその骨法を摑みそこね、言語《ランガージュ》分節以前の「純粋経験を唯一の実在としてすべてを説明してみたい」と意気込むあまり、「ロック、カント」よりも「バークレー、フィヒテ」の唯心主義的《スピリチュアリスティック》な観念論に身を寄せて、悪戦苦闘しつづける。ましてや井上哲次郎の「現象即実在論」は梵我一如と嘯いて、絶対平等不可説の実在と相対差別の現象とを融合同置しただけの代物だ。まずは「物自体が触発する」などという形而上学的妄念をふり払い、虚心坦懐、カントを読み直したい。

第二部　カント哲学の新しい読み方

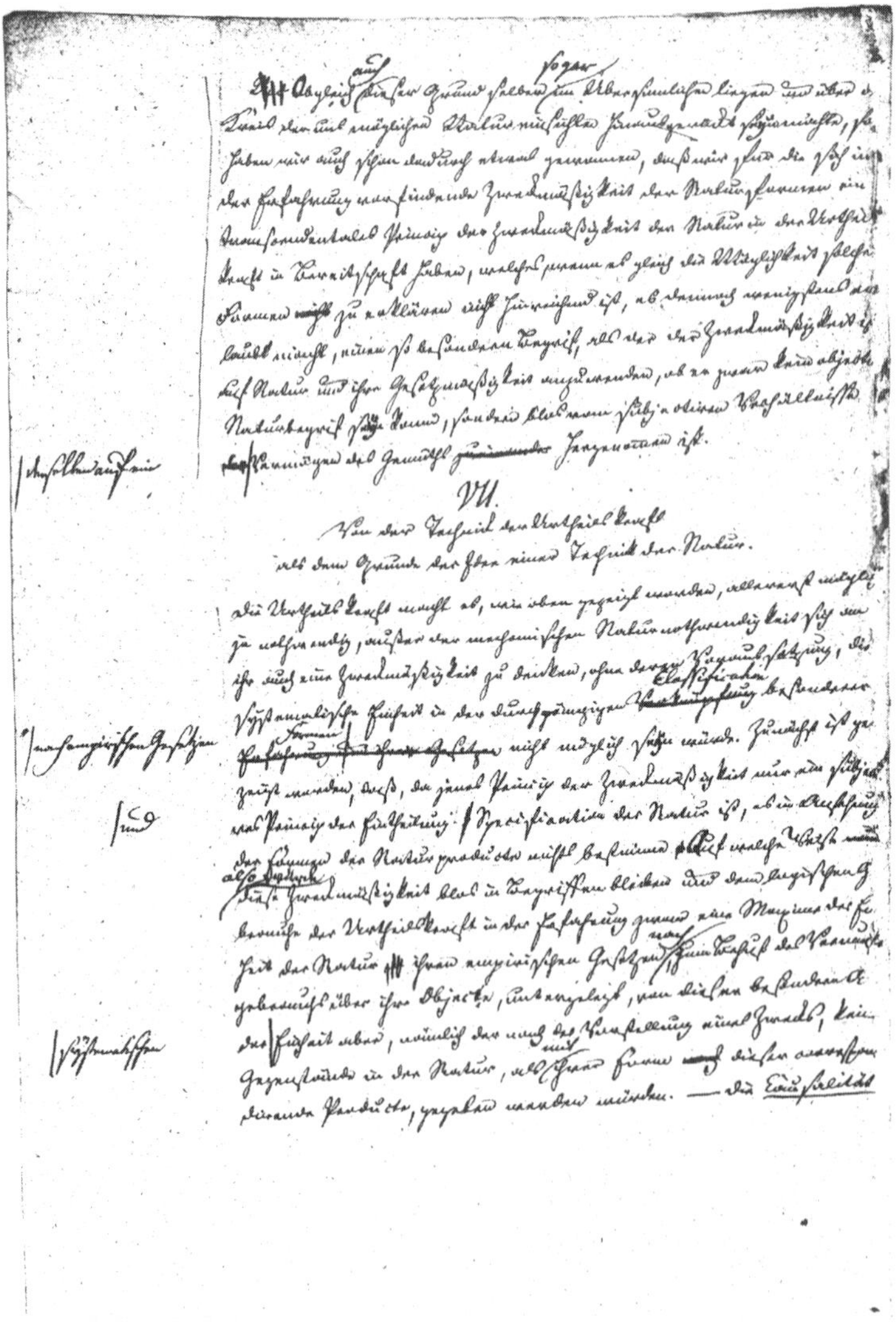

『判断力批判への第一序論』第七節冒頭部分の草稿

8 「常識」の概念とカントの思想形成

ドイツ啓蒙思想とスコットランド啓蒙思想からの影響

長田 蔵人

……そこで理性は、次のように悟るのである。あらゆる可能的な経験的使用を超えてはいるが、それにもかかわらず疑わしいところはまったくなく、常識さえもそれらに合致しているほどであると思われるような、そのような諸原則へと逃避せざるをえない、と。しかしそれによって人間理性は、蒙昧と矛盾へと陥るのである……。（A viii）

『純粋理性批判』（一七八一年、『批判』と略記）のこの有名な序文で何気なく言及される「常識（die gemeine Menschenvernunft）」という言葉は、そこに特別な意味を読み込まずとも、文意を理解するのに差しつかえはない。しかし批判哲学形成期（一七七〇年代）のドイツの思想状況を踏まえるならば、この言葉は特定の考え方や原理を示す哲学用語として流通し、それどころか、それまでの形而上学の在り方に反省を促すような論点を形成する概念として、固有の意味を帯びていたことが分かる。そしてそのことに寄与したのが、スコットランド啓蒙思想におけるいわゆる常識哲学（common sense philosophy）であった。そこで本章では、「常識」の概念を軸に据え、常識哲学の受容を経たドイツ啓蒙思想のなかで、この概念にいかなる意義が見出され、やがてカントの批判哲学の体系内に納まることになるのかという問題を考察する。その考察を通じて、両地域の啓蒙思想がカントの思想形成に及ぼした影響の一端をあきらかにしたい。

1 なぜ「常識」が問題になるのか?

ここでは本章の問題設定の意義をあきらかにするために、常識哲学に対するカントの考え方が、批判哲学の要諦にまで食い込む論点を含んでいることを示しておきたい。

『批判』のための概説書として書かれた『学問として現れうる将来のあらゆる形而上学のためのプロレゴーメナ』(一七八三年、『プロレゴーメナ』と略記)の序文においてカントは、トマス・リード、ジェイムズ・オズワルド、ジェイムズ・ビーティをあえて名指ししながら、常識哲学を厳しく批判する(IV, 258f.)。この小著ではその他の箇所でも、カントは繰り返し「常識」に言及して、これに依拠しようとする考え方を執拗に論難する(cf. IV, 278f., 313f., 369-371)。カントのこのような際立った反応を呼び起こした原因の一つとして考えられるのは、『批判』に対する最初の批評であった、いわゆるゲッティンゲン書評における「常識」への言及である。クリスティアン・ガルヴェの草稿に、ヨハン・ゲオルク・ハインリヒ・フェーダーが大幅に手を加えたものとして知られるこの書評は、一七八二年一月の『ゲッティンゲン学報付録』に匿名で掲載された(1)。この有名な書評の末尾で評者は、「常識」を引き合いに出してカントを批判するのである。そこでまず、書評で問題にされているカントの論述を先に確認しておく。

カントは『批判』の最終章となる「純粋理性の歴史」において、形而上学の歴史的展開を、理性的認識の対象、起源、方法に関する思想の展開として粗描する。そのうちの方法論の展開について、カントはまず一般に「方法」を「原則に従った手順」と定めたうえで、それを「自然主義的」な方法と「学問的」な方法とに分類する。そして後者の学問的方法については、クリスティアン・ヴォルフの独断的方法、デイヴィッド・ヒュームの懐疑的方法を経て、そのいずれをも選択しない道、すなわち批判的方法の道が残されているとして、自らの立場を歴史的に位置づける。他方、前者の自然主義的方法に関しては、カントはその原則を次のように定式化する。「学問なしの常識（自然主義者はそれを健全な理性と名づける）によるほうが、形而上学の課題を構成する崇高な問いに関しては、思弁による以上のことが達成されうる」。そしてそのように常識を方法の基礎に据えようとする自然主義を、「原則にまで高められた理論嫌い（Misologie）」とみなし、「きわめて不合理」であると断ずるのである（A 855f./B 883f.）。

さて、カントのこの議論に呼応してゲッティンゲン書評は、『批判』の筆者が結局は、独断論と懐疑論のあいだの「正しい中道」を選択しなかったようであると批判し、その中道とは、「ごく自然な思考法」へと立ち戻らせる道であると論じる（*Göttingische Anzeigen*, 1782, S. 47）。評者によれば、知性の正しい使用のためには、第一に、それ自身に固有の根本法則（矛盾律と根拠律）に従って知性が適用されねばならず、第二に、われわれは「最も強く堅牢な感覚印象（Empfindung）、すなわち最も強く堅牢な外観（Schein）」を「最高の実在性」とみなして、これに準拠しなければならない。そしてこれらのことを、「常識（der gemeine Menschenverstand）」が行うのである（*ibid.*）。このように主張したうえで評者は、この常識への準拠を「理論嫌い」と断じたカントを当て擦りつつ、「理屈屋」はいかにして常識から逸脱したのかを診断する。それによれば問題の根本は、表象を与える感覚印象を自己意識の変容としてのみ理解し、そして世界も自己も同列にそのような表象としてみなすという考え方、つまりカントの言うところの（と評者が理解するかぎりでの）「超越論的観念論」に存する。その結果としてカントは、ときには唯物論に、ときには観念論に傾くことになり、独断論と懐疑論のあいだの中道を正しく歩むことができなかった（*ibid.*, S. 47f.）。こうしてゲッティンゲン書評は、カントが退けた常識に準拠する自然主義的思考法によってこそ、健全な中道が保たれると主張するのである。[2]

常識への準拠という態度そのものは、実際には、後述のようにカント自身も前批判期から一貫して尊重し続けてきた姿勢である。しかしカントにとって重要であるのは、常識に準拠してしかるべき場面とそうではない場面との区別である（IV, 259f.）。経験的認識や実践的認識の場面では、常識に従う姿勢そのものに問題はないのであり、むしろ知性・理性が「健全」であるかぎりはそうあるべきである。つまり形而上学の外では、常識は「その有益で正当な使用を十全に持ちうる」のである（IV, 371）。それに対して、形而上学やその基礎づけという純粋に思弁的な認識の場面では、常識は方法の基盤にはなりえない（*ibid.*）。むしろ、批判哲学におけるカントの重要な洞察は、冒頭で引用された『批判』序文の言葉にも示されているように、形而上学においては、常識に従うことによってこそ理性は誤謬と矛盾（アンチノミー）に陥る、ということである。「純粋理性の自然主義者」は、第一原理の基礎づけや限界規定のないままに常識に訴えることによって、知らぬまに経験の対象を超えて「幻想の領域」に迷い込むことになるのである（IV, 314）。

以上の経緯を踏まえるならば、『プロレゴーメナ』における常識哲学への批判は、その提唱者であるスコットランド人たちに対するものであるだけでなく、むしろゲッティンゲン書評執筆者のように、その考え方を多かれ少なかれ好意的に受け入れていたドイツの哲学者たちに対する批判でもあったと考えられる。そこで次節以降において、このカントの〈常識〉批判の基盤となった、ドイツの啓蒙時代初期における〈常識〉概念と、スコットランドの常識哲学がそこにもたらした変化とを確かめ、最後にカントに対するその影響について考察したい。

2　初期ドイツ啓蒙における〈常識〉概念と一七六〇年代までのカント

「常識」という概念に哲学的な意義を見出すことは、当然のことながら、スコットランドの常識哲学に固有の考え方ではなく、ドイツにおいても常識哲学の受容以前からこの概念は用いられている。そこで本節では、ドイツ啓蒙思想の礎を築いたクリスティアン・トマジウスとヴォルフの〈常識〉概念を踏まえたうえで、一七六〇年代までのカントの考え方を確認しておきたい。

まずトマジウスでは、アリストテレス〜トマス・アクィナスの「正しきことわり（ὀρθὸς λόγος/recta ratio）」に由来する「健全な理性（die gesunde Vernunft）」という概念が用いられている。(3) トマジウスはプロテスタント・スコラ主義に対する批判者として知られるが、彼は真理の探究において、精妙な思弁にではなく「健全な理性の傾向」に従うべきであることを主張する。(4) トマジウスによれば、「この塔は四角形である」のような感覚に基づく命題も、「3かける2は6である」のような理性に基づく命題もともに、証明不可能な「根本的真理」である。そしてそれらは、「人間理性に一致するところのものは真であり、人間理性に反するところのものは偽である」という第一原理の異なる表現にほかならない。(5) さらにトマジウスによれば、感覚は個体と直接的にかかわり観念は普遍とかかわるが、前者はすべての認識の始まりであり、後者はそこからの帰結であるゆえに、真理はその双方に一致しなければならない（*Einleitung*, S. 156）。そこで第一原理は、あらためて次のように定式化される。「人間知性が感覚によって認識するところのものは真であり、また感覚に反するところのものは偽である」（*ibid*., S. 157）。こうしてトマジウスの「健全な理性」は、感覚による証拠が画する限界を超えない理性、という意味合いを帯び（cf. Kuehn, *op. cit*., p. 261）、真理探究はそのような理性の「傾向」に従わねばならないとされる。

他方、ヴォルフでは、アリストテレス〜ストア派に由来する「共通感覚／常識（κοινὴ αἴσθησις/sensus communis）」の概念が使用されている。ヴォルフは存在論においては合理主義的な考え方を基調とするが、しかし他方で、真理の認識という局面については、「理性と経験の結婚」（*Philosophia rationis* §1232）という格率を掲げ、実在に関する命題の真理性は事実的認識によって検証されねばならないという立場を採る。(6) そして存在論でも、抽象的真理を「常識に還元する」（*Philosophia prima* §125）、つまり抽象的な原理の真理性を「常識」との一致によって確かめるという理念が示されている（cf. Kuehn, *op. cit*., p. 253）。これは、ヴォルフ哲学の経験主義的側面の現れであり、また〈分析と総合の往還〉という啓蒙のパラダイムの表出であるとも言えるだろう。

さて、以上のような初期ドイツ啓蒙における〈常識〉の理解は、一七六〇年代までのカントの思想にも継承される。カントは六〇年代からスコットランドの道徳感覚（感情）論の影響を受け始めるが、常識哲学が興隆するのは七〇年代に入ってからのことであるため、〈常識〉概念に限れば、六〇年代のカントはドイツ啓蒙の伝統内にとどまっている。たとえば『一七六五―六六年冬学期講義計画公告』では、「健全な知性（der gesunde Verstand）」のための論理学と、「本来的な学識」のための論理学とが区別され、これを踏まえた教科書として、ヴォルフ学派のゲオルク・フリードリヒ・マイアーの『論理学綱要』が用いられることが予告される（II, 310）。そこでこのテクストに対するカントの註釈（手書きの遺稿）を見るならば、Nr. 1578では次のように述べられる。

共通の健全な理性は、アポステリオリな経験から普遍的なものに向かって上昇する。学識ある理性は、普遍的なものから経験へと向かう。常識（sensus communis）は、個別の経験から普遍的法則を形成する……。（XVI, 16）

以上のことから分かるのは、カントが「健全な知性」、「共通の健全な理性」、「常識」を同義のものとして理解していたということであり[7]、それらはいずれも、伝統的な用法をはずれないものであった。また一七六六年の『視霊者の夢』では、すでに形而上学の効用としての理性批判ということが理解されているが、ここではまだ「人間理性の限界」は正確に規定されておらず、ただ「経験と常識（der gemeine Verstand）の低地」がわれわれに「指定された場所」であるとのみ主張される（II, 368）。ここでの「常識」も、トマジウスやヴォルフの経験主義的傾向におけるのと同様の、真理探究のための踏み外してはならない立脚点として、素朴に理解されているのである。

これに対して一七七〇年代に入ると、ドイツにおける常識哲学の受容が本格化し、それは批判哲学の形成期に重なることで、カントの問題意識に無視することのできない影響を及ぼすことになる。

3　常識哲学と通俗哲学

常識哲学が克服しようとしていたのは、物質の存在を否定するバークリーの観念論と、第一原理の客観的妥当性を疑うヒュームの懐疑論であり、それらはいずれも、デカルト以来の「観念論的体系」という誤った前提からの帰結であると考えられた。[8] そこで彼らは、この学説の基本的なテーゼ、すなわち、意識の直接的な対象としての「観念」が精神と物質とを媒介するという考え方、および、その観念の比較・結合によって知識や信念が獲得されるという考え方を否定する。[9] リードによれば、感覚印象と〈物質の実在〉の信念、自己意識と〈心の実在〉の信念、変化の知覚と〈原因の実在〉の信念、これら二項のあいだの結合は、いずれも「本性的で根源的な判断」である(Reid, *op. cit.*, p. 29)。物質や心の実在や、因果律の客観性という信念を、われわれは常識が教えることとして受け入れているが、それらの信念は、感覚印象や自己意識との比較という反省的な働きによって得られるのではなく、両者の結びつきは根源的である。リードはこの根源的結合を「常識の原理」とみなし、いかなる論証も論駁も受け付けない第一原理として措定した(*ibid.*, p. 38)。したがってまた、常識哲学では、第一原理の証明不可能性という点における理性の限界が主張される(cf. *ibid.*, p. 18f.; Beattie, *op. cit.*, p. 56f.)。第一原理は理性によって論証されるべきものではなく、人間の自然本性に基づいて瞬間的に知覚されるものである。[10] その感覚的能力を、彼らは「常識(common sense)」と呼ぶのである。

こうして彼らは〈常識〉を、従来のように真理探究のための単なる立脚点ではなく、真理そのものの源泉あるいは第一原理にまで高めた。これは、ヒュームによる新しい懐疑論の深刻な脅威のなかで彫琢された思想であった。そしてそれは、ヒュームの影響を受けつつあったドイツの思想界でも、とくにいわゆる通俗哲学(Popularphilosophie)の唱道者たちによって、真剣に検討されるべき考え方として受けとめられた。ここではその代表として、第一節でも触れたフェーダーについてだけ確認しておきたい。

フェーダーの『論理学と形而上学』は七〇年代に教科書として版を重ねていたが、そこにはリード、オズワルド、ビーティへの参照が見られるだけでなく、[11]その思想の根幹も常識哲学の影響を強く受けている。フェーダーによれば、「感覚印象が直接的に教えるもののほかには何も述べない命題」は「直接的に明証的な真理」であり、それは「根本的真理」と呼ばれる（Feder, *op. cit.*, S. 124）。そして外的な感覚印象は、対象についての「恒常的外観（beständiger Schein）」を与え、それがわれわれにとっての実在性であり存在である（*ibid.*, S. 148, 150, 156）。フェーダーは、観念（表象）という道具立てを保持しようとする点において常識哲学とは異なるが、外的感覚を実在性の信念に直接的に結びつけるという点では、常識哲学の主張に準じている。なお「恒常的外観」は、カントで言えば「現象」に当たるものであり、結論だけを見れば、フェーダーは観念論に対抗して、カントの経験的実在論からそれほど隔たらない実在論を提唱していることになる。さらにフェーダーは、内的な感覚印象を真・善・美に関する判断の基礎とみなしており、すべての人の内的感覚によって真・善・美として感じられるものが真・善・美である、とする原則（*ibid.*, S. 156）は、真理の感覚としての〈常識（共通感覚）〉というスコットランド人の主張とまさに地続きである。そして以上の考察からフェーダーは、感覚に対して「判事」としての最高権威を与え、理性がこれに逆らうとするならば、それはもはや「健全な理性」ではないことになると論じるのである（*ibid.*, S. 163）。

4　一七七〇年代～批判期のカントと〈常識〉概念

以上のように一七七〇年代は、懐疑論への対応が真剣に追求されていたなかで、〈常識〉の働きに新しい意味づけが行われ、その可能性が吟味されるという時期であった。カントの批判哲学はそのような環境のなかで形成された。ところでポール・ガイアーが指摘するように、批判期のカントは三種類の懐疑論を認識している。[12]すなわち、

①理性そのものの信頼性に対するピュロン的懐疑論、②第一原理の客観的妥当性に対するヒューム的懐疑論、そして③外的対象の実在性に対するデカルト的懐疑論である。この整理に従えば、常識哲学は②と③の懐疑論に応答しようとするものであったと言える。これに対して批判哲学の主張は、それらの懐疑論を克服しようとして常識に訴えるならば、目的を果たせないどころか、①の懐疑論にまで陥る、ということである。〈常識〉概念に対するこのような批判的な見方は、七〇年代以降から徐々に形成されていく。

たとえば七〇年代前半のものと目される手書きの遺稿 Nr. 4275 では、「常識、すなわち真理と虚偽の感覚は、オカルト的性質である」と述べられる（XVII, 492）。また他の箇所では、形而上学の問題はすべて常識によって投げかけられる、という文言も見出される（Nr. 4453, XVII, 557; Nr. 4457, XVII, 558）。これらの表現は必ずしも常識一般を敵視するものではないが、さらに別の箇所（Nr. 4468）では、規律のない理性は、健全な知性と、経験によって鍛えられた知性とを混同する（XVII, 562f.）、という表現もあることから、〈常識〉の扱いに対してカントが注意深くなっている様子がうかがえる。そして七〇年代後半になると、断片的ではあるが否定的な調子の強い表現も見られるようになる。たとえば Nr. 4893 では、トマジウス学派でありヴォルフへの対抗者であったクリスティアン・アウグスト・クルージウスについて、「純粋理性の経験主義者、常識、理論嫌いたち（Misologen）」というコメントが付されている（XVIII, 21）。これらの言葉の組み合わせは、第一節で引用した『批判』の最終章における「自然主義者」と「理論嫌い」という組み合わせの先取りであり、常識に依拠することの問題をすでに認識していることがうかがわれる。

以上のような過程を経て、『純粋理性批判』（一七八一年）において〈常識〉の問題に明確な形が与えられることになる。たとえば「超越論的方法論」における「純粋理性の規律」の章では、次のように指摘される。数学の方法を純粋哲学に適用しようとする人々は、「常識」から借用してきた既存の経験的規則を公理の代わりに通用させようとするが、彼らは自らが使用する概念の起源や妥当性の範囲に無頓着であることから、自然という指定された限界を知らぬまに踏み越え、感性の領域を離れて超越論的概念の領土に踏み入ることになる。しかし彼らはそこでは、立つことも泳ぐこともできないのである（A 725f./B 753f.）。また第一節で確認したように、『プロレゴーメナ』においても、「常識」と「通俗的な言葉」をあやつる「純粋理性の自然主義者」について同じ指摘が繰り返されている（IV, 313f.）。

では、このように論難される常識哲学の提唱者や受容者たちと、批判期のカントとの違いはどこにあるのだろうか。前述のようにフェーダーは、スコットランドの哲学者たちと同様に、理性は常識に逆らうべきではなく、両者が調和しないならば理性は健全ではなくなり、哲学において成功を収めることはできないと考えた。これはカント自身の考え方でもあるように思われる。キューンに従えば、カントは非感性的な領域を残そうとする合理主義者たちのもくろみを挫く形で、常識があらゆる思弁の限界を規定すると論じたのである（Kuehn, *op. cit.*, p. 113）。しかし正確には、そのような〈立脚点としての常識〉という理解は六〇年代までのカントの思想に過ぎず、批判期のカントの問題意識を十全に反映するものではない。後者のカントが見据えていたのは、単に理性は常識に反するべきではないということではなく、理性は常識に反していなくとも、そしてむしろ常識に準拠しようとすることによってこそ、限界を超えてしまうということなのである。七〇年代のカントの言葉を借りれば、「理性の病」はその病原菌を、われわれ自身の自然本性のうちに持つということである（Nr. 5073, XVIII, 79f.）。そしてそれゆえにこそ、第一原理の起源と条件と限界をあきらかにするという仕方での正当化論証、つまり「超越論的演繹」が必要とされるのである。したがって演繹論という思想については、たしかにカントがその独特の課題を見出すうえでヒュームの影響は決定的であったが、しかし他方で、常識哲学もまた、その「演繹」の使命と必要性についてカントに内省を促し、その困難な道を推し進めさせるための原動力になっていたと考えられるのである。

5　結び――常識の擁護者としてのカント

『プロレゴーメナ』の結論部においてカントは、「常識の間違った友人たち」（IV, 369）という言葉を用いているが、この言葉は、〈常識の正しい友人〉の存在を示唆しているように思われる。実際のところ、常識は経験的領域では「有益で正当な使用」を持ち（IV, 371）、道徳については「高度な正しさと詳細さ」で「原理」に達しうると考える点において（GMS, IV, 391, 403f.）、カントは常識の友人である。しかもカントは、その的確な擁護者であることを通じて、〈正しい友人〉でもあろうとした。その的確な擁護とは、カントに従えば次の理解に基づく。すなわち、常識＝経験的実在論は、実は超越論的観念論として成り立っているのである。[13] フェーダーは書評において、カントが常識から逸脱したことを批判したが、カントの理解では、フェーダーも支持するであろう経験的実在論というわれわれの常識的世界観は、超越論的観念論という、常識を離れた考え方を取ることによって初めて、その可能性が説明され、その主張（世界の実在性や人間の道徳性）の正しさが擁護されうるのである。

注

（1）*Zugabe zu den Göttingischen gelehrten Anzeigen*, 3. Stück, Januar 1782, S. 40–48.

（2）フェーダーは「外観（Schein）」という言葉を、カントの「現象（Erscheinung）」と同様の意味で用いている（後述）。

（3）マンフレッド・キューンによれば、「健全な理性」という言葉はプロテスタンティズムの伝統において、「逸脱・腐敗した理性」との対置という含みを持ち、原罪に関わる神学的な意味を帯びていた。しかし十八世紀半ば頃になると、その独自の神学的意味は薄れ、「共通の人間知性」という言葉と同一視されるようになる（Manfred Kuehn, *Scottish Common Sense in Germany, 1768–1800 – A Contribution to the History of Critical Philosophy*, McGill-Queen's University Press,

1987, p. 257–266)。この同一視は、後述のようにカントやフェーダーの用法においても明確に示されている。

（4） Ch. Thomasius, *Ausübung der Vernunftlehre*（1691）, Georg Olms, 1968, S. 5f.

（5） Ch. Thomasius, *Einleitung zur Vernunftlehre*（1691）, Georg Olms, 1968, S. 152–155.

（6） 山本道雄『改訂増補版　カントとその時代――ドイツ啓蒙思想の一潮流』晃洋書房、二〇一〇年、一七頁、三七―三九頁。

（7） フェーダーによると見られるビーティへの書評でも、「常識（common sense）」に対する通常のドイツ語訳として「共通の知性」と「健全な理性」が挙げられており、三つの言葉が同義で用いられている状況が分かる（cf. *Göttingische Anzeigen*, 1771, S. 93）。なお本論では扱えないが、カントは『判断力批判』に至ると、「趣味」としての本来的な「共通感覚」と「常識」とを区別するようになる（cf. V, 156–160）。

（8） Th. Reid, *An Inquiry into the Human Mind on the Principles of Common Sense*（1764）, ed. James Fieser, Thoemmes Press, 2000, p. 23.

（9） Ibid., p. 29; J. Beattie, *An Essay on the Nature and Immutability of Truth, in Opposition to Sophistry and Scepticism*（1770）, ed. James Fieser, Thoemmes Press, 2000, p. 53.

（10） Beattie, *op. cit.*, p. 25; J. Oswald, *An Appeal to Common Sense in Behalf of Religion*（1766 and 72）, ed. James Fieser, Thoemmes Press, 2000, p. 68.

（11） J. G. H. Feder, *Logik und Metaphysik*, 4. Aufl., Göttingen und Gotha（1774, 1. Aufl. 1769）, S. 54f., 173, 312, 438, 487f.

（12） P. Guyer, *Knowledge, Reason, and Taste: Kant's Response to Hume*, Princeton University Press, 2008, p. 27–28.

（13）「超越論的観念論者は経験的実在論者でありうる」（A 369f.）。

9　ヴォルフの形而上学とその批判者たち

十八世紀後半ドイツにおける形而上学の展開

佐藤 慶太

カントがクリスティアン・ヴォルフに対する批判を通じて、みずからの形而上学を確立していったことは、いまやカント解釈の一つの前提となっている。だが当時、ヴォルフを批判しつつ新たな形而上学の在り方を模索した哲学者が他にもおり、カントと論点を共有していたことはあまり注目されていない。本章では、これに該当する二人の哲学者、ヨハン・N・テーテンスとヨハン・H・ランベルトを取り上げたうえで、一七六〇年代から八一年（『純粋理性批判』第一版刊行）までのカントの形而上学をめぐる思索を捉えなおしてみたい。彼らは、カントが厚い信頼を寄せつつも、強い対抗心を燃やした哲学者である（cf. X, 54ff., 96ff., 278, 270, 341, 346, *Refl.* 4900, XVIII, 23）。この捉えなおしはカントのヴォルフ批判の独創性を明確化するとともに、『純粋理性批判』（以下『批判』）の見過ごされていた解釈の可能性を浮かび上がらせることになるだろう。

1　ヴォルフの形而上学

カント、ランベルト、テーテンスについて論ずるための準備としてヴォルフの形而上学の骨子を「存在論」を中心に確認しておこう。しばしばカントの前座のように扱われるヴォルフだが、彼がドイツ哲学に決定的な転換をもたらしたことは疑いえない事実である。ヴォルフ以前、ドイツ哲学の発展を担ったのはクリスティアン・トマジウス、ヨハン・F・ブッデらだが、彼らは、哲学を通じて徳を高め、幸福に至ることができると考えて、哲学の存在理由を哲学の外部に求めた。これに対してヴォルフは、哲学を「学」として位置づけ、真理の探究をその存在理由として明確化した。この場合、哲学の効用は他の何かに奉仕することではなく、他の諸学が成立するための基礎（確固たる概念、原則、方法）を提供するという点に見出される[1]。

ヴォルフによれば、「学」は「確実かつ不動の諸原理」と「適切な推理の系列」によって妥当性を確保する（*Discursus praeliminaris de philosophia in genere*, §30: II-1）[2]。ここで具体的なモデルとなるのが、定義を出発点として論証を体系化する「幾何学的方法」である。

哲学の基礎的部門である「形而上学」は、「存在者一般および存在の一般的性質」を扱う「存在論」と、それに基づく「世界論」、「心理学」、「自然神学」によって構成される。「存在論」の根幹をなす原理は矛盾律である（cf. *Ontologia* §27: II-3）。充足理由律がもう一つの柱をなすが、表向きは矛盾律から導出される構成となっており（*ibid.* §70）、存在論の最も基礎的な対概念、「あるもの（aliquid）」と「無（nihilum）」も、突き詰めて言えば矛盾を含むか否か、に基づいて区別される（*ibid.* §59ff.）。「あるもの」は「可能なもの」（*ibid.* §85）であり、「可能なもの」は「現実存在しうる」（*ibid.* §133）。そして「存在者（ens）」は「現実存在しうるもの」と定義される（*ibid.* §134：ヴォルフによるensの独訳はDingである。慣例に従い「物」と訳す）。存在者が現実に存在する条件として「汎通的規定」（cf. *ibid.* §226）、他の存在者の存立と矛盾しないこと（「超越的真理」cf. *ibid.* §495）などが積み重ねられるが、「存在者」のステータスが矛盾律を基礎として確立されるという点は動かない。

論理世界の限界を存在世界の限界に重ねるこの立場は「理性主義／合理主義」と特徴づけられる場合がある。しかしヴォルフは「知性は決して感覚や想像から自由ではなく、〔…〕完全に純粋ではない」[3]という立場をとっており（cf. *Psychologia empirica* §315: II-5）、この点を捉えて「経験主義」と見る解釈もある。一見相いれない特徴づけだが、以下の見解の連関を押さえておくと整合的に理解できる。[4] すなわち、①ヴォルフは、ライプニッツに倣い、感覚的知覚と知性的認識の区別を、判明性の度合いを指標として階層的にとらえている。これに基づき、②判明度の高い知性的認識の枠組み（＝概念）によって認識一般の構造を説明することが正当化される。そして人間の有限性が考慮に入れられることで、③人間知性は感覚的なものから完全に自由にはなりえないということが帰結する、という連関である。ヴォルフにおいて理性主義、経験主義が共存しうることは、哲学における論証の仕組みに関しても指摘されている。[5] 特定の「主義」のラベルを張り付けて分類を試みるよりは、多様な性格づけを許す枠組みそのものを注視する必要がある。

2　一七六〇年代のカント、ランベルト、テーテンス

準備が整ったところで、三人の思索の展開を辿る作業に入ろう。まず一七六〇年代に展開された三人の哲学者によるヴォルフ批判を比較検討する。六〇年にテーテンスは「なぜ形而上学では確定的な真理がわずかしかないのか、そのいくつかの理由についての考察」（略号 *Gedanken*）という論文を公刊している。[6] この論文が契機になったともいわれるが、ベルリン・アカデミーは六一年に〈形而上学の真理一般は、幾何学の真理と同水準の判明な証明をもちうるか〉という懸賞論文課題を提示した。カントは「自然神学と道徳の原則の判明性に関する考察」という論文

（以下「判明性論文」：略号 *Deutlichkeit*）を応募して第二位の評価を得た。ランベルトは応募こそしなかったが、懸賞論文のための草稿、「形而上学、神学、道徳学をより適切に証明する方法について」（略号：*Methode*）を残している。[7]

三人の共通点は、次のように要約できる。すなわち、①ヴォルフの問題は、裏づけを欠いた概念の「定義」を出発点に据えて、幾何学的方法に則り形而上学を構築している点にある、という批判の論点、②このような裏付けを欠く「定義」に代わる確かな出発点を、概念の「分析（Auflösen）」を通じて確保しなければならないという問題解決の視点、③懸賞論文の時期以降、「分析」を踏まえた新たな形而上学のプログラムへと実際に到達する展開力、という三点である。

だが、〈形而上学への幾何学的方法の適用可能性〉や「分析」についての見解には違いがある。まず前者に関する違いを見よう。ランベルトは、幾何学的方法が適用できることを前提として、ヴォルフがそこで用いる概念の正当化を怠っていると批判する（cf. *Methode* S. 19）。テーテンスは幾何学的方法の適用可能性を認めつつ、数学と形而上学の対象の差異に着目して、形而上学が成果を収められない原因を洗い出す（cf. *Gedanken* III, 18f.）。この適用可能性に最も懐疑的なのがカントであり（cf. *Deutlichkeit* II, 283）、幾何学的方法（「総合的な手法」、*ibid.* II, 289）による形而上学を認めないわけではないが（cf. *ibid.* II, 290）、形而上学の本領は、その前提となる概念の「分析」にあると考える。

次に「分析」の理解の違いである。テーテンスにおいて分析の最終到達点は、単純な感覚、あるいはそこからの抽象によって獲得される「単純観念」である（cf. *Gedanken* III, 23f.）。形而上学で問題となるのは後者である。テーテンスは抽象そのものを否定するのではなく、抽象元の感覚に遡り、当の観念が対象において見出される際に表象されるものを観察することで、抽象の適切性を判定できると考える（cf. *ibid.* III, 27）。

カントは「分析」が行き着く先を「証明不可能な命題」（*Deutlichkeit* II, 281）あるいは「証明不可能な根本判断」（*ibid.* II, 282）と呼ぶ。これは、同一律、矛盾律といった「形式的原則」に直接的に従属しており（つまり、主語・

述語の関係がただちに明らかであり）、与えられた概念において直接かつ最初に知覚される「質料的な」命題である。この理論の独自性はすぐには分かりにくいが、同時期に執筆された『負量の概念を哲学に導入する試み』（六三年刊行：略号 *Negative*）の「一般的注」をつき合わせてみると、カント固有の問題意識とその展開の可能性が見えてくる。[8] そこでカントは、「何かがあるので、別の何かがある」という因果関係が同一律、矛盾律に直接的に従属していない（つまり「証明不可能な命題」では表せない）ことを指摘している（cf. *Negative* II, 201ff.）。このタイプの関係をどう理解すべきか、カントは答えを出していないが、この論点が七〇年代以降のカントの思索の起爆剤になると考えられる（次節参照）。この展開は、分析の最終到達点を「概念」ではなく、「判断」（＝主語と述語の関係）に設定することで開けたものと言えるだろう。

ランベルトは形而上学の基礎的な要素を「根本概念」と呼び、秩序、一致、完全性などを例に挙げている。これは自らの思考活動を反省することによって取り出されるがゆえに、思考する者であればだれも疑いえない（cf. *Methode* S. 16）。形而上学で使用する概念は、根本概念からの導出を徹底することで確実性を得られるとされる。

ランベルトはこの発想をもとに、『新オルガノン』（六三年執筆、六五年刊行：略号 *Neues*）、『建築術構想』（六四年執筆、七一年刊行：略号 *Arch.*）において「分析」をふまえた新たな形而上学のプログラムを提示する。[9] これらの二つの著作で、「分析」を通じて取り出される要素は「単純根本概念」と呼ばれる。『新オルガノン』では、意識、現実存在、一性、持続、継起、意欲、剛性、延長、運動、力が挙げられるが（cf. *Neues* I, 498）、『建築術構想』では、継起のかわりに量が入る（cf. *Arch.* III, 41）。単純根本概念の特徴は、複数の徴表をもたないという点にある。矛盾は二つ以上の存在を前提とするので、この概念では矛盾が生じず、誤謬が入り込む余地がない。そしてこの概念から適切に構成される複合概念も、誤謬を免れていることになる。

『建築術構想』では、この単純根本概念の理論に基づいてヴォルフの存在論批判が展開される。ヴォルフにおける「物一般（Ding überhaupt）」（*ens in genere* の独訳）の概念は、類似性に基づく抽象の産物であり（cf. *Arch.* IV,

371ff.)、実在する個物の有意味な構成要素が度外視されている。本来、「物一般」は個体の基本的構造を示す複合概念であり、「剛性」を基礎に「延長」を除くすべての単純根本概念がそこに結びあわされることで成立する、とランベルトは考える。これが存在論の安全な出発点となるというわけである。

ランベルトの著作は、その後、テーテンスとカントが独自の形而上学プログラムを練り上げるにあたって一つのモデルとなったが(cf. Kant, X, 96ff.; Tetens, *Specul.* IV, 81f.)、キータームの供給源でもあった。とくに「超越的(transcendent)」という術語が重要である(『批判』刊行以前のドイツにおいてこの語は「超越論的(transcendental)」と互換性を有していた)[10]。「超越範疇(*transcendent(al)ia*)」に由来するこの術語に、ランベルトは〈物体界に出自をもつ概念の知性界への適用、あるいは逆向きの適用によって、当の概念が存在者一般について適用可能になる〉という意味を与えた(cf. *Arch.* III, 292)。ここでポイントとなるのは〈存在論の領域とそれ以外の領域の区別/侵犯〉の問題である。抽象によって存在論の概念を確保すると、物質的なもの、あるいは非物質的なものだけに適用される規定が存在者一般の規定のうちに混入する可能性がある。これを避けるために、単純概念が物体界、知性界のどちらに由来するか、それがどのようなプロセスを踏んで「存在者一般」についての概念になりえたか、吟味する必要がある。この問題意識を体現するのが「超越的」という術語なのである(cf. *Arch.* III, 33ff.)。「超越的」という術語と「領域の区別/侵犯」への問題意識は、ランベルトと七〇年以降のカント、テーテンスをつなぐ一つの絆である。

3　一七七〇年代のカントとランベルト、テーテンス

つづいて、七〇年に出版されたカントの『可感界と可想界の形式と原理』(以下「教授就任論文」: 略号 *Dissertation*)を主線として、そこにランベルト、テーテンスの思索がどのように交差するか、明らかにしたい。

カントは「教授就任論文」において、感性と知性を独立な認識源泉として認め、各々に固有の形式があることを裏づける。六二年にカントが見出した、矛盾律にのみ基づく関係とそれ以上の条件が必要な関係との区別は、「概念分析的（discursive）」に記述されうる関係とされえない関係との区別（cf. *Dissertation* II, 403）として明確化され、それぞれの条件が知性の形式と感性の形式として示される。この理論は、二つの能力が「純粋」でありうることを含意しており（cf. *ibid.* II, 395, 399, 402）、人間において「純粋」な認識を認めないヴォルフの認識理論を根底から揺るがすものである。さらに感性の形式である時間・空間に〈一切の感覚に先行して存する全体〉というステータスが認められた点が重要である。ヴォルフ形而上学の基礎的な要素は「存在者」という個であり、全体はこの存在者相互の関係に基づいて構成される。〈個を条件づける全体〉に基づいて存在者を理解する七〇年のカントの時空論は、個を全体の条件とするヴォルフ形而上学の破綻を暴露する力を蔵しているのである[11]。

しかしカントは、この著作では〈個を条件づける全体〉を形而上学には持ち込まなかった。この著作では、空間、時間を条件とする世界を「可感界」、知性のみによって捉えられる世界を「可想界」と呼ぶ。時間、空間は「何らかの客観的なものでも、実在的なものでもない」（*ibid.* II, 400, 403）ため、真の実在の場である「可想界」が形而上学固有の領域とみなされる。〈個を条件づける全体〉を軸にした形而上学の登場は、『批判』を待たねばならない。「判明性論文」における「分析」が、「形而上学の準備学」（*ibid.* II, 395）という概念へと進化したことも付け加えておこう。この学は、知性のみによる認識と感性的認識（あるいは、それに対応する世界である可想界と可感界）の区別に基づいて、形而上学の根本概念を感性的なものの混入から守る学である。「判明性論文」では「総合的な手法」による形而上学の構築に懐疑的だったカントだが、ここでは適切な分析（＝準備学）を経れば、それが可能だと考えるようになっている。

カントの要望（X, 98）に応じて、一七七〇年一〇月、ランベルトは「教授就任論文」に対するコメントを書簡で送っている（X, 103ff.）。二人のあいだには、六五年から書簡の往復があった。

このランベルトの書簡は興味深い論点を多く含むが、ここでは二つの指摘だけを取りあげる。ランベルトは、「変化（Veränderungen）が実在的ならば、〔…〕時間もまた実在的である」（X, 107）と述べて、〈時間は客観的でも、実在的でもない〉というテーゼに異議を唱える。さらに形而上学の対象領域が可想界に限定されたことに対して、「存在論において、仮象から借りられた諸概念に取り組むことも有益である、なぜなら〔…〕存在論の理論は再び現象のもとに適用されねばならないのだから」（X, 108）とも述べている（ランベルトにおいて「仮象（Schein）」は「感覚されるものが、感官においてつくり出す印象」を意味する）[12]。「教授就任論文」のカントが、われわれにとって最も「実在的」と考えられる世界の基礎的条件を解明しつつも、その世界を存在論の管轄から除外しているという問題をランベルトは的確に指摘している。この指摘が核心をついていたことは、カントがある書簡で、学説の再吟味のためには、軽率に書かれた十の書評よりランベルトからの一通の手紙のほうが有益だ（cf. X, 133）と述べていることから裏付けられる。この指摘のインパクトについては、次節で述べよう。

一七七五年、テーテンスは『一般思弁哲学について』（以下『思弁哲学』：略号 *Specul.*）において、経験的心理学をベースとした独自の形而上学再構築計画を立ち上げるが、その内容は「教授就任論文」を踏まえたものになっている。「一般思弁哲学」は、ヴォルフにおける「存在論」に相当するが、テーテンスはこれを「超越的哲学（die transcendente Philosophie）」と言い換える。「超越的哲学」は非物体的事物を扱う「知性的哲学」と、物体的事物を扱う「物体的なものの哲学」の共通の幹であり、「現実的に存在している諸客観には関わらず、ただあらゆる種類の物一般において可能的、あるいは必然的なものだけを取り扱う」学と定義される（*Specul.* IV, 24）。テーテンスにおける「超越的」はランベルトの用法を踏まえているが（cf. *ibid.* IV, 81ff.）、強調点の置き方は異なる。テーテンスは「知性的なもの」、「物体的なもの」、「超越的なもの」という「共通概念の三つのクラス」（*ibid.* IV, 53）のうち「超越的なもの」が全体の基礎でありながらも、他とは峻別される領域を形成するということを強調するために「超越的」という術語を用いている（cf. *ibid.* IV, 13, 23, 24, 49ff., 72）。

この区別は、「超越的哲学」における概念、原則の実在性を確保するうえで重要である（この作業は「実在化（Realisierung）」と呼ばれる）。テーテンスによれば、学の概念、原則の実在性は、そこにおいて「主観的でしかないもの」を「現実的に客観的なもの」から注意深く分離して、概念、原則が「純粋な空気」のようになったところで確保される（*ibid.* IV, 27）。だが「超越的哲学」の場合は、この学に固有の概念（「超越的概念」と呼ばれる。現実性、実体、原因と結果などが例として挙げられる）に、「物体的なものの哲学」や「知性的哲学」が扱う概念の要素が紛れ込まないようにすることも重要である（cf. *ibid.* IV, 60f.）。

テーテンスは「超越的哲学」の原理に形式的・実質的という区別を設け、前者を「われわれが判断する際の、概念の結合の仕方」を表明する「理性の一般原則」として（cf. *ibid.* IV, 35ff.）、後者を感覚から抽象された概念を含む「第二のクラスの原則」として位置づけている（cf. *ibid.* IV, 44ff.）。「実在化」のタイプも、これに応じて二種類に区別される。「理性の一般原則」の実在化は、その原則が、われわれが判断を下す際の必然的な規則であることを「観察（Beobachtung）」によって証明することである。「第二のクラスの原則」の実在化は、思考能力の「加工の仕方」に目を向けつつ、原則を構成する概念が素材としての感覚からどのように成立するか、「観察」を通じて跡づけることである。これによって、主観的なものや別のクラスの共通概念の混入を防止するというわけである。

実在化の作業は、「一般概念に基づく総合的思弁」としての「超越的哲学」の準備であり、「分析的方法」と呼ばれる（*ibid.* IV, 84ff.）。この点に六〇年の論文からの展開がみられるが、「分析的方法」に〈領域の区別〉という課題を結びつける点には、カントにおける「形而上学の準備学」（*Dissertation* II, 395）からの明らかな影響が見てとれる（cf. *Specul.* IV, 55 Anm. ただしテーテンスはカントの時空論を適切に理解しているとは言えない。Cf. *Ibid.* IV, 28Anm., 55 Anm.）。「形而上学の準備学」は、知性のみによる認識と感性的認識（可想界と可感界）の区別に基づいて、形而上学の根本概念に感性的なものが混入することを防ぐ学である。これを踏まえてテーテンスは、「超越的なもの」に「それ以外の一般的なもの」が混入することを防止する実在化の作業を「分析的方法」と呼ぶのである

(*ibid.* IV, 60f., 84ff.)。三人の思索の交わりに限って言うならば、七五年のテーテンスの仕事は、カントの「準備学」の発想を「存在論」の問題として先鋭化し、「存在論」と他領域との区別を語るための適切な術語として、ランベルトの著作から「超越的」を探し出した、と要約することができる。

4　一七八一年のカントとテーテンス、ランベルト

以上を踏まえて、『批判』第一版における「超越論的哲学（Transscendental-Philosophie）」構想のうちに織り込まれている三人の関係を詳らかにしよう。『批判』における「超越論的」の初出は、「序論」の以下の定義である。「私は諸対象に関わるというよりはむしろ、諸対象一般についてのわれわれのアプリオリな諸概念に関わる一切の認識を超越論的と呼ぶ。そのような諸概念の体系は、超越論的哲学と呼ばれるだろう」（A 11f.）「超越的」と「超越論的」との互換可能性を前提とする当時の読者は、この「超越論的哲学」の定義と『思弁哲学』の「超越的哲学」の定義に相通じるものを見出したであろう（前節参照。cf. *Specul.* IV, 24）。「対象一般」と「物一般」の違いこそあれ、両者とも対象領域を同様の仕方で規定してヴォルフの「存在論」の乗り越えを狙っている。またこの定義の後でカントが述べているように、「超越論的哲学」が「分析」（A 12/B 25）の後にはじめて成立しうる学であるというのも、テーテンスの「超越的哲学」と同じ位置づけである（「分析」は「純粋理性の体系のための準備学」（A 11/B 25）、「超越論的批判」（A 12/B 26）とも言い換えられる）。

さらに『批判』においても、『思弁哲学』と同様に、「領域の区別」の問題が「超越論的」に関係づけられていることも指摘できる。『思弁哲学』では、「教授就任論文」における「可想界と可感界の形式と原理」の理論を踏まえて、「物一般（存在者一般）」に関する概念と、非物体的なもの、物体的なものに固有の概念との区別が語られるが、前者は、後者から厳密に区別されるべき、という意味で「超越的」と呼ばれた。『批判』の場合は、「序論」の定義

中にある「諸対象一般についてのわれわれのアプリオリな諸概念」（＝「純粋知性概念（reine Verstandesbegriffe）」）が、単独で使用されるか、感性的直観との関係で使用されるか、によって「領域の区別」が生じる。この区別は、「教授就任論文」における「可想界と可感界」の区別の延長線上にある。カントは、この二つの純粋知性概念の使用を、それぞれ「超越論的使用」と「経験的使用」と呼んでいる。「超越論的使用」は「概念が物一般および物自体そのものに関係づけられること」であり、「経験的使用」は「概念が単に諸現象に、すなわち可能的経験の諸対象にのみ関係づけられること」（A 238/B 298）である。この用語法は『批判』における他の「超越論的」の用法に照らすと変則的に見えるが、ランベルト、テーテンスにおける「超越的」の用法や、「序論」における「対象一般についてのアプリオリなわれわれの概念」（＝純粋知性概念）と「超越論的」との関係づけを考慮に入れれば、訝る余地も消えるだろう。以上のように、『思弁哲学』における「超越的概念」と、『批判』における純粋知性概念の超越論的使用は、〈形而上学の根本概念のありのままの姿〉という意味においてステータスが重なるし、またどちらでも「超越的／超越論的」と「領域の区別」の問題が密接に結びついているのである。

ただし領域を区別することの意味は、『批判』と『思弁哲学』とでは完全に逆転している。このことは『批判』の「感性論」の成果を確認するとよく分かる。「感性論」は感性的直観をアプリオリな総合判断の条件として位置づけることによって、客観的実在性を有する認識とそれを欠く認識との区別の指標も確保している。純粋知性概念の超越論的使用は、認識のための最も基礎的な制約そのもの、いわば裸の純粋知性概念だが、感性的直観との関係が捨象されているために、それには客観的実在性は認められない。テーテンスの目的は、領域を峻別することによって超越的概念の「純粋性」（*Specul.* IV, 57）、ひいては「実在性」を守ることだが、カントは当の区別によって「超越論的」ではない使用の客観的実在性を確保する。

形而上学の根本概念をありのままの姿にしておくと誤謬が発生する――これが『批判』におけるカントの新たな洞察である。端的にいえば、その誤謬とは「超越論的実在論」（A 369）、あるいは同じことだが〈現象と物自体の混同〉である。「超越論的分析論」の付録、「反省概念の二義性」(A 260ff./B 316ff.)は、この誤謬の源泉が、単独で使用される純粋知性概念であるということを、精緻に裏づけている。

カントの新しい洞察によって、ヴォルフにおける「存在論」の基礎的な対概念、「あるもの」と「無」の意味も読み替えられる。『批判』において「あるもの」とは、純粋知性概念と感性的直観の協働によって成立する認識の対象であり、「無」はその条件を満たしていないものである。ヴォルフにおける「あるもの」(=矛盾を含まないもの)も後者に分類される(cf. A 290ff./B 346ff.)。これがヴォルフの「存在論」とカントの「超越論的哲学」の決定的な違いをなす。この読み替えの帰結として、魂、世界の全体、神を扱う形而上学の特殊部門(合理的心理学、世界論、自然神学)は客観的実在性をもたないことが暴露され、「見せかけの学(scheinbare Wissenschaften)」(A 397)というステータスが与えられる。ここにおいて『批判』におけるヴォルフ形而上学批判が完了する。

以上が『思弁哲学』と『批判』の違いだが、それは「教授就任論文」から『批判』に至る過程での変更点とも言い替えられる。この転換は何によって引き起こされたのか。カント自身が述べているように「ヒュームの警告」(*Prolegomena* IV, 260)が重要なポイントであるのは確かだが、前節で取り上げた七〇年のランベルトの書簡(X, 103ff.)が一つの引き金となったという解釈も有力である[13]。おそらくはランベルトの死(七七年)が原因で実現はしなかったが、カントは、『批判』にランベルトへの献辞を載せる計画を立てていた(cf. *Refl.* 5024, XVIII, 65)。その草稿でカントは、すっかり遅くなったが、この書物がランベルトへの答えになる、と書いている。前述のとおり、ランベルトは七〇年の書簡でカントに対して「時間は実在的である」、「存在論の理論は、現象に適用されなければならない」という異議を提出していた。カントは『批判』の枠組みのなかでこの異議に答えたと言える。時間・空間の「経験的実在性」を確証する「感性論」(cf. A 36ff./B 53ff.)[14]、「純粋知性概念はいかにして現象一般に適用されうるか」(A 138/B 177)という問題に取り組む「図式論」は、ランベルトへの具体的な回答を含むパートとして読むことができる。この二つの論点はどちらも、「教授就任論文」にはない『批判』特有のものである。

5　一七八一年以後のカントとテーテンス、ランベルト——結びにかえて

これまで辿ってきた三人の思索の連なりを踏まえると、『批判』第一版において、カントが「著者と読者が力をあわせて」新しい形而上学を構築するという期待を抱いたことも、違和感なく受け止められうる（cf. A XIXff.）。カントはテーテンスの協力にも大きな期待を寄せたが、テーテンスはそれらしい反応を示さず、カントを落胆させるだけだった（cf. X, 270, 341, 346）。

『批判』第二版出版時（一七八七）、共同作業への未練が断ち切られていることは、形而上学について用いられる「私の計画」という表現や（B XLIII）、「序論」において「超越論的」が、第一版よりも自由に定義されていることからうかがえる（cf. B 25）。「超越論的演繹」の第一版のヴァージョンでは、テーテンスからの影響が顕著であることが指摘されているが[15]、第二版では全面的に書き換えられた。そして『実践理性批判』（一七八八）では、「純粋実践理性の要請」（V, 122）に基づく新たな形而上学が提示される。ここからカントは、あくまでも理論哲学の枠内で形而上学の再構築を目指したランベルト、テーテンスとは完全に別の道を歩み始めたと言える。

『批判』第一版固有の議論はしばしば未熟と見なされるが、〈共同戦線の維持〉というカントが自らに課した制約のもとで展開されている、という前提があるとしたら、どうであろうか。この観点をとると、『批判』の改訂問題も違った仕方で見えてくるはずである。

注

（1）Cf. W. Schneiders, Deus est philosophus absolute summus, Über Christian Wolffs Philosophie und Philosophiebegriff, in: W. Schneiders (hg.) *Christian Wolff 1679–1754*, Hamburg 1983, S. 12.

（2）ヴォルフからの引用は、Christian Wolff, *Gesammelte Werke*, Hildesheim 1962ff. より。著作名とパラグラフ番号を示し

た後、全集の部門番号と巻番号を示す。

（3）本章では、Intellectus, Verstand を一貫して「知性」と訳す。

（4）山本道雄『改訂増補版　カントとその時代』二〇一〇年、第一論文、第五論文参照。

（5）H. W. Arndt, Rationalismus und Empirismus in der Erkenntnislehre Christian Wolffs, in:W. Schneiders (hg.), *op. cit.* S. 31-47.

（6）テーテンスからの引用は、*J. N. Tetens Die Philosophischen Werke*, Hildesheim 1979ff. より。著作略号の後に、著作集の巻数と頁数を示す。

（7）J. H. Lambert, *Über die Methode die Metaphysik, Theologie und Moral richtiger zu beweisen*, *Kantstudien Ergänzungshefte*, Nr. 42, 1918, herausg. Von K. Bopp.

（8）Cf. D. Henrich, Kants Denken 1762/63. Über den Ursprung der Unterscheidung analytischer und synthetischer Urteile. in: H. Heimsoeth (hg.), *Studien zu Kants philosophischer Entwicklung*. Hildesheim, 1967; S. 9–38.

（9）ランベルト『新オルガノン』、『建築術構想』からの引用は、*J. H. Lambert Philosophische Schriften*, Hildesheim 1965ff. より。著作略号の後に、著作集の巻数と頁数を示す。

（10）Cf. Tetens, Über die Realität unsers Begriffs von der Gottheit (1778), in: IV, 136f. なお、テーテンスが transcendent, transcendental と綴るところを、カントは transscendent, transscendental と綴るが、この異同に拘泥すべきではない。Grimm の辞典でも、それぞれ同じ語として扱われている。Cf. J. und W. Grimm, *Deutsches Wörterbuch*, Bd. 21, München 1984, S. 1236f.

（11）福谷茂『カント哲学試論』知泉書館、二〇一〇年、八頁以下を参照。

（12）ランベルトにおける「仮象」の概念については、『新オルガノン』第四部第一章（*Neues* IV, 217–236）を参照。

（13）Cf. L. W. Beck, Lambert und Hume in Kants Entwicklung von 1769–1772, in: *Kant-Studien* Bd. 60, 1969. 山本、前掲書、第一三論文参照。

（14）カントはこの箇所がランベルトへの答えであることを明言している。Cf. X, 277.

（15）Cf. H. J. de Vleeschauwer, *L'évolution de la pensée kantienne*, Paris 1939, p. 93–99.

【コラム②】

カントとヘーゲル

「観念論」の再検討

加藤 尚武

カントとヘーゲルを描き出した哲学史の名著といえば、クローナー『カントからヘーゲルへ』(Richard Kroner, *Von Kant bis Hegel*, Tübingen 1924. その一部が「ドイツ観念論の発展」として理想社から翻訳出版されている) および、ニコライ・ハルトマン『ドイツ観念論の哲学』(*Die Philosophie des Deutschen Idealismus*, 1923, 1929. その第一部が作品社から翻訳出版されている) である。「カントの観念論がいかにヘーゲルの観念論から異なっているにしても……事柄の同等性が告知されている」(クローナー、理想社、九頁)。「観念論とは思想的な前進の特殊な形式であり、この形式はカントからヘーゲルに至るまでの時代において支配的である」(ハルトマン、作品社、七頁)。カントからヘーゲルまで共通の根本規定は「観念論」であるとみなされていた。

この見方に対して、ヘーゲル研究で指導的な役割を果たしているイェシュケは「ドイツ観念論は、たしかにドイツではあるかもしれないが観念論ではない」(Halbig, Quante, Siep (hrsg.), *Hegels Erbe*, Suhrkamp 2004 S. 165) という言葉を突き付けている。「ドイツの古典哲学を〈ドイツ観念論〉として理解している人は、その最も重要な代表者たちからいくつかの要因を文脈から術語的に排除してしまうばかりではない。哲学史のきわめて豊かな、複雑な時代として、適切に理解する可能性を覆い隠してしまう」(同)。

カントとヘーゲルを比較しようと思っても、カント解釈のさまざまの誤解を含んだままの安定とヘーゲル解釈の根源的不安定という落差が解消されることはないだろう。たとえばマンフレット・キューンは『カント伝』(菅沢・中澤・山根訳、春風社、九一五頁)で、カントの道徳性が日常的な道徳行為とまったく隔絶しているということを無視するのは、「現代のほとんど世界的な趨勢」だという。

ヘーゲル解釈は、その最も根本規定となるはずの「観念論」という概念を用いてよいかどうかという次元からゆらいでいる。日本で刊行されている「ドイツ観念論」という名のついた書籍で、イェシュケの視点で見て過ちを含んでいないものはないだろう。

近年、アメリカの研究者が、「ドイツ観念論」に対して精力的な研究成果を発表しているが、そこではカントとヘーゲルをともに経験主義の過ちを犯していないものとして、肯定的に受け止めている例が多い。「経験主義の過ち」というのは、「いかなる概念もふくまない直接的な感覚経験が、あらゆる知に先行する」という立場である。つまり、まず最初に「赤い」とか「まるい」とかの感覚的経験が概念抜きで成り立って、そこから派生的に「これはリンゴだ」とか、「これは赤玉だ」とかの判断が成り立つと一部の経験論者は考えている。典型的なのは「人間の心は生まれたときには白紙、すなわち削られた粘土板(tabula rasa)であって、すべての知は外部から心に達する」という「タブラ・ラーサ」の主張である。

ヘーゲルは、どのように直接的な知といえども一定の概念的形式を含んでいると考えていたので、アメリカの研究者にはカントの哲学もほぼ同様の立場としてあつかう人がいる。もっとテクストに密着した研究を志すものとして、たとえばセジウィックの「ヘーゲルのカント批判」(Sally Sedgewick, *Hegel's Critique of Kant*, Oxford 2012)には、「ヘーゲルはカントの中心的教義との親近性を表明している」("Hegel reveals his familiarity with these key Kantian doctrines." p. 46)という文章がある。彼女が例示しているのは『差異論文』の中の乱暴なカント批判の文書なので、私には彼女の論述には無理があると感じないではいられない。英米の過去の偏見に対して、カントとヘーゲルの親近性を強調するという狙いがあるのだろう。

それだけではない。「二分説から同一性へ」(From Dichotomy to Identity) という副題に沿って、カントの「二分説」を克服すべく「同一哲学」が登場して、それが「有機的統合」(Organic Unity) に向かうという筋書きには、私も賛同するのだが、彼女はその有機体概念の起源をカントの『判断力批判』から導き出そうとする。

カント学者の多くもこの設定に賛成するのではないだろうか。しかし、カントとヘーゲルの間では、自然科学そのものが大きく変化していて、カントはその変化から取り残されたようになっていた。カントは化学を自然科学に数えていなかった。カエルの体が電池と同じような反応を示す「ガルヴァニ電堆」に関するヴォルタの研究(一七九七年頃)に関して、ヘーゲルは「たんなる物質とみなされているものの微小な部分に、精神との同一をしめす特殊な要素が存在する」可能性を想定していた。

大学の講義では「自然科学概論」が哲学領域に属するとみなされていたが、「化学」、「鉱物学」など、さまざまな自然科学の領域のあいだにどういう関連があるのかを、哲学者が講義しなければならなかった。シェリングの「学問論」(Vorlesungen über die Methode des akademischen Studiums 1803. 勝田守一訳、岩波文庫) はそのような時代の要請にこたえるものであった。

ヘーゲルの手で書かれた『一八〇〇年体系断片』という短い文章が残されていて、その内容が過激なアナーキズムを含んでいるために、ヘーゲルの思想を伝えているのか、それともヘーゲルが当時の過激思想の地下文書を書き記して、仲間の討論資料としたのかという問題が絡まっている。その骨格は、ディルタイが青年ヘーゲルの思想に付した「神秘的汎神論」という規定とうまく重なる。セジウィックが、この論文をカントからヘーゲルにつながる思想経路から外したという見識にも、多くのヘーゲル学者が賛同するだろう。

この「神秘的汎神論」に近い哲学説は、おそらくフィチーノを中心とするルネサンスの自然哲学であろう。

その自然哲学の源流を求めれば、プラトンの『ティマイオス』に突き当たる。もしかすると『ティマイオス』は、反キリスト教的な地下文書と関係していたのではないか。シュライエルマッヘルも『ティマイオス』に注目していた。『ティマイオス』をプラトンの真筆ではないとする説もあった。

ヘーゲルの『自然法論文』に、正義と真理が健康にたとえられ、犯罪と不正が癌のようなものにたとえられている文章がある。「病気と死の始まるのは、次のようなときである。部分が自分自身を組織し、全体の支配を拒むとき。そしてこうした個別化によって全体を否定的に触発するか、それどころかこの〔特定の〕勢位のためにだけ自分を組織するように全体を強制するときである。それはちょうど全体に服従する内臓の生命力が自分を独自の動物にまで作り上げるようなものである」(Suhrkamp B. 3 S. 517. 加藤尚武「ヘーゲル」、中央公論社『哲学の歴史』7巻、三八一頁参照)。

この思想の源流は『ティマイオス』である。ヘーゲルの『大論理学』には、この『ティマイオス』の思想に合わせた「観念論」の定義がある。「有限なものは観念的である」(das Endliche ist ideell)。この命題が「観念論」(Idealismus)を形作るという(Surhkamp B. 5 S. 172)。テーブルの上のリンゴは観念的であるということは、概念と感覚が相互に関係しあいながら動的な均衡を保っているのが、「有限者の存在」なのだという主張である。これは「観念論」という概念の革命である。これまですべての観念論は「有限なものは観念的ではない」という含意をもっていた。

「観念論」という言葉の中身ができるのに、決定的な役割を果たしたのは、プラトンの『ポリテイア』などに見られる「イデア説」である。「イデア界と感性界」に世界は二分される。これが「英知界と感性界」というカント的二分説を生み出した。ヘーゲルの挑戦は、イデア説に由来する二分説を『ティマイオス』に由来する生命的な統合の思想によって克服することであった。カントの二分説が存在の根底から成立不可能になる枠組みを作った。その二世界論の克服の過程がなし崩しに行われたために、ヘーゲルのテクストのなかで「観念論」という言葉が、まったく違った意味につかわれるという結果になった。

ジョヴァンニ・ピコ・デラ・ミランドラの生涯を小説化した『蒼穹のかなたに』（林芳樹訳、岩波書店）の作者、エティエンヌ・バリリエは、その圧倒的ともいえる豊かな哲学史の知識を傾けて、こう忠告している。「ジョヴァンニを不当にも筋金入りのカトリック教徒、プロテスタンティズムの告知者、自由思想家、無神論者、カント主義、さらにはヘーゲル－マルクス主義の先駆などとしたエルンスト・カッシーラー、エルンスト・ブロッホ、ベルナルド・クルトヘーゼン、エウジェニオ・ガレンなどの学者や思想家は口を慎んでほしい。要するにピコ研究の専門家と称する人々は、この人物にプロメテウス的ルネサンス観という先入観によって歪められた解釈を与えているのである。確実なことは、ピコはカントも、ヘーゲルも、近代科学も、ルターも予告するものではないということである」（同書Ⅱ、著者覚書き、二一五頁）。

この忠告に私は従わない。『ティマイオス』から、フィチーノへ、そこからピコへつながる道があることは、バリリエも認めている。フィチーノから、フリードリヒ・シュレーゲルへ、そこからさらにヘーゲルへという道筋は、調べてみるに値する。

ヘーゲルのテクストのなかには、『ポリテイア』のプラトンから由来する「英知界と感性界」というカント的二分説を背景にした「観念論」の古い用語法と、その二分説を根底から否定する、『ティマイオス』のプラトンから由来する「有限なものは観念的である」という思想にもとづく「観念論」の新しい用語法とが混在している。クローナーも、ハルトマンも、セジウィックもともに同じ間違いを犯している。ヘーゲルを批判しようと登場した、いわゆる「唯物論」は、この古い意味での「観念論」にしか対応していない。ヘーゲル批判の論点としての「唯物論」は根本的な再検討を要するだろう。

理論哲学の主要論点①

10 身体と時間・空間論

「直観の形式」と非ユークリッド幾何学

植村恒一郎

1 左右の区別と「身体の全体空間への関係」

「空間とは何か?」と問われたら、誰しもすぐにはうまく返答できないだろう。しかし、「空間という言葉で、何を思い浮かべますか?」と聞かれれば、多くの人はたとえば、「今、自分の前にある、この光景の広がりのようなもの」などと答えられるだろう。つまり、空間の本性や定義は分からなくても、「空間」という語のおおよその指示対象は誰もが知っている。「空間」「時間」「運動」「出来事」「因果」「力」「自由」など、哲学の重要概念はいずれも同様の事情にあり、正確な定義なしにわれわれはこれらの用語を使っている。その理由は、これらの概念は、学問的にさまざまに定義されるのに先立って、われわれの生活世界の中から自然発生的に立ち上がってきた理解にもとづいているからである。誰もが、朝起きてから夜寝るまで、そして、生まれてから死ぬまで、自分の身体の前に開けた空間を生きている。そこから立ち上がってくる「空間」の理解は、科学を学んでも消え去ることはなく、前景から退くこともない。たとえば一般相対論によれば、この宇宙は非ユークリッド的で曲率のある「リーマン空間」として表現されるが、物理学における宇宙の探究が進んだとしても、われわれが生きて毎日生活することをやめない限り、生活世界から立ち上がる「空間」理解は、最も基礎的な空間理解であり続ける。哲学がやるべきことは、こうした生活世界由来の空間理解と、幾何学や物理学が提示する空間概念との相互の関係とつながりを解明することである。哲学のそのような課題を念頭に置くならば、カントの時間・空間論の意味するところもより判明になるだろう。『純粋理性批判』の「感性論」において、カントは空間を「外的感官の形式」、時間を「内的感官の形式」と規定し、どちらも「直観の形式」であると述べた。カントはまず空間について詳細に語り、次いで時間について並行的に短く記述する。時間については、考えなければならない別の論点もたくさんあるので、本章では、身体と深く関係する空間について考察を絞ることにしたい。

カントは一七六八年に、「空間における方位の区別の第一根拠について」という論考で、右手と左手の違いについて興味深い考察を行った。カントは、「もし仮に、神の世界創造において、神はまず最初に、(身体から切り離された) 片手を一つだけ創造したとしたら、その片手は、右手か左手かどちらかであったに違いない」と言う。なぜなら、その片手は「絶対的で根源的な空間にのみ関わる区別」として右／左の区別を最初からもっているからである。右手と左手はどのように回してもぴったりと重ならない「不一致対称物 (inkongruentes Gegenstück)」であるが、右手と左手の内部構造の関係性はまったく同じである。右手を鏡に映してみれば、そこにできる鏡像は左手であり、鏡像だから内部構造はまったく同じであるのに、一方は右手で他方は左手である。とすれば、この右と左の違いは、それぞれが絶対的で根源的な空間に対する関係に由来するとしか考えられない、とカントは主張する。(1) だがカントはこの論考で、「絶対的で根源的な空間」についてそれ以上説明していないので、右手／左手の区別がなぜ「絶対的で根源的な区別にのみ関わる」のか判然としない。しかし、この「……にのみ関わる」区別という点こそ、後年の『純粋理性批判』における「直観の形式」としての空間が生まれる出発点となる洞察だったのである。

2 「右手／左手の区別」と「鏡像不一致」との違い

現代イギリスの哲学者ロビン・レ・ペドヴィンは、カントの右手／左手の議論を、「左右どちらかの片手であること」とよく似ているが、それよりもより抽象度の高い「鏡像不一致 chirality」という概念と比較している。(2)「鏡像不一致」は分子構造レベルの左右非対称性や、広く自然界のもつ非対称性を扱える、理論的抽象度の高い概念である。「鏡像不一致」は、左手と右手の違いに当てはまるだけでなく、はるかに広範な適用範囲を持つ。渦巻き構造をもつ栓抜き、ネジの線条などは、それぞれ巻き方の「向き」が決まっており、鏡に映せば巻き方が逆になるので、鏡像とは一致しない。このようなものは自然界にたくさんあり、カントは「方位論文」で、ホップとそら豆のつる、カタツムリの殻の渦巻き、北半球と南半球での風の渦巻きなどの例を出している。つまり「鏡像不一致」は、面対称の関係をそれ自身の構造の内にもたない物体のすべてに当てはまり、そのような非対称の物体は、どのような剛体運動をさせてもその鏡像とは一致しない。鏡に世界を映すと、世界は鏡面を挟んで「向き合う」形に映るが、鏡面で二つの正反対の「向き」が出合うという事実は、物体や鏡をどう動かしても解消はできない。

それに対して、「左」「右」という概念は人間の身体に由来する概念であるという点で、ずっと狭い。われわれの身体は左右対称で、手、足、目、耳などは左右両方に二つ付いている。そしてそれらを自分の「左足」「右目」などと呼ぶ。だから、われわれが自分の体を鏡に映して眺めると、たんなる鏡像不一致ではなく「左右逆転」が現れるように感じられる。すなわち、鏡に向かって私が左目をつぶれば、鏡の中の私は右目をつぶる。これが鏡の「左右逆転」である。だが、「左右逆転」は、目が自分の体の一部であり、しかも口や鼻と違って二つあるという生物学的偶然性に基づくことに注意しなければならない。人体の頭は一つしかないので、「上頭」「下頭」という区別はない。だから鏡は「左右逆転」は起こるが、「上下逆転」は起こらない。鏡像に本当に起きていることは、鏡像不一致だけであり、左右逆転ではないことは、「左右」という身体に固有の言葉を使わなければ、鏡像の左右逆転が生じないことから分かる。たとえば、私は、鏡に向かって「左目をつぶる」とは言わず、「左」という言葉を使わないこともできる。私の身体の左後方に風呂場のドアがあり、それが一緒に鏡に映っているとしよう。そして私は、「風呂場のドアに近い方の目を」つぶってみる。すると鏡像の私はどうなるか。鏡像の私も「風呂場のドアに近い方の目を」つぶっている。つまり、逆転はまったく起きていない。要するに、「左目」「右目」という身体に固有の言葉を使わなければ、鏡像の左右逆転は起きないのである。人体はそれ自体の構造が、左右に関してだけ面対称であり、前後や上下に関しては面対称ではない。だから、鏡像不一致に加えて左右逆転が起きるように感じられるのである。(3)

以上から分かるように、カントが左手と右手の差異に着目して、それぞれが「(左右どちらかの)片手であること」という特性を持つことに着目したのは、非常に鋭い洞察であるが、しかし「右手/左手」の区別は、人間の身体がもつ生物学的偶然性を引きずる規定であり、三次元空間の特性一般ではなく、より狭く限定された特性なのである。「方位論文」における右手/左手の区別は、『プロレゴーメナ』はじめ、カントのいくつかの他の著作で再び扱われるが、主著である『純粋理性批判』の「感性論」には登場しない。その理由は、『純粋理性批判』においては、たしかに暗黙のうちには左手/右手を含む人間の身体が前提されているが、空間を「直観の形式」と規定する際には考察がさらに深まり、空間=「私の外部」という規定に収斂していったと考えられる。鏡像不一致は、「私の外部」という空間性における座標軸の設定の任意性として捉えることができるからである。以下にそれを考察してみよう。

3 「直観の形式」としての空間

『純粋理性批判』における「超越論的感性論」から、空間についての重要な規定を抜き出してみよう。

(1)「われわれは（心の特性の一つである）外的感覚によって、対象をわれわれの外に außer uns あるものとして表象する、つまり対象をすべて空間において表象する。」（A 22／B 37）

(2)「さまざまな感覚が、私の外にある außer mir 何かと（つまり、空間において私がいる場所とは異なる場所にある何かと）関係させられるためには、すなわち、私がそれらの感覚を、互いの外部に並んでいるものとして、つまりたんに異なっているだけでなく、異なる場所にあるものとして、表象できるためには、あらかじめ空間という表象が根底になければならない。」（A 23／B 38）

(3)「われわれは唯一つの空間しか表象することができない、多くの空間と言うことがあっても、それは、同一で唯一の空間の諸部分が理解されているのである。……空間は、本来ただ一つしかない。」（A 25／B 39）

カントによれば、空間は、「私の外部」「われわれの外部」という根本規定を与えるもので、「私の内」と「私の外」という存在の根本区別が空間によって与えられる。「私」との関連で空間が規定されることの意味は、引用(1)と(2)から明らかになる。私の外部にある物と物が互いに「横に」並んでいるのをわれわれは知覚するが、そのためには、それらの物が、私から離れたところにあるのでなければならない。つまり、物は、私から離れているという意味で、私と「縦の」関係を持っている。こうした私との「縦の関係」が空間の本質であり、知覚されている物と物との「横の関係」に先立つ、というのがカントの「私の外部性としての空間」「直観の形式としての空間」の意味するところである。物体Aと物体Bが「横に並んでいる」のが見えているのは、物体Aも物体Bも、それぞれが私の感官を触発するから、つまり、「私との縦の関係」をあらかじめ持っているからである。

(4)「空間や拡がりあるもの等について語れるのは、人間の立場からのみである。われわれは、対象によって触発されうるという仕方で、外的直観を得ることができるのだが、そうした唯一の主観的条件を捨ててしまえば、空間という表象は何も指示しない。空間という述語は、物がわれわれに現れるかぎりにおいて、つまり感性の対象であるかぎりにおいて、物に付与される。この受容性の恒常的な形式は感性と呼ばれるが、この形式は、そこにおいて対象がわれわれの外にあるものとして直観される一切の関係性の、必然的な条件なのである。」(A 26/B 42)

ここでカントは、「人間の立場からのみ、空間について語れる」と言っている。その空間とは、さまざまな物に「私の外にある」という規定を与えている関係性である。それは、「ここに私がいて、その周囲に、さまざまな物がある」という、われわれが生まれてから死ぬまで毎日経験し、そこで生きている空間、つまり、生活世界の空間、環境世界的空間、J・J・ギブソンの言う「アフォーダンス的」空間と言ってもよい。そこでは「人間の立場」という規定が何より重要である。たとえばニュートンが想定した「絶対空間」は、空間における距離、物体の運動速度、慣性運動などを端的に導入できるという点で、ニュートン力学を打ち立てるためには、それ以上は考えられないほど適切な概念であった。しかしそれは、あくまで物理学が想定する空間であり、われわれの生活世界の空間、カントの言う「人間の立場」における空間ではない。にもかかわらず、「方位論文」や『純粋理性批判』においてカントは、自分の空間・時間論はニュートン物理学をも「基礎づける」ものだと考えている。これはどのように考えるべきだろうか。カントのいう「私の外部としての空間」「直観の形式としての空間」は、たとえばユークリッド幾何学が成り立つ幾何学の空間や、ニュートン物理学が成り立つ物理学的空間と無関係ではなく、それどころか、両者は互いに関係づけられる。「方位論文」ではこの相互の関係づけがまだ不十分であったが、『純粋理性批判』においては、そうではない。

『純粋理性批判』における「超越論的感性論」は、時間と空間について、「形而上学的解明」と「超越論的解明」という二種類の「解明」を与えている。今、引用した「私の外部」「直観の形式」としての空間は、「形而上学的解明」に属するが、そうした規定を持つ空間は、同時に幾何学の基礎づけにもなっているというのが、「超越論的解明」の主旨である。とはいえ、「超越論的解明」はきわめて短い記述しかないので、それ以外の箇所をも援用して、「私の外部」「直観の形式」としての空間と幾何学の空間との関係を考察してみよう。なぜなら、「方位論文」で見られた身体の左手／右手の区別は、より抽象度の高い「鏡像不一致」という概念に包摂され、究極的には「私の外部」という空間規定に収斂することが、そこから見てとれるからである。

4 「私の外部」としての空間と幾何学の空間

カントは、幾何学の命題は分析判断ではなく総合判断であることを強調する。『純粋理性批判』の「緒言」における一節を引用しよう。

(5) 「純粋幾何学の公理はいずれも分析的ではない。〈直線は二点間の最短の線である〉は総合的な命題である。というのは、〈まっすぐな［＝直］〉という概念は［長短という］量については何も含んでおらず、ただ性質のみを含んでいるからである。「最短」という概念はまったく別に付加されたもので、直線という概念から分析によってそれを取り出すことはできない。つまり、それには直観の助けがなければならず、直観によってのみ総合は可能なのである。」(B 16)

カントがここで述べていることが正しいことは、ユークリッド『原論』を見ればすぐわかる。『原論』は、前書きも序論もなく、冒頭ただちに「定義」から始まっている。[4]「1．点とは部分のないものである」「2．また、線とは幅のない長さである」「3．また、線の両端は点である」「4．直線とは、その上の諸点に対して等しく置かれている線である」「5．また、面とは長さと幅のみをもつものである」等々。不思議なことに、これらは「点」「線」「直線」「面」など幾何学の基本概念を定義しているが、これらの定義は、その後の公理、定理、証明などで一度も使われていない。つまり、冒頭の「定義」に一度登場するだけなのである。もし、幾何学の公理や定理が分析的なものであるならば、初めになされる幾何学的概念の「定義」が何度も繰り返され、その意味が繰り返し「取り出される」はずである。しかしユークリッドではそれがまったくなされておらず、「定義」は完全に宙に浮いている。なぜだろうか？　まず考えられるのは、これらの「定義」はきわめて曖昧であり、もう一度使いたくても使えないのではないだろうか。たとえば、「2．また、線とは幅のない長さである」と言われても、「幅」も「長さ」もどこにも定義されていない。「3．また、線の両端は点である」と言われても、「端」の定義はないのだから、「両端」とは何なのか？「4．直線とは、その上の諸点に対して等しく置かれている線である」に至っては、それ自体の意味もはっきりせず、こんな定義は使い物にならないのではないだろうか。いずれにせよ、『原論』冒頭の基本定義が、その後一度も使われていないことは、幾何学の基本概念や公理や定理が分析的なものではないことを示しているだろう。

カントの数学論は、非ユークリッド幾何学や相対性理論の登場によって、その主張が誤りであることが明らかになり、現代ではまったく話にもならないのだろうか。いや、そうではない。『純粋理性批判』の「緒言」において、カントが幾何学は総合判断であると述べている箇所を読むと、その洞察の深さに感嘆せざるをえない。非ユークリッド幾何学の登場を受けて、ユークリッド幾何学の真理性と言われてきたものは何にもとづくのかについて、十九世紀後半から二十世紀にかけて数学者たちが真剣に考察を行った。ユークリッド『原論』の構造があらためて反省され、定義、公理、定理などのそれぞれの内容と、公理から定理を「証明する」論理的演繹の部分が厳密に区別されるようになった。ヒルベルトの「形式主義」の主張によれば、ユークリッド幾何学の真理性の本性は、「証明」という名の記号操作にあり、「点」「線」「直線」などの幾何学的概念は、実はたんなる記号にすぎず、「無定義概念」であってもよいと言う。[5] ユークリッド『原論』において「定義」が宙に浮いていたり、また、カントが「緒言」で、これまで幾何学の定理などが分析的だと錯覚されてきた理由は、ユークリッド幾何学の「証明」の部分に引きずられすぎたからだ、と述べているのはきわめて正しかったことが分かる。カントは、「[幾何学において]同一性の命題は、たんに方法の連鎖として用いられるだけで、原理としては用いられていない」、あるいは、「これらの判断が分析的だと思い込まされてきたのは、表現が曖昧だったからである」などと述べている（B 17）。とはいえ、ヒルベルトの「形式主義」は、ユークリッド幾何学における証明の記号的操作という性格を明確化したとしても、それで話が終わるわけではない。ユークリッド幾何学や非ユークリッド幾何学のそれぞれの公理や定理の真理性は何にもとづくのかという問いは、依然として残されている。

わが国の哲学者大森荘蔵に、「空間について」（一九六四年）という優れた論考がある。[6] われわれの日常世界の空間、幾何学の空間、物理学の空間などを考察したもので、カントも意識され、たびたび言及されている。大森のこの論考も参照しながら、カントの言う「私の外部」「直観の形式」としての空間が、ユークリッド幾何学や非ユークリッド幾何学の空間とどのような関係にあるかを考えてみたい。

大森によれば、幾何学から「論証」の部分を取り除くと、残るのは、図形の基本概念や公理の「意味」である。「直線」とは何か、「三角形」とは何か、「内角の和」とは何か等々が規定されなければならない。大森はそれを「定義」ではなく「解釈」と呼ぶ。そしてその解釈には「直観的解釈」と「経験的解釈」の二つがあり、幾何学はこの二本立ての「解釈」によって支えられている。まず「直観的解釈」とは、たとえば、「直線は、まっすぐな幅のない線である」「直線は、二点間の最短距離の線である」のような仕方で「直線」に意味を与えるものである。重要なことは、このように「ことばにしてみれば、心もとないように不正確で不安定である。……が、ことばはいわば暗示的に働けばよく、われわれはその意味を端的に直観において理解するのである」（一三一頁）。「まっすぐな」という規定はたしかに曖昧であるが、しかしその規定だけで「直線」が決まるわけではなく、二点を通る線を何本か想定すると、曲がった線よりはまっすぐな線の方が短かそうだし、一番短い線というのが一本ありそうで、「まっすぐな線は、二点間の最短距離で、それが直線である」ことが直観的に理解できる。「上にある」「間にある」等の概念は幾何学に必須だが、これらは直観的に理解されるほかなく、また、「合同」は「図形を移動すれば重なる」と理解されるほかはない。

このような幾何学的図形の直観的解釈には、実際に作図してみることが必要である。ユークリッド『原論』では、冒頭の「定義」は曖昧だったが、「公準（要請）」と呼ばれる部分において、たくさんの作図が規定されている。たとえば「要請」の冒頭は、こう書かれている。「1．次のことが要請されているとせよ。すべての点から点へと直線を引くこと。2．そして、有限な直線を連続して一直線をなして延長すること。3．そして、あらゆる中心と距離をもって円を描くこと」[7]。つまり、点と点の間に線を引きなさい、その線を延ばしなさい、中心から一定の距離で円を描きなさい、等々と作図を命令している。このような作図には定規とコンパス（紐と鉛筆）が必要である。大森によれば、このような作図を実際に行うのが、幾何学の「経験的解釈」である（一三五頁）。ユークリッド幾何学はユークリッドのずっと以前からあり、人類の歴史とともに古い。地理の大まかな認識がなければ、隣の村まで歩いて行くことはできないし、近道をしたり遠回りをすることもできない。畑の面積が分からなければ、年貢を割り当てることはできない。畑には長方形、正方形、台形、三角形、楕円形などがあり、その面積が必要である。大工が家を建てるには、部屋の形、面積、柱の長さ、板の大きさなど、幾何学の知識が必要である。その場合、「直線」と「合同」の概念が不可欠であり、それは剛体の物差し、あるいは張り糸、見通し線（釘の先端と遠くの釘の先端を視覚で重ねる、つまり光の直進性を「直線」に見立てる）などの道具を用いて行われる。われわれの生きている生活世界の空間において、このような「測定」は人類の歴史で何億回となく行われ、ユークリッド幾何学は近似的に検証され実証されてきた。そして生活世界のレベルでは、過去に一度も反証されていない。つまり、ユークリッド幾何学は、われわれの実践の中、生活の中に存在するのである。ユークリッド幾何学は、たんに数学的な概念として成り立つだけでなく、われわれの周囲に実在する物理的空間の性質を正確に表現しているのである。

以上の大森の幾何学論は、直観と経験という二本立てで幾何学の基本概念を説明するもので、両者を媒介するのが「作図」であった。それはもちろんカントと同じではないが、しかし、「直観の形式」としての空間は、感覚を含む「経験」の形式でもあるというカントの空間論も、やはり「作図」を媒介に解釈できるのではないか。カントの「私の外」という空間規定は、私の身体がつねに空間の一番手前の「限界」にあるという構図であり、身体という言葉は前景化していないが、幾何学の「作図」をするのは私の身体である。ガウスは、ドイツの三つの山頂を結ぶ巨大な三角形の内角の和が二直角かどうかを見通し線によって測定したが、現在では、波長の揃ったレーザー光線などを用いて「作図」の技術は精度を増した。しかし、それらの測定器具はどこまでも道具であり、道具を空間に「あてがう」のは私の身体である。たんに幾何学的図形を「作図」するだけでなく、われわれは空間の座標軸をも空間に描き込むという意味で「作図」をしている。大森によれば、ただ一つだけ存在する「この空間」（これはカントも同じである、本書一三〇頁の引用⑶を参照）は、ユークリッド的でも非ユークリッド的でもない。しかし、われわれにとって「この空間」の直観はユークリッド的に「定着しており」、非ユークリッド幾何学の公理系が成り立つことも、ユークリッド幾何学によって証明される（一四一頁）。つまり、「この空間」はユークリッド幾何学も非ユークリッド幾何学も成り立つのだ。カント自身はユークリッド幾何学しか知らなかったので、カントが考えていた幾何学はユークリッド幾何学であった。しかしそのことは、カントの「直観の形式」としての空間はユークリッド幾何学しか妥当しないということを意味しない。われわれが現に経験している「この空間」はユークリッド的でもあり非ユークリッド的でもある。そのことを、大森「空間について」の最終頁の素晴らしい実例をパラフレーズすることによって以下に示してみよう（一四六頁）。

自分のいる部屋の天井の四隅を眺めてみよう。二枚の壁の端と一枚の天井の端が交差しており、それぞれ直角だから、90度×3で、全体は270度のはずである。だが、私に見えるどの隅も三枚の板を合せた角度は360度に見える。われわれに見える空間は、パースペクティヴをもっており、手前のものほど大きく、奥のものほど小さい。カントの言う「私の外」としての空間は、私の身体と縦方向の関係に奥行きを切り拓く空間であるから、パースペクティヴをもっている。見えている天井板の先端は一番奥であるから、この天井板の角度は90度より大きく見える。ということは、この部屋の天井板の四つの隅の角度を合計すれば、360度以上の大きさに現に見えている。つまり、私に見えているこの部屋の天井の長方形の内角の和は360度ではなく、非ユークリッド幾何学が成り立つ非ユークリッド空間なのである。それは大森によれば、「合同の解釈としてパースペクティヴの一致をとっている」からである。しかし一方でわれわれは、三枚の板が交差する天井の隅は「本当は」270度のはずだ、だから天井板の隅も90度のはずだ、とユークリッド幾何学的にも考える。透明なプラスチック板でできた三角定規を視線に直角に当てて、天井の隅に重ねて見てみよう。天井板の隅はたとえば120度くらいに見える。しかし今度は、その三角定規を持って部屋の中を移動し、天井板の隅に押し当ててみよう。そうすれば、天井板の隅とぴったり重なり、それは90度に見える。こちらは、剛体としての三角定規との重なりという「合同」の解釈をしているからである。

三角定規を私の視線に直角に当てることは、非ユークリッド的な作図であり、三角定規を実際に天井の隅に押し当てることはユークリッド的作図であるが、ともに「私の外」にある「この空間」に私の身体によって作図していることには変わりがない。カントの「私の外」「直観の形式」という空間規定は、私の身体からみた前後の関係を切り拓くものである。鏡像不一致もまた、鏡面を一つの座標面として空間の中心に置くことによって成り立つ。「方位論文」でカントは、われわれの身体は、互いに直交する「前後／左右／上下」という三方向を切り拓く座標軸であると述べた。『純粋理性批判』では、「左右」より「前後」にポイントが置かれたわけである。カントの空間は、唯一の実在であるわれわれの生活世界の空間に、非ユークリッド幾何学をも書き込める空間、つまり、一般相対論の描く宇宙をも書き込める空間なのである。

注

（1）カント「空間における方位の区別の第一根拠について」（I. Kant, *Von dem ersten Grunde des Unterschiedes der Gegenden im Raume*, 1768）。
カント『純粋理性批判』については、R・シュミット版から引用し、A版B版の頁数を記す。「空間における方位の区別の第一根拠について」の引用は、『カント全集 第3巻』（岩波書店、二〇〇一年）所収の邦訳（植村恒一郎訳）から行う。

（2）ロビン・レ・ペドヴィン『時間と空間をめぐる12の謎』植村恒一郎・島田協子訳、二〇一二年、岩波書店、七七—八七頁、原著は Robin Le Poidevin, *Travels in Four Dimensions – The Enigmas of Space and Time*, Oxford U.P., 2003.

（3）これについては、筆者は以下の論考で考察した。植村恒一郎「哲学が鏡の前で立ち止まるとき——鏡像の左右反転の謎」『創文』第三二四号、創文社、一九九一年八月。

（4）『エウクレイデス全集 第1巻 原論Ⅰ—Ⅳ』斉藤憲・三浦伸夫訳、東京大学出版会、二〇〇八年、一八〇頁。

（5）ヒルベルト『幾何学基礎論』（原著は一九〇三年）中村幸四郎訳、ちくま学芸文庫、二〇〇五年、二一四—二一九頁。ヒルベルトによれば、幾何学↔代数学と相互に変換できることが重要であり、幾何学や代数学というそれぞれの表現様式はたんなる記号であり、真理の根拠はそこにはない。

（6）大森荘蔵「空間について」（『科学時代の哲学 第3巻 自然と認識』所収、培風館、一九六四年）。本章では『大森荘蔵著作集 第二巻 前期論文集』（岩波書店、一九九八年）から引用する。

（7）エウクレイデス前掲書、一八四頁。

11 カテゴリーの演繹論と図式論

超越論的真理概念をめぐって

鵜澤和彦

本章は、カテゴリー（純粋悟性概念）の演繹論と図式論が、超越論的真理概念を基礎づける意義と課題を持つことを明らかにする。このことは、演繹論の他に、なぜ図式論が必要になるのか、という問題に答えることでもある。演繹論と図式論は、いずれも純粋悟性概念と感性的直観との「関係の仕方」、言い換えれば、前者から後者への「適用」を説明するが、それぞれ異なった論拠に基づいている。具体的に言えば、前者の論拠とは、統覚の総合的統一と量のカテゴリーの適用による知覚像の構成である。これに対し、後者は、空間的および心象的性格を持たない時間規定に依拠している。したがって、同じ問題について、二つの異なった解答が存在するように思われる。ここから、図式論の無用説と有用説が申し立てられ、図式論の評価が今日でも分かれる結果となった。

この見解の相違は、筆者の考えでは、さらに以下の二つの論点からも明らかになる。第一に、悟性の図式機能は「人間の魂の奥深くに隠された技術」（B 180）であることから、何らかの対象の「心象（Bild）」という仕方では理解することができない。この概念把握の難しさが、図式論の否定的評価につながっている。第二に、直観と概念の関係については、カント研究に限らず、認知科学の分野でもなお議論が続いている。後述する「概念主義（conceptualism）」と「非概念主義（non-conceptualism）」との論争は、図式論の無用説と有用説の対立としても特徴づけられる。また、認知科学における「記述主義（descriptionalism）」と「心象主義（pictorialism）」の対立も、この論争と同じ構造をもっている。

筆者は、図式論の有用説、言い換えれば、非概念主義を支持する立場から、本章を以下の順序で論述する。第1節で、形而上学的演繹と超越論的演繹を論じる。第2節では、構想力の時間図式と悟性の図式機能を説明し、第3節で、現代の言語論的研究、カント研究および認知科学における論争状況について論じる。そして、第4節では、カントの真理論を構成主義と結論づける。なお、本章で論じる演繹論は、第二版の演繹論に限定することを注記しておく。

1　形而上学的演繹と超越論的演繹

カントの課題は、直観と概念の関係、感性と悟性の媒介を解明することであった。この問いは、近代においてはロック（1632–1704）、バークリー（1685–1753）、ヒューム（1711–76）の経験論、そして、ライプニッツ（1646–1716）・ヴォルフ（1679–1754）哲学との対決のなかで提起された。とくに重要な論敵は、因果律の普遍性を論駁したヒュームであった。ヒュームは、因果律が、経験における連想ないしは習慣から生じる主観的必然性にすぎないとした。これに対し、カントは、純粋数学や自然科学におけるアプリオリな認識の事例を挙げることで、ヒュームを反駁できると考えた。しかし、ヒュームの批判を根本的に退けるためには、現象に対するカテゴリーの客観的妥当性を論証する演繹論が不可欠であった。

カテゴリー[1]とは、純粋悟性を「起源」とする基幹概念であり、「アプリオリに直観の諸対象一般にかかわる」（B 105）根本概念である。カントは、このカテゴリーの演繹の課題を説明する際、「事実問題（quid facti）」と「権利問題（quid juris）」という二つの議論を区別している（vgl. B 116f）。前者は、アプリオリな起源をもつ純粋悟性概念の所有に関する議論であり、後者は、現象に対するその概念の客観的妥当性の論証である。前者は「形而上学的演繹」、後者は「超越論的演繹」と呼ばれている。

形而上学的演繹は、一般論理学の判断表を「手引き」として、量・質・関係・様相のカテゴリーを導出することである。この演繹の論拠は、次の一文にある。「一つの判断におけるさまざまな表象に統一を与えるのと同じ機能は、一つの直観におけるさまざまな表象の単なる総合にも統一を与える」（B 104f）。これは、カテゴリーによる思考が、そもそも判断を通じて表現されることを言い表している。たとえば、因果性のカテゴリーによる思考は、「太陽が石を照らすならば、石は温かくなる」という仮言判断の形式で表現される。その意味で、思考と判断とは、同一の機能なのである。

カテゴリーの超越論的演繹とは、純粋悟性概念をアプリオリに対象に関係づける「仕方の説明」（B 117）である。カントは、第二版で演繹論を全面的に書き換えるが、それは演繹の証明構造に本質的な変化が生じたからである。この複雑な議論を簡潔に整理するために、ここではディーター・ヘンリッヒ（1927– ）の研究を取り上げよう。彼によると、超越論的演繹は、二段階の証明構造をもっている。演繹の第一段階（第二〇節）では、統覚の根源的綜合的統一が演繹の論拠として論じられる。この段階では、感性的直観がどのように与えられたのか、という問題は、さしあたり度外視されている。統覚の総合的統一は「われわれの直観のすべての対象がそれに従わなければならない条件」（B 150）であり、カテゴリーは、この統覚の総合的統一によってその客観的実在性、すなわち対象への適用を獲得するとされる。したがって、演繹の第一段階では、内官を規定する統覚の総合的統一が、カテゴリーの適用原理とされているのである。

演繹の第二段階（第二六節）では、前段階で論じられなかった経験的直観、言い換えれば、経験的多様の「把捉の総合」とカテゴリーとの関係が取り上げられる。この段階では、カテゴリーが、すでに直観における把捉の総合の条件とされている（vgl. B 161）。カテゴリーが、経験的多様の把捉の条件であるならば、この把捉によって成立する知覚は、必然的にカテゴリーに従うことになる（vgl. B 164f.）。この点を認めるならば、われわれが対象の知覚を通じて対象を認識する限り、われわれはそのつどカテゴリーの客観的実在性を確証していることになる。カントは、この節で「家」という経験的直観の対象の形態描出（構成）によって、カテゴリーの総合的統一の働きを例証している（vgl. B 162）。

ヘンリッヒによれば、演繹の第一段階は「すでに統一を含んでいる、すべての直観」を前提している限りで、統覚の統一に「制限」されている。しかし、第二段階の証明は、統覚の統一から経験的直観の統一へと進み、先の制限が「解除」される。その際、カテゴリーによる経験的多様の把捉の総合は、純粋悟性概念の客観的実在性を証明する論拠とされる。後述する概念主義も図式論の無用説もこの論点に依拠している。

2　構想力の時間図式と悟性の図式機能

バークリーとヒュームは、一般的観念の適用を説明するために、代表説に依拠する。代表説とは、たとえば、正三角形などの特殊な三角形の観念（心象）に普遍的三角形の観念を「代表」させることで、一般的観念の適用を説明する理論である。しかし、純粋悟性概念は、感性的起源を持たないため、それ自身どのような「心象」でもありえない。したがって、純粋悟性概念の適用を論じるためには、現象とその概念を媒介する「第三者」、すなわち、純粋な図式の概念が必要になる。それゆえ、純粋悟性概念の図式は、経験的な知覚像（心象）とその像を産出する感性的概念の図式（モノグラム、類型表象）から本質的に区別される（vgl. B 181）。

図式論の課題[2]とは、現象一般に対するカテゴリーの適用、言い換えれば、両者の媒介の可能性を示すことにある（vgl. B 177）。媒介が必要な理由は、現象とカテゴリーの起源の異質性にある。現象が経験的・感性的であるのに対し、カテゴリーは、純粋悟性に起源をもつアプリオリな基幹概念である。したがって、図式論では、両者を媒介する「第三者」の役割が強調される。この媒介の役割を担う「第三者」は、①「純粋」表象であること、②「知性的」であると同時に「感性的」であること、という二つの条件を満たさなければならない。この媒介的表象は、純粋な生産的構想力の産物であり、この構想力の働きと表裏一体の関係にある。

この二つの条件を満たす表象とは、純粋直観としての「時間」のアプリオリな表象である。「時間は、内官の多様、したがって、すべての表象の結合の形式的条件として、純粋直観におけるアプリオリな多様を含んでいる」(*ibid.*)。時間は、あらゆる表象結合の根源的形式である。われわれが何らかの経験的対象を表象する場合、その感性的直観の多様は、つねに継起的に総合される。同じことは、純粋悟性概念に関してもあてはまる。われわれが、純粋悟性概念による「悟性結合(synthesis intellectualis)」(B 151)を「思考」することができるのは、アプリオリに個々の時間点(多様なもの)を継起的に産出し、それを綜合することができるからである。純粋な時間直観のアプリオリな表象は、現象とカテゴリーの共通項である。カテゴリーは、この表象によって現象へと適用・媒介される。カントは、この時間理解に基づいて、この媒介的表象を「超越論的時間規定」すなわち「純粋悟性概念の図式」(時間図式と略記)と名づけている。そして、この図式によるカテゴリーの適用・媒介の手続きを「純粋悟性の図式機能」(B 179)と呼んだのである。この図式機能には、構想力の時間図式を作動させる役目がある。悟性が、内官の形式(時間)を規定することで、構想力は、初めてカテゴリーに従って「内官におけるすべての多様の統一」(B 185)、すなわち「純粋総合」(B 181)を行うことができる。純粋悟性概念の図式とは、この純粋綜合にほかならない。この総合は、演繹論では「構想力の超越論的総合」(B 151)と呼ばれていた。そして、この総合が、内官の形式との関連で表現されると、超越論的時間規定と称されるのである。

超越論的時間規定とは、構想力がカテゴリーの結合に従ってアプリオリな多様を産出し、その時間関係を通じて内官の諸表象の関係を規定することである。このアプリオリな多様の時間関係は、カテゴリーと現象の共通項であり、後者が必然的に従わねばならない本質規定である。その時間関係（規定）は、カテゴリーの分類に応じて「時間系列」（量）、「時間内容」（質）、「時間秩序」（関係）、「時間総括」（様相）と呼ばれている。さらに、カントは、個々のカテゴリーに対応する図式を挙げているが、ここでは因果性のカテゴリーの図式を用いて、時間規定の働きを説明してみよう。われわれが把捉する諸現象の順序には、必ずしも概念的な秩序が反映されているわけではない。たとえば、庭の石（A）に触れてみて温かさを感じ、その次に空を見上げて太陽（B）を見るならば、その把捉の順序はAからBとなる。しかし、その逆の順序、すなわち、BからAも可能である。諸現象の把捉では、それらの諸表象を把捉する順序には必然性がない。しかし、ここで因果性のカテゴリーの図式、すなわち、「つねに他のある物がその後に継起する実在的なもの」（B 183）を考えるならば、把捉の順序は、もはや恣意的ではなくなる。なぜなら、原因は、時間的に結果に先行するからである。したがって、先の現象Bが現象Aに必然的に先行しなければならない。そして、原因を主語とし、結果を引き起こす動詞「温める」を用いれば、「太陽が石を温める」という経験判断が成立する。そして、このカテゴリーの図式化によって、ヒュームによる因果律の批判は、根本的に退けられることになる。

以上が、カントの論述に従った演繹論と図式論の理解である。しかし、これらの論述には、これまで多くの哲学者やカント研究者から疑問や不整合が提起されてきた。その結果、図式論の妥当性をめぐって、その無用説と有用説との対立が続いてきたのである。

3　言語論的研究と現代の論争状況

戦後、言語分析哲学の勃興とともに、図式論の有用説を支持する言語論的研究が現れた。カントは、同時代のヘルダー（1744–1803）やハーマン（1730–88）のようには、言語哲学を論じなかった。しかし、概念が言葉の意味であり、また、言葉が概念の表現である限り、対象について判断すること、言い換えれば、対象を概念に包摂することは、その概念を言語化することにほかならない。ステファン・ケルナー（1913–2000）と坂井秀寿（1934–94）は、カントの演繹論と図式論から、概念使用を支配する二種類の規則、すなわち、「非指示的関係」の規則と「指示的関係」の規則を読み取っている。前者は、カテゴリーによる判断の論理的機能を意味し、「論理的文法」あるいは「構文論的規則」と呼ばれている。これに対し、後者は、構想力の時間図式を意味し、「意味論的規則」と称されている。意味論的規則としての図式は、言語の有意味性の基準であり、これによって、構文論的規則に「意味」が付与されるとした。

この言語論的アプローチは、マンフレート・リーデル（1936–2009）の研究にもみられる。彼は、上述の思考と言語との相関に着目し、解釈学の立場から「解読」モデルを提示した。まず、構想力の時間図式によって、客観的事態が成立し、次に、判断力の原則を「基準」にして、その客観的事態が「解読」されるとした。ここでは、構想力の時間図式が、原則（基準）による解読を支える前提として評価されている。

知覚経験の論理的構造に関しては、概念主義と非概念主義という二つの立場が対立している。ウィルフリド・セラーズ（1912–89）とジョン・マクダウェル（1942– ）は、「信念（belief）」の正当化の問題からカントの演繹論を解釈する。その際、概念的に把握されない所与は、「神話」として退けられる（「所与の神話」）。知覚そのものがすでに概念的・命題的構造を持っており、その意味でカントの言うカテゴリーを前提しているとした（「前提原則」）。われわれが、自分たちの信念を正当化することができるのは、すでに命題へと分節化された知覚経験を持っているからであるとした。

この観点から、概念主義は、カントの演繹論のみを重視する。この解釈の論拠は、以下の三点にまとめられる。①概念なき直観は盲目である。②判断の論理的機能は、同時に直観の総合的統一の働きにほかならない。③カテゴリーは、直観における把捉の条件である。第一の論点は、概念的・命題的構造を持たない知覚経験の否定を意味している。第二の論点は、形而上学的演繹の論拠、第三の論点は、超越論的演繹の論拠にほかならない。これらは、いずれも第一の論点を基礎づけている。なぜなら、直観の把捉が、すでにカテゴリーによって条件づけられているならば、カテゴリーによらない直観の把捉は、そもそも不可能になるからである。言い換えれば、判断と知覚は、同一の総合的統一の働きによって成立するからである。したがって、概念主義によれば、われわれが経験的知識を獲得し、それを正当化するためには、どのような知覚経験にとっても必要な一連の諸概念、すなわち、カテゴリーが存在する。これが概念主義のテーゼであり、カテゴリーの論理的機能を強調する点にその特徴がある。しかしながら、これによって、直観と概念、感性と悟性は、カントの立場からすると、もはや厳密に区別されなくなり、ライプニッツの「汎論理主義（Panlogismus）」に再び後退することになる。

これに対し、ペーター・ロース（1936–）とチャールズ・D・パーソンズ（1933–）は、カントの数学の哲学を支持する立場から、直観の働きを評価する非概念主義の立場をとる。この立場の論拠は、以下の二点にまとめられる。①外的直観は、対象（現象）に直接的に関係する。②算術や幾何学の命題は、量のカテゴリーの図式（時間系列）によって成立する。第一の論点について、ロースは次のように述べている。直観は対象の直接的・個別的表象であり、概念がその間接的・普遍的表象である限り、直観を概念に還元することは、定義上不可能である。なぜなら、命題の単称指示句「この」は、つねに対象への直接的関係（直観）を前提しており、その関係は、概念によっては決して置き換えられないからである。それゆえ、直観と概念は、原理的に区別されなければならない。第二の論点は、たとえば、7＋5＝12という算術の命題（B 15）の考察から明らかになる。われわれは、ただ7と5の結合を考えるだけでは、決して12という解答を得られない。数を一つ一つ付加（総合）していくことによって、はじめて12という一定の数量に到達できる。この「数える」（A 103）という作業は、悟性が量のカテゴリーの図式（数、時間系列）を用いて数量を総合する図式機能にほかならない。幾何学の場合も、構想力が「思考の内で線を引く」（B 154）という仕方で、継起的に一定の外延量を総合（構成）している。数学は、この総合によってはじめて現象に適用可能になる。非概念主義の特徴は、この総合の概念が、量のカテゴリーに関する構想力の時間図式と悟性の図式機能に依拠している点にある。したがって、概念主義が、図式論の無用説に立つのに対し、非概念主義は、図式論の有用説に与するのである。

ところで、直観と概念の関係や媒介に関する問いは、認知科学や人工知能の最前線で問われている課題(3)でもある。ゼノン・W・ピリシン(1937–)は、知覚と言語の構造連関の解明を「認知科学と人工知能の分野でこれまで行われてきた多数の研究プログラムの聖杯」と位置づけている。彼は、知覚経験における心象の機能を否定し、概念などの「背景知」に依拠する「記述主義」(4)の立場をとる。これに対し、「心象主義」の心理学者、アラン・パイビオ(1925–2016)は、知覚と言語の両システムの協働(二重コード化説)を論拠とし、記述主義に対立する見解を示している。

4 カントの超越論的真理概念の意義

カントは、真理概念(対応説)の考察から「超越論的分析論」を始める。命題の論理構造を扱う「一般論理学」は、認識と対象との一致という真理の対応説を基礎づけることができない。なぜなら、一般論理学は、認識のすべての内容を捨象するために、認識と対象との関係を論じることができないからである。認識の内容は、その客観への関係、すなわち、その「実質的(客観的)真理」(B 85)を前提にする。というのも、前者の意味は、後者によって成立するからである。「超越論的論理学」の課題とは、この実質的(客観的)真理の条件、言い換えれば、認識の可能性の条件を解明することである。この意味で、カントは、その第一部「超越論的分析論」を「真理の論理学」(B 87)と特徴づける。この論理学は「概念の分析論」と「原則の分析論」に区分され、カテゴリーの演繹論は前者、図式論は後者に配置されている。

個別的な経験判断が客観的に妥当する場合、その妥当性は「経験的真理」(B 236, B 520)と呼ばれる。たとえば、

「太陽が石を温める」という命題は、特定の状況のなかで作られる。そして、命題内容が現実と一致するならば、その命題は真理と判断される。しかし、この経験的真理を判定するためには、以下二つの条件が不可欠である。すなわち、①超越論的統覚が、因果性のカテゴリーによって原因（太陽）と結果（温める）の表象を結合すること、②構想力が、すべての表象内容に関係する時間直観を媒介として、カテゴリーを現象に適用することである。これらは、認識と対象との一致（対応説）を基礎づける超越論的条件である。その意味で、これら二つの条件は「あらゆる経験的真理に先行し、それを可能にする超越論的真理」（B 185）であると規定されている。

超越論的真理の第一条件は演繹論、そして、第二条件は図式論から帰結する。演繹論の課題は、統覚とカテゴリーの論理構造を明らかにすることであり、図式論の課題は、人間的認識の時間構造を分析する点にある。統覚とカテゴリーがなければ、構想力の時間図式は、概念的な支柱を失うことになる。逆に、この時間図式が欠落すれば、統覚の総合的統一は、感性化されず、悟性の知性的統一にとどまる。演繹論の第二六節は、カテゴリーによる対象の知覚像の構成によって、対象に対するカテゴリーの適用を説明する。しかし、この空間記述や形態描出（構成）は、量のカテゴリーによる同種的なものの総合（量の図式）によって初めて成立する。[5] ここから、演繹論のみでは、適用の問題を根本的に解決できないことが明らかになる。したがって、演繹論は、図式論と矛盾するのではなく、むしろ、後者の量の図式に依拠している。この点に注目するならば、演繹論と図式論は、相互に他を必要とする補完関係にある。真理の論理学は、カントが述べるように、演繹論と図式論の両者を含むのである。

筆者が図式論の有用説、すなわち、非概念主義を支持する理由は、この立場が超越論的真理概念を基礎づけるからである。もちろん、概念主義の立場から、命題の論理構造やその意味について語ることは、十分に可能である。しかし、その命題の真理について断言することはできない。なぜなら、概念主義は、客観への関係を可能にする超越論的真理に依拠しないからである。この客観への関係が築かれるのは、われわれが、超越論的真理の諸条件によって、対象（現象）を構成することによってである（vgl. B 197）。このアプリオリな数学的構成は、われわれの認識が対象に従うのではなく、「対象がわれわれの認識に従う」（B XVI）という思想を端的に言い表している。それゆえ、カントの真理論は、ロックモアが述べるように、コペルニクス的転回に基づく構成主義[6]と特徴づけられる。カテゴリーの演繹論と図式論は、この超越論的真理概念を形成する両輪であり、それを基礎づける意義と課題をもつのである。

注

（1）カテゴリーに関しては以下の文献を参照。牧野英二『カント純粋理性批判の研究』法政大学出版局、一九八九年、第三章から第五章。

（2）図式論に関する近年の研究として、以下の文献が挙げられる。冨田恭彦「カントの一般観念説と図式論」『思想』一一八二号、二〇一六年。冨田恭彦『カント哲学の奇妙な歪み――『純粋理性批判』を読む』岩波書店、二〇一七年。

（3）現代の論争と感性的概念の図式に関しては、以下の論文を参照。鵜澤和彦「感性的概念の図式――心象の構成と判定の原理」、日本カント協会編『カントと形而上学』第一三号、二〇一二年。

（4）記述主義と論理主義に関しては、以下の邦訳文献がある。ゼノン・W・ピリシン『ものと場所』小口峰樹訳、勁草書房、二〇一二年。ウィルフリド・S・セラーズ『経験論と心の哲学』神野慧一郎・土屋純一・中才敏郎訳、勁草書房、二〇〇六年。ジョン・マクダウェル『心と世界』神崎繁・河田健太郎・荒畑靖宏・村井忠康訳、勁草書房、二〇一二年。

（5）量のカテゴリーの図式と対象の形態描出（構成）との関係については、以下の論文を参照。Kazuhiko Uzawa, Das Problem der Gestaltung in der Kritik der reinen Vernunft, in: *Kant und Berliner Aufklärung*, pp. 119–132, Berlin 2001. Kazuhiko Uzawa, *Einbildungskraft – Philosophische Bildtheorie bei Leibniz, Hume und Kant*, Münster（Westfalen）, Univ., Diss., Münster 2010.

（6）トム・ロックモア『カントの航跡のなかで――二十世紀の哲学』牧野英二監訳、相原博・近堂秀・齋藤元紀・松井賢太郎・平井雅人訳、法政大学出版局、二〇〇八年。第二章の「構成主義としての哲学におけるコペルニクス的革命」を参照。

12 『純粋理性批判』の自由論

自由の〈時機《とき》〉としての「いま」

湯浅正彦

1 超越論的自由と実践的自由——思弁から実践へのコンテクストの転換

『純粋理性批判』における自由論の典拠としては、主として、「アンチノミー」章（A 405–567/B 432–595）のいわゆる「第三アンチノミー」に関する論述と、「規準」篇（A 795–831/B 823–59）とがある。筆者は近来、それらの箇所での「自由」に関する論述を統合的に解釈することに従事しているが、本章においては、それによって得られた見通しの一端を素描することにしたい[1]。

まず、周知のように「第三アンチノミー」とは、「世界」——当面「自然」としての「感性界」——における「自由」と「自然の諸法則に従う因果性」——以下〈自然因果性〉と略称——に関して、相矛盾する「定立命題」（A 444/B 472）と「反定立命題」（A 445/B 473）が主張されるという「抗争」である。その際「自由」とは「自由による因果性」にほかならず、両命題において「世界」における〈自然因果性〉の存在が認められながらも、「世界」の説明には「自由による因果性」も不可欠だとする「定立命題」と、〈自然因果性〉のみで十分だとして「自由による因果性」の存在を否定する「反定立命題」とが対立する。そこで問題なのは、〈自然因果性〉とは区別される独特の「因果性」としての「自由」の内実と、両者の関係である。

「定立命題」の「証明」においては、〈自然因果性〉による「世界」の説明が、諸原因の系列を不定無限に背進することになり、けっして十分なものとなりえないことが指摘され、その欠陥を解消するものとして「自由による因果性」が導入されている。「すなわち、それによって或ることが生起する際に、当の原因がなおまた他の先行する原因によって、必然的な諸法則に従って規定されることはないような因果性である。換言すれば、〈諸々の自然法則に従って経過していく諸現象の系列を自己から〔自《みずか》ら〕(von selbst) 始めるような、原因の絶対的な自発性〉であり、だからまた超越論的自由であって、それなしには、自然の経過においてさえ、諸現象の継起的系列が原因の側で完璧であることはけっしてないのである」(A 446/B 474. 傍点の強調は引用者。また〈 〉の付加は引用者により、以下同様)。

続く「注解」(A 448–50/B 476–8)によれば、古来こうした「自由」は人間ではなく、「第一起動者」としての「神」——「世界とは区別された根源的存在者」としての「創造者(Urheber)」(A 468/B 496)——に帰されてきたものである。そして「超越論的自由」とは、「世界」のうちに発生するすべての「出来事」を生じさせるような根源的な「因果性」として、「世界の起源の理解可能性のために要求される」ものである。

だが続けて、「自由」には、こうした「自由という超越論的な理念」以外に、人間にかかわる「心理学的な概念」としての「自由」があること、後者の内容は「大部分は経験的」ではあるが、それでも、「行為の絶対的な自発性」であるかぎりでの「超越論的自由」がその内容の一部であることが示唆されている。そして、その場合「超越論的自由」は「行為の帰責可能性の本来の根拠」であるという。そのうえで、「行為」の根源としての「意志」と、「無条件的な因果性」としての「超越論的自由」との連関が言及され、「思弁的な理性」を悩ませてきた「意志の自由に関する問題」で扱われるのはこのような「超越論的自由」にほかならないとされる(以上、A 448/B 476)。

かくして――「意志とは実践的な理性にほかならない」(IV, 412. vgl. VI, 213) ことを勘案するならば――「超越論的自由」は、「行為の帰責可能性の本来の根拠」であるかぎり、「思弁的な理性」にというよりは、「実践的な理性」にかかわることになろう。それは、「思弁的」な、経験(自然)の限界を超えた「世界」全体の「認識」を目指す場面において機能するというよりは、われわれ人間が「行為する」こととして発現する「生」(V, 9 Anm.; VI, 211)、さらには「諸行為」としての「経験」(A 807/B 835. vgl. IV, 335) においてこそ機能する概念なのである。よって、それは、ここでは「心理学的」な「自由」と表現されているが、後では「実践的自由」と称されるものにとっての不可欠の内容であると見られる[2]。以上から、『純粋理性批判』における自由論にあって、「自由」を論じるコンテクストが思弁から実践へと転換していることを看取できよう。これは、明確に表現するなら、〈思弁的な超越論的自由〉から〈実践的な超越論的自由〉への転換であり、「実践的自由」は「超越論的自由」を限定しつつ包含するのである[3]。

ところでカントは当面の論述において、「自由にもとづいて行為する能力」を、「時間における一つの系列をまったく自己から始める能力」と表現しておきながら、「世界の経過のただなかでさまざまな系列を、因果性からみて自己から始まるようにする」能力として捉え直している (A 448–50/B 476–8. 傍点の強調は引用者)。つまり、「系列」は時間のうちにあっても、それを「自己から始まるようにする」「因果性」の方は時間のうちにはないというのだ。この、言うならば超時間的な「因果性」としての「自由」とは具体的にどのようなものか、そして、時間的に継起する出来事の系列であるかぎりでの人間の行為を実現するのに不可欠な〈自然因果性〉といったいどのような関係にあるのか。

この難問を解くためにも、まずは、「実践的自由」が「超越論的自由」によって根拠づけられつつ、それを具体化する仕方を確認しよう。すなわち、A 533f./B 561f. の箇所によれば、「人間の選択意志」が「自由」であること、すなわち「実践的自由」、の十全な内実は、二つの要素を、つまり「感性の衝動によって強制されることから〔…〕

独立であること」（＝「感性的な衝動による強制からは独立に」）と、「自己を〔…〕自己から〔自ら〕規定する」こととを含むことが知られる。[4] ここで「人間の選択意志」が「感性の衝動」によって「必然的」に規定される（＝「強制される」）ことがないのは、「自己を〔…〕規定する」のがまさに「自己」であるからにほかなるまい。後者の要素が「超越論的自由」であって、これによってこそ前者の要素も成立しうるのである。カントは続けてこう述べている。

「超越論的自由を廃棄することによっては、同時にすべての実践的自由も根絶されることになろう。というのも、すべての実践的自由によっては、次のことが前提されているからだ。すなわち、たとえ或ることが生起しなかったとしても、その或ることは生起すべき（sollen）であったということであり、だから、〈その或ることの、現象のうちの原因〉が規定的に働いていたとしても、〈その自然原因から独立に、その強制力と影響に抗してさえ、時間秩序のうちで経験的な諸法則に従って規定されている或ることを産み出すような、かくて、諸々の出来事の一つの系列を全面的に自己から始めるような因果性〉がわれわれの選択意志のうちには存しないというふうに、規定的に働きはしなかった、ということである」（A 534/B 562. 傍点の強調は原文に拠る）。

要するに、〈生起すべきことども〉、さらには、たとえ現実に生起しなかったとしても「生起すべきであった」ことどもの秩序——「当為《べし》」的な秩序と呼ぼう——を創設しつつ、その秩序のうちに「自己」をあらしめること、そしてその「自己」に由来する秩序への関連においてそのつどの自己の在り方としての行為を決定することこそは、「自己を〔…〕自己から規定する」ことであると言えよう。それは取りも直さず、行為としての「諸々の出来事の一つの系列を全面的に自己から始めるような因果性」、すなわち「超越論的自由」なのである。このような「超越論的自由」、ひいては「実践的自由」の核心的な機能が「当為」的な秩序の創設であることこそは、先の難問にアプローチするための鍵であると思われる。

2　行為主体の二重の「性格」――「感性界」と「可想－叡知界」の区別と連関

さて「第三アンチノミー」解決のために、カントは〈自然因果性〉と「自由による因果性」（＝「実践的自由」）とを、それぞれ「経験的な因果性」（ないしは「可感的な因果性」）と「可想－叡知的な因果性」として捉え直し、それぞれに「性格」を帰している。行為主体としてのわれわれ人間は、この両方の「因果性」ないしは「性格」を具えることによって、二重の意味で「原因」であることになる。そこで、次のように言われる。

「それぞれの作用する原因には、性格が、つまり〈それなしには当の原因がまったく原因ではないことになるであろう、その原因の因果性の一つの法則〉がなければならない。だからわれわれは、感性界の主体において、第一には、経験的な性格をもつことになろうが、この性格によって、主体の諸行為は、諸現象としては、諸々の恒常的な自然法則に従って他の諸現象と徹頭徹尾連関しており、その諸行為の条件としての他の諸現象から導出されうることになるであろう〔…〕。第二には、ひとはその主体に、可想－叡知的な性格をも容認しなければならないだろうが、その性格によって主体はたしかに現象としてのあの諸行為の原因ではあるのだが、その性格そのものは、感性の諸条件に従うことなく、それ自身は現象ではないのである」（A 539/B 567. 傍点の強調は原文に拠る）。

以上の道具立てにもとづく「第三アンチノミー」解決のあらましは、次のようである。――まずは、「経験的な性格」からみた「主体」とその行為すべてについて、前者の「性格」は「経験により認識される」事柄であり、後者の行為は「諸々の自然法則に従って説明されねばならない」。かくして「主体」の行為すべては、「経験的な性格」からすれば、「自然必然性」のうちにある。だがそれは、「可想－叡知的な性格」においては、「自由」の所産なのである。「かくして自由と自然とは、まさに同じ諸行為にあって、それをひとがその〈可想－叡知的な原因〉と比較するか、それとも〈可感的な原因〉と比較するかに応じて、それぞれその完璧な意味において、同時に、かつまったく抗争を生じることなく、見出されることであろう」(以上、A 541/B 569)。ともあれ、「可想‐叡知的な性格」こそは「実践的自由」の内実なのだろうが、それは当面「いかなる時間条件にも従わない」超時間的な本性のものであり、にもかかわらず「経験的な性格に適合して思考されねばならない」(A 539-40/B 567-8)とされる。注意すべきは、一般に「性格」の根本特徴は「法則」への関連であること、したがって「可想‐叡知的な性格」が関連する「法則」がいかなるものかが肝心であること、である。それは、「道徳的法則」と「実用的法則」の双方を含む「実践的な法則」であり、これが前述の「当為」的な秩序の内実であることを次に明らかにしよう。

われわれ人間は、「可想‐叡知的な性格」をもつことにおいて、「感性界」における「他の自然物すべて」に対して卓越している。すなわち、われわれは、「可想‐叡知的な対象」として、「感性の受容性に数え入れられることがまったくできないような」「働き」ないしは「諸能力」をもつのみならず、そうした「諸々の働きと内的な規定」において、「自己自身を、たんなる統覚によって〔…〕認識する」[5]。「感性」を排した純粋な自発性としての思考である「たんなる統覚」によってのみ「自己」を「認識」しうること(「可想的」な側面)、かつまた、そうした「統覚」において「自己」の内実として「認識」される自発的な働きとその「諸能力」(「叡知的」な側面)こそは、「人間」をして「可想‐叡知的(intelligibel)」なものとして特徴づけることを正当化する。——そして、そうした「可想‐叡知的」な「諸能力」に関してさらに述べる続く箇所こそは、決定的に重要である。すなわち、「われわれはこれらの能力を悟性と理性と名づけるのであって、とりわけ後者の理性は、すべての経験的に条件づけられた力からまったく本来的に、かつ卓越して区別されるのである。それは、理性がその諸対象を、たんに諸理念に従って考量し、それに従って悟性を規定するからであり、するとその悟性は、その(たしかにこれまた純粋な)諸概念を経験的に使用するのである」(以上、A 546-7/B 574-5)。

ここに主役として躍り出た「理性」は、「経験的に無条件的」な力であり、その発動する仕方は「その諸対象を、たんに諸理念に従って考量し、それに従って悟性を規定する」ことである。(6) これこそは「自由による因果性」が機能する仕方であって、それは、「当為」的な秩序の創設と、そのうちに「自己」を組み込む、あるいはむしろ、そうした秩序への関連を核とした「自己」を創造する活動、ひいてはそれにもとづく「自己を〔…〕自己から規定する」ことであると思われる。――このことを、続く次のような論述が証拠立てているであろう。

「こうした理性が因果性をもつこと、少なくともわれわれはそうした因果性を理性において表象するということは、〈われわれがあらゆる実践的なものにおいて、行使する諸力に規則として課する諸々の命法〉からして明らかである。当為(Sollen)によっては、一種の必然性と〈全自然において他には現れないような、諸根拠との連結〉が表現されている」(A 547/B 575. 傍点の強調は原文に拠る)。

ここに言う「諸々の命法」とは、われわれが「自己」のそのつどの行為を規定すべく、自ら「自己」へと「課する」諸規範であり、その効力の源泉はわれわれの「自己」を措いて他にはないようなものであろう。これが「当為」であり、それは自然法則による規定の必然性とは異質な「一種の必然性」をもってわれわれを規定する。そして、そこで表現される「全自然において他には現れないような、諸根拠との連結」に言う「諸根拠」とは「諸理念」、つまり諸々の「理性概念」なのである。そこでこう言われることになる。

「この当為《べし》によっては、〈その根拠が概念以外のものではないような可能な行為〉が表現されている。それに対して、たんなる自然の働きについては、その根拠はいつでも現象でなければならない」。――だが、「行為」は「当為」であるとしても、同時に「自然の働き」でもあって、「現象」のうちにその「根拠」、すなわち「自然条件」をもつ。――「とはいえ、それらの自然条件は、選択意志そのものの規定にかかわるのではなくて、現象におけるそれらの自然条件の結果と成果にかかわるだけである。私を意欲〔意志作用〕(Wollen)へと駆動する(antreiben)自然根拠がどれほど多くあろうとも、どれほど多くの感性的な刺激があろうとも、それらは当為を産み出すことはできない」(以上、A 547–8/B 575–6. 傍点の強調は原文に拠る)。

かくして、「自然根拠」ないしは「自然条件」とは、「私を意欲へと駆動する」ことのできるもの、すなわち「衝動（Antrieb）」を生じさせることはできようが、「選択意志そのものの規定にかかわるのではない」。――ここに「自然」は、「衝動」という媒体によって「意欲」に影響を及ぼしはするが、「選択意志そのものの規定」を生じさせるのは「当為」であることが察知されよう。こうした〈「理性」の「自然」に対する決定的な優位〉について、続く箇所はきわめて高揚した調子で述べている。

「〔1〕たんなる感性の対象（快適なもの）であるにせよ、あるいはまた純粋理性の対象（善）であるにせよ、理性は、経験的に与えられているような根拠には譲歩せず、だから、現象において示されているとおりの諸物の秩序には従わず、完全な自発性でもって諸理念に従う独自の秩序を創りあげる。

〔2〕理性は、そうした理念に経験的な諸条件を適合させ、それどころか〈生起しなかった、また、おそらくは生起しないであろうような諸行為〉さえも、そうした理念に従うならば必然的であると宣言するのである」（A 548/B 576. 傍点の強調は原文に拠る。また参照指示のための〔 〕付数字による改行は、引用者による）。

〔1〕を理解するために注意すべきは、『純粋理性批判』のカントにとって、「命法」としての「実践的」な「規則」ないしは「法則」には、「実用的法則」と「道徳的法則」との両方が含まれることである（vgl. A 800/B 828, A 806/B 834）。すなわち、「規準」篇によれば、「たんなる感性の対象」である「快適なもの」、あるいはむしろそれを素材とした「幸福」の「理念」を規定根拠とするのが「実用的法則」であり、そうした経験的な条件を一切排除した「純粋理性の対象」としての道徳的な「善」の「理念」を規定根拠とするのが「道徳的法則」であると思われる。よって「理性の因果性」としての「自由」とは、根本的には、こうした「諸理念に従う独自の秩序を創りあげる」「完全な自発性」であり、さらには、それによって定立された諸々の「実践的な法則」への関連――これが「可想‐叡知的な性格」にほかならない――において、そのつどの「経験的な諸条件」のもとでの行為において「自己を〔…〕自己から規定する」ことであって、これが〔2〕に言う当為的な諸行為の必然性であると言えよう。

かくして「理性の因果性」としての、かつ「実践的自由」として具体化されたかぎりでの「超越論的自由」とは、われわれが「道徳性」と「幸福」という諸「理念」にもとづき、「当為」的な秩序を創設することによって、自己の行為を根源的に「自己から」生じさせる活動なのであって、だからこそ、そうした行為は「自己」へと「帰責」されねばならないのだ。

このように、われわれが「自由」によって根源的に創設する「諸理念」にもとづく「当為」的な秩序こそが「可想‐叡知的世界」(＝「可想‐叡知界」)であって、それをわれわれは諸行為によって「感性界」のうちに実現するのである。すなわち、「規準」篇によれば「可想‐叡知界」とは「道徳的世界」という「実践的な理念」であるが、「この理念は感性界に対して現実に影響を及ぼすことができるし、そうすべきなのであって、かくて感性界を当の理念に可能なかぎり適合させる」と言われる(A 808/B 836)。ここから察知されるように、それはたんなる「理念」ではなく、われわれ「理性的な存在者」の諸行為をつうじて、感性界のうちにその「模造物」を形成していく「原型」としての意義をもつと思われる(vgl. V, 43)。よって、「可想‐叡知界」には、完全な「道徳的世界」の「理念」と、その「模像」として「感性界」のうちに実現されたかぎりでの世界との二義性があるであろう。この「感性界」のうちに実現され、それと不可分一体の「可想‐叡知界」という両者の全体こそは、われわれの「生」の現実の「世界」であろう。かくしてわれわれの「自由」とは、こうした「世界」全体と、そのうちに生きる「自己」とを相即的に一挙に創造する根源的な活動にほかならないであろう。

3 「自由」にもとづく創造の〈時機《とき》〉としての「いま、その瞬間」

だがどのようにして超時間的な「自由による因果性」は、時間的な「感性界」のうちなる諸行為を生じさせるというのか、その際〈自然因果性〉との関係はどうなっているのか。――この懸案に答えるため、カントが「自由」

にもとづく行為として挙げる、「或る人間が悪意ある虚言によって社会のうちに或る種の混乱を生じさせた場合」という実例（A 554–5 / B 582–3）を考察しよう。

そこでは、まず当該の「所行〔犯行〕」に関して、「経験的な性格」に定位した「帰責」の手続きとしての「自然的」な説明が与えられる。それによれば「経験的な性格」とは、たとえば軽率さ、無思慮、生来の破廉恥などを要因として含み、教育や交際などをつうじて形成され強化された一つの「自然原因」であり、「機会原因」としての適当な経験的諸条件の「誘発」のもとでは、その行為を必然的に生じさせるディスポジションであろう。だが、それはやはり当該の「人間の理性に具わる或る因果性」でもあって、その証拠に「現象におけるその諸結果において一つの規則を示す」のであり、この「規則」が「当の人間の選択意志に具わる主観的な原理」としての「格率」であろう（A 549 / B 577. vgl. A 812 / B 840）。おそらくそれは、〈自己の愉快のためには虚言をも為すべし〉といった道徳的に悪しき「格率」だろうが、その形成にあたっては、道徳性による制約を排除し自己幸福を無条件に是認するという様態での、「諸々の理性根拠とそれらの働き」があったと「推定することができる」であろう（*ibid.*）。これこそが、道徳的な善悪の、そして帰責の究極の根拠である「可想–叡知的」な「性格」ないしは「因果性」にほかならず、「経験的」な「性格」や「因果性」とはその「結果」なのである（vgl. A 544 / B 572）。

さらに重要なのは、続けて指摘されるように、当該の行為に関して「われわれは行為者〔犯人〕を非難する」ことであり、その際当の行為者の「自由」を「前提」しているということである。すなわち、「その所行は、先行する状態に関しては、〈あたかも行為者がその所行でもって諸帰結の一つの系列をまったく自己から始めるかのように〉全面的に無条件的であると見なすことができる」とされる。加えて、その「所行」に及ぶまでの行為者の「生き方がどのような性状のものだったかは、全面的に無視できるのであり、諸条件の過ぎ去った系列は、生起しなかったと見なすことができ」るとまで言われる（A 555 / B 583）。そうだとすれば、「前提」されている「自由」とは、われわれ人間がそのつどの行為においてまったく新たに「自己」の「生き方」とそれが営まれ織り込まれる「世界」を創造する活動であると見なければなるまい。

その際、「あたかも〔…〕かのように」という表現は、それが当該の行為者とその「生き方」、それと一体である「世界」の全体に関する「前提」であって、「世界」内部で確定できる経験的な一事実ではないことを示唆するであろう。だが、それをたんなるフィクションと見て、われわれの「生き方」にとってもつ意味を否定することはできないであろう。われわれは時に、或る人間の所行を全身全霊をもって「非難する」ことがあり、このことはたんに自然物として、「自然必然性」の操り人形として当の人間を見る見方とは相入れないであろうからである。思うに、自然科学的な説明や、それが含意するでもあろう決定論の成否がどうであろうが、われわれ人間とはそうした道徳的な非難や後悔、さらには自他への帰責の営みを相互に行ない続ける者であり、そこにこそ「理性的な存在者」としての真面目があるのであろう。[7] その意味でわれわれ人間は、〈自然因果性〉にもとづく対象の経験的認識としての「経験」の手前で、あらかじめ――アプリオリに(vgl. A 448/B 476)――自他を「実践的自由」の主体としていつでもすでに思考してしまっていることを、「生」の根本「前提」とする存在者であると見ることができよう。

ところで続く箇所(A 555/B 583)では、われわれは「理性」を、「人間の振舞いを、上述の経験的な諸条件にもかかわらず、別様に〔他の仕方で〕規定することができたし、そうすべきだった一つの原因」と、しかも「感性の諸動機」の影響を歯牙にもかけない「それ自体そのもので完璧」なものと見なすと言われる。だがこれでは、「理性」の「自由」を強調するあまり、悪しき所行の罪責を当該の行為者ではなく「理性」に負わせることになってしまいそうである。――しかし筆者の所見では、普遍的な「実践的理性」はそのつどの行為において、まさしくその行為者の「可想-叡知的な性格」として、特殊な「経験的性格」を与えるよう作動することをつうじて個体化するのであり、それが個々の理性的存在者の成立にほかならないと思われる。そうした個別的な理性的行為者とその特定の行為に関してのみ、「当の行為は、あの行為者の可想-叡知的な性格に帰されるのであり、行為者はいま、虚言を行なったその瞬間に、罪責を全面的に身に受ける(er [sc. der Täter] hat jetzt, in dem Augenblicke, da er lügt, gänzlich Schuld)」(A 555/B 583. 傍点の強調は引用者)と言われうるであろう。

かくして、それぞれの理性的行為者が或る特定の行為を行なう「いま、その瞬間」こそは、「理性の因果性」としての「自由」が「世界」へと介入する〈時機〉――あるいはむしろ、行為者としての「私」がその「自由」へと立ち返る〈時機〉――であって、それは、その「瞬間」において、当の行為を含む「世界」全体を創造する根源的な働きにほかなるまい。

それはしかし、あの「諸理念」にもとづき諸規範を定立する「実践的理性」としての活動でもあって、そうした規範への関連によって、そのつどの「いま」の行為も当為的に規定されているのである。従来の「世界」との連続を断ち切る、時々刻々の「いま、その瞬間」とは、「私」が「感性界」の〈自然因果性〉の連続的な時間秩序に組み込まれつつも、なお規範への関連において、まさしく〈当の規範を自ら定立しつつそれに従う自己〉を創造することによって、「可想‐叡知界」をまったく新たに創造する過程なのである。

こうした創造の〈時機〉としての「瞬間」への洞察こそは、カントが「自由による因果性」の超時間性を主張することを可能にした根拠だったであろう。彼によれば「瞬間」は、時間のうちに「位置」を占めながら、時間がそれから合成されうるような「部分」ではない(vgl. A 169–70/B 211)。それは、このように或る意味では時間のうちにありながら、或る意味では時間とは異質でそれを超えているがゆえに、超時間的な活動としての「自由」が存立し、それと時間的な「感性界」との〈接点〉となるのにふさわしい〈時機〉なのであろう。しかもカントは、若干の「実在性」が「瞬間」において「因果性」を行使すること、そうした「実在性」が、「その把捉が〔…〕瞬間的である」「内包量」をもつことを認めている(vgl. A 168–9/B 210–11, A 207–9/B 253–4)。こうした「実在性」とのアナロジーによって、「理性の因果性」としての「自由」という根源的な働きが「いま、その瞬間」において存立することを思考しうるであろう。(8)

注

（1）その詳細については、参考文献に掲げた拙論［5］［6］［7］を参照いただければ幸いである。

（2）ここで問題の「心理学的な自由」（＝「実践的自由」）が、『実践理性批判』において同じく「心理学的な自由」と言われながら「回転串焼き機の自由」と揶揄されるもの（vgl. V, 96-7）とは異なることに関しては、［1］S. 343f.、［2］S. 315f. を参照。なお以下の注4を参照されたい。

（3）「実践的自由」の規定、とりわけそれと「超越論的自由」との関係に関しては、以上のような「アンチノミー」章での扱いと、「規準」篇におけるそれとが相違しているかどうかをめぐって見解の対立がある。［1］［2］［3］を参照。筆者としては、概ね同じ扱いであると見るが、詳論は別の機会を待ちたい。

（4）「感性的衝動」とは「欲望」ないしは「傾向性」であり（vgl. VI, 212-3）、われわれ人間各自がそのつどの特殊的で経験的な諸条件のもとで内的に経験するものであろう。「実践的自由」が、内容の「大部分は経験的」であるような「心理学的」自由と称される所以である。

（5）この「自己認識」は、もとより経験的直観に与えられた「現存在する」対象を規定する「理論的認識」ではありえず、「私がそれによって、何が現存在するべきかを表象する」「実践的認識」――それは、「それによって、何が生起すべきかがアプリオリに認識される、実践的な〈理性の使用〉にもとづく――でしかありえないだろう（vgl. A 633/B 661）。

（6）この「理性が〔…〕悟性を規定する」件に関しては、拙論［7］を参照されたい。

（7）ストローソンは、以上と同じ見方を示していると思われるが、「自由意志論の形而上学」を斥けている（［4］を参照）。

（8）以上に関連する時間論的、さらに存在論的な問題事象に関しては、拙論［6］の第6節、ならびに［7］の参照を乞いたい。

参考文献

本章において以下の文献を参照する場合には、［　］付き番号のみを挙げる。

［1］Julio Esteves, "The Alleged Incompatibility between the Concepts of Practical Freedom in the Dialectic and in the Canon of the *Critique of Pure Reason*", *Kant-Studien*, Bd. 105, De Gruyter, 2014, S. 336-371.

[2] Markus Kohl, "Transcendental and Practical Freedom in the *Critiqe of Pure Reason*", *Kant-Studien*, Bd. 105, De Gruyter, 2014, S. 313–335.

[3] Dieter Schönecker, *Kants Begriff transzendentaler und praktischer Freiheit. Eine entwicklungsgeschichtliche Studie*, de Gruyter, 2005.

[4] Peter F. Strawson, "Freedom and Resentment", *Proceedings of the British Academy*, vol. xlviii, 1962, pp. 1–25.

[5] 湯浅正彦「超越論的自由の形而上学　序説――「第三アンチノミー」解釈」『立正大学哲学会紀要』第九号、二〇一四年、三九―六三頁。

[6] 湯浅正彦「自由な行為の〈時機《とき》〉としての「いま、その瞬間」――「第三アンチノミー」解釈への一視角」『立正大学文学部論叢』第一三八号、二〇一五年、一―二一頁。

[7] 湯浅正彦「「第三アンチノミー」解決の鍵としての超越論的観念論」『立正大学文学部研究紀要』第三一号、二〇一五年、一―三三頁。

【コラム③】

新カント学派とは

歴史的再検証

大橋容一郎

近代日本が直接的な影響を受け始めた時期のドイツの哲学状況について、丸山真男のように「哲学的不毛の時代」と言うものがある。この見方はあながち間違いではなく、桑木厳翼が一九〇七年からのベルリン留学時に聞いたアロイス・リールの言葉では、十九世紀中葉のドイツにおいて哲学は、「気息奄々僅かに余命を保つものたるに過ぎず」、「絶滅した生物体の如く過去の精神的発達期に属するものと思われていた。」だがその一方でバイザーなど最近の研究によれば、十九世紀後半のドイツは「近代哲学の最も創造的で革新的な時期の一つだった」ともされる。

この対立する見解を裁定するには、十九世紀以降のドイツ哲学、とりわけカント主義の潮流を再検証せねばならない。七月革命や二月・三月革命後のドイツでは、いわゆるドイツ観念論が急速に退潮したが、他方ですでに、ヘーゲル左派から俗流観念論者や俗流唯物論者と蔑称された者たちが、より科学に近い哲学を唱えており、ベネケ、フリース、ヘルムホルツ、フェヒナー、ロッツェ、W・ヴント等は科学者でありつつ、自らカント主義の哲学者をもって任じていた。彼らの「新」カント主義的な理論は、十九世紀後半の実証主義的な個別科学の波に再び飲み込まれたが、人文思想や社会思想の学問の一部は一九〇〇年前後に再興することになる。リールによれば、二十世紀初頭は、「科学が自らの内に哲学的概念を導き入れる時代になった」のであり、ジェイムズは「哲学的時代の再来」を、心理学者シュトゥンプはベルリン大学総長就任時に「哲学の再生」を高調するまでになった。

ヴフテルが言うように、この哲学の再生期にあたり、「一九〇〇年をはさんで前後それぞれ一〇年間のドイツ大学哲学を支配したのは、新カント学派だった」。ケーンケの調査によれば、ドイツの大学における一八七〇年代からのカント関係講座の急増は、ヘーゲル関係講座の急速な減少と際立った対照をなしている。二十世紀初期のドイツに生活した桑木によれば、市井の人びとは哲学に関心をもち、ライプツィヒでヴントを知らぬ者はなく、ハイデルベルクではヴィンデルバントの噂をする者が多かった。機関誌と目される第一期『ロゴス』の二〇〇名の寄稿者を見れば、それまでの絶対的観念論や実証主義とは異なる方法論に基づいて哲学を復興しようとする「新」カント主義の波が、紀平正美も指摘するように、全体として新カント学派の名で呼ばれていたのだと、まずは理解されるだろう。

そうした大きなうねりであるゆえか、新カント学派ほど基本的な誤解や俗説にさらされ、その実質が見えない思想潮流も珍しい。たとえば新カント学派の拠点といえば、一般にはマールブルクとハイデルベルクが知られるのみである。しかし、ライプツィヒのヴント学派のように通常は新カント学派に入れられないものを別にしても、フライブルク、シュトラスブルク、イェナ、ハレ、ベルリンなどには「新」カント主義の隆盛があった。そもそもバーデン学派ないし西南学派という名称は、フライブルクとハイデルベルクを併せた呼称である。さらに学説的にも、新カント学派とされる者の多くは非歴史主義的な観念論者ではなく、意味の論理を重視するからといって単純な事実価値二元論者でもない。ドイツ実在論を標榜するベルリンのリールはもちろん、ヴィンデルバントなどもたとえば西田幾多郎によれば実在論者と評価されている。ハイデガー、N・ハルトマンらの実在論を観念論である新カント学派から離反したものとする評価や、当時の個別科学における、自然主義的な事実価値二元論の根拠づけを新カント学派に背負わせるような見解は、正鵠を射たものとは言いがたい。

むしろ新カント学派とされる理論の多くは、科学論や人間論の哲学的基礎づけを重視し、経験的実在論の立場から、精神科学や自然科学のもつ意味や規範性の側面を、ヘーゲル主義とは異なる観点から論理的に再構築しようとしていたのだが、上述のように、十九世紀前半の絶対的観念論や、十九世紀後半のそれに対立する個別実証科学、さらに加えるならば二十世紀後半までの分析哲学という極端な主義の時代に、いずれの側からも不当に近い非難を受け、ドイツ国内では二度の敗戦やユダヤ問題もからんだ結果、本国でも諸外国でも彼らの理論についての研究がなされてこなかったにすぎない。だがしかし、二十世紀の中後半まではともかく、二十一世紀の今日に、実験科学と近代哲学史のゼミを交互に開講しうるヴントのような世界的な心理学者がいたり、著名な社会学者や政治学者が近代思想の流れと実証的個別科学との融合を同様に重視したりすれば、その態度は全人的環境を志向し、グローバル・ヒストリーの観点をもつ新しい世界システム論解釈であるなどとして、むしろ賞賛の対象となるだろう。

近代日本に目を転ずれば、新カント学派の名が日本で人口に膾炙するようになるのは一九一三（大正二）年以降である。これには、明治末期から第一次大戦前までにドイツに留学した、金子馬治（筑水）、波多野精一、桑木厳翼、朝永三十郎、左右田喜一郎、天野貞祐、また日本で講演したギュンター・ヤコビーらの影響によるところが大きい。これらの人びとによる移入によって、西田幾多郎、三木清、恒藤恭らに代表される次世代の哲学者や社会科学者が、その初期思想に影響を受けた結果、当時の大正教養主義の文化思想とあいまって、新カント学派という名称が日本でも広まった。その後、カントの生誕二〇〇年にあたる一九二四年前後が、関連する多くの出版物によって新カント学派の名が日本で最も隆盛となった時期である。しかし、次世代の三木や恒藤がようやく留学した第一次大戦後のワイマール期ドイツでは、すでに新カント学派の代表者はほぼ亡くなっており、エスターライヒらが語るように、一九一四年からの一〇年間でドイツ哲学には「カントから離れよ」の大変革が生じていた。その結果、新カント学派に師事しなかった彼らの帰国後に、日本で新カント学派の哲学理論が隆盛となることはなかった。さらに一九二五年の治安維持法公布や二七年からの世界経済恐慌以降になると、国体明徴主義に傾く日本において、カント的な人格の自由主義や批判主義思想は亡国論と見なされ、新カント学派の思想も系列の社会科学も、同様に日本の学界に定着するには至らなかったのである。

今なお社会科学を中心に残存している、民衆性を失って堕落したブルジョア教養主義の観念論、実証性のないアプリオリズム、非現実的な純粋哲学などという新カント学派への理解は、主にその過去の時代に生じたものである。第二次大戦前後のイデオロギー対立をそのまま引きずっているそれらの評価が、どれだけアナクロで旧時代の危うさを含んだ見方であるかについて、われわれは今一度真剣に思いをいたす必要があるだろう。ワイマール期のドイツで、新カント学派の「哲学と文芸」の後に到来したのは、国家社会主義的な「国家と文芸」の時代であった。それは坂部恵が言うところの、束の間の小春日和である「新カント学派と大正教養主義」の後に、「暗い時代」としての昭和が到来した日本の姿だけでなく、まさに現代の日本の姿とも重なるものである。思想評価の歴史的意味を考えてみれば、カントの人間的自由の哲学の後継者であった新カント学派の哲学に、どのような態度で向き合うかは、現在もなおわれわれ自身の世界観を再検証する、哲学的な鏡にもなっていると言えるだろう。

13 道徳法則と法の定言命法

『人倫の形而上学』と倫理学の課題

実践哲学の中心課題①

小野原雅夫

1 《批判倫理学》と晩年の実践哲学体系

『実践理性批判』の結語の冒頭に、カントの墓碑銘としても掲げられている有名な一節がある。「それを考えることしばしばであり、かつ長きにおよぶに従い、つねに新たなるいやます感嘆と畏敬とをもって心を満たすものが二つある。わが上なる星しげき空とわが内なる道徳法則がそれである」(KpV, V, 161)。カントの哲学体系をこれほど美しく凝縮した言葉はないであろう。カントは哲学を理論哲学と実践哲学とに大別し、前者は自然の法則を、後者は自由の法則である道徳法則をアプリオリに認識する学問であると特徴づける。道徳法則はカントが生涯をかけて追い求めた二つのうちのひとつであった。カントの道徳法則に関する理説は、一七八〇年代の『人倫の形而上学の基礎づけ』(以下『基礎づけ』GMSと略記)と『実践理性批判』の二著によっていったん完成する。本章ではこの二著において確立された倫理思想を《批判倫理学》と呼ぶことにする。《批判倫理学》における道徳法則は、「定言命法」、「善意志」、「道徳性」、「意志の自律」といった諸概念と緊密に結び合わされて、形式主義的、心情主義的な倫理学を構成する重要な要素として練り上げられていた。

《批判倫理学》はカント哲学の大いなる遺産としてその後の哲学史に多大な影響を与えてきた。しかしながら、それだけに《批判倫理学》には数多くの異論も寄せられてきた。形式主義的倫理学であるがゆえに無内容であるというヘーゲル（1770–1831）以来の批判や、心情主義的倫理学であるがゆえに責任倫理が欠けているというマックス・ウェーバー（1864–1920）の批判などはその最たるものであった。また、次節でも述べるように、人間の弱さや有限性に一切妥協しない《批判倫理学》の高邁な姿勢は、フリードリヒ・フォン・シラー（1759–1805）やバンジャマン・コンスタン（1767–1830）以来、厳格主義的《リゴリスティック》であるとの批判を被ってきた。現代に至っても《批判倫理学》に対する懐疑の声は止むことがない。[1] とりわけ、《批判倫理学》が人間の複数性を顧慮していないというハンナ・アーレント（1906–75）による批判や、方法的独我論に陥っているとする討議倫理学からの批判[2]はきわめて有力である。

しかしながら、カントの道徳法則をめぐる思索は《批判倫理学》の樹立によって歩みを止めたわけではなかった。晩年に出版された『人倫の形而上学』（MS）においては、道徳法則は法理的（juridisch）法則と倫理的（ethisch）法則とに区分されて、それぞれ第一部『法論の形而上学的原理』と第二部『徳論の形而上学的原理』とを構成することになる（以下、『法論』『徳論』と略記）。『法論』は法哲学の体系であり、『徳論』は実質的倫理学の体系であって、『人倫の形而上学』はその両者から成る実践哲学の体系である。法哲学も実質的倫理学もいずれも、形式主義や心情主義の対極にあるものであって、したがって《批判倫理学》とは相容れないように思われる。実際、長いカント研究史において、その主たる考察対象となっていたのは《批判倫理学》のほうであって、晩年の実践哲学体系は顧みられることがほとんどなかった。とりわけカントの法哲学に対しては《批判倫理学》からの逸脱であるとか、老衰の産物であるといった酷評が浴びせられてきた。[3]

法哲学を含むカントの実践哲学体系に注目が集まるようになってきたのは二十世紀の後半以降である。『人倫の形而上学』は定言命法が適用された「自由の諸法則」の体系であると捉えたメアリ・J・グレゴール（1928–94）や、カントの法哲学が超越論的方法によって構成されていることを論証したフリードリヒ・カウルバッハ（1912–92）、ヴォルフガング・ケアスティング（1946–）らの労作を皮切りに、ようやく晩年のカント実践哲学体系がそれにふさわしい評価を得るようになってきた[4]。そこから明らかになってきたのは、カントは最晩年に至って、カント批判哲学体系の枠組み内において、しかしながらさまざまな非難を浴びてきた《批判倫理学》とは位相を異にする新たな実践哲学体系を構築したということである。本章では、以上のようなカント実践哲学研究の流れを踏まえつつ、まずは《批判倫理学》の根本特徴を押さえた上で、晩年の実践哲学体系の現代的意義を探っていくことにしたい。

2　《批判倫理学》における究極的善の形式主義的基礎づけ

カントが絶対的に道徳的立場に立っているということに異論を唱える者はいないであろう。カントにとって道徳的立場に立つとは、「普遍性の形式」を選択することにほかならない。カントはつねに、自らの利益のために自分だけを例外にする利己主義を敵視しており（KpV, V, 28）、利己主義から脱して、自己も他者も包含する第三者的・普遍的な立場に立つことを要求している。もちろん、歴史上の倫理学説のほとんどは道徳的立場に立っているので、この点はとりたててカントに固有であるというわけではない。しかしながら、カントほど力強く道徳的立場に立つことを鮮明に宣言した哲学者は古来稀であり、その意味でカントは道徳理論のチャンピオン（擁護者という本来の意味での）であると言えよう。

カントは善を確立することを倫理学の使命とした。しかも、「世界中のどこであろうと、それどころか世界の外でさえも、無制限に善いとみなされうるもの」（GMS, IV, 393）は何であろうかという問いを立て、究極的な善を求めたのである。その際カントは道徳的立場のメルクマールを法則のもつ普遍性の形式に見出し、これを倫理学の根幹に据えた。カントは倫理学から実質的なものをできるかぎり排除しようと試みた。カントによれば、倫理学における実質的なものとは、行為の目的であり、行為の帰結であり、そして、万人にとって最も望ましい目的であり帰結であるところの幸福にほかならない。カントはそうしたものを倫理学の原理としては排除した。たしかに幸福はすべての人間が追い求めている現実的目的ではあるけれども、しかしひとりひとりが何を幸福とみなすかは千差万別であり、しかも、ひとりの人間にとってすらそれは時や状況とともに変化してしまう。そして、幸福になるために何を為したらいいかもまったく不確定であり、一般的に幸福をもたらすだろうとされている行為を行ったとしても幸福という結果が得られるかどうかは定かではない。このようにカントは幸福を、倫理学に不確実性をもたらすものとみなして、それを倫理学の原理に据えることを忌避したのであった。

さらに普遍性の形式は、カントによれば、理性によってのみ捉えうるものである。感性や感情や傾向性といったものは、個物に関わり個別的な認識しか与えない。このように、カント倫理学において形式主義と理性主義とは分かちがたく結びついている。したがって、幸福に重きを置かなかったのと同様に、カントは感情や傾向性が行為の規定根拠となることも忌み嫌った。幸福になりたいと望むのはまさに感情であって、カントはそれを自愛の傾向性と呼んでいる。カントは自愛の傾向性を排除して倫理学説を構築しようとし、場合によっては自愛の傾向性こそが悪の根源であるとも読めるような議論を展開したのである。そして、カントは自愛ばかりでなく、ありとあらゆる感情や傾向性を同一視して、愛情や共感のような、一般的には貴いものとされている感情にもとづいて行われたよい行いも、傾向性にもとづく行為にすぎないとして、道徳的価値を否認したのである。

かくしてたどりついた究極的な善（無制限に善いとみなされうるもの）、それが「善意志（ein guter Wille）」であった。カントは善意志がもつ絶対的な道徳的価値を明らかにするために、「義務（Pflicht）」の概念を持ち出す。カントの普遍主義に従えば、道徳法則は人間にのみ妥当するものではなく、人間以外のあらゆる理性的存在者にも当てはまるものである。しかしながら人間のような有限な理性的存在者にとっては、道徳法則は当為を含んだ義務として立ち現れることになる。義務は為すべきことを人間に告げ知らせるのだが、人間はその弱さゆえに「義務に反した（pflichtwidrig）」行為を行うこともありうる。しかしながら、究極的な善を求めるカントははなから義務に反した行為など度外視し、「義務に適った（pflichtmäßig）」行為であることを前提とした上で、それが「義務にもとづく（aus Pflicht）」行為でもあったかどうかを問題とする。カントは義務を遂行する際の動機、意志の規定根拠を問いただすのである。いくら義務を遵守していたとしてもそれだけでは道徳的価値は認められない。何らかの意図を前提としたり、良かれ悪しかれ何らかの「傾向性にもとづいて（aus Neigung）」義務に適った振る舞いをするのでは不十分である。義務にもとづく行為のみが、すなわち、義務に対する尊敬の念を唯一の動機として義務が遵守される場合にのみ、真の道徳的価値である「道徳性（Moralität）」が生まれるというのである（GMS, IV, 397f.）。

カントはこのような意志やこのような行為が未だかつて存在したことがあるかどうかなどまったく関係ないと言う（GMS, IV, 407f.）。そのような実例が世界のうちにまったく存在しなかったとしても、すべての人間がその実行可能性を疑ったとしても、義務の厳格な命令は健在である。「道徳性の原理はまったくアプリオリに、あらゆる経験的なものから自由に、端的に純粋理性概念のうちに見出される」（GMS, IV, 410）。出発点のあの問いと呼応するように、《批判倫理学》が提示する善の理論、義務の理論はきわめて厳格主義的である。《批判倫理学》は人間の弱さに譲歩しない。この点はカントのリゴリズムとして非難の対象となることが多いが、このような厳格さは絶対確実な倫理学を確立し、純粋な究極的善を打ち立てるためには必要不可欠であったといえるであろう。

なお、カントが愛情や共感から発する行為にすら道徳的価値を認めなかったという点に関して、筆者は一言弁明しておきたい。そうした感情はたしかに多くの場合善い行為を生み出すことができるかもしれないが、しかし、それらがたんなる感情であるかぎり、義務に反する行為、不正な行為とも結びつきうるということをカントは見抜いていたのである。病気の肉親を助けるために盗みを働くとか、仲間を守るために嘘をつくといった場合などである。利己心というのはたんに自分を利するだけでなく自分に近しい者を同心円的に含み込むので、家族や友人を皮切りに、宗派、民族、国家といった大集団に至っても利己主義は成立しうる。友愛や愛国心などは自集団内においては善き行為を生むかもしれないが、集団の外部に対しては凶暴な牙を剝くことが大いにありうるのである。宗教戦争後の時代を生きていたカントにとってはそのような危険性こそが、倫理学が対峙すべき問題だったのである。「九・一一」後や「三・一一」後を生きる私たちにとってもそれは同様であるように思われる。この点は5節で論じる問題とも関わってくる。

3 《批判倫理学》における定言命法の法式化

カントは人間に対して義務を告げ知らせる道徳法則を「定言命法（kategorischer Imperativ）」と名づけた。カントは『基礎づけ』や『実践理性批判』において、定言命法をさまざまな形で法式化しており、ハーバード・ジェームズ・ペイトン（1887–1969）やルイス・ホワイト・ベック（1913–97）らをはじめとして、それら一つ一つを詳細に分析した研究は枚挙にいとまがない。(5) 定言命法の諸法式のうち最も根本的な「普遍的法則の法式」は次のようなものである。「君の格率が普遍的法則となることを、当の格率によって君が同時に意欲しうるような、そういう格率に従ってのみ行為せよ」（GMS, IV, 421）。この定言命法はいかなる特徴をもっているのであろうか。

定言命法はまず「命法」、すなわち命令文である。実践的原理は、いかなる種類のものであれ、有限な理性的存在者である人間にとっては「為すべし」ないし「為すべからず」という形で、ある行為の遂行ないし禁止を命令する。この実践的原理が、なんらかの意図や目的を前提して命令を発する場合には「仮言命法」と呼ばれる。仮言命法は、なにかある可能的な目的を前提したり（熟練の規則、技術的命令）、幸福というすべての人間が現実的に有している目的を前提したりする命法である（思慮の勧告、実用的命令）。これに対してそうしたものを前提せず、無条件的に行為の普遍必然性を課する実践的原理が「定言命法」と呼ばれる。したがって定言命法は、何らかの意図や、行為によって達成されうる結果、すなわち「選択意志の実質」を顧慮することなく、行為を直接的・絶対的に命ずるのである。

では、いかなる行為が定言的、無条件的に命令されうるのか。定言命法はその判定の基準を含んでいなくてはならない。それが普遍化テストである。行為主体が自らのために立てる主観的・実践的原理のことをカントは「格率」と呼ぶが、その各人の格率に「普遍性の形式」を当てはめてみた場合に自己矛盾を来さないかどうか吟味してみることを定言命法は要求する。

この普遍化テストは、二段階の手続きによって遂行される。カントは義務を完全義務と不完全義務とに区分している。まず格率を普遍化してみることが矛盾なく思考されうるどうかが問われる。格率の普遍化が思考不可能であるような行為は禁止される。これが完全義務である。次に普遍化が思考可能な格率についてさらに、「その格率が普遍的法則となるべきことを私たちが意欲しうるかどうか」(GMS, IV, 424) が問われなくてはならない。格率の普遍化が思考可能であるばかりでなく、意欲可能でもあるような行為が不完全義務とされる。

この二段階の手続きによって定言命法は、たんに完全義務と不完全義務を識別するだけでなく、さらに動機をも識別し、義務にもとづいて義務を遂行することを命令する。何らかの意図を前提としたり、良かれ悪しかれ何らかの傾向性にもとづいて義務に適った振る舞いをするのでは不十分であって、義務に対する尊敬の念を唯一の動機として、義務が遵守されなければならない。格率の普遍化が思考可能、意欲可能であるかどうかだけでなく、普遍性の形式それ自身が意志の規定根拠となることが要求される。この場合にのみ、たんなる適法性を超えた道徳性が認められる。《批判倫理学》における定言命法が「道徳性の命令」(GMS, IV, 416) と呼ばれるのはそのためである。

こうしたことを命じているのが、「普遍的法則の法式」のなかに含まれている「当の格率によって君が同時に意欲しうるような」という部分である。ここはカント研究者たちの注目を最も集めてきた箇所であるが、これによってたんに格率の普遍化が要求されるだけでなく、行為者自身が自らの格率を通してその普遍化を意欲するということ、すなわち、「意志の自律（Autonomie des Willens）」が要求されているのである。格率の普遍化はたんに第三者の立場から（外から）指令されるのではなく、行為者自身の自由によって選び取られなければならない。カントの言う自由とは、善も悪も何でも為しうる無法則な自由ではなく、自分自身の実践的原理である格率を、普遍化可能な道徳法則として自ら立法し、それに自ら進んで従うという、積極的な自由としての意志の自律にほかならないのである。このように完全義務であれ不完全義務であれすべての義務を義務にもとづいて為すことを定言命法は要求している。そこに行為の道徳性と意志の自律が成立するのである。(6)「普遍的法則の法式」における晦渋な表現は、まさに行為の道徳性と意志の自律を成立させるための必要不可欠の要素なのである。

『基礎づけ』においては、この「普遍的法則の法式」のほかに「自然法則の法式」、「目的自体の法式」、「自律の法式」、「目的の国の法式」などが提示されている。これらすべてを精査する余裕はないが、重要なのは、カントがこれらをあくまでも同一の道徳法則が必要に応じてそれぞれの形に法式化されたものにすぎないと述べていることである（GMS, VI, 436）。『実践理性批判』では「純粋実践理性の根本法則」として、「君の意志の格率がつねに同時に普遍的立法の原理として妥当しうるように行為せよ」（KpV, V, 30）という法式が掲げられている。ここには「当の格率によって君が同時に意欲しうるような」という重要な言い回しが含まれていないが、その代わりに「立法（Gesetzgebung）」という語が使われている。研究者たちはこの語に注目することによって、行為者自身がその格率を普遍的法則として立法することを要求するものであるという意味において、『基礎づけ』における「自律の法式」が「純粋実践理性の根本法則」として結実したものと解している。カントの『実践理性批判』における言明に照らしても、こうした解釈は妥当性をもつと言えるだろう。いずれにせよ《批判倫理学》における定言命法の諸法式は、それぞれ種的に異なるわけではなく、あくまでも同一の道徳法則がさまざまな形に姿を変えたものにすぎないのである。

以上のように、『基礎づけ』や『実践理性批判』における定言命法は、規範の内面化を要求する規範として法式化されている。普遍性の形式をそなえた格率（＝道徳法則）を自ら立て、道徳法則（＝普遍性の形式）に対する尊敬の念にのみもとづいてこれに服従するという、意志の自律を体現した善意志こそが、カントが目指す究極の善である。かくしてカントは、動機の純粋性を強調した形式主義的な倫理学を樹立したのであった。

4　晩年における《定言命法の体系》

以上見てきたように、カントは《批判倫理学》を、純粋実践理性に定位した究極的善の理説として打ち立てた。それは人間の有限性を顧慮しないきわめて厳格主義的な倫理学であった。しかしながら、晩年の一七九〇年代に入ってから、カントは《批判倫理学》とは一見相容れないように見える、人間の有限性にも十分配慮した、正と善を包含する諸義務の体系を構築することになった。『人倫の形而上学』は『法論』と『徳論』から成る実践哲学体系である。『法論』は正しさ（権利、正義、適法性）に関する法哲学体系である。『徳論』は「同時に義務である目的」を規定する実質的倫理学の体系である。前者は、人間が他の人間と有限な地球上で共存しなければならないという事実に、後者は、人間が目的（行為の実質）を立てなければいかなる行為も為しえないという事実に依拠して成立する。いずれも、人間が人間であるがゆえに守らなければならない普遍的な規範の体系なのである。カントは正と善を、どちらか一方を断念したり、一方を他方のうちへ解消してしまったりすることなく、両者を截然と区別した上でいずれも共に基礎づけ体系化しようとした数少ない哲学者のひとりであると言えよう。

しかしながら、こうした体系は一七八〇年代に確立された《批判倫理学》と矛盾なく整合するのであろうか。結論から言うと、両者の間にはある懸隔を認めざるをえない。カントは自ら公言することはなかったが、《批判倫理学》において彫琢された主要概念を九〇年代に入って少しずつ深化させていっており、その作業を抜きにしては晩年の実践哲学体系を確立することはできなかったと言ってよいであろう。「格率」、「アプリオリな実践的総合命題」、

「自律」等、さまざまな概念について詳細な検討が必要だが、ここでは定言命法の法式化についてのみ確認しておくことにしたい[7]。

カントは《批判倫理学》において最も重要な位置を占める定言命法に関しても、『基礎づけ』や『実践理性批判』において提示した法式で満足することなく、九〇年代に入ってからも『永遠平和のために』や『人倫の形而上学の準備原稿』（以下『準備原稿』と略記）のなかで新たな法式化を求めて模索し続けていた。特に『準備原稿』においては『法論』と『徳論』それぞれの根底に置かれるべき定言命法を求めて試行錯誤を重ねている。そうしたプロセスを経て、『人倫の形而上学』ではカントは最終的に三個一組の定言命法を提示するに至っている。

まずは『法論』と『徳論』両者を合わせた全体への序論である「人倫の形而上学への序論」の第Ⅳ節「道徳形而上学への予備概念（一般実践哲学）」において、カントは「人倫論の最上原則」として次のものを掲げている。「同時に普遍的法則として妥当しうる格率に従って行為せよ」（MS, VI, 226）。この定言命法は前節で見た「普遍的法則の法式」に比して、非常に簡潔に法式化されていることがわかるであろう。特に道徳性と意志の自律を成立させるための必要不可欠の要素であったはずの「当の格率によって君が同時に意欲しうるような」という表現がことごとく省略されてしまっている。『実践理性批判』における「純粋実践理性の根本法則」のなかにあった「立法」という語すら省かれている。これは過失やケアレスミスなどではない。まさに道徳性や意志の自律に定位しないよう細心の注意を払って法式化された産物がこれなのである。すなわち、『法論』と『徳論』の両者の根底に置かれるべき中立的な定言命法として法式化された《一般定言命法》であると言えよう。

次に「法論への序論」のC節では、カントは「法の普遍的法則」を提示している。「君の選択意志の自由な使用が、万人の自由と普遍的法則に従って両立しうるように外的に行為せよ」（MS, VI, 231）。これも《批判倫理学》のなかで数々提示されていた諸法式とはまったく異なる定言命法である。定言命法のなかに「自由」という概念が用いられていたものは他に存在しないし、「外的に行為せよ」という限定も他には見られないものである。まさに法について熟慮した上で、『法論』の根底に置かれるにふさわしい形で法式化された定言命法であると言えるであろう。これを《法の定言命法》と名づけることにしたい。

最後に「徳論への序論」の第IX節において、「徳論の最上原理」が示される。「それをもつことが万人にとって普遍的法則となりうるような、目的の格率に従って行為せよ」(MS, VI, 395)。これは『徳論』を特徴づける実質的契機である「同時に義務である目的」を内に取り込んだ形で法式化されている。これは徳義務の根底に置かれるべき《徳の定言命法》であると言えよう。

筆者の解釈によれば、これら三つはいずれも《批判倫理学》のなかで出てきたさまざまな法式とは位相を異にしている。これら三つは、同一の定言命法を必要に応じて形を変えて法式化したものという関係にはない。《一般定言命法》は、『法論』と『徳論』の両者の根底に置かれるべく、道徳性や意志の自律に定位しないように注意深く法式化された中立的な定言命法である。この中立的な定言命法を外的自由と内的自由とに適用することによって得られるのが《法の定言命法》と《徳の定言命法》である。《法の定言命法》は外的立法の可能な外的適法性のみに定位した、外的自由を保障するための法義務を課す定言命法である。《徳の定言命法》はたんなる形式的な道徳性を要求するだけでなく、目的定立という内的自由を保障するために、「同時に義務である目的」としての徳義務を具体的に課す定言命法である。この三者はカント晩年の実践哲学体系を支えるべく、それぞれが他と混同、同一化されることのないように慎重に法式化され、体系的構造を成している。したがってこれら三つを《定言命法の体系》と呼ぶことができるだろうし、さらにはこの三つの定言命法に依拠して構築される『人倫の形而上学』の全体を《定言命法の体系》と呼ぶことも可能であろう。

以上見てきたように、定言命法というカント実践哲学の根幹を成す重要な要素についても、カントはここまで修正や変更を加えていた。それは、《批判倫理学》でいったん確立された究極的善の理説とは位相を異にする実践哲学体系を新たに構築しようとしていたからにほかならない。純粋実践理性に定位した《批判倫理学》の厳格性、純粋性はそれはそれとして尊く有意義なものであるが、人間の実践に定位した『人倫の形而上学』は現代に生きる私たちにとってまた別のアクチュアルな価値をもっているのではないだろうか。

5 《法の定言命法》と世界市民主義

とりわけ『法論』をはじめとするカントの法・政治哲学の価値は昨今よりいっそう高まってきているように思われる。ここでもあいかわらず鍵を握っているのは普遍性の形式である。『法論』の領域（正に関わる理説）において普遍性の形式は、「世界市民主義」という形を取って現れる。[8] カントは人類の歴史性や多様性をいったん捨象することによって、文化や宗教や国家などを超えて、人間が世界市民としていかにあらねばならないかということを明らかにしようとした。カントにとっての正とは普遍的な人権にほかならない。《法の定言命法》は自他の自由の共存を定言的・無条件的に命じている。それはすなわち、あらゆる差異を超えて万人の人権が保障されなければならないということなのである。このようなパースペクティヴは《批判倫理学》には見られなかったものである。

カントは多くの場合、世界市民として人間は何を為すべきかという観点に立って論じているので、特定の文化や宗教や国家に属する者としていかに振る舞うべきかという個別的、特殊的問題はカント実践哲学の周縁に追いやられていた。カントはそういう問題があることを理解はしているが、それは歴史的、経験主義的に考察されるべき問題であると捉えていた。しかし、そのことはカントが人類の歴史性や多様性を無視したということではなく、むしろカントは、人類の歴史性や多様性にも十分目配りした上で、それらを尊重していくための普遍的な枠組みを求めていたのである。カントの平和論に特徴的なように、多様な人間たちがその間の「対抗関係（Antagonismus）」（＝非社交的社交性）を保持したまま共存・共栄する「永遠平和」こそが彼の理想だったのである。[9]

以上、カントの《批判倫理学》と晩年の実践哲学体系を対比的に論じてきた。筆者は、カントが築き上げた究極的善に関する純粋な「形而上学」に作品（理性の産物）としての完成された美を認めている。「世界中のどこであろうと、それどころか世界の外でさえも、無制限に善いとみなされうるもの」は何かと問われたならば、私もカントと同様、それは「善意志」以外にありえないと答えるだろう。しかしながら、そうした《批判倫理学》の理説が、現代における私たち人間の行為や選択にどれほど有意味かということに関しては限界を認めざるをえない。筆者は現代の倫理学の課題を、グローバルなレベルで他者（自分とはまったく異質な者）と共存することはいかにして可能か、という問いに答えることであると捉えている。その観点からすると、《法の定言命法》にもとづく世界市民主義は、現代における個別的諸問題への完璧な処方箋を与えてくれるわけではないものの、人類のグローバルな共存という問題を考えていくための大きな枠組みを提供してくれる、魅力的な源泉であるように思われる。

注

（1）アーレント『カント政治哲学の講義』浜田義文監訳、法政大学出版局、一九八七年、第三講、参照。

（2）シェーンリッヒ『カントと討議倫理学の問題――討議倫理学の限界と究極的基礎づけの価値／代償について』加藤泰史監訳、晃洋書房、二〇一〇年、参照。

（3）Vgl. Chr. Ritter, *Der Rechtsgedanke Kants nach den frühen Quellen*, Berlin 1971, S. 15f. ショーペンハウアー『ショーペンハウアー全集4　意志と表象としての世界　正編（Ⅲ）』茅野良男訳、白水社、一九七四年、二六一頁以下、参照。

（4）Cf. M. J. Gregor, *Laws of Freedom. A Study of Kant's Method of Applying the Categorical Imperative in the Metaphysik der Sitten*, Oxford 1963. Vgl. F. Kaulbach, *Studien zur späten Rechtsphilosophie Kants und ihrer transzendentalen Methode*, Würzburg 1982. ケアスティング『自由の秩序――カントの法および国家の哲学』舟場保之・寺田俊郎監訳、ミネルヴァ書房、二〇一三年、とりわけ拙訳「第三章　法と倫理学」、参照。

（5）ペイトン『定言命法　カント倫理学研究』杉田聡訳、行路社、一九八六年、ベック『カント『実践理性批判』の注解』藤田昇吾訳、新地書房、一九八五年、参照。

（6）アリソン『カントの自由論』城戸淳訳、法政大学出版局、二〇一七年、参照。Cf. Paulo César Nodari, "The Moral Law as Expression of the Autonomy of Reason in the *Critique of Practical Reason*", in *Rechte und Frieden in der Philosophie Kants, Akten des X. Internationalen Kant Kongresses, Bd. 3*, Berlin/New York 2008.

（7）拙論「晩年におけるカントの格率概念」、日本倫理学会『倫理学年報』五〇集所収、二〇〇一年、拙論「晩年における「アプリオリな実践的総合命題」――なぜ《法の定言命法》は「定言命法」と呼ばれなかったか?」、日本カント協会編『日本カント研究6　批判哲学の今日的射程』所収、理想社、二〇〇五年、拙論「定言命法の体系――法と倫理の道徳的基盤」、浜田義文・牧野英二編『近世ドイツ哲学論考』所収、法政大学出版局、一九九三年、参照。

（8）石川求・寺田俊郎編『現代カント研究12　世界市民の哲学』晃洋書房、二〇一二年、参照。

（9）拙論「平和の定言命法と平和実現のための仮言命法」、日本カント協会編『日本カント研究7　ドイツ哲学の意義と展望』所収、理想社、二〇〇六年、参照。

14 純粋理性宗教と歴史的信仰の相克
『宗教論』と「隠されたアンチノミー」の存在

大森一三

1 『宗教論』と「隠されたアンチノミー」

今日に至るまで、宗教と理性の関係を画定することは、困難な課題であり続けてきた。ゲオルク・ピヒト（1913–82）は、ヨーロッパの啓蒙の歴史によって、宗教の束縛から理性が解放された結果もたらされたものは、平和ではなく、ガス室であり、核兵器であり、ナパーム弾であったと述べている。(1) 他方、デリダ（1930–2004）は、宗教についての考察を進める際、世界各地で「宗教の名の下に」さまざまな暴力や犯罪や悪が行われてきた事実を繰り返し挙げる。(2) いうまでもなく、今日なお、世界中で「宗教の名の下に」行われる暴力はいっそう深刻化しており、理性と宗教の関係を捉えることは、切実な課題である。

本章は、こうした課題に応えるために、カントの『たんなる理性の限界内の宗教』（以下、『宗教論』と略記）における理性と宗教との関係を考察し、両者のあいだにこれまで注目されてこなかった「隠されたアンチノミー」が存在することと、その意味を明らかにする。後述するように、二つの異質な観点を含む『宗教論』には、理性と宗教に関する「隠されたアンチノミー」と呼びうる問題が潜んでいる。そしてこの問題と解決の方向性を浮き彫りにすることで、理性と宗教の隠された関係を明らかにすることができる。

さて、『たんなる理性の限界内の宗教』という書名が示しているように、『宗教論』では、「理性の限界内」すなわち理性の法廷で宗教の性質、身分、功罪を吟味することが試みられている。その結果、カントは宗教を「理性の限界内」から捉えた道徳的な「純粋理性宗教」と、啓示を含む「歴史的信仰」に区別し、前者を宗教の本質であると考えた。こうしたカントの『宗教論』に対し、アルベルト・シュヴァイツァー（1875–1965）は、カントの哲学は自由の理念の究明を目的とする宗教哲学であると解釈し、『宗教論』こそ、この課題の核心に最も迫った「カント宗教哲学の最高の完成を示すもの」として高く評価した。[3] だが他方で、彼は『宗教論』に含まれる倫理とイエスの倫理の異質性も強調している。[4] カントの場合は、道徳が宗教の条件（制約）であるのに対し、イエスの場合は、「超自然的なものへの信仰」が道徳および道徳的状態の完成に必然的に結びついているからである。つまり、カントの『宗教論』の評価は、こうした「純粋理性宗教」と「歴史的信仰」の区別をどのように評価するかによって、変わることになる。

ところで、宗教と理性を区別し、理性によって宗教を吟味するというカントの態度は、すでに『純粋理性批判』第一版の序文で明言されている。

「現代は真の意味で批判の時代である。一切は批判のもとにおかれざるをえない。宗教はその神聖性によって、立法はその尊厳性によって、通常この批判をまぬがれようとする。〔…〕理性は理性の公明正大な吟味に耐えることのできたものにのみ、この純真な尊敬をささげるのである」（A VI）〔強調は引用者による〕。

ここで述べられているように、宗教を理性の立場から吟味することは、『純粋理性批判』の時点から予定されていたプログラムであった。また、批判哲学の体系的統一という課題を担った『判断力批判』でも、最終的に道徳神学の妥当性の問題へ踏み込んでいる。つまり、カントの宗教批判は、理性批判の一環として行われていると解釈できる。

また、カントは同じ『純粋理性批判』の序文のなかで、人間理性が陥らざるをえない運命として、純粋理性のアンチノミーの存在について述べている。理性は、理性そのものの本性によって課せられ、かつ答えることができないアンチノミーに陥る運命を背負っており、そのアンチノミーは、上級認識能力（悟性、判断力、理性）の区分に対応して、三種類存在し（V, 344）、三批判書では、それぞれのアンチノミーの提示と解決が示されている。

筆者が見るところ、『宗教論』もまた、理性批判の一環である限りで、そのなかにアンチノミーが生じている。そこで本章では、『宗教論』に潜むアンチノミーを、三批判書のアンチノミーから区別して「隠されたアンチノミー」と名付ける。(5) 本章は、冒頭に述べた課題に応えるために、『宗教論』における「隠されたアンチノミー」と、その解決の方向性を明らかにする。そのために以下では、カントが『宗教論』のなかで、二つの観点から宗教を考察していることを明らかにし、次に、『宗教論』に潜む「隠されたアンチノミー」を浮き彫りにする。そして、『宗教論』で示唆されている「隠されたアンチノミー」の解決の方向性を示し、これを吟味してゆく。

2 『宗教論』を構成する二つの観点

『宗教論』の解釈をめぐっては、その論述内容と批判哲学との整合性をめぐる論争が繰り返されてきた。筆者が見るところ、『宗教論』は二つの観点によって構成されている。

『宗教論』を構成する二つの観点とは、「批判倫理学的観点」と「歴史哲学的観点」といえる。「批判倫理学的観点」とは、もっぱら実践理性の観点から宗教を捉える思考であり、『実践理性批判』、『判断力批判』にも共通している。他方、『宗教論』は「歴史哲学的観点」からも構成されている。詳しくは後述するが、「歴史哲学的観点」とは、歴史を「あらゆる自然素質の発展」（VIII, 17f.）として捉える立場から宗教を洞察する思考である。

『宗教論』は、『ベルリン月報』に寄稿された四つの独立した論文から成り立っており、批判哲学の立場からキリスト教教義論を「理性の限界内」で論じるかたちで構成されている。そして、第一編は原罪論、第二編はキリスト論、第三編は共同体論（教会論）、第四編は祭祀論に対応している。全編を通じて、上述の二つの観点は複雑に絡み合っているが、とりわけ序文と第一編、第二編は「批判倫理学的観点」から論じられており、第三編、第四編は「歴史哲学的観点」から論じられている傾向が強い。

そこでまず、批判哲学において宗教がどのように位置づけられているかを確認し、次に『宗教論』の各部分が二つの観点からどのように構成されているのかを考察してゆく。

3　批判哲学における道徳と宗教の関係

批判哲学のなかで「宗教」はどのような位置づけにあるのか。この点について、よく引き合いに出されるのが、一七九四年五月四日付の、カントからカール・Fr・シュトイトリン（1761–1862）宛の書簡である。そこでは批判哲学が取り組むべき四つの問い、すなわち「1．私は何を知ることができるか」「2．私は何をなすべきか」「3．私は何を望むことができるか」「4．人間とは何か」が提示され、「宗教」が第3の問いに答えるべきものとして挙げられていた。

批判哲学にとって「宗教」とはもっぱら「希望」に関する領域であり、道徳性と幸福の一致である「最高善（das höchste Gut）」の問題を扱う領域である。最高善とは、「純粋実践理性の対象」（V, 109）と呼ばれ、実践理性が必然的に関わる対象であり、「道徳性に比例して配分された幸福」（VI, 110）、すなわち徳福一致の状態をさす。そしてこの最高善の実現のためには、二つの事柄が要請される。その一つは、魂の不死である。なぜなら、最高善の促進のためには、人間は自己の道徳的完成に向けてどこまでも努力しなくてはならないからだ。もう一つは、最善の世界（徳福一致）の可能性としての最高の根源的善、すなわち神である。このように実践理性が対象とする最高善の実現のために、魂の不死と神が要請される点に、宗教が現れてくるのである。

『宗教論』の序文では、理性と宗教の関係がより明確に表されている。

「道徳は意志規定に先立たなくてはならないような目的表象を必要とするわけではないが、しかしそのような目的に必然的関係をもつことは確かにありうるのであり〔…〕道徳法則に即して採用される格率の必然的帰結となるような目的には必然的関係をもつ」〔強調は引用者〕（VI, 4）。

ここで述べられている「道徳法則に即して採用された格率が必然的関係をもつ目的」とは、最高善のことである。つまり、人間理性は行為するにあたって、結果を想定せずにはおれない。「このように正しく行為するとして、そこから何が生じるのかについて、理性は無関心でいることができない」（VI, 5）のである。最高善の促進は、道徳法則に従った上で想定されるべき事柄であり、「実践理性が道徳法則を超えて拡大されるようなアプリオリな総合命題」（VI, 7）といわれている。そして、この最高善の促進および、それを可能にする神、魂の不死という要件は信仰の事柄であり、宗教の次元に属する。したがって「道徳は宗教に不可避的に至る」（VI, 6）といわれるのである。

以上の点から、批判哲学における道徳と宗教の関係が明らかになった。つまり、「なすべきこと」である道徳については、宗教は登場しない。「なすべきこと」は実践理性によってのみ明らかにされるからである。だが、実際に「なすべきこと」を果たそうとする際、人間理性はその結果を考慮に入れざるをえない。それゆえ、実践理性が対象とする最高善の促進と、その可能性のための要件（神と魂の不死）が要請され、宗教の次元が開けてくるのである。カントは、こうした「理性の限界内」で考察された「宗教」を「純粋理性宗教（die reine Vernunftreligion）」と名付けている。

4　「批判倫理学的観点」からの『宗教論』

『宗教論』の本論では、「理性の限界内」でキリスト教教義論の解釈が行われる。第一、二編は、その内容から見て「原罪論」と「キリスト論」の解釈である。

第一編でカントは、原罪を「人間本性の内なる根源悪」と読み変える。「根源悪（ein radikales Böse）」とは、道徳法則を意識していながら、その道徳法則を意識的に逸脱することを意味する。一見すると、この考え方は、『実践理性批判』で示された道徳的自由と真っ向から対立するように思われる。というのも、『実践理性批判』での「自由」とは、自然法則による因果必然性や先行する感性的な要因から独立に、実践理性に従って行為を為すことができる道徳的自由のみを意味していたからである。それに対し、『宗教論』では、「自由」を論じる枠組みが変化しており、実践理性に基づく動機か、傾向性に基づく動機のいずれかを重視して格率を構成するという、「自由な選択意志（freie Willkür）」が登場する。

そしてこの「自由な選択意志」に「根源悪」は関係してくる。そもそもカントによれば、人間の善悪は、一つ一つの行為の場面で格率の動機として、感性的動機あるいは実践理性に基づく動機のいずれかを選択することに依拠するわけではない。そうした選択によって、人間の善悪を決定するならば、「人間は善でもあるし、同時に悪でもある」（VI, 36）という結論になるだろう。そうではなくて、人間は理性を有している限り、「道徳法則が人間に肉薄してくる」（*ibid.*）のである。にもかかわらず、感性的動機を格率の主たる動機として選択可能であること、つまり、人間が道徳的自由から逸脱する力をもっていることを、カントは「根源悪」と呼ぶのである。

『宗教論』第一編第四章で、カントはこうした「根源悪」が、批判倫理学の立場から見た「原罪」の解釈であることを示している。そこでは『創世記』の「失楽園」の物語について、アダムとイヴによる神の命令への違反を、人間が自身の自由な選択意志によって、道徳法則の秩序を転倒させることの象徴的表現と解釈している。

さらにカントは、悪の克服の可能性に関して、「宗教」の役割を論じる。カントはあらゆる宗教は「恩寵請願宗教（die Religion der Gunstbewerbung）」と「道徳的宗教（die moralische Religion）」に区分できると主張し、悪の克服の可能性を後者にのみ認める。

『宗教論』第二編は、「批判倫理学的観点」から解釈された「キリスト論」である。歴史的な一人の人間でもあるイエスを、カントは「道徳的完全性を備えた人間性」（VI, 60）という理念であり模範と解釈する。つまり、イエスの生涯と受難の物語を、人間的苦悩の最高段階のなかにあっても、道徳法則に従う姿勢を堅持する「道徳的完全性の理想」（VI, 61）の象徴として解釈している。

重要なのは、カントのこうした解釈がすべて「理性の限界内」で行われているということだ。つまり、イエスは超越的な実在者ではなく、たんなる歴史的一人格であるだけでもない。カントは、イエスという人格が象徴しているものは、実践理性の内側にすでに存在していると捉えているのである。極端な言い方をすれば、イエスという人間を知らず、その生涯の物語をまったく聞いたことがない人であっても、理性はこうしたモデルを描くことができるのである（VI, 63）。こうした「キリスト論」と、キリスト教教義論によるイエスの解釈との差異はきわめて大きい[6]。

ここまで筆者は、『宗教論』の第一、二編が、「原罪論」と「キリスト論」をもっぱら「批判倫理学的観点」から解釈したものであることを考察してきた。すなわち、「原罪」も「イエス」も理性にとって外在的なものではなく、理性が有する「根源悪」および「道徳的理想」として解釈されているのである。次に、『宗教論』第三、四編の考察を通じて、『宗教論』を構成するもう一つの観点、「歴史哲学的観点」を明らかにする。

5 「歴史哲学的観点」からの『宗教論』

カントは歴史を自然素質の展開の過程と捉えている。とはいえ、歴史が客観的にそのようなプログラムを有していると理解しているわけではない。『世界市民的見地における普遍史の理念』では、歴史を「自然の計画に従って取り扱う哲学的な試みは、可能であり、かつそれ自体がこの自然の意図を促進するものとみなさなくてはならない」(VIII, 29) と述べられる。つまり、歴史を一つの体系として構想しようとする際に、歴史を自然素質の展開とみなすことは、理性にとっての「導きの糸」となりうるというのである。

『宗教論』第三、四編は、こうした「自然素質の展開としての歴史」という「歴史哲学的観点」から「宗教」が考察されている。

カントにとって「宗教」とは、理性の命ずる義務を神の命令と受けとめる「純粋理性宗教」であり、理性を有した人間であれば誰にでも伝達可能なものである。それに対して、歴史的条件に制約された宗教のあり方は「歴史的信仰 (ein historischer Glaube)」と呼ばれ、「純粋理性宗教」から区別される (VI, 108)。「歴史的信仰」は、歴史の内で生じた啓示や経典に依拠するため、「時代的、場所的条件に従って、その情報の届く範囲にまでしか影響力を広めることはできない」(VI, 103)。だが、歴史的信仰が有する経典や法規が道徳的なものを含んでいる限りで普遍的に伝達されうるのである。

『宗教論』第三編では、さまざまな様式を取りうる「歴史的信仰」の役割を「純粋宗教信仰のための乗物 (Vehikel)」(VI, 118) とみなし、宗教の歴史は「歴史的信仰」から「純粋理性宗教」へと純化されてゆく過程と捉えられている。この点に関連して、カントは「子供と大人」という比喩を用い、次のように述べている。

「人間（人類）は、「子供だった限り」では「子供なりに賢明だった」し、人間の手を加えずに自らに課せられた教義に学識さえ結びつけ、それどころか教会に役立つような哲学すら結びつける術を心得ていた。「ところが大人になったいまは、子供じみたものをすべて脱ぎ捨てる」」（VI, 121f.）。

この言明にみられるように、カントは「歴史的信仰」の役割を「純粋理性宗教」への移行手段とみなしている。だが同時に、カントは「歴史的信仰」に付随する諸々の法規や戒律が「純粋理性宗教」への移行のための「乗物」と見なされない場合は、足枷となり、かえって道徳を阻害すると考えているのである（VI, 121）。こうした宗教批判の視点は、第四編でも共通している。第四編で行われる教会および祭祀に対する批判は、それらが「乗物」としての役割を逸脱し、「純粋理性宗教」との位置を転倒させている点に集約できる。『宗教論』第三、四編は、このようにして「歴史哲学的観点」から「歴史的信仰」が徐々に普遍的な「純粋理性宗教」へと接近してゆく歴史過程として描かれているのである。

6 『宗教論』における「隠されたアンチノミー」とその意味

本章では、ここまで『宗教論』が「批判倫理学的観点」と「歴史哲学的観点」という二つの観点で構成されていることを考察してきた。本節では、この二つの観点によって、『宗教論』に「隠されたアンチノミー」が生じていることを明らかにする。そのためには、カント自身が『宗教論』でアンチノミーの存在を指摘している箇所が手がかりになる。

カントは『宗教論』第三編で、理性宗教に注目すべきアンチノミーがあると指摘する（VI, 116）。それは、理性宗教は①すでになされた罪の清算（贖罪）への信仰か、②今後、道徳的に生きることで神に嘉されることへの信仰のいずれを主とすべきかというアンチノミーである。カントは、この問題を「純粋宗教信仰の上に、浄福になる信仰の本質的部分として歴史的信仰がつけ加わるのか、あるいは歴史的信仰はたんなる導きの手段であり、最後には純粋宗教信仰へと移行してゆけるのか」(*ibid.*) という問いと重ねている。

このアンチノミーは、三批判書の弁証論のように定立と反定立では示されておらず、論理展開はかなりわかりづらい。そこで、カントが提示した二つの命題の対立を、定立・反定立の形式で再構成しておく。

定立　：歴史的信仰は、純粋理性宗教に先立つ。「道徳的に生きること」は、「贖罪」の信仰に基づいて可能となる。なぜなら、「贖罪」が前提されないなら、道徳的に生きる希望をもつことができないからである。

反定立：純粋理性宗教は、歴史的信仰に先立つ。「道徳的に生きること」は義務であり、「贖罪」は、この義務を前提として、希望しうるものである。

カントはこのアンチノミーは見せかけのアンチノミーであり、真のアンチノミーではないと述べる (VI, 119)。なぜなら、結局は「贖罪」も「道徳的に生きる」という理性の命令に従う際に関連する信仰の事柄であり、「理論的概念にとって必然的であるにすぎない」(VI, 118) からである。そして両命題は「(歴史的に生じた) 贖罪の履行者であるイエス」(歴史的信仰) と「道徳的な生の模範としてのイエス」(純粋理性宗教) というかたちで、異なる角度から同一の理念を捉えた差異として整理され、アンチノミーが解消されている。

しかし、カントによるこのアンチノミーの解消の仕方は、「純粋理性宗教」と「歴史的信仰」とのあいだに真のアンチノミーが存在することを明らかにしている。なぜなら、このアンチノミーの解消として行われたことは、「歴史的信仰」は「純粋理性宗教」に基づいて道徳的な意図のもとで解釈される場合に限り、その意義が認められるというカントの主張の強調だからである。だから、「見せかけのアンチノミー」に対して、カントが行った解消とは、実際は反定立のみを真とすることなのである。(7)

だが、反定立のみが真であるならば、本質的には「純粋理性宗教」のみが必要なのであって、「歴史的信仰」は必要ないということになる。したがって、「歴史的信仰」と「純粋理性宗教」とのあいだには、次のようなアンチノミーが存在することになる。

定立　：「歴史的信仰」は「純粋理性宗教」への「乗物」として必要である。なぜなら、「歴史的信仰」は「純粋理性宗教」へと展開し、倫理的共同体を準備するからである。

反定立：「歴史的信仰」は「純粋理性宗教」のために必要ではない。なぜなら、宗教とは各人のうちなる道徳法則を神の命令と受けとめることであり、各人が自らの道徳法則に従うことで倫理的共同体は実現されるからである。歴史的な宗教共同体は、むしろ倫理的共同体との位置を転倒させうる。

このアンチノミーは『宗教論』に内在する二つの観点の対立から生じている。すなわち、定立は「歴史的信仰」から「純粋理性宗教」への移行を捉える「歴史哲学的観点」によって、反定立は「歴史的信仰」から「純粋理性宗教」を区別する「批判倫理学的観点」によって立てられている。このアンチノミーは、理性にとって、歴史的な宗教共同体は必要か、不要かという対立を表しており、『宗教論』における「隠されたアンチノミー」である。

このような解釈は、筆者の独断的な見解ではない。かつて、カッシーラー（Ernst Cassirer, 1874-1945）も『カントの生涯と学説』で、「純粋理性宗教」と「歴史的信仰」とのあいだに矛盾対立が存在することを指摘し、次のように述べている。

「われわれは、宗教を純粋に倫理学のなかへと解消させ、かくしてそれを独立した形象としては消滅させるのか、あるいはそれを倫理学と並立させながらも、そうすることで必然的に倫理学に対立させるのかという二者択一に直面しているのを理解する(8)」。

筆者の解釈では、カッシーラーが指摘した「二者択一」とは、実際はアンチノミー状態のことであり、本章の「隠されたアンチノミー」と内容的に重なる。なぜなら、この二者択一とは、「歴史的信仰」を「純粋理性宗教」にとって不要なものとみなし、「純粋に倫理学のなかへと解消」させるか、あるいは「歴史的信仰」を「純粋理性宗教」のための「乗物」として必要なものとみなし、倫理と並立させるかを意味しているからである。

『宗教論』における「隠されたアンチノミー」とは、「理性の限界内」という枠組みの中で思考する限り、宗教は宗教自体への否定性を孕むということを表していると言える。なお、デリダも「理性の限界内の宗教」というテーゼが、本質的に歴史的な宗教（キリスト教）を否定する契機を有していることを指摘し、これをカントの道徳的宗教という命題からもたらされる「パラドックス」と呼んでいた。[9] 筆者の立場から見れば、こうした指摘はいずれも、本章で明らかにした「隠されたアンチノミー」を指している。

結論　理性と宗教との闘いと対話の継続

『宗教論』の中に、「隠されたアンチノミー」の解決を見出すことは可能だろうか。結論から言えば、「隠されたアンチノミー」は、『純粋理性批判』のアンチノミーのように、現象界と叡智界の区別によっては解決されない。カントはこのアンチノミーの解決を歴史のなかに託しているのである。

これまで考察してきたように、カントは「歴史的信仰」から「純粋理性宗教」への移行を考えていた。だが、重要なことは、カントは歴史の内で、実際に「歴史的信仰」が「純粋理性宗教」へと移行するとは考えていないのである。カントは、はっきりと次のように述べている。

「歴史的信仰がなくなることはない〔…〕。そうではなくて、なくなりうるということである」（VI, 135）。

なぜ、カントは「歴史的信仰」から「純粋理性宗教」への移行の可能性を認めつつ、それでも「歴史的信仰がなくなることはない」と明言するのだろうか。筆者の解釈によれば、その理由は、カントが「宗教」の歴史を単線的なものと捉えていないからである。むしろ、「この歴史は礼拝宗教信仰と道徳的宗教信仰との絶えざる闘いについての物語」（VI, 124）と述べるように、カントは「宗教」の歴史を「歴史的信仰」と「純粋理性宗教」との行きつ戻りつを繰り返す反復と見ているのである。

カントにとって「宗教」とは、歴史の内で、繰り返し自らのもつ歴史的な制約を批判のもとにさらし、その本質である「純粋理性宗教」へと接近しようと試みる「闘い」を継続しなければならないものなのである。カッシーラーもまた、カントの『宗教論』の根本的特徴をこのような「闘い」のうちに看取している。「繰り返し、宗教の本来的な「根本的学説」はたんなる「補助的学説」に対立させて主張され、妥当性にもたらされなければならない。〔…〕宗教がその歴史的生命と歴史的効果をもつのは、まさにこの闘いにおいてである[10]」。「隠されたアンチノミー」の解決の可能性として、ここで示されたことはきわめて重要である。なぜなら「純粋理性宗教」と「歴史的信仰」はたんに区別されているのではなく、歴史のなかで相克し続けると解釈できるからである。つまり、カントは、人間理性は歴史の内で、宗教との対話と闘争を継続しなければならないと述べているのである。そしてこのことは、宗教のあり方が流動化し、かつ「宗教の名の下に」行われる分断や暴力がますます激化する今日、いっそう取り組み続けなくてはならない課題と言える。

注

（1）ゲオルク・ピヒト『ユートピアへの勇気』河合徳治訳、法政大学出版局、一九八八年、一五八頁。
（2）ジャック・デリダ『信と知――たんなる理性の限界内における「宗教」の二源泉』湯浅博雄・大西雅一郎訳、未來社、二〇一六年。
（3）「カントの宗教哲学」『シュヴァイツァー著作集』第一五・一六巻、白水社、一九五九年。
（4）「イエス小伝」『シュヴァイツァー著作集』第八巻、白水社、一九五七年、一四〇―一四五頁。
（5）批判哲学における「隠されたアンチノミー」の詳細については、以下の拙論を参照。『「隠されたアンチノミー」とその解決――カントにおける文化と道徳の進歩について』、法政大学博士論文、二〇一七年。
（6）バーナード・リヤドンは、カントの聖書解釈は「キリスト教教義の多くの事柄を、自身の理性的な説明に役立つように、それぞれ独立した項目として扱っている」とし、カントの聖書解釈の恣意性を批判している。Bernard. M. G. Reardon.

Kant as Philosophical Theologian, Berns & Noble Books, 1988. p. 175.

（7） N. P. Wolterstoff, Conundrums in Kant's Rational Religion, in: *Kant's Philosophy of Religion Reconsidered*, Indiana University Press, 1991, pp. 40-53.

（8） エルンスト・カッシーラー『カントの生涯と学説』門脇卓爾・高橋昭二・浜田義文監修、みすず書房、一九八六年、四〇六頁。

（9） デリダ、前掲書、二八―三〇頁。

（10） カッシーラー、前掲書、四〇七頁。

15　カントと悪の問題
人間はなぜ現に悪を為してしまうのか

実践哲学の中心課題③

中島　義道

1　問題の提起

カントは、一七八八年刊行の『実践理性批判』の「弁証論」において「最上善（das oberste Gut）」ならびに、それより包括的な「最高善（das höchste Gut）」について論じ、そして、そのわずか五年後に刊行された『たんなる理性の限界内の宗教』（以下『宗教論』RGV とする）において、この「最高善」が、根底から成立しなくなるような理論として「根本悪」を導入している。両者のあいだには、両立不可能な間隙が横たわっており、理性内では完璧な体系をなしているように見える前者の根底を揺るがすものとして、カント自身「根本悪」を位置づけているように思われる。

この問題への見通しをよくするために、ここで意図的に一つの単純な問いを提起してみよう。それは、「われわれ人間は道徳法則を事実意識しているにもかかわらず、なぜ現に悪を為してしまうのか？」という問いである。カントは、『純粋理性批判』において、たとえわれわれ人間が現にいかなる悪を為すとしても同時に道徳法則を現に意識している、よって、そのつど「すべきこと」を知っている、という一点に「感性的理性的存在者」である人間が道徳的でありうる根拠を見出した。しかし、これで人間と道徳に関するあらゆる疑問は解消したのであろうか？そうではあるまい。むしろ、そうした「当為」の方向に舵を切って人間における道徳性を救おうとすればするほど、ますます、「では、なぜわれわれ人間は現に悪を為してしまうのか」という問いを押さえつけることはできない。以上の観点から、本章では、カント倫理学を支配するいわゆる「厳格主義」の根底に流れるもの、いやその全体を揺るがすもの、に光を投ずることにしよう。

2 真実性の原理と他人の幸福

まず、「最上善」と「最高善」との異同について概要を与えたい。『実践理性批判』第二部第二章において、カントは「魂の不死」と「神の現存在」という二つの要請を挙げている。前者は、理性的存在者は道徳的完全性に至るべきだが、地上の限られた時間では不可能である、だが、理性の命令は理論的認識の対象である有機体としての人間より優位に立つので、そのためには無限の時間を必要とする、よって、人間の魂が無限であることが要請される、というまことに形式的な議論である。これに対しては、死後も道徳的に高まるということは、変化するということであり、われわれは死後も時間のうちにあることになり、また、われわれが無限の時間をかけて道徳的完全性に達するとは原理的に達しないことにほかならない、などただちに疑問が湧くが、ここではその検討には立ち入らない。(1)

しかし、人間という感性的理性的存在者は、さらにもう一つの課題を抱えている。それは、広い意味での幸福の追求である。そして、カントは両者の「一致」こそ最高善であると言う。「一致」とは、道徳的善さを第一にして、その条件の下で幸福を追求することであり、その限りで、その人は「幸福に値する」(2)のである。この場合、「道徳的善さ」やその反対概念としての「悪」を常識的に、あるいは抽象的にとらえるから、カントが問題にしている事柄の本質が見えなくなり、そのままその外形と諸概念をなぞっただけで、「整合的な」カント解釈を披露することになる。こうした危険を逃れるために、本章では、道徳的善さをただ道徳的善さの核心をなす「真実性の原理」という一点に絞って考察を進め、幸福に、自分の幸福のみならず「他人の幸福」を含めて考えていきたい。その場合、真実性の追求と他人の幸福の追求という二つの原理のぶつかり合いの見通しがよくなるであろう。

カントが挙げている例にそって考えてみよう(3)。ある人Aが知人Bの委託物(Deposit)例えば大邸宅を管理していたが、当人が長年戻らない場合、自分がこの家を管理し運営して、貧民の施設に活用したら多数の人が救われるとしよう。こうした場合でも、カントは、そうするべきではないと宣告する。なぜなら、委託物は所有権AからBへの移転を意味しないゆえに、それを他人の幸福のために利用することは、真実性の原則に反するからである。これは真実性と幸福との関係において、カントが念頭に置いている典型例と言っていいであろう。

しかし、これを次のように変更したらどうなるであろうか。村長Aが代官Bから「この踏み絵を踏まねば、お前を殺す」と命じられるのであれば、Aは自分の幸福(生命)より真実(信念)のほうを優先すべきであるから、踏むべきでないことは自然に出てくる。しかし、「お前がこの踏み絵を踏まなければ、村民全部を殺す」という命令が下されたときはどうであろうか。確かに、(『人倫の形而上学の基礎づけ』において)、カントは他人の幸福の促進を義務としているが、それは、不完全義務なのであり、完全義務である真実性の追求とぶつかる場合は、後者を優先すべきなのだ。では、Aは真実のために村民すべての生命を犠牲にすべきなのであろうか。

そうではあるまい。そのように冷徹に計算して踏み絵を踏む者が最高善を実現し、「幸福に値いする」とは考えにくい。では、逆に、村民の生命のために踏み絵を踏むべきなのか。やはりそうではあるまい。こうして、われわれは暗礁に乗り上げるのだ。正解はない。いや、いかなる正解も出してはならない。こうした苦境に突き落とされた場合、誰も「幸福に値する」行為を実現できない。「幸福に値する」という抽象原理は、実行不可能なものとして空転してしまうように思われる。

カントは、道徳法則の演繹をする必要がないとみなした。なぜなら、われわれ理性的存在者は、たとえ現に行為に出ないにしても、何をすべきかを隅々まで意識して（知って）いるからである（理性の事実）。われわれが悪を為した行為者Xに責任を課するのは、この事実に基づいている。Xは行為の発動時に、自然因果性によって、悪い行為を為すように決定されていたが、同時に自由による因果性によって、そうすべきでないことを知っていたからである。この点に限れば、カント倫理学にはいかなる不明瞭さもないと言っていいであろう。しかし、こうしたレベルに道徳的善さ（道徳法則）の客観的妥当性（実在性）を求めたカントは、なぜ、それにもかかわらず、われわれは現に悪を為してしまうのか、という単純で根本的な疑問——場合によっては、悪をめぐる最も重要な疑問——を封印してしまったように思われる。

確かに、カント倫理学において「きみはできる、なぜならすべきだから（Du kannst, denn du sollst）」[4]という原理は、揺らぐことがない。そして、この独特の「できる」という意味で、われわれ人間の自由（実践的自由）は保証されている。しかし、肉体を有する感性的理性的存在としての人間は、「嘘をつくべきでない」ことを知っており、したがって、「嘘をつかないことができる」にもかかわらず、現に嘘をついてしまうのだ。ここで先に挙げた過酷な例を考えてみると、われわれが「嘘をつかない（踏み絵を踏む）ことができる」ということは、無限に実現不可能な「できる」であると言わなければならない。それでも「嘘をつかないことができる」とは、いかなることであろうか。単なる論理的可能性以上のものではないように思われる。

こうした場面をよく見ることによって、われわれは、「きみはできる、なぜならすべきだから」という理性主義のレベルを越える何かをつかんでいる。そして、まさに、こういう究極的場面でこそ、神の現存在が要請されるのではないだろうか。

3　神の現存在の要請

何よりも注目すべきことは、カントが道徳的完全性に至るという「最上善」の文脈においてではなくて、道徳法則と幸福との一致という「最高善」の文脈において、神の現存在を要請していることである。道徳法則の背後に神の現存在を要請することは、「意志の他律」になってしまうから、カント的理性主義の立場からはあってはならない。道徳の原理が理性にのみあることは、絶対に崩せない原理である。しかし、幸福の原理との一致という「最高善」は、理性主義を超える概念であり、この概念と神の現存在の要請が呼応している。(5)

カントは、「〔この世における〕派生的最高善（最善の世界）を要請することは、同時に根源的最高善の現実性――すなわち神の現存を要請することである」（KpV, V, 125）と言い、生前の幸福を「幸福（Glückseligkeit）」と呼び、死後の幸福を「浄福（Wohl）」と呼んで区別している。すると、自然に考えて、生前「幸福に値する」人のみが、来生の「至福に希望を懐く」資格があることになろう。そして、来生の浄福に希望を懐くことは、とりもなおさず神の現存在を要請することにほかならないことになろう。だが、最高善と神の現存在の要請は、地上においてわれわれ人間が最高善を実現する可能性を有しているという条件の下でのみ、つながる。しかし、先の過酷な例で述べたように、この可能性は、往々にしてわれわれ人間にとって、無限に不可能に近づくのである。(6)

4　根本悪

以上の文脈のもとに見直してみれば、『宗教論』における「根本悪」の思想は、「最高善」の思想の延長上にあることがわかる。(7)『実践理性批判』においては、真実性と幸福との一致（真実性を第一にし、幸福を第二にする）という条件を充たす者のみが、「幸福を受けるに値する」という一般的な原則が立てられた。しかし、『宗教論』において、その同じ人間という感性的理性的存在者が、必然的に幸福を第一に、真実性を第二にするという「転倒（Umkehrung）」（RGV, VI, 36）を犯してしまうことが主張されている。

こうした構造は、じつは一七八一年の『純粋理性批判』における第三アンチノミーにすでに登場している。そこでは、テーゼもアンチテーゼも自然因果性を否定してはいない。ともに、自然因果性を認めたうえで、さらに自由による因果性を認めるか（テーゼ）、それを認めないか（アンチテーゼ）の違いだけである。すなわち、テーゼに従って自然因果性から独立の自由による因果性を認めるとしても、やはり自然因果性は自己を貫徹し、われわれ人間の現実の行為を決定するのである。この場合、幸福の追求が、自然因果性の支配する領域であることを忘れてはならない。われわれは、行為のたびごとに理性の命令により「～すべき」行為を知っているが、それとは独立に、幸福の原理（自然因果性）に従って、現実のすべきでない行為を実現してしまうのだ。現実の行為は自然因果性と自由による因果性との「混合」によって起こるのではなく、自然因果性が「～である」の世界を切り拓くのに対して、自由による因果性はそれから独立の「～べし」の世界を切り拓く。とすると、自由による因果性が自然因果性から独立に「～べし」である限りの真実性の原理を実現するように、自然因果性も自由による因果性から独立に幸福の原理を実現させることになろう。両者が重なるのは、事後的に責任を引き受けるという場面でしかない。この意味で、理性（道徳法則）は、行為の発現時に幸福の原理の暴走を阻止することはできないのである。

こうしたモデルを『宗教論』において、カントは、さらに悪を強調する方向に徹底させる。

第二章において、カントは、「人間は生来（von Natur）悪である」（RGV, VI, 33）という宣言のもとに、人間は精神の弱さや濁りから（いわば自然因果性）のみならず、まさに自分から選択して悪をなすと主張する。これが「根本悪」である。それは、理性（悟性）の能力のうちに源泉があるという意味でアプリオリでもなく、人間という有機体の自然（遺伝）形質に刻み込まれたものでもないが、人間は悪（幸福の原理を真実性の原理に優先させるという

「転倒」を犯すこと）へのある「性向（Hang, propensio）」（VI, 28, Rel.d.V.）をもってこの世に生まれ出る。そして、先に述べたようなある過酷な状況に投げ込まれると、人間はその悪を例外なく現実化してしまうのである。すなわち、こうした転倒は、アプリオリな道徳法則に従う意志と同列に並ぶものではないが、やはり人間本性に従う経験的意志（カントは「意思（Willkür）」と呼ぶ）、すなわち、まさに感性的理性存在者としての人間が発動する現実的意志である。

この根本悪の思想を、カント倫理学の全体構造の「うち」に位置づけてみよう。すると、われわれ人間は、必然的に（生来）「幸福を真実性に優先させるという転倒を犯す」のだから、すべての人間は「幸福に値しない」ということになり、その限りで最高善も雲散霧消し、来世の浄福を希望することもできない、という結論が導かれるように思われる。(7)

5　理性と理性を超えるもの

では、「根本悪」の導入とともに、われわれ人間は神の現存在を知りえないか否定することになるのであろうか。そういうニヒリスティックな解釈も可能であろう。(8) しかし、必ずしもそうではない。ここで、道徳法則の必然性①と根本悪という自然的事実の必然性②との差異性を想い起こそう。前者は理性のうちに存する（形式における）必然性であり、後者は人間という肉体を有する理性的存在者のうちに存する（質料を含む）必然性である。「根本悪」の導入は、それまで形式のみに携わってきた倫理学が質料に目を向けることにほかならない。(9) そして、興味深いことに、質料に目を向けることがすなわち最高善を介して神の現存在を要請することなのだ。これは当然のことである。質料の創造者は神をおいて他にないからである。(10)

われわれ人間が、こうした引き裂かれた状況に投げ込まれたのはなぜか。われわれが、そのつど「すべきこと」

を完全に意識していても、現に悪を為してしまうのはなぜか。理性に問いかけても答えは与えられない。まさにこのような過酷なものとして人間を創造した神に問いかけるほかないであろう。こうして、われわれ人間は理性的存在者でありながら肉体を有し、それゆえ必然的に根本悪に陥るからこそ、このすべてを創造した神に問いかける以外にない。しかも、この問いかけが単なる幻想でないためには、神は「現存在」していなければならないのである。(11)

注

(1) 代表的な批判的見解として、Arbert Schweizer, *Die Religionsphilosophie Kants*, 1899（邦訳アルベルト・シュヴァイツァー『カントの宗教哲学』斎藤義一・上田閑照訳、白水社、二〇〇四年）の第二部第三章を参照。

(2) これは、"Würdigkeit glücklich zu sein" (KpV, V, 110), あるいは "der Glückseligkeit würdig" (KpV, V, 130) と表現されている。

(3) 委託物の例は、『実践理性批判』(KpV, V, 27) のみならず、『理論と実践に関する俗言』（一七九三年）(Gemeinspruch, VIII, 286) にも登場してくる。

(4) これは、カントの文字通りの言葉ではないが、長くカント倫理学の神髄を表す命題と見なされてきた。ここでは、このことを承知のうえで使用する。

(5) 川村三千雄は、次のように言う。「したがって、最高善の可能について導入された神はもはや批判的観念論のなかで定立された神ではなく、神自身が自然原因性と叡知的因果性とを結合するという新たな制約のもとに想定される道徳神学的な神に転移すると考えられるのである」（『カントの宗教哲学』小樽商科大学人文科学研究会、一九七四年、一三一頁）。

(6) 諸岡道比古は次のように言う。「つまり、道徳的理念を実現せよ、という命令を受ける主体が、道徳的理念を実現するという積極的行為の主体たりえないのである。道徳的行為を実現すべきであるが、その自然を実現するための行為をなしえないというこの困難の解決は、有限な理性的存在者の現実的存在の解明を中心としている『宗教論』を待たねばならない」（『人間における悪――カントとシェリングをめぐって』東北大学出版会、二〇〇一年、六九頁）。

(7) もちろん『実践理性批判』と『宗教論』のあいだにも最高善や道徳に関する著作は、先に挙げた『理論と実践』や『万物の終わり』（一七九四年）などがあり、さらに『判断力批判』（一七九〇年）「第二部　目的論的判断力の批判」の最後「目的論に対する総註」においては、「究極目的」という観点から神の現存在に迫る発言も見られる。しかし、これらすべてを網羅して「最高善」と「神の現存在」との関係を総合的に論じることは、本章のテーマを超えるので控えざるをえない。

（8）　しかし、不思議なことに、多くの研究者はここに潜む難問を素通りして、「浄福」を論じている。量義治『カント哲学とその周辺』「第五章カントの理性信仰」、勁草書房、一九八六年、宇都宮芳明『カントと神』「第九章『宗教論』の課題」、岩波書店、一九九八年、参照。

（9）　カントは、『宗教論』のなかで「心情の革命（Revolution der Gesinnung）」（RGV, VI, 47）という概念を用意しているが、「いかにして」という観点がまったく欠如しており（根本悪においてはあれほど精緻に語り尽くしているのに）、根本悪の重さを覆しうるだけの理論になっていない。また、『宗教論』の第三篇において最高善は、「地上における神の国の建設」というように装いを変えているが、この点も筆者にはわからないと告白する他ない（個人の最高善さえ要請することができないかもしれないのであるから）。

（10）『実践理性批判』の「神の現存在の要請」の個所で、カントが「自然（Natur）」という概念を多用していること、さらに「［人間の身体を含む］自然の創始者（Urheber）――すなわち神」（KpV, V, 125）と規定していることにも注目すべきであろう。量は「われわれ人間は身体的存在であるがゆえに幸福の問題が不可避的なのである」（前掲書、一三一頁）と言っている。カント倫理学が最高善を扱う前は、徹底して幸福は形式的な理性と対立する質料的なものであったが、最高善において幸福は理性と連関するものと見なされ、その限り、カント倫理学は理性に留まらず、質料（身体）を取り込まねばならなくなった。なお、質料（物質）への関心は、カントの晩年に見られる顕著な傾向である。理論的認識においても、晩年カントが物質に関心を懐くようになることは、遺稿『オプス・ポストゥムム』の随所に見られる。

（11）　川村は次のように言う。「かくて、根源的な内的な悪の意識においては、理性もその所産である普遍的法則も無力であるとすれば、人間にはいかなる普遍的法則もなく、したがって他人とはいかなる共通の地盤をももち得ない。ここで人間は全くの単独者として自己に対さねばならないであろう」（前掲書、一七二頁）。しかし、人間は「自己に対する」のではなく、「（自ら要請する）神に対する」のではないか。ここに、われわれは絶望を通じて神に問いかけるというキルケゴールに続く細い道を認めることができるのである。

【コラム④】

カントとハイデガー

心の闇を前にして

高田 珠樹

一九二〇年代初めにハイデガーが浩瀚なアリストテレス論を準備しながら、その序論の草稿、いわゆる「ナトルプ報告」で試みた方法論的な考察が膨れあがるなかで『存在と時間』の構想がそれに取って代わったという経緯については、今ではよく知られている。その転機を生む動機となったのは、時間という主題とともにカントへの関心だった。あえて単純に図式化すると、二〇年代のハイデガーにとって、哲学史における主たる関心の対象がアリストテレスからカントに移ったのである。

アリストテレスはカントによって超えられた、とハイデガーが見たわけではない。アリストテレスの、と言うより、古代ギリシアの存在解釈が現代に至るまで西洋世界を支配し続けているという見地は、終生、変わることのないハイデガーの思索の重要なモチーフである。ごく大雑把に言うなら、それは、在るということを絶えざる現前と見なす硬直した存在把握であり、これと表裏一体の関係にあるのが、人間を、主に認識というかたちで世界と向きあう者と見なす発想である。そこでは、真に存在するものをただひたすら見てとることこそ認識の理想であり、また人間としての最高の営みであると考えられさえもする。ハイデガーは、ギリシア語の「ノエイン（νοεῖν）」という語を、この「見てとる」という意味での根源的な認識の働きを表すものとし、これにおおむね vernehmen というドイツ語の単語を当てる。ノエインは、普通には理知や理性を意味するものと考えられている「ヌース（νοῦς）」という語と同根の語であり、ドイツ語で理性を意味するVernunftも、やはりvernehmenという語に由来している。ハイデガーがノエインやヌースについて語るとき、概してそれは狭い意味での人間の理知的能力ではなく、むしろ人間が世界の中のさまざまな事物を見てそのままに受けとる働き全般を指している。感覚と対比される意味での思考や判断の能力ではなく、感覚や直観をも包摂する認識の働き全体がそこに含まれる。単に、広い意味での認識に感覚や直観も含まれる、というのではなく、あらゆる認識の働きは、むしろ直観に収斂し、直観を目指すと考えられている。その意味では、理性や思考全般は、直観に対立するのではなく、直観から派生したもの、それを補うものにほかならない。

この点ではカントもけっして例外ではない。『純粋理性批判』では、分量の上で「論理学」が「感性論」を圧倒するから、カントでも理知的な能力はあくまで感覚や直観の補助的な役割を果たすにすぎないと言うと意外に思われるかもしれない。この連関でハイデガーが繰り返し引き合いに出すのが、「感性論」の冒頭にある、「ひとつの認識が、いかなる仕方で、あるいはいかなる手段によって対象に関わろうとも、認識が対象に直接に関わる手段となるもの、あるいはすべての思惟が手段となって目指すところのもの、それは直観である」という一節である。ハイデガーによれば、カントにおいて思考が優位にあるのはあくまで見た目の上での話であり、従来のカント解釈、とりわけ新カント学派による解釈は、カントにおける感性と直観の意義を不当に軽視しているという。もっとも、ここでは注意が必要で、ハイデガーは、このカントにおける直観の優位をけっして共感をこめて称揚しているのではない。むしろ、カントも古代ギリシア以来、西洋の哲学史に見られる、思考を含む人間の振る舞いについての頑なな偏見に囚われていることの証左を、ここに読みとっている。その意味で、カントも、見ることとの優位を説く現前性の形而上学の外側にいるのではない。

しかし、そうなると、アリストテレス論が、その序論に当たる「ナトルプ報告」執筆をきっかけに構想そのものが揺らぎ、やがて時間論を中心とした『存在と時間』の刊行に至ったという経緯のなかで、カントが果たした役割はどこにあったと言えるのだろうか。

もともと、ハイデガーがアリストテレスに特に関心を寄せたのは、ひとつにはアリストテレスがソクラテスやプラトンによる静態的な固定した存在観の系譜に位置する一方、同時にまたその動きに抗してより根源的な存在経験の記憶を呼び覚まそうと試みながら、最終的にプラトンらの固定的な存在観の確立を決定づけた点にあった。現前性の形而上学としての西洋哲学史におけるアリストテレスのこの微妙な立ち位置にハイデガーは注目する。アリストテレスを読み解くことによって、西洋の存在論の根本的な動態が明らかになるのではあるまいか……。

西洋哲学史におけるこの際どい局面、おそらく同様のことがカントについても言えるだろう。カントは単に、静態的な固定した存在観に位置するのではなかった。西洋哲学史のなかで存在が固定的な現前性と解される所以を時間の働きから解き明かすのは、『存在と時間』全体の構想のなかでは、時節性（テンポラリテート）の機制を論じる第一部第三編の「時間と存在」と、それに続く第二部での存在論の歴史の解体の部分であったが、周知のようにその企図が果たされることはなかった。ハイデガーは、『存在と時間』の序論のなかで、「時節性の次元に至る方向に向けて多少とも考察の道を歩んだ、あるいはさまざまな現象そのものに強いられるままにそのほうへ押しやられた最初にして唯一の人、それはカントである」と述べている。とはいえ、カントもその現象を明らかにすることはなかった。「図式論の働きは、人間の心の奥深くに潜むわざであって、その真の秘術をいずれ私たちが自然から読みとり、包み隠さず眼の前に広げるのは困難であろう」と指摘するにとどまった。カントは「自分があえてひとつの暗い領域の中に足を踏みいれたのを承知していた」。「カントは、ここで何を前にしていわばひるんだのか」（『存在と時間』二三頁）。

しかし、こう問うたハイデガーもまた、その闇を隈なく照らし出すことはなかった。『存在と時間』は、第一部第二編までしか刊行されていない。この前半部分の出版の翌々年に刊行された『カントと形而上学の問題』は、カントの言う構想力を自らの考える根源的な時間としての現存在の時間性の働きと重ねあわせ、そこに現前性を可能にする作用を見てとろうとしている点で、おそらくテンポラリテートの問題を示唆するものであろう。しかし、『存在と時間』の序論が予告していたようなかたちで、これをカントの図式論に即して検討することはなかった。ハイデガーもやはり、この暗い領域の中に足を踏み入れながら、前に進むことをひるませる何かに出会ったのだろうか。

16 『判断力批判』における「自然の技巧」の体系的意義

解釈学的観点から

相原 博

本章の目的は、『判断力批判』における「自然の技巧（Technik der Natur）」の体系的意義を解明することである。『純粋理性批判』や『実践理性批判』とは異なり、『判断力批判』の研究はこれまで不十分な状態にあった。だが一九九〇年代以降、研究の状況もかなり改善されつつある。とはいえ、未解明の論点が残ることも事実である。『判断力批判』については、とりわけ「自然の技巧」の体系的意義が明らかではない。というのも、この著作の第一部「美感的判断力の批判」と第二部「目的論的判断力の批判」は、「独立した著作」であるかのように考察され、両者を射程に収めた体系的研究がほぼ忘却されてきたからである。管見によれば、「自然の技巧」にかんする体系的研究は皆無にひとしい。またカント自身も「自然の技巧」を十分に説明しているとは言えない。そこで本章は、「自然の技巧」の体系的意義を考察してみたい。また考察の手がかりとして、「複製技術時代の自然」にかんするゲルノート・ベーメ（1937–）の議論を紹介して、それに批評を加える。それによって、「自然」に「技巧」の働きを認めるカントの真意が示されよう。

1　反省的判断力と「自然の技巧」

アリストテレスによれば、自然はその内部に運動の原因をもち、技術はその外部に運動の原因をもつ。私たちが自然と技術について考えるとき、この区別は自明の前提とされている。しかしカントは、技術としての「技巧」を自然に認めており、「自然の技巧」について明確に語っている。これは何を意味するのか。結論を先取りすれば、「自然の技巧」とは、自然が反省的判断力に合致するかぎりで認められる、反省的判断力に特有の概念である。カントによれば、理論理性としての悟性は、経験的諸法則に従う自然を未規定のまま残している。この自然の反省において、反省的判断力は技巧的に振る舞う。具体的に言えば、特殊から普遍を探究して体系を形成する点で、反省的判断力は技巧的である。この判断力の技巧に自然が合致するかぎり、「自然の技巧」が認められる。これは、花の形態や動植物の内的構造について、自然が技巧的に振る舞うことを考えれば、わかりやすいであろう。反省的判断力は、この「自然の技巧」を原理として、自然の諸形式を反省するのである。

ところが「自然の技巧」について、カントの説明は必ずしも一貫していない。もっとも筆者の見解では、「自然の技巧」が『判断力批判』の両部門にかかわることは間違いない。自然の諸形式について、反省的判断力は経験的直観のみならず経験的概念を反省する。前者の反省は、経験的直観を何らかの概念にもたらすために、後者の反省は、経験的概念に含まれる特殊法則を高次の法則にもたらすために、それぞれ遂行される。そのため「自然の技巧」も、「第一序論」の表現を借りれば、「形式的技巧（formale Technik）」と「実在的技巧（reale Technik）」に区別される。一方で「形式的技巧」について、反省的判断力は、何らかの概念のために合致する構想力と悟性の調和を発見する。これは客観の概念を必要としない意味で、「形像的技巧（figürliche Technik）」とも呼ばれる。他方で「実在的技巧」において、反省的判断力は高次の法則のために、目的の概念に従う理性と自然との調和を発見する。これは客観の概念を前提し、自然の客観の可能性にかかわる意味で、「彫塑的技巧（plastische Technik）」ないし「有機的技巧」とも呼ばれる。こうして、前者の「技巧」は美感的判断力の原理となり、後者の「技巧」は目的論的判断力の原理となるのである。

それでは、なぜ「自然の技巧」が体系的原理として採用されたのか。この疑問に答えるための手がかりは、自然概念の領域から自由概念の領域への「移行（Übergang）」にある。カントによれば、上級認識能力のうちでは、悟性の立法に従う自然概念の領域と、理性の立法に従う自由概念の領域だけが認められる。だが悟性と理性はそれぞれ異なる立法をもち、自然概念と自由概念は一つの領域を形成しない。それゆえ、これら二つの領域の間には、「見渡しがたい裂け目」が存在する。ところが、たとえ前者が後者に影響できないとしても、後者は前者に影響を与えるべきである。自由概念は、理性の目的を感性界のうちで実現すべきである。そこで、自然概念の領域から自由概念の領域への「移行」が要求される。この「移行」は理性によって要求され、反省的判断力によって遂行される。反省的判断力をとおして、自然の形式の合法則性が、自然のうちで理性の目的が実現できることと合致可能であるという仕方で、思考可能になるからである。換言すれば、「自然の技巧」の根拠として想定される「超感性的基体（übersinnliches Substrat）」が、自然概念の領域と自由概念の領域との統一を「示唆する」からである。

筆者の見解によれば、自然概念の領域から自由概念の領域への「移行」は、さらに次のように説明できる。すなわち、この「移行」は、一般論理学における判断力の機能をもとに構想されている。一般論理学のうちで判断力は、悟性によって思考された前提と理性によって規定される結論を媒介する。この媒介をもとに、反省的判断力が「移行」を可能にすると考えられている。このとき、反省的判断力にも原理が見出されたことが、大きな意味をもつ。悟性や理性に従属していた判断力に、「自然の技巧」という原理が見出され、上級認識能力の媒介が可能となったのである。具体的に言えば、反省的判断力は「自然の技巧」の原理によって、もはや規定されない「超感性的基体」が自然の根底にあることを想定できる。この想定において、悟性が理論的に認識できない「超感性的基体」と、実践理性が自由として規定する「超感性的基体」が、いまや同一であると思考できるようになる。要するに、自然の根底に自由が想定されて、この「移行」は可能になるのである。この「移行」は概念の領域のみならず、認識能力やその原理という観点からも特徴づけられる。認識能力について言えば、それは純粋理論理性から純粋実践理性への「移行」である。また原理について言えば、自然の合法則性から理性の究極目的への「移行」である。これらはすべて同一の事態の表現である。

ところで、反省的判断力は「自然の技巧」によって、自然の根底に「超感性的基体」を想定できる。反省的判断力は、あたかも「超感性的基体」が存在するかのように仮定して、未規定のまま残された自然の調和を発見するのである。もっとも、悟性が理論的に認識できない「超感性的基体」や、実践理性が自由として規定する「超感性的基体」も、それぞれ「移行」に関係する。それゆえ、これら「超感性的基体」について整理が必要であろう。『純粋理性批判』においてカントは、自然概念がその対象を「物自体」としてではなく、現象として表象することを解明した。この「物自体」が『判断力批判』では、「超感性的基体」に読み換えられる。それは、悟性が認識できない「超感性的基体」と理性が規定する「超感性的基体」を媒介するためである。この「超感性的基体」について、カントによれば、三つの理念が認められる（vgl. KdU, V, 344ff.）。それは、自然の根底にありながら、もはや規定されない「超感性的なもの一般の理念」である。また認識能力に対する自然の合目的性、つまり「自然の技巧」の根拠としての「超感性的なものの理念」である。さらに自由の諸目的の原理として規定される、「超感性的なものの理念」である。このように、悟性と判断力、理性という上級認識能力の区別によって、三つの「超感性的基体」が認められる。

2　「自然の技巧」から「自然の解釈学」へ

すでに論じたように、反省的判断力は「自然の技巧」を原理として、自然概念の領域から自由概念の領域への「移行」を遂行する。それは「自然の技巧」をとおして、自然の根底にあって、もはや規定されない「超感性的基体」と、自由の諸目的の原理として規定される「超感性的基体」が、同一であると思考可能になるからである。だがこれは「移行」の説明として十分ではない。筆者の見解では、この「移行」は、自然を理念のもとで「理解する」ことで具体的に遂行される。それゆえ「移行」の把握には、「自然の技巧」の解釈学的含意を解明することがまさに要求される。(1)

それでは、「自然の技巧」にどのような解釈学的含意があるのか。かつてハンス・ブルーメンベルク（1920–1996）は、「自然の書物（Buch der Natur）」とその「読解（Lesen）」という隠喩をもとに、カントの諸著作を論じたことがある。(2)ブルーメンベルクによれば、カントの経験概念にとって、自然を解読すべき「書物」とみなす隠喩は不可欠である。この隠喩の議論には、「自然の書物」とその解釈学的理解という思想が見出される。もっともブルーメンベルクは、悟性による自然の「読解」を論じるだけで、反省的判断力による自然の「解読」を看過している。筆者から見れば、「自然の書物」の思想は『判断力批判』にこそ認められるのである。

『判断力批判』のなかで、「自然の書物」の思想は、自然美に対する関心の議論に見出される（vgl. KdU, V, 298 ff.）。そこでカントは、自然美に関心を抱く人間には道徳的心術の素質が推測できるとして、この推測を美感的判断の「解釈（Deutung）」と呼ぶ。これは次のように説明できる。第一に、美感的判断は、ある直観について構想力と悟性の調和を反省することで成立する。この反省は、自然美に対する知性的関心と結びつくことがある。もっとも知性的関心をもつためには、自然がその美を生み出したという思想が、直観と反省に伴っていなければならない。第二に、美感的判断力と知性的判断力の間には、ある種の類似性が見出される。美感的判断力は、概念なしに諸形式について判断し、これらの形式の判定にかんして満足を見出す。また知性的判断力は、実践的諸格率の形式について、ある満足をアプリオリに規定する。いずれの場合も、満足はあらゆる人にとって規則ないし法則となる。

第三に、理性は諸理念に対して道徳的感情のうちで関心を引き起こすとともに、諸理念が客観的に実在することに関心をもつ。そのため理性は、諸理念の実在性を示唆する自然の現れに対して、関心をもたなければならない。したがって、理性だけが関心を引き起こすゆえに、自然美に対する知性的関心も、類縁性という点で道徳的である。すなわち、人倫的善に関心をもつ人だけが、自然美に対して知性的関心を抱くことができる。

このように、美感的判断力と知性的判断力の類似性を手がかりに、自然美に対する関心から、人倫的善に対する関心が推測される。これは自然の暗示をとおした、美しい形態をとる自然の「暗号文の解読（Auslegung）」（KdU, V, 301）である。筆者の見解によれば、この「自然の書物」の思想には、「自然の技巧」の解釈学的含意が読み取れる。第一に、自然美に対する知性的関心の根底には、「自然の技巧」の思想が認められる。知性的関心をもつためには、自然自身がその美を生み出したという思想が、直観と反省に伴っていなければならない。これはまさに、美しい形態を生み出す「自然の技巧」の自覚化である。第二に、反省的判断力は、もともと異質な判断の間に類似性を発見する。美感的判断では、美しい形態にかんして、ある満足が普遍的な規則となる。実践的判断では、実践的格率の形式にかんして、ある満足が普遍的な法則となる。いずれの判断でも、満足が普遍的に妥当するものとして認められる。この類似性は、反省的判断力の「技巧」によって発見される。第三に、反省的判断力は、類比をとおして仮説的に推論する。美感的判断は関心を生み出さないが、実践的判断は生み出す。理性は諸理念に対する関心を引き起こし、諸理念の客観的実在性に関心をもつ。それゆえ、自然美に知性的関心をもつためには、諸理念に対する理性の関心が関与するであろうと、反省的判断力は推論する。第四に、この推論は、「解釈学的な理解」として把握可能である。上級認識能力のうちで、悟性および理性は、普遍的な法則によって対象や格率を一般的に規定する。その意味で、悟性および理性は、普遍的な法則の事例としてこれらを「説明する（erklären）」。これに対して、反省的判断力は普遍的な法則をもたず、類比をとおして仮説的に推論する。この推論は特殊な事例にそくして、理性のもとで新たな意味を読み取る作用である。それゆえ反省的判断力は、解釈学的な意味において、美感的判断ないし関心を「理解する（verstehen）」能力である。

なお、この「解釈学的な理解」を把握する場合には、「象徴（Symbol）」にかんする議論が不可欠である。カントによれば、象徴とは類比による概念の間接的描出である（vgl. KdU, V, 351ff.）。すなわち、概念を感性化する描出は図式的であるか、あるいは象徴的であることができる。図式的描出では、悟性概念に対応する直観がアプリオリに与えられる。だが象徴的描出では、感性的直観が対応できない理性概念の根底に、ある種の直観が置かれる。前者の描出は直接的であるが、後者の描出は類比を介しておりあくまで間接的である。この類比において、反省的判断力は二重の仕事を行う。第一に、反省的判断力は、ある感性的直観の対象に概念を適用する。第二に、反省的判断力は、この直観にかんする反省の規則を、最初の対象がその象徴にすぎない別の対象に適用する。こうして反省的判断力は、反省の規則の類似性をもとに、本来であれば感性的直観が対応できない理念を感性化する。その実例が、人倫性の理念の感性化である。美と人倫性は、その反省の規則が類似する。たとえば、趣味判断では、構想力の「自由」が悟性の合法則性と一致するものとして表象される。また道徳的判断では、意志の「自由」が理性の普遍的諸法則のもとで自分自身と一致する。それゆえ反省的判断力は、この「自由」にかんする類似性をもとに、美を人倫性の象徴とみなすことができる。

筆者の見解では、この象徴の議論において、反省的判断力による「解釈学的な理解」が定式化されている。美が人倫性の象徴であることは、反省に先立って決定できるわけではない。むしろ反省的判断力が美と人倫性について反省し、はじめて反省の規則が類似することを発見する。それによって、美というある種の直観が、人倫性の理念を感性化するものとみなされる。このように反省的判断力は、反省の規則の類似性をもとに、感性的直観と理念を関連づける。この関連づけは、感性的直観に新たな意味を与えて、まさに「解釈学的な理解」を成立させる。というのは、理念のもとで感性的直観を仮説的に統一することで、直観の多様の「新たな解読」が可能になるからである。この「解釈学的な理解」は、「自然の書物」の思想を考慮すれば、「自然の解釈学」と呼ぶことができる。「自然の解釈学」は、「自然の書物」の「解読」として、超感性的な理念のもとで感性的な自然を理解する。そして、この「自然の解釈学」をとおして、自然概念の領域から自由概念の領域への「移行」が遂行される。というのは、象徴によって理念が感性化されることで、「超感性的基体」は規定可能になるからである。

3　複製技術時代における自然

「自然の技巧」の解釈学的含意は、「自然の解釈学」として定式化された。ところで、この「自然の技巧」はいまや困難に直面している。というのは、科学技術の進歩が、自然と技術の区別を解消しつつあるからである。科学技術が発展した現代において、「自然の技巧」は意義をもつであろうか。この問いに答えるべく、本節ではもう一つ別の自然概念を検討してみたい。それは、現代ドイツの哲学者ゲルノート・ベーメによって提唱された、複製技術時代における自然概念である。(3) ベーメによれば、現代の自然概念は、技術による製作可能性という観点から把握すべきである。ベーメの見解は次のように整理できる。

第一に、技術をめぐる現代の議論には、ヴァルター・ベンヤミン（1892–1940）の複製技術論が決定的な影響を与えている。『複製技術時代の芸術作品』によれば、技術による複製可能性は、芸術作品の意味を根本から変化させた。芸術作品のアウラは衰退し、作品と鑑賞者との間にあって、尊重を要求する隔たりも消滅した。芸術作品は伝統との結びつきを失い、交換価値の機能をもつにすぎなくなった。だがこの洞察は、芸術史の考察をはるかに超える射程をもつ。すなわち複製可能性は、芸術作品のみならず自然についても、根本的な意味の変化を引き起こしたのである。

第二に、複製可能性によって意味が変化する以前に、自然はすでに価値を失いつつあった。これまで自然は、技術や文化、文明との対比によって規定されてきた。ヨーロッパ文化の根本概念によれば、自然はおのずから存在し、それ自身を複製する。こうした自然観は、近世の初期から少しずつ衰退してきた。だがＤＮＡや新元素の合成が可能になった現在では、こうした自然観は時代遅れであると言わざるをえない。人間にとって自然は、もはや「あるがままに与えられたもの」ではなく、むしろ「原理的に製作をとおして可能なもの」となったのである。

第三に、「自然」と「技術」の伝統的な対置は、これらの概念の対立だけでなく内的関係をも含意した。『判断力批判』によれば、自然は同時に技術のように見える場合に美しく、また技術は技術として意識されながらも、自然のように見える場合に美しいと呼ばれる（vgl. KdU, V, 306）。自然と技術は対立する概念であり、その徴表において排除しあう関係にある。だが『判断力批判』が示すように、自然と技術は互いを指示するとともに、重要な場合には対立する概念によって思考される。それゆえ、古典的な芸術概念が解消すれば、自然概念もまた必然的に影響される。

第四に、古典的な自然概念が崩壊したことは、人間の自己理解にとっても重要な意味をもつ。かつてカントが「生理学的な人間学」の対象とした自然は、「われわれ自身がそれである自然」としての身体である。これまで、身体と結びついたものや身体から生じるものは、すべて「事実」として受け取られてきた。また身体に関係するものは、態度決定によってのみ、人間の「自己企投（Selbstentwurf）」に組み込むことが可能であった。しかし、この身体が複製可能性の領域に属することで、「人間本性」そのものが偶然的となった。言い換えれば、自然が事実や運命として与えられたものを意味するかぎり、「人間本性」は解体されてしまったのである。

それでは、こうしたベーメの見解はどこまで妥当であろうか。たしかに科学技術の進歩は、自然のみならず人間本性の意味を根本から変えてしまった。しかしながら、ベーメの見解をそのまま肯定すれば、それはカントの真意を誤解することになる。筆者に言わせれば、必ずしもすべての自然が製作によって可能であるわけではない。そもそも自然は、人間の意図を裏切ることがあり、それゆえ予測不可能なものでもある。こうした「予測不可能な自然」を考慮すれば、ベーメが自然概念をどれほど単純化したのかが明らかになる。ベーメは自然と技術を対立的に把握するあまり、科学技術の進歩によって自然概念が崩壊したと考えるのである。

「自然の技巧」にかんするカントの思考は、自然と技術の対立関係をまさに解体する。一見すると自然と技術は、たしかに対立する概念であるように思われる。ところが、美しい技術、つまり芸術に規則を与えるのは、人間の熟練ではなく自然にほかならない。カントによれば、自然こそが美しい技術に規則を与える（vgl. KdU, V, 307）。技術に規則を与える自然の根底には、もちろん「自然の技巧」が想定されている。また筆者から見れば、「自然の技巧」は、自然を仮説的に理解するための原理にすぎない。反省的判断力は、「自然の技巧」によって自然を構成するわけではない。「自然の技巧」は、反省的判断力に対する主観的な原理にとどまる。それゆえ「自然の技巧」は、「予測不可能な自然」が存在することを含意している。言い換えれば、反省的判断力が「自然の技巧」によって反省するとき、自然は製作不可能であることが想定されているのである。こうした筆者の把握が妥当であれば、自然概念の領域から自由概念の領域への「移行」は、あくまで仮説的な議論であることが明白になる。そこで次節では、これまでの考察を踏まえて、「自然の技巧」の体系的意義を明らかにする。

4　「自然の技巧」の体系的意義――結論にかえて

筆者の見解によれば、『判断力批判』における体系には、三つの意味が認められる。第一に、哲学の体系である。これは自然概念の領域と自由概念の領域に対応して、理論哲学と実践哲学の二部門からなる。第二に、批判の体系である。これは上級認識能力の区分に基づき、「純粋理性批判」と「実践理性批判」、そして「判断力批判」の三部門である。第三に、「判断力批判」の体系がある。これは「自然の技巧」について、「形式的技巧」と「実在的技巧」との区別に基づく。言い換えれば、「形式的技巧」に従う判断力を批判する「美感的判断力の批判」と、「実在的技巧」に従う判断力を批判する「目的論的判断力の批判」という二部門を含む。これらを整理すれば、カントは上級認識能力の区分をもとに、「判断力批判」を遂行した。だがこの「判断力批判」の目的は、理論哲学と実践哲学を体系的に統一することにあった。それは具体的に言えば、自然概念の領域から自由概念の領域への「移行」である。そしてこの「移行」は、「美感的判断力の批判」と「目的論的判断力の批判」によって遂行されるのである。そこで最後に、上記の論点にそくして、「自然の技巧」の意義を要約してみたい。

第一に、反省的判断力については、「自然の技巧」という原理が見出され、その使用をめぐって批判が遂行された。それによって、「純粋理性批判」と「実践理性批判」、「判断力批判」からなる批判の体系が可能になった。この「自然の技巧」は、道徳的実践の法則でも自然の普遍的法則でもない。理論理性および実践理性の法則とは異なり、「自然の技巧」という原理は、自然や自由に対して立法的であるわけではない。「自然の技巧」は、反省的判断力の自己立法の原理であり、対象にかんして何ら制約するものではない。それゆえ「自然の技巧」は、この自己立法とは無関係な自然を、まさに未規定のまま残している。それは予測不可能な自然を認めることであり、自然が認識能力にとって異質であることを含意する。

第二に、「自然の技巧」という原理によって、自然概念の領域から自由概念の領域への「移行」が遂行された。だがそれは、自然概念の領域と自由概念の領域との間に、新たな領域を形成したことによるのではない。二つの領域の間に、「裂け目」は厳然として存在する。「自然の技巧」は、この「裂け目」を閉ざすのではなく、かろうじて架橋するにすぎない。それが、「自然の技巧」によって想定される超感性的基体の機能であり、「自然の解釈学」の意義でもある。「自然の技巧」をとおして、自然の根底にあって規定されていない超感性的基体と、自由として規定される超感性的基体は、同一である可能性が示唆されるだけである。それゆえ「自然の技巧」は、自然概念の領域と自由概念の領域の「裂け目」において、仮説的に可能であるにすぎない。

第三に、「判断力批判」は、「美感的判断力の批判」と「目的論的判断力の批判」から構成されていた。これらの批判はいずれも、「自然の技巧」が構成的原理として使用されることを防止する。「判断力批判」は、「自然の技巧」

が客観を包摂する原理でないことを暴露し、たんなる統制的原理にとどめておく。このことは、反省的判断力にとって損失のように思われるが、決してそうではない。特殊を普遍に包摂できないからこそ、類比をとおした特殊と普遍の関連づけが可能になる。筆者の見解によれば、こうした特殊と普遍の関連づけにこそ、まさしく「自然の解釈学」の根拠がある。したがって、「自然の技巧」が統制的原理であるのは、普遍としての理念のもとで自然を理解する「自然の解釈学」のためである。そしてこの「自然の解釈学」は、普遍に包摂できない自然を理解する試みとして、自然を製作可能なものとする思考に抵抗するのである。

注

（1）「自然の技巧」の解釈学的含意については、次の論文を参照されたい。牧野英二「カントの美学と目的論の思想」、カント全集別巻『カント哲学案内』、岩波書店、二〇〇六年、二八七―三〇五頁。

（2）H・ブルーメンベルク『世界の読解可能性』山本尤・伊藤秀一訳、法政大学出版局、二〇〇五年を参照されたい。

（3）Vgl. G. Böhme, Die Natur im Zeitalter ihrer technischen Reproduzierbarkeit, in: *Natürlich Natur. Über Natur im Zeitalter ihrer technischen Reproduzierbarkeit*, Frankfurt a. M. 1992, S. 107-124. なお拙著『カントと啓蒙のプロジェクト――『判断力批判』における自然の解釈学』法政大学出版局、二〇一七年、二〇四頁以下も参照されたい。

美学と目的論の射程②

17 『判断力批判』における超越論的哲学の新たな可能性
反省的判断力の根源性

円谷 裕二

1 反省的判断力と現代哲学

『判断力批判』という書物の現代的意義の問題は、この書のテーマが反省的判断力の批判であることからすれば、反省的判断力の現代的意義の問題でもある。しかもこの問題は、カントの超越論的哲学の根本性格を左右する射程をもっている。なぜならばそれは、第一批判と第二批判が主題とした規定的判断力と、第三批判の反省的判断力との間の基礎づけ関係という、カント哲学の基本問題に関わるからである。それのみならず、後述するように、この問題は、西洋近現代哲学の根本動向にも関わる重要な問題でもある。

ところで、これら二つの判断力の基礎づけ関係を問題にするときには、次の問題、すなわち、所与の特殊を前にして、はたしてどちらの判断力が根源的な働きなのか、またどちらがはじめに働き出すのかという問題、つまり規定的判断力と反省的判断力の発生的および論理的な先後関係という問題が生じてこよう。

この問題に対する従来の一般的な解釈はこうである。すなわち、カントの三批判書の叙述の順序や、理論的判断と実践的判断が『判断力批判』に先立つそれぞれ独立した第一批判と第二批判において主題的に論じられているという事実から推論して、所与の特殊に関しては、まず規定的判断力が働き出し、次にもしその判断力の構成的原理である空間・時間・カテゴリーや道徳法則によっては包摂できないような特殊に直面した場合にのみ、反省的判断力が「自然の合目的性の原理」という統制的原理を携えながらはじめて働き出すのだ、という解釈である。つまり三批判書の順序および理論哲学と実践哲学のそれぞれの自立性と独立性を論拠にして、まず所与の特殊を構成的な規定的普遍の下に包摂しようとして規定的判断力が働き、次にそれによっては包摂できない特殊――カントが挙げるのは美、崇高、生命体など――の場合にはじめて反省的判断力が働き出して、それら特殊を「あたかも自然の超感性的基体の現れであるかのように」反省的に判断するのだ、と。

しかしながら、三批判書のこのような関係づけ、すなわち理論と実践の二元論をあらかじめ前提したかぎりでの体系性については、言い換えれば、構成的原理を基礎にした統制的原理の派生的位置づけについては、周知のように、カント的二元論そのものの超克を目指すドイツ観念論においてすでに批判的克服の試みがなされていた。例えば、シェリングのように、『判断力批判』における美学や芸術論を高く評価して、それを、理論哲学や実践哲学の根底に据えようとしたり、あるいは、ヘーゲルは、より強力な基礎づけ主義的体系哲学の観点から、『純粋理性批判』における「超越論的分析論」での悟性能力の自立性を否定して、むしろ「弁証論」における理性理念を悟性の根底に置くことによって、悟性と理性の基礎づけ関係を逆転させ、それと連動する仕方で『判断力批判』の反省的判断力の体系的な要としての意義を認めていた。こうしてヘーゲルは理論的および実践的な規定的判断力の根底に反省的判断力を見届けようとした。

もっともドイツ観念論の体系的一元論や基礎づけ主義に対しては現代哲学の多くは否定的である。例えば、新カント学派のカント解釈やドイツ観念論の体系的基礎づけ主義の双方に対する批判としては、「世界内存在」を人間存在の根本構造と見なしつつ、一義的に構成された客観的世界の手前に歴史的な日常世界を認めたり（ハイデガー）、あるいは人間存在を身体主体と捉えることによって心身二元論や理論と実践の二元論を超克しようとする哲学（メルロ＝ポンティ）を挙げることができる。現代哲学の潮流は、体系的な基礎づけ主義よりも、むしろ現象学におけるいわば〈事象そのものへ〉という観点から、『純粋理性批判』の「分析論」より「弁証論」や『判断力批判』を高く評価したり、理論的および実践的な構成原理の根底に統制的理念や世界地平を置くという仕方で、規定的判断力の根底に反省的判断力を据えようとする現代の一般的傾向を導いてきた。

本章の狙いは、カント哲学に対するこのような現代哲学の動向を踏まえながらも、あくまでもカントのテクストに沿いつつ『判断力批判』の新たな読み方を提示して、三批判書の基礎づけ関係についての従来の解釈に再考を促すことである。

2　『判断力批判』の新たな読み方——反省的判断力の根源的意義

『純粋理性批判』は自然の現象一般の合法則性を、他方『実践理性批判』は自由な行為一般の道徳性を論じるが、これらは構成的原理（空間・時間・カテゴリーや道徳法則）の下への現象一般や行為一般の包摂という、形式的で抽象的な、いわば「理念化」（フッサール）された自然や行為に関わっている。ところが『判断力批判』は、そのような形式的一般性ではなく、特殊なもの、すなわち「理念化」の手前の生きられる世界における、具体的で特殊な現象や出来事に関わる。『判断力批判』は、規定的判断力によっては包摂しえず、したがって偶然的と映じる具体的で特殊な事例について、それらをとくに美や崇高や生命体の現象のうちに見届け、そのような特殊事例についての判断の可能性の問題を論じている。

ちなみに、反省的判断力の批判を主題とする『判断力批判』という書物が〈反省的判断力批判〉とは銘打たれずに、たんに「判断力批判」と名づけられたのはどうしてなのかといえば、それは、カントにとって判断力とは、本来、規定的判断力と反省的判断力を含めた判断力一般を意味するというよりも、むしろ、規定的判断力の根底にある反省的判断力を指示しており、そのためにあえて「反省的」と形容する必要がなかったからである。したがって規定的判断力と反省的判断力は、けっして同一の類に属する二種の並存する判断力なのではなく、(1)規定的判断力の規定作用は反省的判断力の反省作用に基づいてこそ可能なのであり、また反省的判断力の反省作用における構想力の本来の働きをカントが「人間の魂の深部にある隠れた技＝巧み」(B 180)と呼ぶのもこの理由によるのである。

さらにあらかじめ留意すべきは、反省的判断力が関わる「特殊」とは、『判断力批判』で論じられる美や生命体に限られるものではなく、例えば、医師の診断における具体的症例や裁判官の判決が下される個々の事件なども、けっして医学的規則や法律をたんに事例に適用すれば事足りるというような規定的判断の関わる対象なのではなく、むしろ診断や判決は具体的事例に則しながら概念や法律を構成的原理ならぬ統制的原理と見なしながらの反省的判断なのであり、それゆえにまた診断や判決には誤診や誤判が避けられないのである。(2)それのみならず、生活世界の日常性のなかで特定の歴史的・文化的状況のもとで出くわす特殊な事態に関してそのつど下す判断もまた、厳密に見れば、反省的判断に含めることができる。

このように反省的判断力の関わりうる領域は非常に広いのであるが、しかしながら、後述するように、単なる対象領域の広さということにとどまらず、反省的判断力の働きは、規定的判断力の関わる認識論的次元の根底において、世界とわれわれとの根源的な関わり方そのものに深く関与する存在論的意義をもっている。

反省的判断力の対象のうちでカントが中心課題に据えている美的現象は、(3)すでに与えられている普遍としてのカテゴリーや道徳法則によっては規定されえない特殊であり、したがって規定的判断力にとっては偶然的存在であり、そのために美的現象に直面して判断力は戸惑いを覚えるのだが、この戸惑いこそが偶然性の感覚である。偶然性とは、特殊を包摂する普遍を欠く判断者の驚きと不安である。しかしまた、偶然性を偶然性のままに放置する不安からの解放に手をさしのべてくれるものを判断力は持ち合わせており、それこそが構成的原理ならぬ統制的理念である。特殊のみが与えられるさいの偶然性に対する驚きや戸惑いのゆえに判断が不可能な状態に陥るとはいえ、そのときにあらゆる意味での普遍があらかじめ欠如しているわけではない。たしかに構成的原理を欠くのだが、しかしながら、理念としての統制的原理がかろうじて特殊に面しての判断者の助けとなるのである。

『判断力批判』においては、『純粋理性批判』が論じる因果必然的な自然とは異なる偶然的な自然に対して、その偶然性への戸惑いからの解放のためにカントは、人間理性のうちに「自然の合目的性」という「統制的理念」を見出した。この理念は、とくに美的対象の場合には、「共通感覚」ないし「共同体的感情」(KdU, V, 239)という形でより具体化してくる。反省的判断力は、ある特殊な対象が美しいか否かを判断するために、共通感覚という理念を背景に宿しながら、美の範例を規則として「見出そう」(KdU, V, 16)とする。趣味の判断者は、この共同体的感情という理念に導かれながら理念的共同体の一員として判断する。

範例についてハンナ・アーレントは次の例を挙げている。すなわち、ある特殊な行為が勇敢な行為であるかどうかを判定するには、共同体的感情を有する古代ギリシア人たちであれば今は亡き英雄アキレスを、構想力を駆使して範例的規則として「見出し」、それに照らして当該の特殊な行為が勇敢かどうかを判定する[4]。範例とは、規則の一般性をも同時に併せもつ個別事例のことであり、特殊的であると同時に一般的であるという相反する両面性をもつ。この点で範例は、『純粋理性批判』において直観と概念とに「同種的」な「図式」と類比的である。とはいえ、構想力による図式の産出が構成的な悟性機能に制約されるのに対して、範例は、統制的理念を地平としつつ構成的な概念や法則から自由な構想力による産物である。かくして、反省的判断力と規定的判断力の間には明確な相違が存するのである。

規定的判断力も特殊と普遍を媒介する判断力ではあるが、しかしそれは構成的に「理念化」ないし抽象化された対象一般や行為一般に関わり、それゆえそれは、「理念化」の手前で、「人間の魂の深部にある隠れた技＝巧み」としての構想力の本来の働きである反省的判断力をあらかじめ前提にせざるをえない。したがってまた、われわれがあらかじめ持ち合わせている普遍は、規定的判断の可能性の条件であるカテゴリーや道徳法則だけではない。反省的判断力が規定的判断力の根底に働く判断力だということは、また同時に、われわれがあらかじめ持ち合わせている原理が、構成的原理としての規定的な概念や法則のみならず、むしろその根底で働く反省的判断力にとっての原理、つまり未規定的で統制的な理念でもあるということであり、そしてこの理念こそが構成的原理よりも根源的でかつ先立っているのである。

「理論的な認識判断」(KdU, V, 280) であれ「実践的な認識判断」(*ibid.*) であれ、その根底には、反省的判断力の原理である統制的理念が作動している。例えば、第一批判において、経験一般の可能性は「感性論」と「分析論」だけから論証されうるのではなく、そこには「弁証論」における統制的理念としての理性理念が前提されていなければならず、さらに言えば、「分析論」において悟性使用を可能的経験に制限することができたのも、悟性を統制しながら可能的経験の全体性に関わる理性の能力が根底にあるからである。

カントが『純粋理性批判』や『実践理性批判』において主題的かつ顕在的に論じたのが規定的判断力に基づく理論的判断および実践的判断であるからといって、規定的判断力が、発生的にも権利上も、反省的判断力に先立っているというわけではない。それどころか、未規定的な統制的原理がつねにすでに、非主題的・前述定的・潜在的な仕方で規定的普遍を統制しながら作動しているからこそ、『純粋理性批判』「分析論」や『実践理性批判』においてカントは、規定的な理論的判断や実践的判断をことさら主題化して論じることができたのである。『純粋理性批判』「図式論」での判断論や『実践理性批判』「範型論」での判断論は、規定的判断力の根底につねにすでに「隠れた」仕方で作動している反省的判断力をあらかじめ前提にしたうえでの議論なのである。この意味において、カントの超越論的哲学にあっては、三批判書の叙述の順序と、両判断力の発生的および論理的な基礎づけ関係はけっしてパラレルなものではなく、むしろ、逆の関係になっていると言えよう。

以上のように、反省的判断力こそが、規定的判断力の根底にあり、後者の規定的な働きに先立ってつねにすでに作動しているのであり、言い換えれば、構成的原理の根底には統制的理念がつねにすでに作動している。次節ではこのことについて、カントの象徴論を手がかりにしながらより具体的に論拠づけてみることにしよう。

3 図式と象徴 —— 反省的判断力は規定的判断力の基礎である

カントは『判断力批判』第五九節において、規定的判断力におけるカテゴリーの図式化と、反省的判断力による非直観的な概念や理念の象徴化という方法とを対比している。そこで具体的に挙げられているのは、唯一の絶対意志によって統治される専制君主国家という不可視的な概念が、可視的な手挽き臼（自動製粉機）という直観的対象によって象徴化される例である。これら両者の間にはたしかに直接的には何らの類似性も認められないのだが、反省的判断力は、反省を通して両者の間に機械的な因果関係という共通の規則を発見し、その規則の類比性に基づいて直観的には表示しがたい専制君主国家という概念を、手挽き臼という直観的対象によって象徴化している。

ところでこのように、専制君主国家という不可視的な概念を、『純粋理性批判』の図式論でのような「超越論的時間規定」としての感性化によってではなく、直接的な類似性をもたない手挽き臼による間接的な象徴化によって表示することは、どのようなことを意味するのであろうか。

それは、専制君主国家という概念についての通常の慣用的な意味理解を変形してその意味をずらすことであり、それによってこの概念に新たな相貌を現出させる。つまりこの概念をいままでとは異なる観点から理解できるようになるのである。

しかも、さらに注目すべきは、反省的判断力によるこの象徴化の方法において専制君主国家の象徴になりうる可視的な直観的対象は、かならずしも手挽き臼だけではなく、君主国家との類比性という観点から手挽き臼以外のさまざまな可能的な直観的対象を象徴として選択することも可能だということである。反省的判断力による概念の象徴化は、カテゴリーの図式化のように対象世界を一義的に決定する方法とは異なり、象徴としての直観的対象の可能的選択において自由の余地を残している。この自由とは、『判断力批判』での趣味論や芸術論からも看取しうるように、反省的判断力の働きの核心である構想力の自由にほかならず、それはまた構成的原理としてのカテゴリーや道徳法則の必然的強制には服さないという意味での自由でもある。象徴化において働く構想力は、規定的判断力での図式化における構想力のように、悟性概念に従属しそれによって一定の規定的な方向づけを強制されるものではなく、そうであるがゆえに、専制君主国家という概念の感性化・具体化に際して、手挽き臼に限らずほかの直観的対象をも象徴として選択しうる自由をもつのである。象徴化という働きは反省的判断力において働く構想力の「隠れた技」による創意工夫に委ねられているのである。

しかも、以上のような象徴化のうちに含意されているさらに重要なこととしては次のことを指摘することができる。すなわち、専制君主国家という概念の象徴として、潜在的には手挽き臼以外のさまざまな直観的対象を選択しうる自由ないし可能性を有していながらも、それらの選択肢の中から手挽き臼という特定の直観的対象を発見してそれを当の概念の象徴とすることが何を意味するかといえば、それは、専制君主国家という概念の理解にとって、手挽き臼とそれ以外の潜在的に可能な諸象徴との間に緊張関係が生じており、そのことが、反省的判断力の象徴化という方法に対してよりいっそうの力動性や生動性、さらには多産性を与えている、ということである。

他方、構成的原理としてのカテゴリーの図式化に際しての規定的判断力と直観的対象との関わり方においては、反省的判断力の象徴化における力動性や多産性とは対照的に、規定的判断力が客観的普遍妥当的認識のみを目指すことに制約されることによって、概念の適用される直観的対象に対する発見の自由がはじめから度外視されているのである。それどころか、あらかじめすでに与えられているカテゴリーという規定的ないし一義的な視点の下に包摂されるかぎりでの対象しか直観の対象としては認められなくなっている。つまり、規定的判断力による概念の図式化という感性化の方法は、普遍と特殊の関係を一義的な関係と見なしてその関係の多様性や独創性をあらかじめ封じ込め、そうすることによって、客観的で普遍妥当な判断を可能ならしめようとする抽象的な方法なのであり、それはまた歴史的で具体的な生活世界から遊離した、理念化された客観的世界の構成だと言える。こうして図式化による客観的世界は、象徴化における多義的世界からの抽象的理念化にほかならない。

象徴化と図式化とのこのような相違を踏まえることによって、規定的判断力と反省的判断力の間の基礎づけ関係に関しては次のように言えるであろう。

すなわち、規定的判断力におけるカテゴリーの図式化という一定の視点からの特殊の包摂とは、概念の感性化として反省的判断力の反省作用が有するところの多産的で多面的な視点のうち、単なる一つの視点からの、つまり、客観的に普遍妥当な認識の成立という特定の視点からの包摂にほかならない。規定的判断力による判断とは、反省的判断力に基づく象徴化の方法がもつさまざまな視点からの判断の可能性を根源的な背景ないし地平としながらも、あるいは、現象学的にいえば、生活世界の多義性と多産性を世界地平としながらも、それにもかかわらず、その可能性ないし自由をことさら封殺し、認識の客観性という特定の視点のみからなされた判断だということである。このことはまた、規定的判断力における概念の図式化とは、反省的判断力の象徴化の働きが本来もっているさまざまな視点の間のせめぎ合いや緊張関係からくる具体的な力動性や生動性に対して、それをことさら一義的な視点にのみ抽象化することによって抹殺し、単一の視点から対象を判断することによって、生動性の色褪せた判断の形成に関わるものだということを意味する。

『純粋理性批判』においてカントの展開した現象世界とは、ハンナ・アーレントが『活動的生』や『精神の生活』で主題としている現象世界つまり人間の「複数性の条件」のもとでの公共世界でもなければ、フッサールが『危機』において指摘した「理念化」の手前の「生きられる世界」でもなく、感性形式としての空間・時間と純粋悟性概念としてのカテゴリーによって構成される一義的な客観的世界にほかならない。

所与の特殊を「経験の特殊な状況」において「理性の解釈」（KdU, V, 312）を通して「理解」するという反省的判断力の働きこそが、特殊に関わるわれわれの判断の根源的な在り方であり、そのような根源性を、カントは、反省的判断力の働きのうちに見届け、それを「人間の魂の深部にある隠れた技＝巧み」と呼んだのである。それに対して規定的判断力とは、このような「技＝巧み」がカテゴリーや道徳法則という構成的原理に強制されることによって色褪せてしまい、一定の仕方でしか対象世界や行為世界を捉えることができなくなった判断力にほかならない。

4　超越論的哲学の新たな可能性

規定的判断力と反省的判断力の基礎づけ関係を以上のように理解するとき、美的現象という偶然的存在に出くわすときのわれわれの動揺ないしたじろぎの意味が、別の様相を呈してくる。それはけっしてたんに規定的判断力によって包摂されない特殊に出くわしたことに対する驚きなのではない。なぜならば、もしそうであるならば、特殊に対して、まず規定的判断力が働き出し、次に、それによっては規定しえないことに気づいて反省的判断力が働き出すという順序で、両判断力の関係を捉えてしまうことになるからである。美的現象を前にしての動揺とは、本来、けっしてそのようなものではなく、むしろ、規定的判断力の根底においては、つねにすでに『純粋理性批判』や『実践理性批判』では顕在的には論じられなかった「隠れた技」としての反省的判断力の巧みが働いていたのだということに、いまさらながらあらためて自覚させられることに対する驚きなのである。言い換えれば、自然を、数学的自然科学のように因果必然的な自然として認識することが、自然についての根源的な捉え方なのではないということ、つまり自然を一義的な客観として捉えることが自然についての〈真なる〉捉え方なのではないということに気づいたことに対する驚きである。そして想像をたくましくしてこのことをさらに人間の行為に当てはめていえば、人間の現実の行為が形式的で抽象的な道徳法則に一致することなどはありえず、それはつねに偶然的であり過ちやすきものだということに対する驚きと発見なのである。

規定的判断力の根底につねにすでに反省的判断力が働いているのであるが、それにもかかわらず、それが「魂の深部の隠れた技＝巧み」であるがゆえに忘却されてしまいがちである。われわれの驚きとは、規定的判断力こそが世界を捉える客観的で真なる認識の仕方だという臆断――この臆断はさらに、数学的自然科学を基礎づけることが哲学の根本課題なのだという近世の認識論中心の哲学とも結びついているのであるが、そのような臆断――を抱き続けていたことに気づいたことの驚きなのである。この驚きこそが、美的現象や芸術美を前にしたときのわれわれの動揺の本来の意味である。美的現象について下す趣味判断や、芸術作品の制作における天才の技術についてのカントの叙述は、以上のことをわれわれに開示するとともに再確認させてくれる。

『純粋理性批判』の「図式論」でもすでに暗示されてはいながらも「それをあからさまにするのは困難だ」（B 181）と言われた反省的判断力の「隠れた技＝巧み」が、『判断力批判』において「あからさまに」主題化されるに及んで、カントの超越論的哲学の帰趨がどこに存するのかということもはじめて了解しうるようになる。つまり、規定的判断力に媒介される特殊と普遍との関係（理論的および実践的な認識判断）の可能性の根拠を問うという、従来の『純粋理性批判』中心の、いやより正確に言えば、『純粋理性批判』「分析論」中心の、超越論的哲学の根底には、反省的判断力に媒介される特殊と普遍との関係（趣味判断や芸術制作や美感的理念）の可能性を問う超越論的哲学が先在しているのである。『判断力批判』においてこのことをあらためて自覚することによって、超越論的哲学の新たな可能性を再確認することができるのである。

『判断力批判』が開示したこのような意味での超越論的哲学は、普遍妥当的な客観的認識としての経験一般についてその可能性の条件を問うという認識論的問題設定のもとで展開される超越論的哲学ではなく、自然の存在の偶然性や特殊性に晒されながらも、「合目的性の原理」に導かれながら新たな規則の発見によってその偶然的存在を救いだそうとする反省的判断力に関わる超越論的哲学であり、それとともに、存在を認識に還元してしまうのではなく、むしろ存在の偶然性を未規定的で統制的な理念に基づきつつ偶然性のままに判断しようという、すぐれて存在論的な問題設定のもとでの超越論的哲学だとも言えるであろう。カントの超越論的哲学とは、特殊な偶然的存在を規定的概念の下に包摂することによって、特殊を、因果必然的な連関に組み入れようとすることにその本来の狙いがあるのではなく、偶然的な存在がけっして規定的に判断されることがなくあくまでも未完結的なものにとどまるとしても、それでもなおかつ判断の運動を不断に続けようとする反省的判断力の「隠れた技＝巧み」を、可能なかぎり顕在化しようとする哲学なのであり、この意味においてカントの超越論的哲学は、体系としての完結性をあくまでも拒み続ける開かれた哲学だと言えるであろう。

注

（1）G・ドゥルーズ『カントの批判哲学』中島盛夫訳、法政大学出版局、一九九六年、九五頁参照。

（2）この点については、拙著『経験と存在——カントの超越論的哲学の帰趨』東京大学出版会、二〇〇二年、二三二頁を参照されたい。

（3）美的現象に関わる趣味判断を崇高や生命体についての判断に優越させる理由については次の拙著を参照。『デカルトとカント——人間・自然・神をめぐる争い』北樹出版、二〇一五年、一八九—一九一頁。

（4）R・ベイナー編、ハンナ・アーレント『カント政治哲学講義録』仲正昌樹訳、明月堂書店、二〇〇九年、一七〇頁参照。

【コラム⑤】

パースとカント

プラグマティズムとカテゴリー論

伊藤 邦武

はじめに　チャールズ・サンダース・パース（1839–1914）はアメリカを代表する哲学思潮であるプラグマティズムの祖である。パースはまたフレーゲと並んで、伝統的なアリストテレス論理学にかわる、新しい記号論理学の創始者でもある。このような歴史的役割をもったパースという思想家を、カントとの結びつきという角度から考えるとすれば、おそらく二人の思想の関係についてはとりあえず、次の二つの主題をめぐって議論することができそうである。

一つは、カントの批判哲学という構想全体の方向性が、パースやその友人のウィリアム・ジェイムズによって提唱されたプラグマティズムという思想と、どのような意味で親和性があるか、という問題設定である。もう一つは、これよりもう少し限定された主題で、カントがその超越論的観念論からする認識論の柱にすえたカテゴリー（範疇ないし悟性概念）というものと、パースがその哲学体系の基盤とみなしたカテゴリー論との異同についてである。

プラグマティズムとカントの接点　まず、カントとプラグマティズムの接点とは何か。こう問われればその答えは、プラグマティズムはカントのいう「実践理性の優位」という考えと、基本的に同じ方向を向いた思想である、と答えることができるであろう。プラグマティズムの根本思想は、人間の認識の意味の内実を行為の文脈で考えようとすることにある。パースにとってもその盟友のジェイムズにとっても、プラグマティズム提唱の根本的動機は、西洋近世のデカルト型の合理主義に反旗を翻すことにあった。カントはもちろん、西洋近世の合理主義の延長上に位置する哲学者ではあるが、その批判哲学は、デカルトなどの合理主義が前提した理論理性にたいする過大な権利付与に異議を唱えて、理性といっても実践理性のほうにこそ、人間の合理性の根本的な特徴が認められるという立場をとった。

カントのこの方向性を端的に象徴するのが、『純粋理性批判』の第二版序文で出された「信仰に場所を与えるために、知識に制限を加えなければならなかった」という有名な表明であるが、この思想はパースにとってもジェイムズにとっても、認識論が最初に表明しなければならない第一の原則であった。なぜなら、反デカルト主義と並ぶプラグマティズムの第二の柱は可謬主義ということにあるが、この思想ではそもそも知識よりも信念のほうが人間認識の基礎的な状態であり、知識とはその特殊な形態にすぎないとされたからである。

われわれにとっての標準的な認識状態はつねに、信念という不確実性と改訂の余地を残した状態であり、知識は信念の連鎖が探究の共同体のなかで相互批判された結果として望まれる、究極的な終着点であるか（パース）、あるいは行為における有効性がこれまでの経験の積み重ねにおいて十分に確かめられたものである（ジェイムズ）、と考えられた。プラグマティズムはこの意味で、いわばカントの立場をさらに広げて、信仰ないし信念により大きな場所を与える思想であるといえるであろう。

ただし、知識についてのパースとジェイムズの理解が完全に同じではないことからも理解されるように、彼らの知的探究の理論における実践理性の役割にも、相当に開きがあるのは事実である。ジェイムズにとっては知性による科学的探究と呼ばれる精神の働きそのものが、実質的には探究者本人の理解する「合理性」のイメージに先導されたものであり、しかもこの合理性の理解は、それ自体が知性的ないし理性的な働きというよりも、むしろ感情のレベルで感受されるものであるので、理性の働きの幅はあくまでも「堅い精神」と「柔らかい精神」という、感情のパターンないしタイプとして理解されている。ジェイムズの立場では、カントのように理論理性と実践理性とを画然と区別するような視点は、はじめから捨てられているのであり、客観的事実の認識から価値的善悪の判断までの領域は、同じ合理性感情の多元的な指向のあり方として捉えられている。

これにたいして、パースの哲学はよりカント的な区別の色合いを濃く残している。彼はプラグマティズムという思想を一八七〇年代に初めて提唱したが、世紀の変わり目前後からジェイムズのプラグマティズムが広く内外で支持されるようになると、それとの違いを強調するようになり、二十世紀の初頭から「規範学の理論(theory of normative sciences)」という考えを表明するようになった。規範学の理論とは、人間の知的探究という作業を自己批判的かつ意志的にコントロールされた行為とみなしたうえで、この理論的探究の基礎には、道徳的・倫理的規範の追求と同形の精神活動があるとする一方、後者の道徳的規範の追求は究極的目的への顧慮という側面で、美的判断力とも結びついている、という理論である。

パースのカテゴリー表　パースは規範学の理論という発想によって、理論理性、実践理性、判断力という三つの能力の観点から人間精神を分析したカントの批判哲学を復活させようとしたのであるが、この理論構成は同時に、彼のカテゴリー論とも密接な結びつきをもっている。

パースはカントのカテゴリー表の改変ということを生涯の研究のモチーフとしていたが、最終的にカントのカテゴリーの各綱に見られる三肢性自身が、存在と認識両方にまたがるより根本的なカテゴリーを表すと考えて、「第一性、第二性、第三性」という名前の三つのカテゴリーからなるカテゴリー論を構築した。この理論からすると、論理学、倫理学、美学という規範学は、それぞれ第三性、第二性、第一性の追求と考えられる。さらに、人間の知的探究の全領域が一つの構造を内包していて、全体として一つの体系の完成を目指していくというこの事態は、パースにとっては、人間精神のもっている「理論の建築術」という能力に発していると解される。パースはこの点でも、徹頭徹尾カント主義の影響下にあったといえる。

ただし、カテゴリー表の導出の方法という観点から見ると、パースのカテゴリー論はカントの発想から大きく逸脱している。というのも、パースのカテゴリー論は、カントとは異なって判断表という一つの観点からの導出ではなく、複数のアプローチによってその種類を確認するという点を特徴とするからである。

パースはカテゴリー表の作成のために三つの途を採用する。一つはカントの議論に忠実に、われわれの知覚の多様を命題的統一へともたらす要素の枚挙という方法によって、単項的、二項的、三項的概念の枚挙へと至る方法である。二番目は「現象学的反省」と名付けられた、われわれの経験の具体的な可能性を実験的に吟味することで、その構造的制約を明らかにする方法である。そして、三番目が「関係の論理学」からの演繹という新たな方法である。ここでは、さまざまな多項関係をより単純な項の組み合わせへと還元するさいに必要十分となる項数を証明するという、数学的な手法がとられている。

このうち、パースが最も重きを置いたのは、当然ながら三番目の関係の論理学からするカテゴリーの導出という方法であるが、その詳細についてここで示すことはできない。ただ、すべての認識と経験を三つの関係項に還元する彼の思想は、一切の思考を記号的で媒介的なものとする発想と直結しており、それが彼の反デカルト主義の中核をなしている、ということだけを指摘しておくことにする。

18 自然哲学と自然の形而上学

カント自然哲学の変遷

犬竹正幸

カントにおける自然哲学と自然の形而上学との関係というテーマを扱う場合、あらかじめ検討しておくべき問題がある。それは、カントが自然哲学という学問の内容をどのようなものとして理解していたのか、という問題である。当時、「自然哲学」ということばは、現代ならば、ほぼ自然科学という名で呼ばれる学問領域を指示するものとして用いられていた。カント自身、そうした用法に従っている場合が少なくない。しかし他方、カントは数学と哲学との方法的峻別という、みずからの考えに従って、いわゆる自然の数学化という方法論的基礎の上に立つ近代の数学的自然科学を、無条件に真正の学問として認めていたわけではない。近代の数学的自然科学が真正の学問として成立するためには形而上学的な基礎づけが必要である、というのが、その学問的生涯を通じて変わることのないカントの確信であった。またカントは、『純粋理性批判』（第一版一七八一年、第二版一七八七年）のなかで、哲学一般を「経験的哲学」と「純粋哲学」とに分け、前者を経験科学、後者を形而上学とみなしている（vgl. A 840f. /B 868f.）。この区分に従えば、カントにおいて自然哲学は、経験科学としての自然科学と、アプリオリな学としての自然形而上学との双方を含んだ広い意味をもった学問として考えられていたことになる。そこで本章では、基本的にこうした広義の自然哲学の用法に従うことにする。

しかし、そうした用法に従った場合、自然哲学と自然形而上学との関係という論点が不明瞭になる惧れがあるので、この関係にとくに焦点をあてる場合には、それは経験的哲学と純粋哲学との関係、すなわち数学的自然科学と自然形而上学との関係が問題となる場面であると了解されたい。

なお本章は、カント自然哲学の内容の変遷を初期から批判期に至るまで追跡することをテーマとしているので、認識論的観点よりも存在論的観点からの論述が中心となる。

1　批判期におけるカントの自然哲学

存在論的観点から見たとき、『純粋理性批判』のなかでは、どのような自然哲学ないし自然形而上学が提示されているであろうか。それを最も明瞭に読み取ることができるのは、以下の箇所であろう。


純粋理性の対象［物自体］の場合、（現実存在に関して）他の物とのいかなる関係ももたないような規定だけが内的である。これに対して、空間における現象的実体 substantia phaenomenon の内的規定［すなわち本質］は関係以外のなにものでもない。それどころか、現象的実体そのものがどこまでも純然たる関係の総体である。われわれが空間における実体を知るのは、他の実体を自分のほうへ引き寄せるか（引力）、あるいは自分が占める空間への他の実体の進入を阻止するか（斥力および不可入性）、どちらかの仕方で空間のうちで作用するところの力による以外にはない。

（A 265/B 321、挿入引用者）

ここで提示されている自然哲学ないし自然形而上学を現象的実体論と呼ぶならば、その根本は、外的関係、しかも単なる空間的関係ではなく、引力・斥力という動力学的（dynamisch）な力による相互作用という実在的な関係が、現象的実体の本質を形成する、という点にある。このような現象的実体論は、実体の独立存在を基本とし、その上に実体間の関係を考えようとする伝統的形而上学とは根本的に異なるものである。

ではカントは、このような自然哲学を彼の学問的生涯のどの時期から抱懐していたのであろうか。驚くべきことに、それは最も初期のころからである。ただし、あらかじめ注意しておくならば、そこには批判期にいたるまで一貫して保持された面と、幾多の変遷をこうむった面とがある。しかし、この点に目を向ける前に、「動力学的な力」の概念について簡単に見ておこう。

動力学的な力の概念についていては、批判期における自然哲学に関する唯一の公刊著作『自然科学の形而上学的原理』（一七八六年、以下『原理』MANと略記）のなかで詳細に論じられている。そこでカントは、自然哲学の二大流派として「機械論的自然哲学」（MAN, IV, 532）と「動力学的自然哲学」（*ibid.*）を挙げ、前者を否定して後者を採ることを明言している。機械論的自然哲学は、物体的自然のあらゆる事象を基本粒子の形、大きさ、剛性、運動に還元して説明しようとする学説であり、とりわけ力の概念を運動の概念に還元しようとする点に最大の特徴がある。これに対して動力学的自然哲学は、運動に先立って物質に内在する能動的な力（これが「動力学的な力」と呼ばれる）の概念を基本におき、自然現象や物質の内部構造を、そうした動力学的な力にもとづいて説明しようとする学説である。ここで物質に動力学的な力が内在するという動力学（Dynamik）の発想自体はライプニッツに由来するが、カントはこうした動力学的な力として、ニュートンに由来する引力・斥力の概念を採用する（先の引用文中に見られた引力・斥力がそれである）。とりわけ、カントがニュートンの重力ないし万有引力を「遠隔作用」（MAN, IV, 511）として認めている点は、動力学的自然哲学にとって決定的に重要である。なぜなら、重力の作用を近接作用に還元して説明しようとすることは、デカルトの試みが典型的に示しているように、結局のところ機械論的発想に与することを意味するからである。

2　初期カントの自然哲学

さて、こうしたニュートンの引力・斥力概念を援用した動力学的な自然哲学の思想は、まず『天界の一般自然史と理論』（一七五五年）や『自然モナド論』（一七五六年）といった初期の自然哲学的諸著作のうちに疑問の余地なく見てとることができる。それどころか、処女作『活力測定考』（一七四七年）のうちでカントは、物理的空間の三次元性を、「諸実体がみずからの本質的な力によって結合しようとするさいの法則」（I, 24）から導き出すことができると述べ、しかもこの法則を、重力の逆二乗法則と言い替えている。だとすれば、『活力測定考』においてすでに、遠隔作用としての重力を物質的実体の本質力とみなす動力学的自然哲学をカントが抱懐していたことは、まちがいないであろう。

ただし、初期著作群に見られるこうした動力学的自然哲学は、批判期におけるそれと完全に同一であるのではない。この点は『自然モナド論』の内容を検討することによって明らかとなる。この著作においてカントは、空間の無限分割可能性を明白な真理とみなす幾何学の立場と、物体は単純な実体から合成されるという命題を真理とみなす形而上学の立場とを調停しようと試みた。すなわち、物体界は非延長的でありながら引力・斥力という動力学的な力を備えた単純実体たる「自然モナド」から構成されており、空間の無限分割可能性は、この点的なモナドが行使する斥力の作用領域の分割にのみ関わり、モナド的実体そのものには及ばない、という仕方で双方の立場の調停を図ろうとした。

ここに見られる動力学的自然哲学と批判期におけるそれとを比較してみると、まず共通点として、双方とも物体的自然を構成する基本的実体が引力・斥力という動力学的な力を本質とするという点を挙げることができる。これに対して相違点を見ると、初期自然哲学では、〈物体は非延長的な単純実体（自然モナド）から合成される〉（これをテーゼ①とする）という点、そして〈空間およびその諸規定は、根底に存する実体間の実在的な（つまり力による）相互作用から派生したものである〉（いわゆる空間の関係説であり、これをテーゼ②とする）という点が、批判期の自然哲学とは根本的に異なる点である。

ちなみに「自然モナド」という概念は、ライプニッツのモナド論に由来するのではなく、モナドを精神的なものと物体的なものとに分けたヴォルフのモナド論に由来するようである。[1] そのかぎりで初期カントの自然哲学は、たしかにヴォルフの自然哲学の枠内にある。とはいえヴォルフは、実体論のレベルでは予定調和説を奉じ、また現象論のレベルではデカルト的な機械論を採用しているという点で、実体同士の動力学的な相互作用を中核に据えるカントの自然哲学は、その最も初期において、すでにヴォルフ的自然哲学の枠に収まらない面を有していたことも確かであろう。その点より、むしろ問題となるのは、先のテーゼ①、②から明らかなように、初期のカントが、自然科学が対象とする時間空間的な物体的世界の根底に形而上学的な実体的秩序を想定し、この形而上学的な実体的秩序にもとづき、それに支えられて物体的自然界および自然科学が成立すると考えている点にある。これを自然科学の独断論的形而上学による基礎づけと呼ぶことができよう。このような思想に関するかぎり、初期カントの自然哲学は、伝統的形而上学から一歩も出ていないと言わざるをえない。

先に進む前に、もう一点、初期カントの自然哲学に関連して指摘しておくべきことがある。カントがその修学時代からニュートン物理学の修得に熱心に努めていたことはまちがいないが、初期カントによるそうしたニュートン物理学の理解を問題とする場合、ニュートンの力学理論とその重力論とを分けて考える必要がある。ありていに言えば、初期のカントはニュートンの力学理論に関する十分な理解に達しないまま、したがって万有引力の法則が運動法則からどのようにして導出されたかを十分に理解しないまま、ニュートンの重力論の成果だけを受容したようである。なぜなら、もしカントが、ニュートンの力学理論とそこから導出された重力論との関係を十分に理解していたならば、重力の逆二乗法則から空間の三次元性を導き出す、つまり空間の関係説を論証する、などという発想には絶対にならなかったはずだからである（ニュートンの力学理論の基礎におかれる三つの運動法則は、いうまでもなく絶対空間の前提のもとで考えられており、この絶対空間は空間の関係説とは相容れないものである）。なるほど、十八世紀前半のヨーロッパ大陸におけるニュートン受容の実態を見れば、ニュートンが近代力学の定礎者であるという見方は、いまだ確立されておらず、[2] ニュートンの名はまずは重力理論の提唱者として知られていたという実情に鑑みるならば、上述の未熟なニュートン理解の責めをカントだけに負わすことは酷であろう。それはともかくとして、その後に見られるカント自然哲学の紆余曲折は、初期におけるこうした未熟なニュートン理解に原因の一半があるのである。

3 『方位論文』の衝撃

初期カントの動力学的な自然哲学は、一七六八年の『空間における方位の区別の第一根拠について』（以下、『方位論文』と略記）の公刊を機に、大きな変様をこうむる。カントは『方位論文』以前には一貫して絶対空間を否定し、空間の関係説を支持していたが、『方位論文』では右手と左手のような「不一致対称物」（II, 382）の存在を根拠に、一転して絶対空間の存在を主張するに至った。ここでは絶対空間の存在論証には立ち入らずに、動力学的な自然哲学に関わるかぎりで、その帰結だけを検討することにする。

カントは絶対空間について、「絶対空間はあらゆる物質の存在から独立であり、それどころか物質の合成を可能にする第一根拠として、それ固有の実在性を有する」（II, 378）と述べる。この一文だけですでに、初期の動力学的自然哲学を特徴づける先述の二つのテーゼがともに否定されることになる。まずテーゼ①が否定されるのは、ここで言われている「物質の合成を可能にする根拠」が、テーゼ①では非延長的な単純実体としての自然モナドであったのに対し、ここでは、それは絶対空間であると言われているからである。また「絶対空間はあらゆる物質の存在から独立である」という前半部からは、ただちに空間の関係説を主張するテーゼ②の否定が導かれる。

こうして絶対空間の存在が論証されることによって、初期カントの動力学的自然哲学は、その根底から動揺させられることになった。なるほど、不一致対称物の存在を論拠とした『方位論文』の論証が、ニュートンの力学的な絶対空間の存在を論証したものであるか否かについては議論の余地があるものの[3]、その如何にかかわらず、この論証によって空間の関係説は完全に否定され、したがってまた、空間の関係説がそこから導かれたところの、自然モナド論の基本思想が否定される。すなわち物体的自然界の根底に存し、物体的自然界に見られる（重力法則のような）動力学的な法則的秩序に対応する、実在的な相互依存関係にある非延長的な単純実体から成る形而上学的世界という基本思想が否定されることになる。『方位論文』が初期カントの動力学的自然哲学に与えた衝撃は甚大なものがある。

これ以後カントは、一方で自然科学ないし自然哲学の面では、ニュートン力学とその重力論との関係をあらためて考察し直すことに向かった。その成果は『原理』の動力学章のうちに見ることができる。そこでカントは、ニュートンが運動法則とケプラーの三法則とから万有引力の数学的法則を論証していることを見届けながら、「力の数学的概念」[4]だけをあつかうというニュートンの実証主義を批判して、この数学的論証そのものが、物質の本質に能動的な力が内在するという動力学を暗黙のうちに前提している次第を論じて、「力学は動力学を前提する」（vgl. MAN, IV, 537）というテーゼを打ち出したのである。

他方でカントは、時間空間的な自然界を支配する原理が、遠隔作用としての重力を一例とする引力・斥力という動力学的な原理であるとする、初期以来の動力学的自然哲学を堅持しつつも、こうした自然哲学を基礎づけるべき自然形而上学としては、もはや空間の関係説を帰結として有する自然モナド的形而上学を採用することはできず、新しい形而上学を模索していた。しかし『方位論文』のわずか二年後に現れた教授就任論文『可感界と可想界の形式と原理』（一七七〇年、以下、『就任論文』と表記）によって、カントの自然哲学はさらなる紆余曲折を経ることになる。

4 『就任論文』から批判哲学へ

時間・空間は物自体の形式ではなく、われわれの感性的直観の主観的形式であるというテーゼが『就任論文』における最も重要なテーゼであることは、いうまでもない。しかし、このテーゼは『方位論文』で主張された絶対空間の端的な実在性を否定するものではあるが、物質に対する空間の独立性ないし先行性という、絶対空間の特性までもが、このテーゼによって否定されたわけではない。絶対空間のこうした特性は、感性的直観の形式としての空間のうちに、あらためて確保されており、このテーゼによって空間の関係説が復活させられたわけではないのである。では、この『就任論文』はカントの自然哲学の帰趨に関して、どのような帰結をもたらしたのか。この点は自然哲学と自然形而上学との関係という観点から『就任論文』を見ることによって明らかとなる。

この観点から『就任論文』の内容を見るとき、最も問題となるのは、空間・時間が感性的直観の形式とされたこと以上に、感性界と可想界とがまったく別個の原理によって成立し、両世界が完全に切り離されて考えられている点にある。詳しく言えば、感性界すなわち時間空間的自然界は数学および数学的自然科学が妥当する世界として成立し――カントはニュートンを意識しつつ、この世界に対する「自然哲学における幾何学の使用」（II, 405）の妥当性について語っている――、他方、可想界は純粋知性の諸概念によって思惟されるだけの形而上学的世界として成立し、そこに時間空間的諸規定を持ち込むことは許されず、したがって両世界は完全に断絶したものとして考えられているのである。それどころかカントは、感性界がニュートン的な重力法則に支配されているという自然科学的事実とはまったく無関係に、この形而上学的世界を、実在的な相互作用による相互依存の関係にある諸実体から成る世界として描いている。要するに『就任論文』の二世界説では、一方で時間空間的感性界では数学的自然科学が、他方で純粋知性によって思惟されるだけの可想界では形而上学が、互いにまったく無関係に成立するだけである。したがって『就任論文』の立場では、数学的自然科学の形而上学的な基礎づけというテーマは成立しようがない。しかし、このテーマは処女作以来、カントの重要な哲学的テーマの一つであり続けてきたことを考えるならば、カントがこの『就任論文』の立場に満足することはありえないだろう。

批判哲学の開幕を示唆するものとして知られる一七七二年のマルクス・ヘルツ宛の書簡は、直接にはこのテーマに促されたものではないが、このテーマに密接に絡むものであり、そのおよそ一〇年後に現れた『純粋理性批判』のうちには、紛れもなく数学的自然科学の形而上学的な、ただし認識批判にもとづく真に新たな形而上学的な基礎づけが展開されている。その内容を詳論する紙幅の余裕はないが、その基本戦略を批判期以前の戦略と対比しながら略述するならば、次のようになるだろう。

批判期以前のカントは、一方でニュートンに代表される近代の数学的自然科学、とりわけその重力論を、物体的自然界に関する確実な真理として承認しつつ、他方で、そうした自然科学が前提する基本概念（空間・時間、物質、遠隔作用としての重力 etc.）を、伝統的な形而上学に依拠しつつ、自然界の根底に存する形而上学的な世界を支配する実体的秩序に由来し、そこから派生した概念であるとみなし、これを論証することによって自然科学の形而上学的基礎づけという課題の解決を図った。しかし、この戦略は『就任論文』にいたって最終的に破綻した。これに対して批判期では、自然科学の基本概念が自然界に妥当することの根拠づけを、その根底に存する形而上学的世界に求めるという方法を独断論として棄却し、その代わりに、そうした基本概念を自然科学的・客観的な経験を可能にする認識論的条件として論証するという戦略をとることによって、カントは数学的自然科学の形而上学的基礎づけという近代哲学の主要問題を、まったく新しい次元に移したのである。

5　残された問題

以上、論じてきた内容は、カントにおける自然哲学と自然形而上学との関係というテーマのもとで論じられるべき中心的な内容ではあるが、そのすべてではない。カントが初期以来、関心を抱いていた自然哲学のテーマとしては、これまで見てきた物体の運動論ないし力学論のほかに、「熱素」ないし「エーテル」という概念に集約される、化学ないし熱学に属する問題系がある。このテーマをあつかった初期のものとしては、マギスター論文『火について』（一七五五年）があり、そのなかでカントは、物質の流体性と固体性の区別、およびその一方から他方への変化、さらには燃焼、温度変化、光と熱といった自然界の諸現象を、同一の弾性物質のさまざまなはたらきによって生じるものと考え、そのはたらきの違いに応じて、この弾性物質に「燃素」、「熱素」さらには「エーテル」という名を与えている。こうしたテーマは以後四〇年間にわたり、わずかな例外を除いて、カントの著作中に現れることはなかったが、カント晩年の遺稿集『オプス・ポストゥムム』のうちに、自然哲学の中心的概念として再登場する。この遺稿集において自然哲学と自然形而上学との関係がどのようなものとして捉え返されているかを見届けることは、『オプス・ポストゥムム』を理解する上できわめて重要であるが、この点の検討は、本論集で『オプス・ポストゥムム』を論じた章に委ねることにしたい。

注

（1）松山壽一「若きカントと十八世紀自然思想──その一断面」『カント全集　第1巻』解説、岩波書店、二〇〇〇年、三八三頁以下。山本道雄『カントとその時代──ドイツ啓蒙思想の一潮流』晃洋書房、二〇〇八年、八一頁。

（2）松山壽一『若きカントの力学観──『活力測定考』を理解するために』北樹出版、二〇〇四年、五三頁。

（3） Michael Friedman, *Kant and the Exact Sciences*, Harvard UP 1992, p. 29. 犬竹正幸『カントの批判哲学と自然科学』創文社、二〇一一年、一四五頁。

（4） I・ニュートン『自然哲学の数学的諸原理』河辺六男訳、中央公論社、一九八一年、六四頁。

（5） とはいえカントは、ニュートン力学の第二運動法則に示されている、作用をこうむる側の物体の運動量の変化を尺度とする力の概念を理解することなく、作用する側の物体の運動量を尺度とするカント的な力の概念に固執し続けた。この点は、カントがニュートン力学の正しい理解に終生、達しなかったことを意味する。

自然哲学と晩年の思想②

19 『オプス・ポストゥムム』のコンテクスト

遺稿著作はカント最晩年の思想か？

加藤泰史

1 はじめに――問題の所在

カント没後二〇〇年に当たる二〇〇四年の時点でディーナ・エムンツは、『オプス・ポストゥムム』のテクスト問題について次のように指摘している。

ゲアハルト・レーマンの編集したオプス・ポストゥムムはアカデミー版の第二一巻と第二二巻に収められているが、しかし長い間〔その編集内容に関して〕重大な疑念に晒されてきている。新編集〔の版〕はまだ出版されていないので、アカデミー版が〔…〕いまだに〔テクストとしては〕基礎となる。(1)

この状況は十年以上を経た二〇一七年の現在でも根本的に変わっていない。『オプス・ポストゥムム』がドイツでカント哲学の「劇物（Senf）」と呼ばれ続けている所以でもあろう。たしかにフォルカー・ゲアハルト、エッカート・フェルスター、ハンス＝ペーター・クリューガー三氏の主導のもとに、ベルリン・ブランデンブルク科学アカデミーではジャクリーヌ・カールによって『オプス・ポストゥムム』の新編集の作業が進行している。二〇一四年に私は、ゲアハルトに招聘され同科学アカデミーを訪問して『オプス・ポストゥムム』をめぐって意見交換を行ったが、[2]その際にカールも同席して新編集の作業内容を詳細に説明してくれた。カールによれば、アカデミー版ではレーマンの加筆がカントの文章としてテクスト化されており、それらを慎重に削除するのに手間がかかるとのことであった。この新編集のテクストは順調にゆけば二〇一八年に公刊されるそうであるが、資金難にも直面しているようなので、無事の早期公刊を祈るばかりである。新編集のテクストによって『オプス・ポストゥムム』の解釈が根本から大幅に修正されることはないだろうが、とはいえ新旧テクストを比較するとカント解釈上看過できない差異もあるので、新編集のテクストに依拠して翻訳すべきであるとはその時点でのゲアハルトの助言であった。

こうしたテクスト問題もさることながら、それと同じように重要な問いはこのテクストの性質に関わる。すなわち、『オプス・ポストゥムム』はそもそも「著作（Schrift）」（Op, XXI, 311）として構想されていたのかどうかという問いであり、それはまたこのテクストの命名にも関係する。かつてラインハルト・ブラントはこのテクストを「クラウゼ文書」と呼ぶことを提案したが、[3]この提案は単なる命名の問題に関わっているだけではなく、さらにテクストが「著作」であるのかどうかという難問にも関連する。ブラントはこのテクストが「著作」として自明視されていることに対して敢えて問題提起を行ったと言えよう。しかしすでに別稿で論証したように、[4]書簡などの間接的証拠にもとづいて『オプス・ポストゥムム』は「著作」として計画されていたと認定できる。

ところが、『オプス・ポストゥムム』を「著作」として認めることはさらなる難問を誘発する。それはまず、この遺稿著作のテーマはそもそも何であるのかという問題であり、次にカントはいつそのテーマを認識したのか、したがってこの遺稿著作はいつから書き始められたのかという問いである。両者は内容的に密接に連関して、最終的には『オプス・ポストゥムム』と批判哲学（ないし超越論哲学）との関係をどのように解釈するのかという問題に帰着しよう。カントは『判断力批判』で、「それゆえ私は、これで私の批判的事業を全体として終える。私は直ちに学説的な事業に着手し、私の加わりゆく老齢からこの仕事のためにいくらかでも利用できる時間を何とか捻出しよう」(KdU, V, 170／八、一三)というように、批判哲学が体系的に完結したと宣言していたが、これはやがて撤回され、カント自身も、「――私が現在取り組んでいる課題は「自然科学の形而上学的原理から物理学への移行」に関するものです。この課題は是非とも解決したいものです」(Briefe, XII, 257／二二、三八〇)とガルヴェに書き送ることになる。それゆえに、これら両者の問いを立てるのは、カントのこの告白を真剣に文字通りに受け止めることを意味する。本章はこれら両者の問題に歴史的および理論的観点からアプローチしようとするものである。

次節では、『オプス・ポストゥムム』の主要テーマを仮説的に確定した上で、その歴史的コンテクストを再構成することを通してテクスト形成の問題を検討する。第3節では第2節の成果および最新の研究を踏まえて理論的コンテクストのなかで『オプス・ポストゥムム』と批判哲学との関係を考察する。そして最後に今後の課題に触れる。あらかじめ暫定的な結論を述べるとすれば、こう取りまとめることができる。すなわち、『オプス・ポストゥムム』は批判哲学の内部に位置づけられた上で解釈されるべきであり、その場合に『純粋理性批判』・『自然科学の形而上学的原理』・『判断力批判』との接続が具体的に考えられうる。そして、『純粋理性批判』と関連づけて解釈する最新の解釈も特に「図式機能」の問題を射程に入れて「移行(Übergang)」の問題をより哲学的に考察しようとする点で大変魅力的ではあるが、しかし内容的には『自然科学の形而上学的原理』とより一層内的な関係をもつとする解釈が現時点ではやはり最も有力である。

先述したテクスト問題がいまだに残されているとはいえ、それにもかかわらず『オプス・ポストゥムム』への取り組みは止むどころか欧米では増加の一途を辿っている。この間「移行」に関するコメンタールさえ刊行された[5]。それらのなかでも興味深いのは、カント最晩年の思想という解釈枠組み――それはクーノ・フィッシャーから始まり、ミシェル・フーコーによっても反復されている根深い見解である――から『オプス・ポストゥムム』を解放して、それをむしろ批判哲学の内部に位置づけ批判哲学の重要なテーマと結びつけようとする試みがさまざまに展開されていることにほかならない。本章もその流れに棹さそうとするものである。

2 『オプス・ポストゥムム』の歴史的コンテクスト

『オプス・ポストゥムム』のテクストがどのように形成されてきたのか、したがってこのテクストがいつから書き始められたのかという問題に関しては、この遺稿著作の主要テーマが何であるのかをあらかじめ見定めることが不可欠である。そのためにきわめて示唆的なのが、先に引用した一七九八年九月二一日付ガルヴェ宛書簡であり、それをもう一度検討してみよう。

――私が現在取り組んでいる課題は「自然科学の形而上学的原理から物理学への移行（Übergang von den metaphys. Anf. Gr. d. N. W. zur Physik）」に関するものです。この課題は是非とも解決したいものです。さもないと批判哲学の体系にギャップ（Lücke）が生じてしまうことになるだろうからです。（Briefe, XII, 257／二二一、三八〇）

この書簡から、⑴遺稿著作のテーマが「自然科学の形而上学的原理から物理学への移行」であり、さらに⑵「移行」が同時に批判哲学の体系のギャップの問題に内的に結びつくことが明らかとなる。⑴の論点に関しては、例えば一七九五年六月八日付カント宛書簡でキーゼヴェッターが書き送っている内容からも確認できる。

〔…〕貴方は、すでに数年来、自然科学の形而上学的原理から物理学への移行そのものを含むことになるはずの全紙数枚分〔の原稿〕を公刊しようと考えておられますが、私はその原稿〔の公刊〕を心待ちにしております。（Briefe, XII, 23）

ここでエルンスト＝オットー・オナッシュは「すでに数年来（schon seit einigen Jahren）」という言い回しに着目した上で、一七八九年五月二六日付ヘルツ宛書簡の「私は六六歳になってなお、自己自身の計画を完成するという遠大な仕事（一つは、批判の最後の部門となる判断力の部門を提供すること、この部門はまもなく刊行されるはずです。そしてもう一つは、形而上学の体系を仕上げること、しかもそれを自然と道徳の両面で、あの批判の要求するところに従って仕上げること）を背負いこんでおります」（Briefe, XI, 49／一一、三五五以下）というカント自身の言明および、ベックの一七九三年四月三〇日付カント宛書簡の「〔…〕この前のお手紙のなかで貴方が約束してくださったことを思い出していただき、二つの草稿を私の研究用にお送りくださるでしょうか。一つの草稿は『判断力批判』に関するもので、もう一つの草稿は『自然の形而上学』に関するものです」（Briefe, XII, 425／一二、二〇一）といった問い合わせを論拠にして、フェルスターと同じように、[6] それを一七八八年と同定する。[7] そうだとすると、『実践理性批判』出版の時点で（あるいは、少なくとも『判断力批判』以前に）カントは「移行」の問題を認識していたとともに、「移行」に関する原稿を一定程度書き始めていたことになる。このときカントが「移行」の問題を認識していたのかどうかの内容的な要点は、「経験的自然科学」の理解に見出される。すなわち、「経験的自然科学」のための問題定義の三分法は一七八〇年代後期の考え方であり、それによれば、「経験的自然科学〔の問題〕は、1．凝集の原因　2．物質の浸透〔の原因〕（力学的浸透は空虚な空間を通して生起し、化学的浸透は、充実した空間のなかで生起する。3．流体性および個体性〔の原因〕）となる。ところで、凝集の原因〔…〕という問題とこれに伴う個体の可能性に関する問いは、『自然科学の形而上学的原理』では正面から取り上げられないどころか、未解決のままに放置されている。また、『自然科学の形而上学的原理』では、経験的自然科学が無制限に進展する学問として提示されており、そのために経験的自然科学は、形而上学のアプリオリな地位を獲得することもできない。つまり、経験的自然科学およびアプリオリな自然科学というのは、二つのまったく異なった領域のことなのであり、これらの領域を同一の原理に直接還元することはできない。カントが未綴じの紙片を書き留めた際に、これらの事実を明確に意識していなかったとは考えにくい。それゆえにカントは、移行問題——すなわち、形而上学と経験的自然科学との連関という問題——についてもまた、この時点で意識していたにちがいないのである」[8]。したがって、一七九五年以前にカントは「移行」の問題を認識していなかったとするブルクハルト・トゥシュリングの主張も修正されなければならない[9]。その意味で、フェルスターとマイケル・ローゼンが『オプス・ポストゥムム』の英訳の編集を、一七八六年に書き留められたと推定される「未綴じの紙片」から開始していることはきわめて象徴的であり、それゆえにまた『オプス・ポストゥムム』をカント最晩年の「思想」と見なす解釈も訂正されなければならない。

ところが、こうした俗説はいまだに根強い。比較的近年に刊行されたカントの評伝のなかでマンフレッド・キューンの『カント伝』は包括的な伝記として評価が高い。しかし、キューンはそのなかで『オプス・ポストゥムム』についてこう述べている。

カントの最後の仕事である「唯一の手書き原稿」は未完に終わった。それは今日では『オプス・ポストゥムム』として知られている。この著作の計画は『判断力批判』の完成直後の時期に遡るように思われるが、十中八九、カントは一七九六年に講義活動を終えてからこの仕事に取り組み始めたのである。他方、思考に関して「麻痺したように」なった一七九八年以降には、カントは重要な内容を大して付け加えることができなかった。この著作は批判哲学の体系を完成させるために必要だとカントは信じていたが、これに取り組むのをやめたとき、カントはまだ最終的な表題を決めていなかった[10]。

キューンはフェルスターの議論も取り込みながら『オプス・ポストゥムム』の解説を展開してはいるものの、やはりこの遺稿著作を最晩年の思想とする解釈を反復して増幅すると同時に、さらに定番のようにカントの老衰も強調する。特に後者の一七九八年という論点は『道徳〔人倫〕の形而上学』や『人間学』などの場合にはほとんど問題にされていないのに対して、『オプス・ポストゥムム』のときにのみもち出されるが、それはいささか不公平だと言えよう。こうした論調は老衰を強調する論者の多くに共通する。しかし、すでに詳細に論証されているように[11]、一八〇〇年に刊行された『人間学』第二版の加筆修正はすべてカント自身の手によるものであるので、思考が麻痺したといった老衰のイメージを根拠にすることはあまり説得的ではないように思う。

以上のように、『オプス・ポストゥムム』が一七八六年（場合によっては遅くとも一七八八年）から書き始められたとすると、批判哲学ないし超越論哲学との内的な関係は明白であろう。ここで⑵の論点と接続される。ただし、一言付言すれば、『オプス・ポストゥムム』との関係で重要なのは「批判哲学（kritische Philosophie）」ないし「超越論哲学（Transzendentalphilosophie）」であって「超越論的観念論（transzendentaler Idealismus）」ではない[12]。カントはすでに『プロレゴーメナ』で「超越論的観念論」という表現を取り下げ、自己自身の観念論を言い表す用語として新たに「形式的観念論」および「批判的観念論」を提示し、特に後者を「より適切」と位置づけている（vgl. Prol, IV, 375／六、三六一）。『プロレゴーメナ』以降は自己自身の立場を無条件に指示する言い回しとして「超越論的観念論」という用語をカントは使用していない（『純粋理性批判』第二版（vgl. KrV, B519 Anm.）でもカントは、『プロレゴーメナ』と同様な趣旨の注を改めて付して読者に注意を促している）。この点で「超越論的観念論はスピノザ主義である」（Op, XXII, 64）をめぐるトゥシュリングの議論はまたもや勇み足である[13]。この「超越論的観念論」もカントの立場ではありえない。カントは自己自身の立場を「超越論的」という言い回しを使用して言い表す場合にはつねに「超越論哲学」と記しており、「超越論的観念論」はむしろシェリングの哲学を示す[14]。かつて別稿で私は、「そして、『オプス・ポストゥムム』の最後の議論が「超越論哲学とは何か」（XXI, 9-158; XXI, 3-9）である。これらの局面では「超越論的観念論はスピノザ主義である」（Op, XXII, 64）、またそれゆえに、「直観の客観の全体、すなわち、世界は私の内部にのみ存在する（超越論的観念論）」（Op, XXII, 97）と主張される。トゥシュリングは初期シェリングとの関係を強調して、エーベルハルトとの論争では明確に否定していた「超越論的観念論がライプニッツ＝ヴォルフ的形而上学的合理主義に由来する」という見解をカントが承認するにいたったと見なす。しかし、これには異論もあろう[15]」と論じたが、これは修正されなければならない。つまり、「これには異論もあろう」では不十分であり、「超越論的観念論はスピノザ主義である」の「超越論的観念論」をカントの立場とするこうした解釈はそもそも成立しえないのである。

このように『オプス・ポストゥムム』の歴史的コンテクストを再構成できるとすると、問題の焦点は⑵の「移行」と批判哲学との内的関係の論点に絞られる。次節では理論的な観点からこの問題にアプローチする。

3 『オプス・ポストゥムム』の理論的コンテクスト——五種類の「移行」解釈

『オプス・ポストゥムム』では「移行」に関して、実は「自然科学の形而上学的原理から物理学への移行」以外にもいくつかの言い回しが見出される。『道徳の形而上学』では「自然の形而上学から物理学への移行」と表現された上で、「移行」は批判哲学の枠組みのなかに明確に繰り込まれている。

〔…〕自然の形而上学から物理学へと、固有の規則に従って移行することが求められているのと同様に、道徳の形而上学に対しても、それと類似のことが要求されても正当である。すなわち、純粋な義務の原理を経験の事例に適用する場合に、この義務の原理をいわば図式化し、道徳的＝実践的な使用が可能となるように整えておくことが、正当に要求されるのである。（MS, VI, 468／一一、三五九）

しかしながら、「移行」をどのように理解するのか、あるいは「移行」を批判哲学の何と関連づけるのかに関しては現時点でも定まっていない。ただし、少なくとも五種類の解釈を確認することができる。(16)

(i)「移行」を『判断力批判』と関連づける解釈であり、レーマンやヴィットリオ・マチュウがその代表的論者である。レーマンは『判断力批判』の「判断力は論理的使用のうちでは悟性から理性への移行を可能にするのと同様に、純粋認識能力から、つまり、自然諸概念の領域から自由概念の領域への移行を達成するであろう」(KdU, V, 179/八、二四)のこの「移行」に「移行」の問題を重ね合わせようとする。すなわち、「形而上学的原理から物理学への移行は遺稿著作では、判断力批判における自然諸概念から自由概念への移行のアナロジーとして記述されている」。(17)したがって、批判哲学の「ギャップ」を埋めるという問題構制にとって「反省的判断力」が決定的な役割を果たすことになる。(18)すなわち、「反省的判断力」の諸原則は経験的物理学をアプリオリに基礎づける鍵となるわけである。それに対してマチュウは、判断力はそもそも「自然に対してではなく自己自身にのみ」(KdU, V, 180/八、二八)法則を与えるにすぎないので、「反省的判断力」も自然に対して法則を与えて統一をもたらすことは不可能であり、あの「ギャップ」を埋めることもできない。そこでカントはこの課題を新たに『オプス・ポストゥムム』で取り組んだと主張する。(19)問題の多い編集であったとはいえ、レーマンはアカデミー版の『オプス・ポストゥムム』の編者であったので、この解釈はそれなりに影響力をもった。「ギャップ」の問題に関してこの解釈はある程度説得的ではあるものの、しかし『オプス・ポストゥムム』で議論されている「凝集の原因」などの自然科学的テーマに十分に対応できるわけではないので、この点で問題が多いと言わざるをえない。

(ii)『自然科学の形而上学的原理』との関連を重視する解釈が、トゥシュリング、ハンスゲオルク・ホッペ、カーレン・グロイ、エムンツ、坂部恵、犬竹正幸といった多くのカント研究者によって主張されている。グロイ、エムンツ、犬竹は特に「動力学に対する総注」を重視する(そのなかでも犬竹は、「汎通的規定」という理念との関連に着目している)。ここではエムンツの議論を簡単に取り上げてみたい。

エムンツは『オプス・ポストゥムム』の主要な取り組みをかつての『自然科学の形而上学的原理』の「動力学に対する総注」の課題であったと把握するとともに、『オプス・ポストゥムム』を一七八六年から一七九九年にかけて成立したテクストと見なし、内容的に前半と後半に区別する。

遺稿著作と見なされて一七八六年から一七九九年までの時期に成立した現存するテクストの前半の中心は、さまざまな物理的諸力に対する省察および物理化学現象のさまざまな説明可能性の探究である。カントがこの探究に与えた目的を前提にするならば、その探究は、カントが「自然科学の形而上学的原理から物理学への移行」と名づけるプロジェクトを実行する試みと見なされる。アプリオリな認識とアポステリオリな認識の結合には、カントがそれまでに成し遂げたことのないある媒介が必要であるという信念をこのプロジェクトが前提としていることは明らかである。[20]

一七九九年までの遺稿著作の展開は大まかに二つの時期に区分される。そのうちの後半部分はいわゆる「八折判草案(Oktaventwurf)」で始まっている。前半では主にさまざまな物質に固有の密度や凝集、その他の特性の説明が試みられている。エーテルはこのコンテクストで特定の現象を説明するために想定されうる本来的素材の役割を演じている。後半ではカントはたしかにそうした現象の説明可能性への省察を続けているが、それは、その省察がアプリオリに打ち立てられるべき経験的物理学の体系の仕上げに寄与すると見なされることを論証しようとしてのことである。カントが「[自然科学の]形而上学的原理から物理学への移行」というタイトルを用いているのはこの意図に対してである。[21]

こうした基本的理解にもとづいてエムンツは、「移行」を「自然科学の形而上学的原理から経験的物理学への移行」と解釈して、「動力学に対する総注」がすでにそうした「移行」の機能を担っていたとともに、「[…]遺稿著作における移行は「動力学に対する総注」の機能を引き受けており、したがってそのプロジェクトは批判哲学にもとづいて理解されるだけでなく、機能から見て批判哲学の無視できない構成要素であると言うことができる」[22]と位置づける。しかし、なぜ「移行」に関する新たな構想が必要になったのか。この問いとの関係で重要な意味をもつのは、物体固有の差異をいかに説明できるのかという問題である。『自然科学の形而上学的原理』では「総注」がまさに物理学的物質理論の場所であり、その物質理論の基礎には「引力」と「斥力」という二つの根本力が置かれて、これら両根本力が差異の説明原理を担っていた。ところが、カントはこの「総注」の物質理論に自ら疑念を抱き始める。そこで、物体固有の差異を説明する根本的説明原理として『オプス・ポストゥムム』において「エーテル」が導入されることになる。したがって、「移行において展開されたエーテル概念なしに物体に固有な差異の説明は不可能なのである〔…〕」[23]。そして、この「エーテル」がまさに物質の現実性を指示するとすれば、それによって経験的な所与がアプリオリに現存在すると証明可能となり、こうしてアプリオリな認識とアポステリオリな認識が結合されることで批判哲学そのものに対する挑戦も克服できるというわけである。

以上のような解釈枠組みを示すエムンツにとって、『判断力批判』は「移行」の問題とは無関係と位置づけられることになり、レーマンなどの解釈と鋭く対立する。

（iii）「移行」の問題は批判哲学内部の内在的問題からのみ生じるものではないとするマイケル・フリードマンの解釈がある。[24] この場合にはラヴォワジェの「化学革命」などによる化学の新たな進展、特に熱理論の進展が「移行」の問題の主要な動機づけと見なされると同時に、形而上学と物理学との結合やエーテルの証明は失敗と評価されて「ギャップ」の意味も「反省的判断力」との関係で再解釈がほどこされることになる。フリードマンの解釈は「移行」の問題を十八世紀の自然科学の動向というより包括的なコンテクストに置き直して理解している点で大変興味深い。日本でももう少し注目されても良いであろう。

（iv）フェルスターは『オプス・ポストゥムム』研究ではもう無視できない存在であり、主著である『カントの究極的綜合』は必読文献と言ってよい。「移行」の問題に関しては『自然科学の形而上学的原理』との関係を重視するが、「移行」と「ギャップ」の両問題を直接的に結びつけるのではなく、批判哲学内部の「ギャップ」を解決するためにカントが「移行」を構想したというのはドグマであって、それが単に広く流布したにすぎないと見なす。つまり、フェルスターの解釈によれば、「移行」と「ギャップ」は独立した別の問題系なのである。[25]

（v）最近提起された最新の解釈が、『純粋理性批判』と結びつけようとするオナッシュの分析である。

オナッシュはまず、「移行」と「ギャップ」の両者は同一問題に帰属するとして、フェルスターに対して批判的な立場に立つと同時に、カントがこの「ギャップ」の問題を一七八二／八三年冬学期の形而上学講義のなかで言及していたことに注意を促す（vgl. Mrongovius, XXIX, 803）。したがって、オナッシュによれば、「〔…〕カントは実際には第一批判の執筆時点ですでに超越論哲学のなかのギャップを意識していたはずである。〔…〕別の理由からもカントが八〇年代にはすでに移行の問題に取り組んでおり、おそらくはギャップの問題にも取り組んでいたにちがいないことが明らかになる」[26]。それゆえに、『オプス・ポストゥムム』の主要課題は批判哲学の展開に伴って、ほぼその同時期に認識されて取り組まれていたことになる。ただし、ここで注意する必要があるのは、オナッシュが批判哲学と超越論哲学とを区別している点である。それゆえに、「超越論哲学のなかのギャップ」という言い回しは独自の意味をもつ。「ギャップ」は批判哲学の問題ではなくむしろ本来的に超越論哲学の問題にほかならない。批判哲学は超越論哲学の批判部門であり認識論の役割を担って「対象一般の可能性の条件を規定する」のに対して、超越論哲学には存在論も含まれる。存在論は「事物一般」に関わり事物の認識のためのアプリオリな概念を含む[27]。そして両者が相俟って包括的体系を形成する。このときまず批判哲学が対象関係一般の可能性を問題にして、さらに存在論が実在的対象の概念を取り扱い、最後に形而上学が「与えられた対象の総体」を論究して完結する。そうすると、「超越論哲学のなかのギャップ」はどのような問題として見出されるのであろうか。オナッシュはそれをこう要約する。

〔…〕超越論哲学の一般的問題設定は、対象の対象性への問いであり、あるいはまたあらゆる対象関係の可能性の条件というアプリオリな概念への問いでもある。そこで、そもそもカテゴリーの妥当性は対象一般に対するカテゴリーの関係によって条件づけられるので、超越論哲学は、直観に与えられた対象に対してカテゴリーがいかにして関係づけられうるのかを明らかにしなければならない。〔…〕この〔存在論の〕領域を管轄する概念をカントは、派生概念あるいは準賓位語（Prädikabilien）と呼ぶ。これらの概念は、カテゴリーにとって不可欠な適応条件を提示し、それゆえに特殊形而上学ないし自然科学の根底にも置かれている。(28)

カントは『形而上学の進歩』において、この「準賓位語」の実例として「持続」や「運動」を指摘した上で、「〔…〕これらの準賓位語も遺漏なく数え上げられて一つの表において体系的に表示することができるだろう」(Fortschritt, XX, 272／一三、三一一）と明言している。「準賓位語」はカテゴリーの適用条件そのものにほかならず、この「準賓位語」の体系が欠けると超越論哲学に「ギャップ」が生じるわけである。

こうしてみると、オナッシュの解釈は『純粋理性批判』第一版以後の批判哲学形成の理論的コンテクストに『オプス・ポストゥムム』を位置づけようとする試みとしてきわめて興味深い。オナッシュは必ずしも明言していないものの、こうした解釈枠組みにあって「移行」の問題とは、「適用」の問題であり「図式機能」の問題にほかならないと言えよう。それは『道徳の形而上学』での「移行」理解や『自然科学の形而上学的原理』での「適用」と「実在化」の問題とも整合的であり、とりわけ(29)（ii）の論者が「自然の形而上学」に固有な「移行」に議論の焦点を当てているのに対して、オナッシュの場合はむしろ「移行」一般を主題化しようとする。その点で従来の『オプス・ポストゥムム』の文献学的研究から離陸して、その哲学的含意を探求する方途を開くことができるかもしれないという期待を抱かせる。このとき「移行（Übergang）」はヤコービの「飛躍（Sprung）」とも哲学的に対比可能となるであろう。ただし、『オプス・ポストゥムム』で繰り返し問い直されている「自然科学の形而上学的原理から物理学への移行」とこうした「移行」一般とがまったく同じ問題構制であるのかどうかはさらに慎重に検討する必要がある。少なくとも物理学は絶えず更新されてゆくので、経験的次元における統一性という厄介な難問が待ち受けているのは明らかだからである。とはいえ、今後の検討に値する問題提起として十分に高く評価できる。

4　おわりに——残された課題

現時点では『オプス・ポストゥムム』を批判哲学の内部にその一部として位置づける場合に、私は『自然科学の形而上学的原理』との関係が最も重要な意味をもつと解釈するが、オナッシュの問題提起は真摯に受け止める必要があるとも認識している。その意味で『純粋理性批判』との内的関係を全体的に検討することは今後の最も重要な理論的課題となると思う。

すでに述べたように、困難なテクスト問題を抱えながらも『オプス・ポストゥムム』研究は拡大の一途を辿っている。前節で分析したように、オナッシュのような新規の解釈も登場して活況を呈しており、『オプス・ポストゥムム』の専門家と呼べるカント研究者も海外では育ってきているとさえ言えよう。このテクスト問題はベルリン・ブランデンブルク科学アカデミーでの改訂作業にその解決を委ねるしかない。その上で、『オプス・ポストゥムム』の決定版となると期待される改訂版を踏まえた日本語訳が待たれるばかりである。それは三宅剛一以来の日本の『オプス・ポストゥムム』研究のさらなる継続にとっても必須条件なのである。

＊本論文は、文科省科学研究費（基盤研究（C）一般）課題番号：16K02150の研究成果の一部である。

引用・参考文献

Basile, G. P., *Kants «Opus postumum» und seine Rezeption*, Berlin/New York, 2013.

Berlin-Brandenburgische Akademie der Wissenschaft, „Pressmitteilung: BBAW/22/2014/27.11.2014“ (28.08.2017), in: http://www.bbaw.de/presse/pressemitteilungen/pressemitteilungen-2014/bbaw-22-2014.

Brandt, R., „Die Krause-Papiere“, in: D. Emundts (Hg.), *Immanuel Kant und die Berliner Aufklärung*, Wiesbaden, 2000.

Cassirer, E., *Kants Leben und Lehre*, 1923, Berlin.『カントの生涯と学説』門脇卓爾・高橋昭二・浜田義文監修、みすず書房、一九八六年。

Emundts, D., *Kants Übergangskonzeption im Opus Postumum*, Berlin/New York, 2004.

Förster, E., „Is There ‚A Gap‘ in Kant's Critical System? “, in: *Journal of the History of Philosophy* 25 (1987).

Förster, E., *Kant's Final Synthesis*, Cambridge, Massachusetts/London, 2000.

Friedman, M., *Kant and The Exact Sciences*, Cambridge, Massachusetts, 1992.

犬竹正幸「純粋自然科学と経験的自然科学の間——『自然科学の形而上学的原理』から『オプス・ポストゥムム』へ」、松山寿一・犬竹正幸編『自然哲学とその射程』晃洋書房、一九九三年。

加藤泰史「『オプス・ポストゥムム』と批判哲学の間」、坂部恵ほか編『カント全集　別巻　カント哲学案内』岩波書店、二〇〇六年。

Kuehn, M., *Kant A Biography*, Cambridge, 2001.『カント伝』菅沢龍文・中澤武・山根雄一郎訳、春風社、二〇一七年。

Lehmann, G., *Beiträge zur Geschichte und Interpretation der Philosophie Kants*, Berlin, 1969.

Mathieu, V., *Kants Opus postumum*, Frankfurt/Main, 1989.

Onnasch, E.-O., „Kants Transzendentalphilosophie des Opus postumum gegen den transzendentalen Idealismus Schellings und Spinozas“, in: E.-O. Onnasch (Hg.), *Kants Philosophie der Natur*, Berlin/New York, 2009.

Onnasch, E.-O., „Ein bislang übersehener Brief Immanuel Kants an Friedrich Nicolovius vom 7. Februar 1800. Ein Dokument zur Diskussion um die Authentizität der zweiten Auflage der Anthropologie von 1800“, in: *Kant-Studien* 106/3 (2015).

Onnasch, E.-O., „Immanuel Kants Übergangswerk als Teil der Transzendentalphilosophie“, MS, 2017a.「超越論哲学の部分と

しての、イマヌエル・カントの移行著作」中澤武訳。
Onnasch, E.-O., „Die Tendenz der Metaphysik zur Physik im Opus postumum“, MS, 2017b.「『オプス・ポストゥムム』における形而上学の物理学への傾向」高畑祐人訳。
Rollmann, V. J., *Apperzeption und dynamisches Naturgesetz in Kants Opus postumum. Ein Kommentar zu »Übergang 1–14«*, Berlin/Boston, 2015.
Tuschling, B., *Metaphysische und transzendentale Dynamik in Kants opus postumum*, Berlin/New York, 1971.

注

カントの著作の日本語訳に関しては、岩波書店版全集を使用して巻数と頁数を併記した。その際、訳語と訳文は適宜修正した。

(1) Emundts (2004), 20.
(2) Vgl. Berlin-Brandenburgische Akademie der Wissenschaft (2014), 1.
(3) Vgl. Brandt (2000), 182f.
(4) 加藤泰史 (2006), 360f.
(5) Vgl. Rollmann (2015).
(6) Vgl. Förster (1987), 537.
(7) Vgl. Onnasch (2017a), 7f.
(8) Onnasch (2017a), 5f.
(9) トゥシュリングは『オプス・ポストゥムム』の最古の部分を一七八六年と見なしているが、以前には、その年とカントが「移行」の問題を認識した時期とは異なると理解していた。しかし、フェルスターの批判によって『自然科学の形而上学的原理』に「移行」の問題が見出しうるとトゥシュリングも解釈を変更したので、その意味では最古の部分の段階ですでにカントは「移行」の問題を認識していたという立場に変わったと言えよう。
(10) Kuehn (2001), 409/七八一。
(11) Vgl. Onnasch (2015), 507ff.

(12) Vgl. Onnasch (2009), 345ff.
(13) Vgl. Tuschling (1991), 126f.
(14) Vgl. Onnasch (2017a), 20.
(15) 加藤泰史 (2006), 399.
(16) 加藤泰史 (2006), 377f. を参照のこと。
(17) Lehmann (1969), 297.
(18) Vgl. Basile (2013), 131.
(19) Vgl. Mathieu (1989), 42ff.
(20) Emundts (2004), 21.
(21) Emundts (2004), 22.
(22) Emundts (2004), 29.
(23) Emundts (2004), 31.
(24) Vgl. Friedman (1992).
(25) Vgl. Förster (2000), 73.
(26) Onnasch (2017a), 14.
(27) Vgl. Onnasch (2017a), 18f.
(28) Onnasch (2017a), 15.
(29) 加藤泰史 (2006), 382f. を参照のこと。

第三部　現代の哲学からみたカント哲学

ドイツ連邦共和国（旧西ドイツ）発行　5マルク硬貨
（カント生誕250年記念硬貨）

20 カント倫理学と生命倫理
「人間の尊厳」という価値

蔵田 伸雄

1 カント倫理学と生命倫理

この章ではカント倫理学における「人間の尊厳」という概念が生命倫理・医療倫理のなかでどのように言及されているのかを概観し、またそこに含まれている問題点を指摘する。生命倫理・医療倫理に関しては、人工妊娠中絶、出生前診断、臓器移植、安楽死、尊厳死、体外受精、非配偶者間配偶子提供、代理出産、男女産み分け、遺伝子治療、遺伝子診断、医療資源分配といった、多くの問題が論じられている。こういった生命倫理・医療倫理の諸問題に関する議論において、カント倫理学に言及されることは多い。

現代の倫理学ではカント倫理学は非‐結果主義的な「義務倫理学」、つまり、行為の道徳的評価に際して行為の結果ではなく、その行為が基本的な道徳原則（例えば「嘘をついてはならない」）に従ってなされているか、という点を評価する立場だとされている。それに対して行為の結果として生じる価値を問題にするのは「結果主義」であるが、行為の結果として関係者、あるいは社会全体の効用が最大化されているかどうかといった観点から行為や規則の道徳的価値を評価する「功利主義」は結果主義の代表的な理論である。さらにこの二つの理論と、行為ではなく行為者の性格としての「徳」(例えば勇敢さ)を問題にする「徳倫理学」をあわせて三大倫理学理論とされることが多い(他に権利論、ケアの倫理等も基本的な道徳理論とされることがある)。これらの倫理学理論を「現場」の倫理問題に「応用」することを意図する「応用倫理学」、特に生命倫理学や医療倫理学においても、カント倫理学は基本的な倫理学理論の一つとされている。

カント倫理学は功利主義の濫用、あるいは「社会全体の利益」を優先するために個人の権利を軽視する方針を批判するために使われることが多い。そのような意図のもとでは、「規範理論としての権利論(right-based theory)」が用いられることが多いが、権利論の代表者でもあるジョン・ロールズの正義論もカント主義にもとづくと考えられている。つまりどれほど大きな社会的利益のためであっても、個人を犠牲にしてはならないという主張の根拠として、カントの定言命法の「目的(自体)の方式」が用いられている。

このようなカント主義的な方針は世界医師会の「ヘルシンキ宣言」にもみられる。ヘルシンキ宣言とは一九六四年に世界医師会が発表した、人間を対象とする医学研究の倫理的原則を示したものである。その第八条では「医学研究の主な目的は新しい知識を得ることであるが、この目標は個々の被験者の権利および利益に優先することがあってはならない[1]」と述べられている。つまりどれほど医学的な利益が見込まれる医学研究の際にも、医学的利益が被験者の権利および利益に優先されてはならない。例えば、ある難病の治療のための画期的な新薬が開発されたとする。その新薬をある被験者に試すことで貴重なデータが得られるが、それによってこの被験者が利益を得る可能性はほとんどなく、むしろ重い副作用に苦しめられる可能性が高い。本人に無断でこのような実験を行えば、何十万人もの人命を救うことにつながる貴重なデータが得られるかもしれない。そして社会全体の利益の最大化をめざす功利主義の立場では、このような実験が容認されてしまう可能性がある。だがヘルシンキ宣言によれば、このような場合でも医学的利益よりも患者自身の利益が優先されなければならない。また本人の同意(インフォームド・

コンセント）が得られない場合は、このような実験をしてはならないということになる（同第二五条）。

そしてカント倫理学の立場でも、このような実験を本人の同意なしに行うことは決して許容されない。臨床実験の際に、被験者の同意を得ることなく、被験者本人に何の利益もないにもかかわらず被験者をリスクにさらすような実験は、人間を手段化するものだといわれる。このような場合に、「患者・被験者を単なる手段として用いてはならない」という原則は「人を単なる手段としてのみ用いてはならない」というカント的原則（あるいは義務論的制約）の一例であるとされることが多い。(2) カントは『人倫の形而上学の基礎づけ』において「定言命法」の諸方式を提示しているが、その第二方式（「目的自体の方式」）は「自己の人格の内なる人間性も、他者の人格の内なる人間性もつねに同時に目的として扱い、決して単なる手段としてのみ用いないように行為せよ」（GMS, IV, 429）というものである。また「すべての理性的存在者は〈自己自身と他のすべての理性的存存者を、決して単に手段として扱うべきでなく、目的自体として扱うべきだ〉という法のもとにある」（GMS, IV, 433）〔〈 〉は筆者の補足〕という表現もある。上記の倫理原則は、これらのカントの方式を簡略化したものである。

誤解されることが多いが、この「第二方式」は他者を「手段」とすることをまったく認めていないわけではない。この原則が否定しているのは、他者を「単なる手段」、つまり道具あるいは「もの」として扱うことであるにすぎない。この方式は、他者の同意があれば、その他者を自己の目的の実現のための手段とすることも認められるとしている、と解釈されている。したがってこの原則によれば、研究の被験者が研究の参加に同意しているのであれば、被験者の研究への参加も認められるのであり、被験者が新薬の試験に自ら志願することも禁止されているわけではないということになる。

また末期状態の患者の治療停止との関連では、カントの自殺に関する議論に言及されることが多い。(3) 周知のようにオランダ等では医師が末期状態の患者に致死薬を処方することが認められている。一方『人倫の形而上学の基礎づけ』等では自殺の禁止は「自己に対する完全義務」であるとされている。「生き続けることによって安楽よりも災いのほうが多いと思われる時には自殺をする」という格率は、人間が生きる上では「生命の保持」が前提されているにもかかわらず、保持されるべき生命を自ら破壊することになるので自己矛盾を含んでいる（GMS, IV, 422）。そのためカントによれば、このような格率が普遍的に妥当する法則となることはない。またこの格率では、自己の生命を自分の快を追求するための手段として用いることになるので、道徳的に認められない。このようなカントの議論は、尊厳死や医師による自殺幇助を批判するための議論としても用いられている。

あるいは、女性が金銭をもらって他のカップルの胚を懐胎して出産する「代理出産」は、女性を「手段化」し、その生殖能力を「ビジネス化」するものだと言われて批判の対象となることも多い。このような代理出産はカント的な枠組みでも批判の対象とされる。確かに先に述べた例と同様に、女性本人が代理出産の契約に同意しているならば倫理的に問題はない、ということになる。しかし代理出産を行う女性は富裕層に属さないことが多く、近年では途上国の女性が代理出産を行うことが増えている。このような事実を踏まえるなら、「本人の同意があるから倫理的に問題はない」と言えるものではなく、社会的な格差に基づく経済的な搾取といった問題が残る。

2　人間の尊厳と生命倫理

次に、このような生命倫理に関する議論と、「人間の尊厳」というカント的概念との関係について見ておきたい。生命倫理に関する議論のなかでは、「人間の尊厳」という概念の源流の一つはカントにあるとされることが多い。例えばドイツの連邦議会直属の生命倫理委員会で、遺伝子診断や新しい生殖技術に関する倫理問題について扱った「ドイツ連邦議会「現代医療の法と倫理」調査委員会」が二〇〇二年五月にまとめた最終報告書でも、「人間の尊厳（Menschenwürde）」という概念はカントに由来するとされている。(4)

なおカント的な「人間の尊厳」は「尊厳死」の「尊厳」とは意味が異なる。「尊厳死」とは長期間意識を失っていて、しかも回復の見込みが低い状態（遷延性植物状態）の患者の治療を中止したり、「無駄な」治療を差し控えることを意味する[5]。回復の見込みがないままに、体には点滴のチューブがつながれ、気管は切開されて人工呼吸器の管が差し込まれ、胃に穴が開けられて栄養補給がなされ、しかし本人に意識はないという状態がかなりの長期間続くこともある。このような状態では本人の「尊厳」が守られていないので、事前に本人の意思表示がある場合に治療や栄養補給を停止することが「本人の尊厳を保つ死」つまり「尊厳死」だということになる。

しかしカント的な「人間の尊厳」とはこのようなものではない。「人間の尊厳」とは性別・人種・民族に関わりなくすべての人に備わる「人間の権利」、つまり「単なる手段とされない権利」の価値であり、「世界人権宣言」でも言及される普遍的な価値である。「人間の尊厳」という規範的価値は、暴力、レイプ、戦争中の民間人の虐殺、被差別民族や途上国の人々や子どもの経済的・性的搾取といった事例を批判する根拠となる（このようなカントの主張が彼の永遠平和論につながる）。そして戦時中の残酷な人体実験でも人権は容易に損なわれる。カント的な「人間の尊厳」という概念はこのような場面でも説得力をもつ。

カントにとって「人間の尊厳」とは先にあげた定言命法の第二方式にあるように、「人格の内なる人間性」の価値である。「尊厳」という価値は、「物件（Sache）」つまり同じ価格をもつものと交換可能で、市場で取引の対象とされるようなものの価値を越えた価値である[6]。このような「尊厳」とは、道具化・手段化されてはならないものの価値、交換不可能・代替不可能なものの価値である[7]（GMS, IV, 434）。そして「尊厳」という価値は、その価値の担い手の不可侵性を意味すると考えられている。

そしてカントによれば、このような「尊厳」という価値の根拠は人が理性によって自ら道徳法を立法し、それに従うことが可能であること、つまり「意志の自律」が可能であることのうちにある。もっともこのような主張は、「自律的な」意志規定ができない存在者（例えば胎児や脳死状態の人）には「尊厳」はないという形で、胎児や脳死状態の人の生命権を否定するために使われることにもなりかねない[8]。

さらに問題になるのは、「人間の尊厳」という概念は人の受精卵や胚を治療や医学的実験に用いる際の倫理問題について議論するためにも使えるのかということである。とくに英語圏の生命倫理ではカント的な「人間の尊厳」は個々の人間の尊厳、つまり生命権・人格権をはじめとした、さまざまな権利の主体としての個々の人格の価値を意味するとされていることが多い。確かに「人間の尊厳」という価値は、先に見た「ヘルシンキ宣言」にみられるような、個々の患者の権利の価値として理解可能である。だが今世紀に入る前後から、人の胚を用いた再生医療実験や、クローン生殖技術の人への使用なども「人間の尊厳」を損なうと言われるようになってきた。とくに人の胚を用いた研究の倫理問題に関して、人の胚に「人間の尊厳」という概念を用いてよいのか、ということが議論の対象とされてきた。人の胚はいわば「細胞の塊」でしかなく、意識もなければ理性もなく、痛みを感じるための神経組織すらないのに、「人間の尊厳」という価値を認めることはできるのか、というのである。そもそも出生前の胎児と同様に、胚は（少なくとも日本では）法的な保護の対象にすらなっていない（ドイツには「胚保護法」があり、人の胚も法的保護の対象となっている）。「人間の尊厳」という概念を胚などに用いるのは「人間の尊厳」概念のインフレであり、この概念を用いるのは、出生後の人に限定するべきだという批判もある[9]。

だがカントにとって、「人間の尊厳」とは個々人の権利ではなく「人間性（Menschheit）の価値」であり、いわば全人類に関わる価値である。「人間の尊厳」が損なわれるということは、人間性の価値、つまり種としての人類全体に関わる価値が損なわれることを意味する。このようなカント的な発想が、人の胚を用いた実験に関する議論でも用いられている。

しかし「人間の尊厳」という価値はユダヤ的－キリスト教的な価値観やヘレニズム的価値観を背景にした、ヨーロッパ的な価値であるようにも思われる。そのような価値が、キリスト教の影響力も弱く、ヨーロッパと文化的伝統を共有しない日本でも規範的主張の根拠となりうるのかという疑問も生じるだろう。だがカントのように「人間の尊厳」を人間が普遍的にもつ理性という能力と「意志の自律」に基づけるなら、「人間の尊厳」という価値は文化や宗教を越えた普遍的な規範的妥当性をもちうるはずである。「人間の尊厳」という概念がもともとはヨーロッパ的なものだとしても、カントによって世俗化（非宗教化）された「人間の尊厳」という概念は、文化や宗教を越えた普遍性をもつと言ってよいだろう。

3　具体的な生命倫理の問題にカント倫理学を用いる時の問題点

生命倫理に限らず、応用倫理学的な諸問題にカント倫理学を用いる場合には、先に挙げた「定言命法の第二方式」を適用する場面が多い。しかしそのような場合も含めて、本来のカント倫理学とその「応用」とのあいだにはある種の「ずれ」がある。

第一に、生命倫理や医療倫理の教科書で述べられているような、「カント倫理学」は本来のカント自身の倫理学を相当に単純化しており、カント自身の倫理学とは異なっているということである。とくに英語圏の倫理学や生命倫理学では、「カント主義」とはカント自身の倫理学というよりも、カントの影響を受けたロールズの正義論や、クリスティーン・コースガード、オノラ・オニールらの理論を意味することも多い。以下のいくつかの問題点はこの点と関わっている。

第二に「自律（autonomy）」概念のずれである。カント倫理学では「自律（Autonomie）」とは「意志の自律」、つまり「意志が自然必然性から自由に理性のみによって規定されていること」を意味するが、「患者の自律を尊重する」といわれるような場合の「自律」は、個々の患者の「（自分の価値観に沿った）自由な自己決定」といった意味で用いられており、必ずしもカント的な「理性的・道徳的な意志規定」を意味しない。「他律」も一般的には他者によって行為を決められていることだと考えられているが、カント倫理学では、理性ではなく感性や欲求・傾向性によって意志が規定されていることを意味する。[10]

第三に、「適法性」と「道徳性」との区別が問題にされないことである。カント倫理学（とくに『人倫の形而上学の基礎づけ』第一章）の眼目は「何が道徳的な行為なのか」を外面的に判断することにはない。例えば功利主義は、行為や規則が生み出す効用という観点から、どのような行為・規則が正しい行為・規則なのかを判断する。しかしカント倫理学が問題にするのはむしろ、外面的には道徳的に正しく見える「適法性を満たした行為」が真に道徳的な行為であるのか、ということである。カントにとっては「一見道徳的な」行為でも、義務や「道徳法則に対する尊敬」を行為の動機としない行為は真に道徳的な行為ではない。だがカント倫理学のこのような主張が、生命倫理学で問題にされることはあまりない。

第四に、カント倫理学は形而上学的な性格も強く、現実的な場面でのきめ細かな「応用」には必ずしも適さないことである。カントが三批判書で試みたことは、人間の能力（認識能力や判断力）の批判的検討である。『実践理性批判』で試みられたのは「実践理性」と「意志」という能力の批判的検討である。またカントが『道徳（人倫）の形而上学』で試みたことは、「道徳」の「形而上学」の構築、つまり実践的な形而上学的原理の体系の構築である。カント自身は実践的な諸問題を扱う領域を「道徳的人間学」と呼び、アプリオリな道徳原理の体系である「道徳の形而上学」とは厳密に区別している。また現実に倫理的な葛藤が生じる事例で、具体的にどのような行為を行えばよいのかを示す「決疑論」も『道徳の形而上学』の中心問題ではない。カントが一次的な目的にしたことは「原理」の体系の構築であって、実践の現場での道徳的な指針を与えることは二の次だったとも言える。

また上記のような「ずれ」以外にも、以下のような問題点がある。

第五に、カント倫理学では「義務の衝突」が生じる事例について必ずしも多くの人が期待するような解決を与えられないことである。カント倫理学では、義務、特に完全義務に例外は認められない。たとえば、ある看護師が、自分が担当する末期状態のがん患者が生きる希望を失わないように、「自分はがんなのか」と問われても、がんではないと嘘をついてほしいと家族に頼まれたとしよう。この看護師が、その患者本人から自分は末期がんなのかと問われた時にも本当のことを言うべきか、といった事例では、「真実を告げる」という義務と、家族の「利益を促進する」という義務の二つの義務が衝突していることになる。「人間愛から嘘をつく権利と称されるものについて」というカントの論文[11]では、殺されそうになっている友人が自分の家に逃げ込んできた時に、その追手からその友人は家にいるか、と問われた時でも真実を告げるべきだと述べられている。このような事例に対して、行為功利主義であれば、より多くの効用を生み出す行為を選ぶべきだという形で、嘘をついてもよいとする。一方カント倫理学ではこのような場合にも、真実を告げるべきだということになる。しかしこのような答えに納得しない人も少なくないだろう。

第六に、カント倫理学のさまざまな特徴が、医療の現場にカント倫理学を応用することを困難にしていることである。カント倫理学については、その厳格性（道徳性の条件が厳しすぎる）、形式性（道徳的議論の実質性の軽視）、個人主義（人間の社会性や道徳的コミュニケーションの軽視）、感情の軽視（過度の理性主義）、個別的な状況がもつ特徴の軽視（普遍性志向）、身体性の軽視など、さまざまな問題点が指摘されている。医療の現場ではこのような問題点がさらにクローズアップされることになる。

第七にカント倫理学の古さである。カント倫理学以降、哲学・倫理学は多くの理論を生み出している。ベンサムおよびミルの功利主義、マルクス主義、ムーアに始まるメタ倫理学、実存主義、アーペルおよびハーバーマスのコミュニケーション倫理や討議倫理学、ヨナスの責任原理、フーコーの生権力論、フェミニズム思想、共同体主義、B・ウィリアムズの近代道徳批判等々、さまざまな倫理学理論が現れている。さらにプラグマティズム、現象学、論理実証主義、解釈学、新科学哲学、ネオ・プラグマティズム等、認識論や心の哲学の道具立ても増えている。現代の応用倫理学がこういった新しい倫理学や哲学を踏まえている以上、カント倫理学の「応用」が古くさく見えてしまうのも当然であろう。

第八に、これが最も重要なことだが、多くの生命倫理や医療倫理の問題はカントの時代には存在していなかったことである。安楽死などは古くからある問題だが、尊厳死の問題が現実的なものとなってきたのは、人工呼吸器や人工栄養補給による延命が可能になったことによる。体外受精や代理出産、出生前診断について言えば、そもそもそのような技術が開発されなければそれに伴う倫理問題も生じない。胚実験やクローン技術、遺伝子治療や遺伝子診断技術などが提起する倫理問題についても同様である。カントの生きた十八世紀にはこのような医療技術はなかったのだから、カントには自らの倫理学理論をこのような技術が提起する倫理問題にも対処可能なものとして構築する必要もなかったのである。

4　それでもカントとともに考える

カント的な「人間の尊厳」という概念はある種の強力な「切り札」でもある。この概念は、安楽死・医師による自殺幇助は「人間の尊厳」を損なう、選択的人工妊娠中絶は生命の選別であるから「人間の尊厳」を損なう、人の胚を用いた研究は「人間の尊厳」を損なう、だからこういった医療行為や医学研究は行うべきではない、というように用いることができる。しかし「人間の尊厳」という概念をこのような形で用いることは、生命倫理に関する真摯で批判的な議論をストップさせることになる。したがって開かれた議論をストップさせ、生命倫理に関する独断的な主張の根拠となりがちな「人間の尊厳」などという語は生命倫理の議論のなかでは用いないほうがよい、という意見もある。

だが医療や生命科学の現場では、「人間の尊厳」概念の有効性が試される場面は、ますます増えている。「人間の尊厳」という価値は簡単に毀損されるが、定言命法と普遍的立法を通じて守ることができる。「人間の尊厳」とはわれわれの行為の目的ともなる「統制的原理」でもあるが、それは医療や生命科学の現場でも同様である。カント倫理学は完成した理論ではなく、カントの著作だけを手がかりとするのでは解決できない倫理的問題はあまりにも多い。しかし理性と「意志の自律」を基礎として「人間の尊厳」を守ろうとするカント倫理学は、医療や生命科学の現場でなお進むべき方向性を示していると言ってよいであろう。

注

（1）ヘルシンキ宣言の訳文は日本医師会のものによる。http://www.med.or.jp/wma/helsinki.html（二〇一七年一二月二日確認）

（2）哲学的医療倫理に関する代表的なテクストでもこのように述べられている。トム・L・ビーチャム、ジェイムズ・F・チルドレス『生命医学倫理』立木教夫・足立智孝監訳、麗澤大学出版会、二〇〇九年、四二二頁。

（3）そのような文献としては以下のものがある。J. David Velleman, "A Right of Self-Termination?", *Ethics*, Vol. 109, No. 3 (April 1999), pp. 606–628.

（4）Schlussbericht: der Enquete-Kommission „*Recht und Ethik der modernen Medizin*“, 14.05.2002, S. 10. http://dip21.bundestag.de/dip21/btd/14/090/1409020.pdf（二〇一七年一二月二日確認）

（5）英語では「自然死（natural death）」という言い方をすることも多い。

（6）「目的の国ではすべてのものが価格か尊厳をもつ。価格をもつものはそのかわりに何か他のものを等価物としておくことができる。それに対して、あらゆる価格を越えているもの、したがっていかなる等価物もゆるさないものは、尊厳をもつ」（GMS, IV, 434）。「普遍的な人間の傾向性と欲求に関わるものは市場価値をもつ。〔…〕しかし、そのもとでのみ何かが目的自体でありうる条件をなすものは、〔…〕内的価値、すなわち尊厳をもつ」（GMS, IV, 434-435）。

（7）遺伝的介入や胚実験を批判するために「生命の尊厳」という語が用いられることがあるが、カントにとって「尊厳」とは「生命の尊厳」ではなく、人間（性）の「尊厳」を意味する。

（8）自己意識のない存在者、つまり「人格」ではない存在者には生命権を認めなくてもよい、とする議論は、「パーソン論」と呼ばれている。エンゲルハートはそれに対して、嬰児、重度の知的障害者、認知症患者の人等を「社会的な意味での人格」として、このような人々の生命権を確保する。H. Tristram Engelhardt. Jr., *The Foundations of Bioethics*, Oxford

University Press, 1986, p. 116.

（9）「〈人間の尊厳〉概念のインフレ」を批判する論者としては、ディーター・ビルンバッハがいる。Dieter Birnbacher, "Ambiguities In the Concept of Menschenwürde," K. Bayertz (ed.), *Sanctity of Life and Human Dignity*, Kluwer Academic Publishers, 1996, 107-121.

（10）オノラ・オニールはカント的な自律概念を用いて生命倫理に関する議論を展開している。Onora O'neill, *Autonomy and Trust in Bioethics*, Cambridge University Press, 2002.

（11）『カント全集　第13巻　批判期論集』岩波書店、二五一―二六〇頁。

21 カントにおける生と死の倫理学

有限な理性の奇妙な運命

カントと応用倫理学②

三谷 尚澄

1 理由の能力としての理性

本章の目的は、「理性」というカント哲学の根本的キーワードに注目しつつ、「生と死の倫理」について考えてみることである。

ここで、理性（Vernunft）とは、ラテン語ではratio、英語で言えばreason、フランス語ならraison。おのおの、「根拠」や「理由」を意味する言葉である。

身近な例を挙げて説明してみよう。わたしたちは、日常生活のなかで、さまざまなことを主張する。「明日は晴れになるだろう」とか、「今度採用されるのはジョーンズの案だよ」とか。

そして、これらの主張に対して、「なぜそう言えるのか」という問いが発されることもわたしたちはよく知っている。そして、「なぜ」と理由を問われたとき、人は、その「なぜ」に対して答えを与える。つまり、問いを正当化する「根拠」や「理由」を与える。「さっき天気予報をみたんだ」とか、「社長がそう言ってるのを聞いちゃったんだよ」とか。

このように、理性とは、さまざまな主張に対して「なぜ」と問い、また、それを正当化する理由や根拠を与える能力のことを意味するのである。(1)

また、理由を与え／正当化する理性のはたらきは、「主張の根拠」に関わる理論的な局面においてだけでなく、行為のきっかけとなる衝動や誘因に関わる実践的局面においても見出すことができる。

例として、試験勉強中にふとビールを飲みたくなったときのことを考えてみよう。勉強なんかやめてしまいたいし、ビールを飲み干したときの爽快感を思えば、つい冷蔵庫の扉に手が伸びそうになる。しかし、そんなとき、わたしたちはその衝動から距離を取り、「いまのこの気持ちは、本当にビールを飲むための理由となるだろうか／ビールを飲むという行為を正当化しうるものだろうか」と問うことができる。

「感性的衝動」と「理性的意志」というカントの区分を踏まえつつ、以上をこんなふうに説明することができるだろう。わたしたちは、一時の衝動や欲求等、さまざまな感性的誘因から反省的に距離を取り、それらが行為の理由（根拠）とするに値するかを問うことができる、と。

ここで、より一般的な述べ方をしておくなら、自己のありようから反省的に距離を取り、俯瞰的に眺める能力としての理性のあり方は、その理論的な使用にも共有される特性である。例として、世界の知覚的ありように関する情報が与えられたときのことを考えてみよう。「夕暮れ時の雪山が赤く見えている」という知覚的情報が与えられたからといって、わたしたちは、即座に「あの赤く見えている山は実際に赤い」という主張を行うわけではない。実践的反省の場合と同様に、わたしたちは、「山が赤く見えている」という知覚的状態（信念）から距離を取り、自分がいま抱いている信念は「あの山は実際に赤い」という主張を支えるに足るものであるかどうかを反省的に吟味することができるのである。(2)

では、上記のように見定めた「理由の能力」としての「理性」をめぐる一般的考察から、本章のテーマである「生と死の倫理」についてどのような見解を引き出すことができるだろうか。

2 カントと理性的存在者のパラドックス

最初に確認するべきは、皮肉なことに、わたしたちをして「人間」たらしめ、その生に「尊厳」をもたらすこの「理性」の能力が、同時に、わたしたちの生をある宿命的な苦境に巻き込む源泉となることがある、という点である。

一方において、みずからの生のありようを俯瞰的に眺める理性の能力が、わたしたちの生に充実した「価値」や「誇り」を与えてくれることもあるだろう。来し方を振り返り、あるいは洋々たる前途を見据えつつ、「辛いこともあったが、よい人生だった」、「この仕事を成し遂げれば、多くの人の生活をもっと楽にすることができる」など、理性的反省に基づいて生の喜びや肯定的な自己評価が得られることもあるだろう。

しかし、他方、理性的に反省する能力が、いまの自分の置かれた現状からわが身を引き離し、こんなふうに考えさせることもある。「自分は、退屈で無意味にしか思えない毎日をただ惰性的に過ごしているだけである。このままやがて死のときを迎えるだけがわたしの人生なのだとしたら、こんな毎日を生きることに一体なんの意味があるというのか。わたしのこの生は、端的に無意味な、生きるに値しないものでしかありえていないのではないか――」。

わたしたちは、なぜ生きており、また、生きていかなければいけないのだろう？　そんなふうに問いを立て、「生の理由」を求めたところで答えはないのかもしれない。どれほど誠実に、幸福に価する生き方をしたところで、地震や津波等の自然災害はわたしたちのその生をあまりにもあっけなく奪い去る。あるいは、ビッグバン以来のあまりにも遠大な宇宙の歴史を考えることは、このちっぽけな星の上にほんのひととき存在するだけの私の生を、宇宙論的な無目的さの感覚に直面させるのではないか。

このように、わたしたち人間は、反省し、俯瞰的にみずからの生を眺める理性的視点をもつがゆえに、「自分の生は生きるに値しないのではないか」という宿命的悩みに直面する。すなわち、根拠を求める能力をもつがゆえに、根拠が不在である可能性に直面するという皮肉な運命を抱え込むことになる。

考えてもみよう。（おそらくは自己のありようを反省的に眺める能力をもたない）ネズミが、わが身のちっぽけさに悩み、その生の無意味を嘆くことがあるだろうか。

3　自己崩壊する理性

「理性と生の理由の不在」をめぐる問題は、より深刻なものであるかもしれない。試みに、以下のような仕方で考えを進めてみよう。

なるほど、「生きる理由」をめぐる問いに対しては、さしあたって、さまざまな理由を与えることができるように思われる。「家族を養うため」、「出世して富と名誉を手に入れるため」といった理由である。しかし、ここで銘記するべきは、それらの理由たちが、いずれもさらなる「なぜ」の問いへと開かれているように思われる点である。あるいは、理由の能力としての理性は、「つねに根拠を求めずにはいられない」というその本性のゆえに、与えられたさまざまな理由たちに対して、さらなる「なぜ」を問い続けずにはいられないという点である。

右の例で言うならば、「家族を養うためにわたしは生きているのだ」という主張に対し、理性は「では何のために家族を養うのか」という問いを投げかけるであろう。そして、この問いに対して返されるどのような答えに対しても、理性は原理的にさらなる問いを投げかけることができるであろう。

しかし、このような仕方で問いを最後の最後まで追いかけるとき、わたしたちには何が残されるだろうか。そこへとたどりつくことで、「なぜ」／「何のために」をめぐるすべての問いに終止符が打たれる。そのような究極の理由へと、わたしたちは到達することができるだろうか。

すこし方向を変えて、こんな言い方ができるかもしれない。さまざまな人工物の場合であれば、「そのものは何のためにあるのか」を明確に規定することもできるだろう。というのも、人工物の場合には、そのものを作り／使用する設計者や使用者の意図を持ち出すことができるからだ。たとえば、ハサミであればそれはものを切るために作られたのだし、小学生の太郎くんは色紙を切るためにそのハサミを手にとったのである。

しかし、理性的動物たる人間の場合は、人工物の場合のように、それが「何のために作られたのか」を明確に規定することができないように思われる。わたしたちが、自然選択と呼ばれるプロセスの果てに理性を手にするに至ったのであれ、一連の過程を意図的に操作する「設計者」の存在を想定することは（すくなくともダーウィンの主張を受け入れる近代人の立場からは）困難であろうし、その進化の過程に何らかの「最終目的」を読み込むことはできないように思われる。

試みに、「あの花はなぜ、何のために咲いているのか」と問うてみよう。そのような問いに対して、「その花が咲いていること」を正当化する、最終の、究極の理由を見出すことができるだろうか。理性的存在者としてのわたしたちの生に関しても、事情は同様ではないだろうか。「あの花がとくに理由もなく咲いている」のと同じように、理性的存在者としての人間もまた「とくに理由もないままに生きている」。これが、ことの真相をついた説明だということはないだろうか。

わたしたちは、何らかの目的のために理性的動物として生きているわけではない。あるいは、「なぜ」と問うことが理性の本性であるにせよ、理性をもつわたしたちが「なぜ」と問うこと自体に意味や目的があるわけではない。理性は何かのために理性であるわけではなく、人間は、その他の物質や生物と同じく、意味や目的をもたないカオスから生まれ、カオスの中へと呑み込まれていく(cf. KdU, V, 452)[3]。理性は、最後の最後まで「なぜ」と問わずにはいられないにもかかわらず、その「なぜ」に対する最終の答えを見出すことができない。すなわち、生の理由をめぐる理性の探求はいわば自己崩壊してしまうのであり、生の理由をめぐる理性の活動は必然的に生の理由をめぐるニヒリズムへと行き着く運命にあるのではないか、と。

「人間理性は奇妙な運命をもっている。問わざるをえないにもかかわらず、答えることができない。そのような問いに悩まされるという運命である」(A VII)[4]。よく知られたカントのこの言葉を、「生の理由」をめぐるわたしたちの問いへと結びつけて理解することは、決して難しいことではないようにわたしには思われる。

4　理性と死の倫理

次に、「理性と死の倫理」をめぐる問題について考えてみよう。

まず、話を進める手がかりとして、『人倫の形而上学』におけるカントの次のような言葉を見よう。

しかしなぜ倫理学(道徳)はたいてい……義務の教説と名付けられ、権利の教説と名付けられることがないのだろうか。義務と権利とは、お互いに関係しあっているというのに。理由は次の点にある。われわれは、自由(ここからすべての道徳の諸法が、したがってまた一切の権利と義務とが生じる)を、ただ義務を命じる命題である道徳の命法を通じてのみ知る。しかし、他者に義務を課す能力、すなわち権利の概念は、〔自由が知られた〕後に道徳の命法に基づいて展開されるのである。(VI, 239, MS)[5]

詳細を検討する余裕はないが、この引用について、さしあたり次の点を確認しておこう[6]。

カントの論述は、「義務を命じる命題」(の意識)から「自由」(をめぐる知)を引き出し、そしてその「自由」の概念が導出された後に「権利」の内容が確定される、という順序をたどる。すなわち、カントにおける「権利」の概念は、「自由」から直接的にではなく、「義務の意識」を通じた「自由の認識」に基づいて展開される。簡潔に表現するなら、カントの場合「人間は義務を負う、それゆえ人間は自由である。人間は自由である、それゆえ人間は権利をもつ」という順番で「権利」の正当性が確証されている。

ここで、興味深いのは、「義務」の意識から出発するカントの権利論を、「自由」の事実から出発するバンジャマン・コンスタンの権利論と比較したジュール・ヴュイユマンの研究である。そして、ヴュイユマンによれば、カントの場合と対照的に、「私は自由である。それゆえ私は権利をもつ。私は権利をもつ。それゆえ私は義務を負う」という順序で自由・権利・義務の三項関係を説明するのがコンスタンにおける権利論の根幹をなす[7]。「古代人の自由と近代人の自由」の比較でも知られるコンスタンが、ロック流の——そして、現代における倫理学・政治理論の主流である——「権利に基底をおく理論」と親近性の高い「近代人の自由」の論者であったことはよく知られている。この点についても残念ながら詳論の暇はないが、「自由」・「権利」・「義務」の三項関係をめぐるこのきわめて興味深い話題について、ここでは、「義務」の意識から始まるカントの権利論が、現代倫理学の主流たる「権利に基底をおく理論」(「個人の自由な選択の権利」に内在的価値を認め、最優先する立場)とある種の緊張関係にあることだけを確認しておこう。

さて、「義務」を「自由」と「権利」に優先させるカントに独自の問題構制は、「死の倫理」をめぐって、わたしたちに、ある耳慣れない——ひょっとすると、感情的な拒絶のあまり、理性的な対話を断ち切らせかねない——問題を提起する。すなわち、人間は、個人の自由な選択に基づく「死の権利」だけでなく、「死ぬ義務」をも有することがあるのではないか、という問題提起である。

5　死ぬ義務をめぐる現代の思想[8]

この問題をめぐる重要な参考資料として、ここでは、カントとは独立の文脈で「死ぬ義務」を論じたアメリカの生命倫理学者、ジョン・ハードウィッグの言葉をみておこう。

医学がさらに進歩し、現在の「致死的病気」の多く――ガン、心臓発作、卒中、ALS、AIDSやその他――が完全に治療可能なようになれば、ほとんどの人間が、痴呆ないしは衰弱状態になるまで生きながらえるようになる日がやってくるだろう。このような医学の進展の結果、広範囲に渡って死への義務が発生する、というのはありうることなのではないか。死ぬ義務が非常にありふれたものとなること、このことこそが、延命医療やわれわれのその利用の仕方がもたらすダークサイドに他ならなかったのだ、ということになるのかもしれない。[9]

ここで、まず確認しておくべきは、ハードウィッグの提唱する「死への義務」という概念には、安楽死や医師幇助自殺等、延命治療の進展に伴って浮上してきた「死の権利」の思想とは異質な発想が含まれている、という点である。「義務」という言葉遣いが示す通り、「死にたくない」にもかかわらず「死ななければならない」場面がわたしたちの人生には訪れる可能性がある、ということを、ハードウィッグの主張は含意している。そしてこれは、「耐え難い身体的苦痛」も、「終末期の病」が実際に存在していることも、患者が「死」を選択することの基準としては設定されていない、ということを意味している。ただ「人生の終わりが近づきつつある」という「予見」の存在がそれだけで、「死ぬ義務」を生じさせるには十分なのだ、とされるのである。

すなわち、生の尊厳を維持することや苦痛からの解放を願い、患者がみずからの「自由に選択する権利」のもとに尊厳死や医師幇助自殺を選ぶ、といった「死の権利」の枠内には収まらない問題が、ハードウィッグの言う「死の義務」には含まれているのである。

これは、明らかに、論議を巻き起こさずにはいない主張である。道徳的憤慨を引きおこす、挑発的な主張とさえいえるかもしれない。「快復の見込みがない老人は、死んだほうがまし（would be better off）なのだからはやく死になさい」という発言は、どうひいき目にみても、道徳的に不快な言動としか受け取りようがないであろう。死を積極的に論じることが許されるとしても、それはせいぜい終末期医療の現場における「死ぬ権利」を論じる場合に限られるべきである。すなわち、耐え難い身体的苦痛からの解放を求めての安楽死や、人間らしい死に様を求めての尊厳死といった範囲に限定されるべきである。「死ぬ権利」を飛び越えて、終末期の病を抱えた老人患者には周囲に負担をかけないために「死ぬ義務」を負う責任がある、などとは言語道断の発想であり、不謹慎なことこの上ない。「死ぬ義務」という一言を耳にするとき、われわれの脳裏に浮かぶのはこのような印象であるかもしれない。

しかし、ここで、ハードウィッグの報告する次のようなケースを考えてみよう。うっ血性の心臓疾患で死に瀕した八十七歳の女性が、死を恐れるあまり、最も強力な（the most aggressive）延命治療を執拗に願いでた。医学的見地から判断して、彼女の六カ月後の生存可能性は五〇パーセント以下と見積もられている。徹底的な延命治療の結果、衰弱の度合いは増しつつも、彼女は二年間生きながらえた。しかし、彼女の唯一の肉親である五十五歳になる娘は、その間の介護と経済的負担の大部分をわが身に抱え込むことで、貯金のすべて、住んでいた家、その当時の仕事とその後のキャリアをなにもかも失うことになった。八十七歳で、六カ月間生き延びる五〇パーセントの確率を失うことと、五十五歳で貯金と家と生涯のキャリアすべてを失うこと、そのいずれがより大きな負担であるかを、わたしたちは問い直す必要があるのではないか。わたしたちのほとんどは、後者の負担のほうがより大きい、と判断するのではないか。

たしかに、病気や老いは誰の責任でもない。しかし、病気や老いにどう対処するか、という場面に立ち会うとき、みずからの身の処し方をめぐってわたしたちが道徳的過ちを犯す可能性が生じるのである。みずからの介護に携わることで、愛する者たちが背負うことになるさまざまな負担や苦痛のことに思いを馳せ、その者たちの幸福な人生を願えばこそ、みずからの人生を終わらせるべき「義務」の生じるときが、わたしたちの人生には存在するのではないだろうか。

家族や愛する者のことを思いやる義務とは、自分自身が健康で、力強く人生を歩んでいられるあいだにだけ生じるものではない。病に倒れ、自分自身の人生が苦しい状態におかれているときですら、わたしたちは——みずからの生のありようを俯瞰的に眺める理性の能力を行使しつつ——家族や愛する者たちに対する最善の選択はなにか、という点に思いをいたす必要がある。「死ぬ義務」が生じるのは、身近な人間たちに対するこの一般的な——あるいは、本章の関心により引きつけた言い方をするならば、「義務」を「権利」や「自由」に先行させるカント的な——義務の文脈にもとづいてのことなのである。

6　カントと有限な理性の倫理

「カントにおける生と死の倫理」をテーマとしておきながら、「生の理由」をめぐる理性の自己崩壊を言い、「死の義務」などという良識的品性を逆なでする挑発的なテーゼを論じる。このような本章の論述は、読み手に奇怪な——そして不快な——印象を与えるものであるかもしれない。

何より、生の価値は能力の大小等を基準とする「価格」の観点ではなく、すべての理性的存在者が平等に与る「尊厳」の観点から理解されるべきであること。それゆえ、老者も、病者も、すべての人格は一切の差別なく「目的」として扱われるべきであり、「手段」として扱われることがあってはならないこと。このことを教えるのがカント的理性主義の根幹であるとするならば、「無目的な生」の言い分をもとに人格の尊厳を疑い、「死ぬ義務」のもとにそれを冒瀆さえしてみせる非道徳的な見解のどこにカントの姿を見出せというのか。そのような疑念が提出されるかもしれない。

しかし、このような疑念に対しては、次のような仕方で返答しておくことが可能であると思う。第一に強調されるべきは、カントが、みずからの生きた時代を「批判の時代」や「啓蒙の時代」と呼び、「理性の時代」や「哲学の時代」といった誇らしげな、力強い名前を用いることがなかった、という事実である。言い換えるなら、カントにとって、人間とはあくまで「有限な理性」の持ち主にすぎないのであり、わたしたちの理性に期待されるのは、絶対的な真理を洞察する特権的な能力であることではなく、むしろ「真理の究極の試金石」(VIII, 147)[10]であることなのである。

これを裏返すなら、カントにおける有限な理性の哲学は、他のすべての見解を退け、みずからの権威に従わせるような絶対的真理を認めない、ということである。あるいは、有限な理性の限界を自覚するカントの哲学は、絶対の真理を知ると自称する天才たちの洞察や霊感を疑い、すべてが批判的吟味にさらされなければならないことを教える、ということである。カントはこう述べている。

理性は、そのあらゆる企てにおいて、批判に従わなければならず、そして批判の自由を何らかの禁止によって妨害するなら、自分自身を損傷し、自らに不利な疑いを招かずにはいられない。この吟味し、検査する検閲は、個人の声望によって左右されないのだが、この検閲を免れうるほどその有用性に関して重要であり、神聖であるものは何ひとつとしてない。(A 738/B 766)

また、ここであわせて注目しておくべきは、「理性能力を付与された動物(animal rationabile)である人間は、自己自身を理性的動物(animal rationale)たらしめうる」(VII, 321)[11]という『人間学講義』におけるカントの言葉である。

カントにとって、人間は可能的にのみ理性的な動物であるにとどまる。言い換えるなら、「理性的であること」とは、人間の安定した本質や所与の特権を記述した事実命題ではなく、日々の努力を通じて達成されるべき「課題」を命じる規範命題として理解されなければならない。すなわち、カントにとって、理性的であることとは、そのものに寄りかかることで私たちの生が究極の支えを得ることのできる自明の前提などではなく、わたしたちが自覚的に守りゆかなければならない課題なのである。

こんな言い方をすることもできるだろう。人間における理性の運命を見据えるカントの慧眼は、真理をわがものとして僭称する巨人の権威のもとに、怠惰な人間があまりにもたやすく理性を眠らせてしまう危険性を見抜いていた。すなわち、「純粋理性の安楽死」（A 407/B 434）と呼ばれる事態こそが、理性の崩壊を導く最大の誘引であり、それゆえにわたしたちが最も警戒すべき事態であることを見抜いていた、と。

では、以上のような根本的構えをもとにするとき、有限な理性の哲学者たるカントは、本章における「生と死の倫理」にどのようなコメントを与えるだろうか。この点について、ここでは、『純粋理性批判』におけるカントの次のような言葉を引用しておこう。

> 理性の実在さえもがこの批判の自由に基づいている。理性は独裁官的な権威を有さず、その発言はいかなる場合でも自由市民の賛同そのものに他ならないのであり、各市民は自身の疑いや、それどころかその拒否権さえをも、ためらいなく表明することができるのである。
>
> （A 739f./B 766f.）

「理性の実在」を根底のところで支える「批判の自由」を最大限強調するところにカント的理性の根本的特性が見定められるのであるならば、カントその人が、本章におけるような「反カント的カント主義」の主張を門前払いすることはないのではないだろうか。むしろ、挑発的な思考であればこそ、その言い分に対する反発のゆえに理性が眠らされ、その実在が危機にさらされることを恐れて、その主張を理性的討議の場に留めおくべきであることをカントは要求するのではないか。あるいは、すくなくとも、二十一世紀におけるカントのテクストの読み手たちが、カントのテクストに基づきつつ、本章のような角度から「生と死の倫理」を論じることを、カントその人が拒絶することは決してないようにわたしには思われる。

注

（1）「根拠としての理性」というテーマについては、例えば以下の文献を参照。坂部恵「理性の不安――サドとカント」『「ふれる」ことの哲学』岩波書店、一九八三年。

（2）以上の論点については次の文献が参考になる。Christine Korsgaard, *The Sources of Normativity*, Cambridge, 1996. クリスティーン・コースガード『義務とアイデンティティの倫理学／規範性の源泉』寺田俊郎・三谷尚澄・後藤正英・竹山重光訳、岩波書店、二〇〇五年。

（3）Kant, *Kritik der Urteilskraft*, Bd. V, 1790.『判断力批判』牧野英二訳、岩波書店、二〇〇〇年。

（4）Kant, *Kritik der reinen Vernunft*, 1781 (A), 1787 (B).『純粋理性批判』有福孝岳訳、岩波書店、二〇〇一年。

（5）Kant, *Metaphysik der Sitten*, Bd. VI, 1797.『人倫の形而上学』樽井正義・池尾恭一訳、岩波書店、二〇〇二年。

（6）以下の論点については、次の拙稿で論じたことがある。三谷尚澄「自律を通じた価値の構成について――カント的義務の理論を擁護する試み」『哲学論叢』第三二号、二〇〇五年。

（7）Jules Vuillemin. "On Lying: Kant and Benjamin Constant." *Kant-Studien*. 73. 1982.

（8）本節の議論については、以下の拙稿と一部論述が重なることをお断りしておく。三谷尚澄「いつ、だれが、なぜ〈死ななければならない〉のか」『*PROSPECTUS*』№8、二〇〇五年。

（9）John Hardwig, "Is There a Duty to Die?," *Hastings Center Report* 27, no. 2 (1997), p. 35.

（10）Kant, "Was heißt: Sich im Denken orientieren?," Bd. VIII, 1786.「思考の方向を定めるとはどういうことか」円谷裕二

訳、『批判期論集』岩波書店、二〇〇二年。

(11) Kant, *Anthropologie in pragmatischer Hinsicht*, Bd. VII, 1798. 『実用的見地における人間学』渋谷治美訳、岩波書店、二〇〇三年。

【コラム⑥】

カントとエコロジカルな心の問題

生態学的観点から

河野 哲也

ジェームズ・J・ギブソン（1904–79）の最後の主著『生態学的視覚論』の批判対象がニュートンであったことはよく知られている。そこで批判されているのは、ニュートン力学の根底にある存在論的枠組み、すなわち、絶対的な時空間と原子論、そしてその原子の動きを統べる自然法則という考えである。なぜ心理学者が存在論を問題にするかというと、心の概念はつねに物の概念と対を成していて、新しい心理学を打ち立てるためには存在論の刷新が必要だとギブソンは考えていたからである。カントは、その成否はともかく、ニュートン力学の哲学的基礎づけを行おうとしながら、同時にニュートンの存在論から深く影響を受けていたと思われる。であるなら、ギブソンの基本的立場を肯定的に評価するエコロジカルな心の哲学と、カント的な心の概念とは鋭く対立するのであろうか。以下に検討してみよう。

ギブソンの存在論は、出来事（event）ないし過程（process）の実在論である。時間空間は、出来事ないし過程の一側面を抽出した概念にすぎない。また、ギブソンの存在論はプラグマティックである。何かが存在するとは作用する（act）ということであり、ある効力（power）の場が存在するということである。大きさや形状、質料などの第一性質とされるものも、周囲に対する効力の構造に他ならない。「事物の性質」なるものも出来事から抽出された概念にすぎない。出来事や過程は一定の構造をもっており、構造は個々の構成要素に還元されない。知覚とは、この出来事の構造の一定部分を、動物が自己身体を環境に介入させながら計測することである。計測とは、自分に効力を発してくる環境の諸事象のあいだの関係性を把握することである。動物による計測はその身体の性能に依存しており、とくにみずからの生存に関係することを測定するようにできている。動物の身体によって計測される環境の特徴は、いわゆる環境の（構造を持った、すなわち意味を持った）高次特徴、たとえば、アフォーダンスであることも可能であり、そのためには、内部の心的装置によってバラバラにやってきた感覚データを統合する必要はない。なぜなら、環境中の諸事象はすでに構造を有しており、動物の複雑な身体はそれら高次構造を直接把握できるからである。知覚の基本対象は、ゲシュタルト、すなわち文脈に埋め込まれた「刺激」であり、言い換えるなら、出来事であることをギブソンはゲシュタルト心理学者とともに承認する。感覚データとされるものは、むしろ出来事の知覚を操作的に線形化したときに初めて生じる人工的なものである。科学的認識とは、動物の身体性を観測器具というかたちで拡幅し、生存という関心を取り除いた集団的な志向性によって環境を計測する延長された知覚である。知覚と高次といわれる認識とは、ともに身体-器具による環境測定であり、その意味で明確な境界はない。感性と理性のあいだに敷居はない。これがギブソンの存在論と知覚-認識論の骨子である。

こうしてみると、ギブソンの心理学は、カントの心や認識に関する主張をほとんどまるきり裏返しにしたような印象を受けるかもしれない。というのは、カントの実像はどうあれ、心の哲学の分野では、カントの心のモデルは認知科学における標準的な立場（これを「認知主義」と呼ぼう）ときわめて近いものにあると理解されており、エコロジカルな心理学はその認知主義を根本的に批判しようとしているからである。戸田山（2007）は認知主義とカントの類似性を次のように指摘している。①表象主義と計算主義——表象を基本単位として、それらに対する規則に従った変換プロセスとして認知を捉える。②認知における概念の役割——その表象は、たんに外部から受け取った感覚入力なのではなく、それが概念に適用されてはじめて成立する。このように考えると、カントは認知主義の先駆者であると呼ぶこともできよう。外部からやってくるデータはそれを脱コード化する内在的で先在的なソフトがなければ解読できないという認知主義の立場は、カントの認識論と大枠では共通しているように思われるからである。

カントは、対象を現象と物自体に区別し、前者だけが認識の対象たりえると考えていた。私たちが知るのは、ただ物の現象、すなわち物が私たちの感官を触発することによって私たちのうちに引き起こす表象だけである。またカントにとって空間と時間は、物自体の性質ではなく、対象を直観する主観に属する形式であり、現象としての対象に属するという意味では経験的実在性をもつ。そして、カテゴリーも現象に適用されるだけであって、物自体には適用されない。

こうした認識論の最大の問題は、すでに指摘されているとおりに、物自体と現象との関係である。物自体が知りえないなら、物自体と現象との関係も知ることはできず、物自体が現象を「触発した」とさえ言えないはずである。そもそも認識できないものが実在するとなぜ主張できるのかが説明できない。

ギブソンは、プラグマティズムの伝統に属している。「〝それが、何を為すか〟ということこそが、〝それが何であるか〟にほかならない」（1979, p. 151）。知覚が可能であるのは、動物の身体が事物の相互作用のなかに入り、そこで探索活動をすることによって環境の構造を抽出するからである。私たちの身体もひとつの出来事として自然の一部であり、他の出来事と同じように機能する。私たちは身体的存在として自然の一部であるゆえに環境を認識できる。それに対して、思考なるものは環境と直接に関係を取り結ぶことができない。さらにプラグマティズムによれば、科学的認識を真に担うのは実験観察装置である。その装置が安定した形で対象との関係を再現できたときに科学的認識が成立する。科学的言語や理論は実在と直接に接触できない。認識するのは器具であり、装置であり、身体である。以上の考えから、プラグマティズムでは、認識することを存在することから区別しない。存在も認識も、すべては働きであり、行為だからである。認識においては世界の側も動物の側もアクティヴである。認識の客観的妥当性とは、認識の身体である実験観察装置が誰の身体にも接続可能であるという事態の謂いである。ギブソンにとっても実在の姿はすべて知覚されたり認識されたりすることはありえない。なぜなら、私たちの身体-装置はあらゆるところに存在することなどできないからである。プラグマティズムにとって実在の全体像が不可知であるのは、知覚も含めた認識がつねに実在との断片的でローカルな相互作用だからである。

カントの物自体とはどのようなものなのであろうか。それが現象の背後にある現象の原因だとすれば、受け入れがたい矛盾した概念である。そうではなく、現象とは同質の、しかし人間の知覚と認識からつねにこぼれ落ちる世界の側の「課題」であるとすれば、そして「触発」とは動物を活動へと誘う環境のアフォーダンスのことであるのならば、案外、カントとギブソンには共通性が見出せるのかもしれない。カントは存外、実践的な哲学者かもしれないからだ。

参考文献
戸田山和久「カントを自然化する」『日本カント研究8　カントと心の哲学』理想社、二〇〇七年、四九―六九頁。
J・J・ギブソン『生態学的視覚論』古崎敬他共訳、サイエンス社、一九七九／一九八五年。

カントの永遠平和論・正義論①

22 カントの正義論と人権論の射程

リベラリズムとリバタリアニズムの間

宇佐美 公生

はじめに 現代の正義論とカント

ジョン・ロールズが『正義論』で、功利主義の理論に対抗して「ロック、ルソー、カントに代表される社会契約の伝統理論を一般化し、抽象化の程度を高めることを企図した」(TJ, xviii/xxi) と語り、その議論の源泉の一つにカントを挙げていることを引き合いに出すまでもなく、今日の正義をめぐる議論にカントが少なからぬ影響を与えていることは確かである。その一方で、今日の正義論には、カントの議論への批判の上に成り立っている側面もある(1)。すなわち、超越論的観念論や形而上学的側面への批判、その抽象性や独白的性格への批判、理性主義への批判、さらに細かくは、革命権や抵抗権や死刑存置論に対する批判などである。カントの権利と正義をめぐる思想は、現代の議論に対しどのような意義を有しているのだろうか。

そこでまずカント自身の正義と人権に関する思想の骨子を「理論と実践」(一七九三年)や『人倫の形而上学』(一七九七年)の「法論」を中心に簡単に確認する。次いでそうしたカントの思想が、今日の正義と人権をめぐる議論に対してどのような位置を占め、いかなる意義を有しうるかを検討してみたい。

1　カントの権利論と正義論

『人倫の形而上学』の「法論への序論」でカントは、人間が生まれながら（自然）に有する「唯一の権利」を提示している。それは生存権でも所有権でもなく、自由の権利である。「自由（他人が強いる選択意志からの独立）は、それが他のだれの自由とも普遍的法則に従って両立できる限りで、唯一の、根源的な、だれにでも人間であるがゆえに帰属する権利である」（VI, 237）。人間は生まれながらにして他者による束縛から自由であり、その限りどんな行為を行ってもよいが、そこには条件がある。つまり、（内面の意図がどうあれ）その行為を規則の形で普遍化して、他人の自由と両立できる、という条件である。この条件に適えばその行為は正しいし、適わなければ不正である。カントはこの正義の条件を「法の法則」と呼び、その源泉を「理性」に帰している。そしてそれは外的行為が法の法則に反して他人の自由を侵すなら強制的に排除さるべし、とする「万人の自由と調和する相互的な強制の可能性」をも意味している。ただし「あなたの選択意志の自由な行使が、普遍的な法則に従って、だれの自由とも両立できるように外的に行為せよ」（VI, 231）、という「法の法則」は、あくまでも理性の理念にすぎず、「理性は、このことを、これ以上のどんな証明もできない一つの要請として語っている」（*ibid.*）。ここではまだ私にどんな自由があり、どんな行為がその自由を侵害したことになるか、という行為の具体的範囲の画定はされていないし、自由の妨害を阻む強制の仕方も具体的には示されていない。この自由の権利とそれを統御する「法」の拘束力のあり方は、「私法」と「公法」に分けて説明されることになる。

「私法」の方は国家に先立つ自然状態においても成り立つ法である。生得の自由の権利の行使にあたって他人の自由との両立が私法のレベルで問題になる場面の典型は、外的なものを手に入れる場合（占有）である。たとえば、未開の土地を私が囲い耕しても、それだけでその土地が自分のものになるわけではない。(近世自然法論思想の流れを汲む) カントの考えでは、地球上のすべての土地は本来全人類の共有なのであって、「万人の統合された意志」のもとで、他のすべての人によって承認されてはじめて、その土地は私の占有物になるのである。しかしそうした承認の獲得は現実には不可能である。つまりそこでの承認は、外物の占有が可能になるとしたら「法の法則」に従い「万人の統合された意志」に適う形での承認が成り立っているはずである、という形の仮想の (=可想的な占有possessio noumenon VI, 249) 承認でしかない。それゆえ自然状態では、仮に私が占有 (先占) したところで、それが他人の介入から確実に護られているとは限らず、他人との間で争いが生ずることもありうる (vgl. VI, 257)。したがってこのような私法下での占有はせいぜい「暫定的な権利」でしかない。事情は、占有の権利 (物権) の他に、合意に基づく契約を前提に他者の行為を求める権利としての「債権」や、「物権として占有しつつ、人格として使用する権利」(VI, 276) としての「物権的債権 (婚姻権や親権、家長権)」についても同様である。そこでこの不安定な状態を脱し、所有を確定的なものとするために、公法による保護、つまり市民状態に入る必要が生まれる (vgl. VI, 255f., 264)。

2 根源的契約と配分の正義

カントは伝統的な法の義務の三区分に対応させて、正義を、自由な主体として自己の価値を護る「保護の正義 (iustitia tutatrix)」と取引における正しさとしての「交換の正義 (iustitia commutativa)」、そして正当な権利の配分の正しさとしての「配分の正義 (iustitia distributiva)」に区分している (vgl. VI, 306)。このうち「保護の正義」と「交換の正義」は、自然状態のもと私法のレベルでも実現できる。それに対し「配分の正義」は公法の状態、言いかえれば公的な権力を伴う「司法」のもとで測られるべきものであり、カントはそこで問われる正義こそ「最重要」であるとみなしている（vgl. *ibid.*）。そこには（公的）権力の象徴である剣と（配分の）均衡を象徴する天秤とを携えた「正義の女神」のイメージが重なる。単に理念的であった「自他の自由の普遍的法則のもとでの両立」を必然化し、各自のものが正しく確保されるには「集合的で普遍的で強制力を持つ立法のもとにある」公法の状態ないし「市民状態」に移行する必要がある、というわけである。

ではどうやって市民状態（国家）に移行するのか。カントはこの移行を、自他の自由の共存を命ずる「法の法則」から自ずと導かれる必然的な義務ととらえる（vgl. VI, 256, 264, 307–8, 312）。そしてその義務に支えられ「人民は自らを一つの国家へと構成する」社会契約を結ぶわけだが、その契約を、「根源的契約（der ursprüngliche Kontrakt）」と呼んでいる（VI, 315）。それは人間が「未開で無法則な自由をそっくり放棄することによって、およそ自分の自由というものを……法の支配する状態において、減らされることなく再び見出す」（VI, 316）ような契約であり、しかもそうして成立した国家における法への従属は、「万人の統合された意志」、即ち国民全体の立法意志によるのである。それゆえ国家への抵抗や革命は、この根源的契約に反し、自分たちの立法意志自体を否定することになるがゆえに、認められないことにもなる。

ホッブズやロックにとり、国家には、人間が有する自然権の一部、生存権や所有権を保護するための道具的役割が期待されている。対してカントの場合には、国家（市民社会）そのものが、法の法則に従う人間の自由が最大限に調和した状態として「目的」とされている点が特徴的である（vgl. VIII, 22）。争いつつ協力する人間にとり、市民社会を形成することが義務なのだが、「外的関係においてそれ自体が義務であるような目的とは、……公的な強制法の下での人間の権利である」（VIII, 289）。最終的に義務である目的とは、理性的主体としての各人の権利（自由）の保護なのであり、それを可能にする公的権力の形成は、根源的契約によらざるをえず、この「根源的契約」の理念に適う唯一の国家体制が「共和制」に他ならない（vgl. VI, 340）。この国家には、立法、行政、司法という三権が含まれるが、国民は万人の統合された意志の担い手として立法の主体であり、同じく普遍的に統合した意志の現れである行政と司法とに従うことになる。さらにこの国家は、国民が「自由」「平等」「独立自存」のアプリオリな原理に従うことで成立する、とも言われ（vgl. VIII, 290）、それぞれについてカントは次のように解説している。自由とは、国家の創設にあたっては、各自が普遍的法則の下で他人の自由と両立する限りで、支配者の恩恵を期待せず、自ら幸福を追求する自由であり、国民としては自分が同意を与えた法以外のどんな法にも服従しない自由である。平等とは、まず法の下での権利の平等を指し、次いで身分を越えた機会の平等を指す。独立自存とは、国民が自らの生活を他人の意志によらず、自らの権利と才覚で営むことができることであり、己の生存を保持するだけの財と力を有する限り、その多寡に関わりなく平等に一票の投票権をもつことで、立法に間接的に関わることができる、ということである（vgl. VI, 314, VIII, 290–296）。

さて、法と正義の成立に関する「法の法則」の議論を拡張し、一種の自然状態にある国家間の関係に適用すれば、世界市民法が貫徹する国際社会を目標として構想する議論へと連なっていくことになる。その場合でも、目標となるのは、自国と他国の自由が普遍的法則の下で両立可能な自由の共同の世界である。そうした世界は、公的権力を欠く現実の国際社会ではもちろんのこと、国家レベルでさえも難しいかもしれないが、正義の理念は、現実を査定し批判する試金石となり、理想へ向けての改革を促してくれるのである。

以上のカントの立場を権利と正義に関してまとめるなら、権利とは個々人の自由の権利であり、正義とは公法の下でのその権利の配分の正義に他ならない。しかしそもそも普遍的な法則に適って両立可能な自由にはどのような種類があり、共和制のもと、それらの自由を配分するにはいかなる実定法が定められるべきなのだろうか。たしかに「表現の自由」などはカントも語っているが、その他に学問の自由、思想・良心の自由、集会・結社の自由、現代的なプライバシーの自由や情報の自由、さらに貧困からの自由などについて、カントがどこまでイメージしていたかは明らかとは言えない。

国家権力への抵抗権や革命権は、国法が万人の統合された意志に基づく立法である限り、法状態そのものを否定する自己矛盾的概念として、自由権には入ってこない。また配分の正義の一部に属する同害報復の正義を前提とした死刑制度の肯定や、親権や家長権をはじめとするある種の身分の差を前提した権利の不平等なども、現代の正義論から見て批判の対象になりうる部分は数多く残されている。しかし理性に基づく法の法則の存在を前提しつつも、人間の自由の権利が普遍的法則の下で最大限可能となる人民の共同社会という国家の理念的モデルの構想そのものが、現代的意義を失ったわけではない。

3　カントの自由主義

以上で見てきたように、理念のレベルで考えれば、カントの正義論は今日の自由主義のルーツの一つと言ってよい。ただし、それが自由を至高の価値とするリバタリアン的自由なのか、それとも不平等や格差の是正をも正義の対象とするリベラリズム的自由であるのかはまだわからない。根源的契約は、リバタリアンがルーツとみなすJ・ロックの契約論とは構造的に異なっている。しかし国民の自由と独立自存の保護を理想とし、平等の意味を法の下での平等として捉えることが、「彼ら（国民）が所有物の量と程度の上でいちじるしく不平等であることと十分に両立する」（VIII, 291）とするカントの論述からは、一種のリバタリアンの姿勢がうかがえる。実際、カントの自由主義はアダム・スミス流の市場主義的自由主義として解釈されることもあり、ロバート・ノージック自身も自らの権利論の根拠を、カントの目的自体の原理に求めていた（Cf. ASU, 30–31/48）。

加えてカントのパターナリズム批判は有名である。支配者が恩恵の原理に基づいて行う臣民支配のもとで、「臣民は、自分にとり何が本当に有益であり、何が有害かを見極められぬ未熟な子どものように、ただ受動的な態度をとるように強いられる」。それは臣民のすべての自由を破棄し、その結果臣民が一切の権利を持たない「考えられる限り最も強力な専制政治である」（VIII, 290–291）。カントは、現実の世界で運や才能に格差があることは認めるが、ロールズのように、そうした能力や資源の差を万人の共有財産として活用すべき、とする平等への志向があるわけではない。市民の権利としては（投票権を含め）法の下で平等なのだから、たとえ身分が低く乏しい資産のもとに生まれたとしても、あるいは自分の生存を他人の指図の下で維持せざるをえない「受動国民」であったとしても、自分の努力と才覚で平等な立場にまで登りつめる権限は留保されている、と語るにとどまる（vgl. VI, 315, VIII, 293f.）。現代のリバタリアンによれば、「取得」と「移転」の正義、そして不正義に対する「矯正」の正義を越える「福祉や弱者の救済」は、最小国家の守備範囲にはなく、彼らは福祉の問題の解決を、国家レベルの正義を越えた個人の有徳さと相互扶助の領域に委ねている。そしてカントが「他者への親切」を論じていたのも、法を越えた「徳論」の領域においてであった（vgl. IV, 423, 430, VI, 452f.）。このように見てくるとカントの正義をめぐる思想は、法の下での人民の自由と独立自存を基礎としており、そこにロールズ流の福祉国家の構想を期待することは難しいように思われる。

しかしカントの論述の細部に目を配るなら、社会正義ないし福祉への法的配慮もうかがえないわけではない。例えば、「普遍的な人民の意志は、恒常的に維持されるべき社会へと自らを統合したのであり、社会はこの目的のために内部の国家権力に服従して、資産がなくて自分を維持できないその成員を維持する。したがって政府は国家の立場から、必要最低限の自然的欲求すらままならない人を維持する手段を、資産のある人を強制して調達する権限をもつ」（VI, 326）。有産階級は、国民同胞を維持し人民の必要に応えるべく納税をしなくてはならないが、それは間接的に自らの生存を保持するためでもある。救貧院や孤児院なども国家が責任をもって設置すべきであるし、その負担を人民に求める権利がある、というわけである。そして救貧制度は「各人の権利を共同意志の法によって保護するため」（VIII, 291）なのであって、パターナリズムとは質的に異なる福祉の必要を説くカントの説明からは、リベラリズムへの可能性も覗われる。

そもそもカントが考える正義の基本形は「行為の自由が、他の誰の自由とも普遍的法則に従い両立できること」

であり、公法の下ではこの原則に適う形での立法に基づき個々人の権利が正しく配分されることが、市民社会（国家）の理想型なはずであった。この理想的な正義の形は言わば基本形であって、各人の自由をどこまで、どのような形で配分するかまでは何も語っていないがゆえに、かえってその基本をもとにさまざまな発展・改善型を構想することが可能であろう。そして既存の特権を廃止し、富の再配分を促して人民の権利の保護を決定する法は、人民の総意を代表し、（代議制の形ではあれ）その法を打ち立てる主体は人民自身のはずである（vgl. VI, 324 ff.）。そうであるとすれば、カントが構想する自由主義は、その形式性のゆえに、リバタリアン的解釈だけでなくリベラリスト的解釈をも許容するものである、と言えよう。

貧困や不平等は、結果的に所有物の差であるとしても、そこに至る要因としてさまざまな選択肢にアクセスする機会、すなわち自由が制限されていることがしばしば指摘される。そうした観点から福祉の問題を考えるとき、現代において注目されている考え方に「ケイパビリティ（Capability、潜在能力）」の観点があるが、カントが示した自由と権利の調和に関する「配分の正義」をめぐる思想は、こうした観点をも十分組み込みうるものと言えよう。カントの時代に格差や貧困の問題が「法」の維持を危うくするがゆえに配慮すべき問題であるとすれば、同じことは現代の社会にもあてはまる。

現代の社会でも、自らの選択意志の自由を拡張するためにさまざまな知識や技能の学習の機会を広め、人生の選択の幅（＝Capability）を持続可能な形で充実させることは、「普遍的法則の下での自他の自由の両立」という原理と整合しつつ、機会の平等を実質化するはずである。また環境、食糧、医療など有限な資源の配分の問題についても、本来は人類の共有であり、その配分にあたっては「万人の統合された意志による承認」が必要であるとする私法上の理念を適用すれば、国際社会において解決すべき方向は、カントが語る正義の原則に沿ったものとなるはずである。もちろん原則が適用された具体的立法が、リベラリズム的視点からのものになるか、リバタリアン的な視点からのものになるかまでは決まっていないが、それは個人の自由の範囲と質の問題と併せて、現代の人類が探究し解決すべき課題であろう。

4　カント主義という旗印――理性主義的形而上学からの脱却?

今日の正義論のさまざまな立場のなかには、カント的あるいはカント主義的と称される立場がある。ただしカントの思想の衣鉢をどの点で継ぐものであるかは一様ではない。帰結主義批判や行為の格率の普遍化可能性の側面をはじめとして、自律（自己立法）や合理的な決定手続き主義の側面、あるいは構成主義的側面や理性主義的側面、さらには「目的自体」の原則を根拠にした「個人の尊厳」と「人権」を重視する側面や根源的契約思想の側面など、論者によってカント主義の旗印も異なる。しかもそれらは多くの場合、カントの思想の別の側面への批判を含んでもいる。ここでは、それらを網羅的に検討する余裕はないので、今日の正義論に最も大きな影響を与え、しかもカントからの影響を自認している『正義論』のロールズの場合を取り上げて、「カント主義」の意義を検討してみることにする。

ロールズの立場は、競合する利害を裁定すべき正当な決定手続として、どのような正義原理が考えられるかという課題を掲げ、理に適った正当な理由に基づく仕方で合理的な人々が合意できる「普遍的な正義原理」を構成しよう、という構成主義の立場である。彼はまず道徳的人格性を備え、常識的な利害関心を持ち、合理的な人生設計を行いうる人々を想定し、彼らが無知のヴェールに隠された原初状態で自律的に選ぶはずの原理として「二つの正義の原理」を構成する。この（原理）構成主義的議論のなかに、カント的視点が備わっているとロールズは考えている。この原理の構成手続きが、理性的存在者を前提に実践理性の形式（普遍化）を通して格率をテストし、妥当な定言命法を構成するカント流の手続きと類比的だから、というわけである（Cf. TJ, 222/341, CP, 339）[2]。

ところでロールズはこの構成を、利己心と（経済）合理性を備えた市民の仮想経験のレベルで行っているが、導出された「原理」を正当化するために、われわれの「熟考された道徳的判断の事実」を持ち出し、その事実と原理との「反照的均衡」を通して整合性を高め、正当化を図るという手続きをとっている。この「原理」の正当化のための「事実」という構造に関しても、ロールズは定言命法を正当化する「理性の事実」との構造を類比的に照らし合わせる議論を加えている（Cf. CP, 497, 512, 516–517）。

しかしその一方で、ロールズは、カントが「本体的自我（noumenal self）」という概念を導入して二世界論的で形而上学的な議論を構えたことによる理論的困難を問題視し、むしろ二元論を放棄して「経験論が妥当する領域内で二元論の道徳的説得力を再定式化」すべきであると提案する。そして自らの原初状態の構想こそ、そうしたカントの欠陥を補いつつカントの構想を経験論の地平で実現してくれるものと自認している（Cf. TJ, 224 / 344, 227 / 347）[3]。

以上の類比であるが、かたや個別の行為に関する定言的命法を導き出す際の手続き（カント）であり、他方は、一般的な正義原理の導出と構成の手続き（ロールズ）であるという点で、構造上似ているとしても、その位相は明らかに異なっている。また、原理を正当化するために引き合いに出される「事実」も、カントの「理性の事実」と対応させるには課題が多すぎる。そして、なによりもロールズが、経験論の地平でカントの道徳論を再構成し、正義の普遍的原理を可能にした「原初状態」の想定については、後に多くの批判が寄せられることになった。例えば、無知のヴェールでの選択が必ずしも一つに収斂せず、ロールズが想定する以外の選択肢がいくつも残されている、といった批判である[4]。そして周知のごとく後年ロールズ自身もそれらの批判を受け入れ、唯一の普遍的原理というカント主義的理想を放棄し、多元的文化の現実に即しつつ、米国社会の政治的な分野で正当な正義原理の確立をめざす議論へと方向転換を図ることになった。

道徳と正義に関するカントの議論の一部を換骨奪胎して、経験論の地平で新たな衣をまとわせ、カント的発想を甦らせようとする試みから、豊かな実を結んだものも少なくないが、それらをカント主義と呼ぶべきかどうかは疑問が残る。そもそもカントを経験論的に再構成するとはどういうことなのだろうか。カントは、既存の形而上学を批判しつつ、経験論とも一線を画す形で、理性の限界内で無制約的なものを求める形而上学の可能性（超越論的哲学）に拘っていた。それを「カント的」という形容の中枢に据えるなら、経験論への修正の道とは別に、形而上学への拘りに配慮しつつ、カントにおける理性主義的で普遍主義的な側面を現代的に再評価しようとする道も考えられるはずである。[5]

ヴォルフガング・ケアスティングは、カントの実践哲学の中心が自律あるいは純粋実践理性の自己立法であることの意義を強調し、そうした理性が「法」を考察する場合には、専らその普遍性と公正さ、自由と平等、相互性という理性の形式に従うしかなく、結局自他の自由が形式的に両立可能か否かという問題に集中することになる、と語る（vgl. WF. 26/13）。それはたしかに普遍的ではあるが、形式的で抽象的でもある。しかし、この抽象性と形式性とは、立法に関して理性のもとにとどまろうとする限り避けがたい制約でもあり、カント特有の理性の形而上学の宿命にして、魅力でもあると言える。その魅力という点で象徴的なのは、カントが国家の成立にあたって前提している根源的契約という規範の持つ意義である。ケアスティングによれば、「契約」という基準は、ある法律の違法性を認識させるだけでしかないが、この契約規範に照らすなら、根源的契約こそは、不平等な自由の配分を行う法律の違法性を指弾し、市民の共同意志に適う国家への修正・改良を促す根拠となるものである。

ケアスティングの評価では、カントの「根源的契約論」こそ、契約論をめぐるそれまでのすべての批判を回避し、現代に繋がる契約論に新たな正当化の根拠を与え、すべての支配組織が模範とすべき構造を提供できる「最良の契約論」なのである（vgl. WF. 32-35/18-21）。それは、人々が任意に選べる契約ではなく、理性に基づく必然的な秩序であり、義務でもあったが、この根源的契約の概念が説得力を持つとすれば、それは契約論に根差した立憲主義的正義論にも新たな展開をもたらしてくれることになろう。

ところで以上のような理性に基づく法の諸原理と契約の妥当根拠はどこにあるかと問われれば、最終的に「理性の事実」を持ち出すしかない。そのことはケアスティングも認めている（vgl. WF. 41/26）。そして彼は、「理性の事実」に対して、経験科学の成果を背景にその虚構性を暴こうとすれば、カントの実践哲学の理性支配の建物は崩壊してしまうだろう、と語っていた（vgl. *ibid.*）。現代の正義と人権をめぐる諸問題を経験論の土俵で考察してもカント的モチーフが利用可能なことを示すのも、カント思想の現代的意義を測る一つの方法かもしれない。しかし現代の経験諸科学による批判に抗して「理性の事実」を擁護し、その「事実」の意義を経験論者も納得できるような形で説明し直し、それを通してカントの自由の権利とその正しい配分に関する思想、すなわち「秩序づけられた自由」をめぐる理性主義的で超越論的な自律の思想を再構築することも、カントの思想の現代的意義を明らかにするもう一つの構えであろう。ケアスティングはその可能性を示してくれているし、カント哲学の現代的意義を考察するわれわれの姿勢に反省を促すものでもある。もちろんそのような形で、カントの正義と人権に関する思想の正当化が可能になったとしても、そこから今日の正義や人権をめぐる諸問題への答えが直ちに導かれるわけではない。それはあらためてカントの思想に沿いながら、われわれ自身が解決すべき課題であることに変わりはない。

引用・参考文献

欧文資料のうち、邦訳のあるものについては、略号のあとに原文頁／邦訳頁という形で記した。

ASU：Robert Nozick, *Anarchy, State, and Utopia*, Basic Books, 1974.『アナーキー、国家、ユートピア』島津格訳、木鐸社、一九九二年。

TJ：John Rawls, *A Theory of Justice*, Revised Edition, Harvard Univ. Press, 1999.『正義論　改訂版』川本隆史他訳、紀伊國屋書店、二〇一〇年。

CP：Samuel Freeman（ed.）, *John Rawls Collected Papers*, Harvard Univ. Press, 1999.

WF：Wolfgang Kersting, *Wohlgeordnete Freiheit*, mentis Verlag, 2007.『自由の秩序』舟場保之・寺田俊郎監訳、ミネルヴァ書房、二〇一三年。

注

（1） Cf. Onora O'Neil, *Bounds of Justice*, Cambridge U.P. 2000, Ch. 4. 『正義の境界』神島裕子訳、みすず書房、二〇一六年、第4章参照。

（2） ロールズのこのカント解釈については、オノラ・オニールによる批判的解説もある。Cf. O. O'Neil, *op. cit.*, pp. 71–73. オニール前掲書、九一―九三頁参照。ロールズ自身も自分のカント解釈に対して異論があることを認めている（Cf. TJ, 221-222/339）。

（3） Cf. O. O'Neil, *op. cit.*, pp. 44–45. オニール前掲書、五六頁参照。

（4） 例えばJ・グレイ『自由主義論』山本貴之訳、ミネルヴァ書房、二〇〇一年、五一頁以下参照、cf. Amartya Sen, *The Idea of Justice*. Penguin Books, 2009, pp. 10–15, 53–58, 『正義のアイデア』池本幸生訳、明石書店、二〇一一年、四三―五〇頁、一〇一―一〇八頁参照、cf. O. O'Neil, *op. cit.*, pp. 72–73. オニール前掲書、九二―九三頁参照。

（5） Cf. O. O'Neil, *op. cit.*, pp. 74–79. オニール前掲書、九四―一〇〇頁以下参照。

カントの永遠平和論・正義論②

23 永遠平和と世界市民主義

国境を超える正義

石田 京子

1 永遠平和のための哲学的構想

永遠平和は、一時的な休戦ではなく、あらゆる敵対行為の終わりを意味する（ZeF, VIII, 343）。イマヌエル・カントにとって、永遠平和は、法哲学の「究極目的」、あるいは「最高の政治的善」であるという（MS, VI, 355）。戦争が地上から消え去り、平和が永遠に続くということが法や政治の目的であるといえば、現実を無視した夢想であると多くの人は考えるに違いない。カントはそのことを熟知していたが、同時に彼は、これがたんなる絵空事ではないことも示そうとした。

カントは一七九五年に『永遠平和のために――イマヌエル・カントによる哲学的構想』という著作を出版している。その冒頭でカントは、「永遠平和のために（Zum ewigen Frieden）」という題の由来に触れている。この言葉は、オランダの旅館の主人が墓地の絵をその看板に描いたエピソードに基づいている。もともとこの文言は、死者に対して安らかな眠りを祈るために用いられたものであり、それを客に向けたところにおかしさがあるのだが、同書には平和と墓地のイメージを結びつけているところがある。国家間の戦争は、もし和平が結ばれなければ、相手を殲《せん》滅《めつ》するまで終わることはない。殲滅戦争では、敵味方双方の滅亡が同時に起こるが、「その滅亡とともにあらゆる法も消滅するから、永遠平和は人類の巨大な墓地のうえにのみ実現されることになろう」(ZeF, VIII, 347)。人間が存在するかぎり戦争はくり返され、それは人類が滅亡するまで続く。戦争の原因すなわち人類の存在そのものが失われることによってはじめて永遠平和が実現されるという皮肉が、ここでほのめかされているのである。もし、このようなかたちでしか永遠平和というものが実現しないのであれば、人間にとって永遠平和は目指すべき理念でも最高善でもなく、むしろ実現しない方がいいのではないだろうか。

このような悲観的なイメージに対して、カントは、法や政治の究極的な目的として永遠平和を描き出している。ただし、究極的な目的としての永遠平和を論じるとき、カントは、これが(遠い将来において)実現可能であると想定しているわけではないし、そう想定するように読者に求めているわけでもない(MS, VI, 354, ZeF, VIII, 368など)。カントが言いたいのは、たとえこの目的が実現される蓋然性が少しもなかったとしても、永遠平和が不可能であると証明されないかぎり、永遠平和という目的に向かって不断の努力を続けることが義務である、ということである。ここでは、〈実現の見通しがあれば努力せよ〉ではなく、〈実現不可能であることが証明されなければ努力せよ〉であることに注意しなければならない。[1]

カントがこのように述べても、やはり永遠平和に懐疑的な見方を取ることができる。人間の歴史は戦争の歴史である。そのことを考えるなら、もはやその実現不可能性は証明されたも同然であろう、と。だが驚くことに、戦争ですら平和を促進する契機となりうる、とカントは述べる。「たとえある民族が、その内部の不和によって、公法の強制の下に入るように強いられていない場合にも、戦争というものが外部から公法の強制下に入ることを強いるであろう」(ZeF, VIII, 365)。戦争が人間に国家の創設を強制することによって、個々人のあいだの戦争状態が克服されるのである。また、国家権力を制限する実効力をもたないにもかかわらず国際法という概念がくりかえし要請されてきたのは、まさに戦争を開始する諸国家が自らを正当化するためであった（ZeF, VIII, 355）。そのような正当化に妥当性があるかはともかく、戦争があることによって、人間は国家法や国際法といった法を必要とするようになったのである。人間のあいだに不和や衝突、分離を生み出すもの——たとえば宗教や言語、金——といったものも、必ずではないとしても、平和を実現するための手段となりうるのである。(2)

このように世界とその歴史をとらえるのであれば、永遠平和がまったく実現不可能とすることは困難である。実現できないことが証明できないなら、人はその実現に向けて努力しなければならない。それゆえカントは、「戦争はあるべきではない」（MS, VI, 354）という当為が、すべての人間と政治的体制にとっての定言命法であることを宣言するのである。

2 カントにおける政治的世界市民主義

『永遠平和のために』において、カントは永遠平和のための六つの予備条項と三つの確定条項を掲げる。予備条項は、①将来の戦争を見越した平和条約（実際には休戦条約にすぎない）の締結の禁止、②他国への領土割譲の禁止、③常備軍の廃止、④戦争遂行を目的とする国債の発行の禁止、⑤他国への不干渉の原則、⑥暗殺やスパイなど、非人道的な手段の禁止という、六つからなる。一方、確定条項は、公法の三つのカテゴリー（国家法・国際法・世界市民法）に合わせて、平和状態が実現するための「体制（Verfassug）」がどうあるべきかを示している。

現代の政治哲学のなかでは、環境や戦争、貧困などの社会問題に対処するためのグローバルな枠組みを構築しようとする際、カントの名はその思想的源流としてたびたび引き合いに出される。ところで、「世界市民主義（Kosmopolitanismus）」とは、単一の共同体における人々の統合を志向する哲学的・倫理的・政治的立場のこととみなすことができる。世界市民主義の原点とみなされるディオゲネス（紀元前412?–323）は、いずれかの国家の一員なのではなく、「世界市民（コスモポリテース）」を自称したと言われる。あらゆる既存のコミュニティから距離をおく外部的な存在であろうとしたディオゲネスと異なり、カントは、複数の国家（コミュニティ）が併存することや、そのどれかへ帰属することを批判したり否定したりすることはない。カントにとって平和とは、諸国家を解消することによってではなく、諸国家のあいだで実現すべき課題なのである。

カントの世界市民主義の特殊性は、この点にある。通常、政治的な帰属は、アイデンティティや国家への忠誠心と結びつけられて考えられている。たとえば、多くの場合、国家は自らのみに帰属するよう国民に要求し、他国への帰属（二重国籍）を認めていない。国家同士が競合的さらには敵対的な関係にありうるような状況において、もし複数の国家への帰属を認めるなら、諸個人のアイデンティティは混乱し、どちらの国にも忠誠を誓うということはできないだろう。この事情は個別国家同士の関係においてだけでなく、全世界と個別国家との関係においても、同様である。ディオゲネスの言に典型的であるが、ある人が世界市民を名乗るとするならば、その人は自らが国家市民ではないということを宣言していると考えられる。というのも、国家よりも上位にある審級の法に服従し、国家がそのような法に調和的な体制や政策を採用していない場合、世界市民であると同時に国家市民であることはできないからである。このように、あるコミュニティへの帰属は、別のコミュニティへのそれとは、両立しないと考えられている。通常のこのような思考からすれば、カントの世界市民主義――独自の秩序をもつ個別国家の存立を許すような、全人類に妥当しうる普遍的な秩序への傾倒――は、端的にいって〈矛盾〉でしかないだろう。どのような方法によって、カントはこの一見した〈矛盾〉を解決しているのか。

カントは個別国家の存在やそこへの帰属を認める（それどころか、国家への帰属が義務であるかのようにさえ語る）が、しかしその場合に、国家が普遍妥当性の要求を満たすものでなくてはならない、と考える。たとえば、『永遠平和のために』においては「共和制」が国家の理念として掲げられている。共和制は、立法権と執行権が分離されている国家体制であり、「法概念の純粋な源泉」（ZeF, VIII, 351）から生じるとされる。個別国家は、共和制という形態を受け入れるよう要求され、共和制の実現ないし実現への努力によって、その存立を正当化されるのである。この体制についての要求は、純粋理性に由来する普遍妥当性を有している。共和制は、場所や地域、文化などさまざまな差異にかかわらず、すべての国家にとって受け入れられなければならない規範である。この普遍妥当的な規範が、カントにとって、個別国家の存在を正当化する根拠となるのである。

そして共和制は、個別国家を正当化する唯一の根拠ではない。個別国家は、可能性のうえで複数存在しうる以上、他国との関係においても、同様に純粋理性によってある義務が課せられる。それは、「自由な諸国家の連合」（ZeF, VIII, 354）を結成する義務である。[3] 国際関係において、諸国家が自らの権利を追求する方法は、戦争という手段だけである。というのも、一国家内における諸個人の権利の争いと異なり、国家間の紛争を調停する裁判官は、存在しないからである。そのような状態では、権利の主張を貫徹するためには、最終的には軍事力の行使が必須である。だが、戦争の勝利は「幸運の結果」（ZeF, VIII, 355）にすぎず、その主張が理性に照らして正しかったことを示すわけではない。もしそうであれば、軍事超大国はつねに正しいということになるが、それが事実に反することは、人類の歴史を紐解くだけで明らかであろう。

それに対し、カントはこのように述べる。「理性は道徳的に立法する最高権力の座から、訴訟手続きとしての戦争を断固として弾劾し、これに対して平和状態を直接の義務とするのである」（ZeF, VIII, 356）。自らの正しさを主張するにあたって、諸国家は、戦争という手続きを採用してはならない。「たえず持続的に拡大する連盟」（ZeF, VIII, 357）が、国家間の紛争解決の主体であり、国家はどのようなことを主張するにせよ、この連盟が定める手続きに従って平和的に他国と折り合わなくてはならない。戦争の禁止は手続き的正義の一部であり、「自分の事柄に関して裁判官であってはならない」という、純粋実践理性に由来する法概念に根拠づけられている。それは次のような理由による。もし自分のことを自分で勝手に決めていいのであれば、それは普遍妥当性を放棄するに等しいだろう。自分だけでなく自分以外の存在者にとっても正しいと考えられうるのでなければ、その主張の正当性は認められない。ところが、戦争は、他の国家の理解や主張とかかわりなく、力によって主張を認めさせようとする行為である。それゆえ、戦争を廃棄する体制を構築すべきなのである。

普遍妥当性に対する要求が、個別国家への帰属を可能にし、そのような国家への服従を正当化する。これがカントの戦略である。そして、共和制にせよ、国家連合の設立にせよ、個別国家に対する要求は、「法概念の純粋な源泉」に由来する唯一のものである。複数の国家が理性法の要求のもとで共存するような世界理解は、たしかに世界市民主義と呼ばれるにふさわしいであろう。実際、カントは「世界市民的見地における普遍史の理念」や「理論と実践」でも、自らの政治構想を、「普遍的な世界市民的状態」(Idee, VIII, 28)、「世界市民的体制」(Gemeinspruch, VIII, 310) と呼称するのである。実定的なレベルではなく理念的なレベルでの、一つの法のもとでの政治的統合が、カントの政治的な世界市民主義の特徴とみなすことができる。

3　カントの世界市民法

前節での説明のほかに、カントの政治的な世界市民主義を象徴するものとして、世界市民法の存在を挙げることができるだろう。カントは、国家法と国際法以外に、世界市民法を公法のカテゴリーに数え入れている。世界市民法にはじめて言及されるのは、『永遠平和のために』においてである。

『永遠平和のために』では、「他国の土地に足を踏み入れたというだけの理由で、その国の人間から敵としての扱いを受けない権利」としての「訪問の権利」が、すべての人にある、とカントは論じる。言い換えると、ある国の人間は、外国人「の生命に危険の及ばない方法でするかぎり、その外国人を退却させることができる」。しかし、その外国人がその「居場所で平和にふるまうかぎり、その外国人に敵としての扱いをしてはならない」(ZeF, VIII, 357–358)。すべての人は他の人々と友好的な関係をもつために、他国を訪問する権利がある。これが、「世界市民法（das Weltbürgerrecht）」である。いずれかの国家の成員であるからこそ、その人の権利は保障される、と通常は考えられる。だが、「外国人の権利（das Recht eines Fremdlings）」というものがあり、その国家に所属しない者として保障されるべきとされるのが、この「訪問の権利」である。この訪問権は、世界市民法が保障する権利であり、「世界市民権（das Weltbürgerrecht）」とも呼ばれている。

世界市民法の根拠は、地球が球体で表面が閉じており、全地表をすべての人が共同で占有していることにある（ZeF, VIII, 358）。この「土地の根源的共有」は、人々が一般にしているような、土地の所有のことを指すのではなく、地表のどの場所にもアクセスする権限がすべての人にあるということを表しており、『人倫の形而上学』では、「物理的な可能な相互作用（*commercium*）、つまり互いに交流しあう一人民と他のすべての人民との包括的関係」（MS, VI, 325）のことだと説明されている。

誰もが、他の地域の人々との交流を試みることを許されている。ただしそれは、非友好的な振る舞い、つまり征服であってはならない。世界市民法に従って、カントは当時のヨーロッパ諸国の植民地政策を批判している。多くのヨーロッパの国々は、自分たちの利益のために、アメリカやアフリカなどの他の大陸に赴き、そこに元にいた人々を無視して、土地を自らのものにしたのであった。しかも、そのような「ことを行っているのは、しきりに敬虔なることを口にし、不正を水のように飲みながら、正統信仰において選ばれたものとみなされることを欲する列強諸国」（ZeF, VIII, 359）だとカントは指摘する。まったく別の慣習をもつ人民にキリスト教の信仰を広めるため、あるいは未開の人々を文明化するためという正当性をかかげて、だがその実は自分の利益のために他の人民の土地を〈訪問する〉ということは、訪問権の範囲を逸脱している。「世界市民法は、普遍的な友好を促す諸条件に制限されるべきである」（ZeF, VIII, 357）という、永遠平和のための第三確定条項は、世界市民として与えられる権限の範囲に制約を課すのである。

このように論じることで、カントは、世界市民とはどのような存在であるかを明らかにしているように思われる。

当時、世界市民は、帰属する社会をはなれ別の場所に居住したり世界中を旅したりする者のことを指し、特定のコミュニティへの帰属意識の薄さのために、ときに「根無し草」と揶揄されるような存在であった。しかし、世界中で植民活動をするヨーロッパ人のように、たんに帰属する社会を離れて生活するだけでは、世界市民であるとはいえない。もとにいた人々の生活や文化を破壊してしまうような人々は、世界市民と言い難いのである。世界市民としての活動は、世界市民法の制約にあることによって、正当性を与えられなければならない。

同じようにすべての人に与えられうるものでありながら、基本的（生得的）人権と世界市民権とのちがいは、この点に存する。基本的人権は、人々が帰属する社会の違いを前提せずとも成立する概念である。しかし、世界市民権は、人々が異なる社会に帰属し、その人々同士が交流を図ろうとすることを前提にしなければ成立しない。[4] 世界市民法や世界市民権がきわめて限定的な内容しかもたないのは、カントが、さまざまな土地を旅する人々（と、それとの対照において、植民活動にいそしむ国家と）のイメージだけを念頭に置いて、その活動が正当化される根拠を追求しているからである。

土地の根源的共有を基盤とする単一の共同体を想定し、すべての人がその成員としていずれかの土地にいる権利を根拠に、「訪問の権利」を認める世界市民法は、いわゆる「先占」の尊重をも求める。カントはこの尊重を、植民地政策の批判につなげるのだが、それはまた、外国人の訪問に関して国家が強い権限をもっているということでもある。この権限の強さは何を意味するのか。たとえば、〈生死にかかわらないかぎり〉と国家が判断すれば難民を国外退去させてよい、ということなのか。また、難病で高度な治療を求めて先進国を訪れる人々に、治療を与えず帰国させることは生死にかかわる問題であろうが、そうだとすれば、訪問先の国家はこの人々に何をなすべきか、あるいは何をしてもよいのか。このような問題を、十八世紀に生きたカントが世界市民法の枠組みのなかで考えていたとはとうてい思われない。

国家と外国人が互いにどのような権限をもつかを、「法概念の純粋な源泉」から導き出すという、カントの思考法自体は、つねに必要とみなされるだろう。だが、国家とはそもそもどのような存在なのか、そして国家とその外部的な存在との関係（＝世界市民法）がどうあるべきかということを再度検討するのは、国際法との相違点の再考とともに、そのつどの課題として哲学や倫理学に残されることとなる。

4　現代の世界市民主義

グローバル化の進む現代では、一国家だけでは解決することのできないさまざまな社会的・経済的問題が噴出している。それらの問題は、戦争やテロリズム、人道的介入、貧困とグローバルなレベルでの配分的正義、地球温暖化などの環境破壊や生態系の保護、医療へのアクセスなど、多岐にわたる。これらの問題を考える学問的な枠組みを新たに構築しようとする哲学・倫理学上の試みは、一般に「グローバル・エシックス（global ethics）」と呼ばれている。グローバル・エシックスの研究においてカントは、古代の思想（主にディオゲネスとその思想的影響下にあると目されるストア派）や功利主義とならんで、世界市民主義思想の出発点の一つとして引き合いに出されることも多い。[5]

現代の世界市民主義は、道徳的な領域と政治的な領域の双方でさまざまな立場から議論されている。道徳的な領域において、たとえばカントとストア派を結びつけようとするマーサ・ヌスバウム（1947– ）は、人間性を尊重し、「私たちは自分たち自身を人類全体に根本的かつ深いところでつながっていると見なければならず、個人的か政治的かを問わず、思案に際しては種全体の善に思いをめぐらせねばならない」（『カントと永遠平和』、四三頁）とするストア派の思考法を、カントがキケロやセネカの著作を通じて受け継いだとみなす。また彼女は、外国人や他者（女性や人種的・民族的マイノリティ）の人間性を平等に承認することを重視する政治体制を構築し、そのような人々に対して嫌悪感をもつことのないように、子どもたちの道徳的な認知発達に対して教育的配慮を払わなければならない、と主張する。[6] ヌスバウムは、自分自身や家族、友人、愛する人やそして所属する国家に対して、特別な愛着を抱くことを否定しない。だが、自分自身や身近な者への配慮が、それ以外の人々への配慮より絶対的に優先されるようなことはありえない、とする。

政治的な領域においては、世界市民主義は、超国家的なレベルでの政治制度の構築を目指す立場を指す。カント自身の理論においてもそうであったように、ここでも単一の世界国家を設立しようとする立場はほとんどみられない。むしろ、国家が自らの領土と人民に関して無制約的な決定権を有するという近代的な主権国家観を廃し、国際法や世界市民法の枠組みを強化しようとする立場が一般的である、といえよう。たとえば、平和の実現や基本的人権の保障といったことが個別国家に対して強制されることや、国家間の紛争を解決するための常設の裁判所を設置することなどが必要である、と一般と主張されている。

それと同時に重要視されるのは、民主主義的手続きの確立である。強制力をもった世界国家が、統治される者たちの意志や合意と関わりなく統治を行うなら、たとえその内容が正しいと判断されようとも、それは独裁でしかない。それゆえ、世界市民主義的な政治制度を支持する多くの者は、一つの国家を超えたところでの民主主義的な合意形成がどうあるべきかを示さなければならない、と考えている。例を挙げると、国際連合（特に安全保障理事会）での意思決定方法を改革することや、主権の多元化・階層化を進めて地方レベルや国家レベル、グローバルなレベルでの意思決定をそれぞれ広く認めること、情報公開を進めて対話と討議からなる「世界市民的公共圏」を創設することなど、さまざまな方向性が、カントを超えて提案されている。

このように、現代の世界市民主義は、自分の帰属する社会や国家を優先させる思考法や政治体制を乗り越えようとしており、カントの理論がそのための手がかりとなりうる、と考えている。ただし、カント主義者であってさえ、カントの理論をそのまま継承するのではなく、その問題をみすえたうえで批判的に発展させることによって、カントの中核的な理念に現代性を与えようとしているのである。

注

（1）「民主主義国家同士は戦争をしない」という「デモクラティック・ピース」論は、カントに端を発するといわれる。この理論の提唱者であるマイケル・ドイルは確かに「普遍史の理念」や『永遠平和のために』でのカントの目的論的な議論を援用しながら、リベラルな国家同士が平和を実現している様を説明している。しかし、カント自身は、必ずしもこの立場にくみするものではないと思われる。彼がたとえば『永遠平和のために』で述べようとしているのは、共和制（戦場に送り込まれる国民自身が戦争をするかどうかを決定することができる体制）を採用する国家が、戦争をしないという決定をすることができる、ということであって、専制（独裁者が戦争の開始を決定する体制）よりも共和制の国家の方が戦争をしにくいことの証明をしているわけではない。Michael Doyle, 'Kant, Liberal Legacies, and Foreign Affairs', *Philosophy and Public Affairs*, Vol. 12, No. 3, pp. 205–235 (1983).

（2）「世界市民的見地における普遍史の理念」での「非社交的社交性（ungesellige Geselligkeit）」（Idee, VIII, 20）も、同じ文脈でしばしば引き合いに出される。

（3）カントが国際関係の理想像をどのように考えていたのかについては諸説あり、意見を途中で変えたのではないかという見解を支持する学者は多いが、ここでは『永遠平和のために』の記述を中心に説明する。

（4）とはいえ、ここでいう社会は、必ずしも国家という形態をとるとはかぎらない。カントは遊牧民など、契約や所有といった法的観念をもたず、一定の土地に定住していない人民の例を出して、そのような人民の事実上の土地利用も尊重しなければならない、と考えている。

（5）たとえばセイラ・ベンハビブは、世界市民法に関するカントの議論の検討から出発して、アーレントやハーバーマスを経由しながら、移民や国籍資格の問題を議論している。セイラ・ベンハビブ『他者の権利——外国人・居留民・市民』向山恭訳、法政大学出版局、二〇〇六年。

（6）マーサ・ヌスバウム『国を愛するということ——愛国主義の限界をめぐる論争』辰巳伸知・能川元一訳、人文書院、二〇〇〇年。同「カントと世界市民主義」、ジェームズ・ボーマン、マティアス・ルッツ＝バッハマン編『カントと永遠平和——世界市民という理念について』紺野茂樹・田辺俊明・舟場保之訳、未來社、二〇〇六年、三六—八〇頁。

【コラム⑦】

カント歴史哲学と物語り論

高坂正顕・坂部恵を導きの糸に

野家啓一

カントの歴史哲学のなかに物語り論（narratology）との結節点を探し出すことは、ほとんど「木に縁りて魚を求む」に似た企てに等しい。まずカントには、三批判書に匹敵するような「歴史的理性批判」の成書があるわけではない。わずかに数篇の小論が残されているのみである。次に、カントが歴史哲学においてめざしたのは、歴史の目的論を頂点とする歴史形而上学であり、物語り論がフィールドとする歴史認識論や歴史記述の問題は、はなから彼の視野の外にあった。いずれにせよ、取りつく島がないのである。

だが、魚を求めることは無理にせよ、木に攀じることぐらいはできるかもしれない。そんな気にさせてくれたのは、高坂正顕「カントの歴史像」および坂部恵「統制的原理としての自由」というカント研究の二人の先達の論考である。まことに「すこしの事にも、先達はあらまほしきこと」（『徒然草』第五二段）と言わねばならない。以下は物語り論という葦の髄からカント歴史哲学を覗いた管見である。

「世界市民的見地における普遍史の理念」（一七八四年）の冒頭で、カントは歴史を形作るのは意志の自由をもつ人間の行為であり、この行為は「普遍的自然法則に従って規定されている」（VIII, 17）と述べる。それゆえ、歴史哲学の課題は「自然の意図に基づいて、自然の特定の計画に沿った歴史が可能となるかどうかを試みること」（VIII, 18）なのである。ただし、行為主体としての人間は「個体」ではなく「類」としての人間でなければならない。

「自然の意図」や「自然の計画」といった一見奇異な理念について、カントは普遍史論考の第九命題で「この理念はわれわれには、たいていは無計画な人間の行為の寄せ集めを少なくとも全体としては一つの体系として叙述する際、導きの糸の役目を果たす」(VIII, 29)と主張する。導きの糸とは、物語り論の用語を使えば「プロット」にほかならない。イギリスの作家E・M・フォースターは『小説の諸相』のなかで「「王様が死に、それから王妃が死んだ」といえばストーリーですが、「王様が死に、そして悲しみのために王妃が死んだ」といえばプロットです」(1)と述べている。つまり、ストーリーは事実を時間的順序に配列しただけの「寄せ集め(Aggregat)」にすぎないが、プロットはそこに因果関係の糸を張り巡らすことによって「体系(System)」としての筋立てと統一をもたらすのである。

その意味で、カントの歴史哲学は「自然の目的論」をプロットとした壮大な物語りだと言うこともできる。それのみならず、彼は第五命題で「自然が解決を迫っている人類最大の問題は、普遍的に法を司る**市民社会**を実現することである」(VIII, 22)として一挙に自然から社会への飛躍を試みる。むろん、それを媒介しているのは、自然が人間に与えた「非社交的社交性」という敵対関係をも含む特異な性癖である。さらに、この市民社会は「対外的国家関係」を通じて人類を「野蛮人の無法状態から抜け出して国際同盟を結ぶ方向へ追い込む」(VIII, 24)とも言われる。こうしてカントの歴史哲学は、プロットのなかに「自然の目的論」のみならず「倫理的目的論」をも組み込むことによって、啓蒙論や永遠平和論への道筋を切り拓くのである。

もう一つ注目しておきたいのは、第九命題に付されているさりげない原注である。そこでカントは歴史を語る叙述主体としての「学者集団(gelehrtes Publikum)」に言及している。もちろんこれは専門的な歴史学者だけとは限らない。むしろ「学識ある公衆」とでも訳されてよい言葉である。実際カントは、『啓蒙とは何か』において、理性の公的使用を「ある人が読者世界の全公衆を前にして学者として理性を使用すること」(VIII, 37)と定義している。それゆえ学者集団とは、歴史叙述の場としての「公共圏」と考えることができる。重要なのは彼が、この学者集団によって確認された以上のことは「すべて未知の領域（terra incognita）である」（VIII, 29）と断言していることである。つまり、公共的議論によって確認された事柄のみが歴史的事実としての資格を有する。ここにはすでに、ヘーゲルに先立って「出来事（res gestae）」と「出来事の記述（historia rerum gestarum）」との区別が自覚されていると言うべきであろう。そしてこの両者のあいだの微妙な差異と亀裂こそが、物語り論の出発点にほかならないのである。

ところでカントには、物語り的叙述を地で行くような作品がある。「人間の歴史の憶測的始元」（一七八六年）と題された論考がそれである。カントはこれを「遊覧旅行」（VIII, 110）と称しているが、旧約聖書を下敷きにしたその叙述は、以下のような企図に発している。

「歴史の進行のうちに憶測を挿入して知識情報の欠陥を埋めることは、十分に許されたことである。じっさい、先行する遠因と後続の結果からは、かなり確実な手引きが得られ、中間原因を発見することができるし、これによってその経過がよく理解できるようになるからである」（VIII, 109）。

英米圏で物語り論の端緒を開いたアーサー・ダントーは「私たちは、物語りの始め、中間、終りを必要とする。したがって説明は、変化の時間の両端にまたがる中間部分を満たすということなのである」[2]と述べているが、先のカントの引用もまた、これと異なるところはない。ただしカントの場合は、その中間原因の発見に、およそ実証史学では認められない大胆な憶測を挿入したのである。しかし、歴史記述が頑固な事実からのみ成り立つものではなく、そこには隠喩をはじめとする言述の彩、すなわちフィクショナルな要素が介在せざるをえないことを明らかにしたのは物語り論の成果であった。坂部恵はカントの論考に触れて「歴史的な話や語りが、一種の〈理念化〉のプロセスとして、なにがしかの詩的あるいは虚構的相貌をおびつつ語られ形どられるのは、まさに、この構想力の自由な空間において」[3]だと述べているが、急所を突いた示唆と言うべきであろう。

最後に、この論考が「始元」の考察に留まらず、人間の「未来」への眼差しを蔵していることを付け加えておきたい。それをカントは「将来的なものへの熟慮された期待」と呼び、さらに「単に現在の生の瞬間を享受するだけでなく、来るべき時、しかもしばしば遥か先のことを現下に思いみる能力、この能力は、人間の利点をしめす決定的な徴表である」（VIII, 113）と敷衍している。このことはすでに、普遍史論考のなかで彼が「前の世代が後の世代に一つの段階を準備して、自然が意図する建造物をもっと高くできるようにと、前者が後者のためにのみ労苦の多い仕事を押し進めているとしか見えない」（VIII, 20）逆説として一種の世代間倫理に触れている点にも窺うことができる。その意味で、高坂正顕の「カントにとっては、歴史の過去の意味も未来から開かれたのである」[4]（傍点原文）という指摘は、まさに正鵠を射たものと言わねばならない。

物語り論の眼差しは、もっぱら「過去の出来事の解釈学的再構成」をめざしている限りで「回顧的」であらざるをえなかった。それに対し、カントの歴史哲学は自然的および倫理的目的論を内包することによって、未来のヴィジョンに反照された「将来的」眼差しを具備しえたのであり、ひいては物語り論を補完する立ち位置を確保しえているのである。

カントからの引用はすべて岩波版カント全集に依拠し、傍点は原文のものである。

（1） E. M. Forster, *Aspects of Novels*, Penguin Books, 2005, p. 87.『小説の諸相』中野康司訳、みすず書房、一九九四年、一二九頁。

（2） Arthur C. Danto, *Narration and Knowledge*, Columbia U. P., 1985, p. 233.『物語としての歴史』河本英夫訳、国文社、一九八九年、二八一頁。

（3） 坂部恵「統制的原理としての自由」『坂部恵集』第二巻所収、岩波書店、二七〇頁。

（4） 高坂正顕「カントの歴史像」『高坂正顕著作集』第三巻所収、理想社、二四二頁。

24 コミュニケーション論の現代的意義
カントとハーバーマス

舟場保之

1 「理論と実践」

カントには「理論と実践」(一七九三年。以下 Gemeinspruch) という短いけれども非常に重要な論文がある。正式なタイトルは、「理論では正しいかもしれないが実践の役には立たない、という通説について」というもので、理論的には正しいとされている事柄が、実践的には妥当性をもたない、という通説が主題化されている。「通説」という言い方が用いられていることから予想されるように、カントはこの通説を批判し、理論的に正しいとされている事柄が実践的にも妥当性をもつことを明らかにする。全体はほぼ三章からなり、第一章において道徳に関する理論と実践の関係、第二章において国内法に関する理論と実践の関係、第三章において国際法に関する理論と実践の関係がそれぞれ扱われるように、主として問題とされるのは、道徳および法といった規範に関する理論と実践の関係である。ただし、第一章が始まる前にもある種の知の領域における理論と実践の関係に言及がなされており、その議論は、第一章以降に展開される議論を特徴づけるうえで、非常に興味深いものとなっている。そこで言及されているのは、自然科学における理論と実践の関係である。

たとえば、経験を頼りとする機械工や砲手は、一般力学や弾道数学について、「その理論は、たしかに細かいところまできちんと考えつくされてはいるが、実践においては全然あてはまらない」（Gemeinspruch, VIII, 276）と言う。機械工や砲手がこのように言うのは、一般力学や弾道数学という理論に従って計算した場合に予想される結果が、経験においてはまるで得られないからであり、だから「理論では十分うなずけることが実践には全然あてはまらない」（*ibid.*）ということになる。カントはこうした言い分に対してどのように応えるか。機械工の場合であれば、一般力学に摩擦に関する議論をつけ加え、砲手の場合であれば、弾道数学に空気抵抗に関する議論をつけ加えれば、理論は経験に一致すると言い、件の通説を斥ける。もちろん、ある学問を別の学問で補うことによって、理論において正しい事柄が実践においても正しいと言えるようになるかどうかは、カントが言うほど簡単ではないかもしれない。しかしここで注目したいのは、これらの例において理論と実践の間に齟齬がある場合、その原因は理論が経験を説明するために「十分ではない」（Gemeinspruch, VIII, 275）ことに求められ、理論の内容を経験に合わせて変更することによって（一般力学を摩擦の議論により、弾道数学を空気抵抗の議論により、それぞれ補うことによって）、理論と実践の一致は確保されると考えられていることである。理論に基づく計算結果が経験と一致しなければ、経験と一致するように理論が修正され、そうすることによって理論と実践は一致する。通説を主張する者に対しては、修正された理論に合致する経験が現にあることを示すことによって反論し、通説があたらないことを主張できるだろう。

しかし「理論と実践」においてカントが主題とする規範に関しては、こうしたやり方をとることができない。かりに規範の場合も自然科学の場合と同じだとすると、理論的に正しいとされる規範が現に遵守されていることを示すことによって、件の通説を斥け規範において理論と実践が一致することを主張できるだろう。ところが、規範に関してカントは、それが理論において「非のうちどころなくよく考えられている」としても、しかしその遵守例は経験において「ひょっとするとけっして与えられえない」(Gemeinspruch, VIII, 276) ということをそもそもはじめから前提しているのである。にもかかわらず、規範についても、カントは理論と実践の一致を主張することができると考えている。つまり、理論的に正しいとされる規範は、それが現に遵守されるかどうかということとは関係なく実践的に妥当性をもつというカントに特徴的な考え方に従って、規範に関する理論と実践の一致が主張されるのである。規範が現に遵守されることと規範が妥当性をもつこととをこのように区別することの含意を、事実確認的(konstativ) 言語行為および規制的 (regulativ) 言語行為についてのユルゲン・ハーバーマスによる特徴づけを参照しながら明らかにし、規範の妥当性は合意に基づくものであることを次節において示す。

2 妥当要求

ハーバーマスは、盟友カール＝オットー・アーペルとともに、すでに一九七〇年代初頭には「言語論的転回 (linguistic turn)」に基づき、言語的コミュニケーションの分析を本格化している。[1] 言語／行為能力をもつ私たちは、どのようにすれば言語によるコミュニケーションを行うことができるのかを暗黙のうちに知っており、その方法知を再構成することによって、コミュニケーション的行為が成立するための普遍的前提が明らかにされる。細部については、著作によって多少の相違が見られるものの、大枠では、ほぼ次のようにまとめることができる。[2]

コミュニケーションにおいて話し手は、発話とともに掲げられる妥当要求をめぐって、聞き手との間で了解し合うことをめざしている。妥当要求は、言語のもつ三つの機能に対応させて、主観的誠実性、命題的真理性、規範的正当性に分類可能であり、いかなる発話行為においても、主題的、非主題的の差はあれ、これら三つの妥当要求が同時に掲げられ、つねにこれら三つの局面において、当の発言は反論される可能性をもっている。聞き手の側からの異議申し立てに対して、話し手は自己の発言を根拠づけるさまざまな理由を挙げることによって妥当要求を認証しなければならず、その結果聞き手が話し手の発言に納得するなら、両者は討議を通じて了解へ至ることになる、というわけである。

さて、通常事実確認的発話（言語行為）において主題化されるのは命題的真理性要求であり、規制的発話（言語行為）において主題化されるのは規範的正当性要求であるが、ハーバーマスは『道徳意識とコミュニケーション的行為』において、これら二つのタイプの発話ないし言語行為が典型的な仕方で使用される場合の相違点を、これら二つの妥当要求に関係させて論じている。(3)

> ……私たちが同調したり離反したりできる社会の秩序は、私たちがただ客観化という態度をとることができるだけである自然の秩序とは異なり、妥当と無関係に構成されているわけではない。私たちが規制的言語行為とともにかかわる社会的現実は、すでにはじめから規範的妥当要求と内的関係をもっている。それに対して、真理性要求はけっして実在そのものに内在するのではなく、私たちが事態を描写するために事実を確認する発話において実在と関係する、そうした事実確認的言語行為にのみ内在するのである。（MkH, 70f.）

話し手の事実確認的言語行為とともに掲げられる真理性要求に関して、了解が達成されるかどうかは、その発話が事態の描写に成功し、実在を正確に言い当てているかどうかに依存している。(4)「鉄には磁性がある」（MkH, 70）という事実確認的発話がなされるとき、この真理性要求が了解されるかどうかは、鉄に磁性があるかどうかによって決まるのであって、鉄に磁性があるかどうかが、この発話が妥当するかどうかに依存しているわけではない。「事態は真なる文によって確認されるかどうかにかかわらずとも実在する……」（MkH, 71）。それに対して、規制的言語行為とともに掲げられる正当性要求の場合、これに了解できるかどうかの決め手となるような、妥当とは無関係に構成されている事態や実在はない。「殺した者は死ななければならない」（MS, VI, 333）という発話とともに正当性要求が掲げられるとき、話し手はたとえば死刑制度をもち出して自己の妥当要求を根拠づけ、聞き手による了解を求めるだろう。「殺した者は死ななければならない。なぜなら、私たちの共同体においては死刑制度によってそのように定められているから」と話し手は聞き手に言うことになる。ところがこの死刑制度そのものも、正当性の妥当要求と結びついている。死刑制度には正当性があるということについて、いまだに成員間で了解のもたれている共同体もあれば、ＥＵのように死刑制度に正当性を認めないことについてすでに成員間で了解の達成されている共同体もある。前者の共同体においては、その成員たちの間で死刑制度を正当とする妥当要求について合意が形成されており、「殺した者は死ななければならない」という発話にともなう正当性要求は、死刑制度の正当性要求に関するこの合意によって根拠づけられる。他方、ＥＵのような共同体においては、死刑制度を不当とする妥当要求について合意が形成されているので、件の発話の正当性要求が認められることはない。事実確認的言語行為とともに掲げられる真理性要求の場合とは異なり、了解できるかどうかの決め手となるような、妥当とは無関係に構成されている事態や実在を前提することのできない規制的言語行為の場合、掲げられる正当性要求はより高次のレベルで了解されている正当性要求を前提し、了解が図られることとなる。社会の秩序は妥当と無関係ではない規範によって構成されており、「社会的現実は、すでにはじめから規範的妥当要求と内的関係をもっている」。

事実確認的言語行為との対比によって明確になる、このような規制的言語行為の特徴から帰結するのは、「当為妥当の両義的性格」(*ibid.*)である。規制的言語行為とともに掲げられる正当性要求を根拠づける規範もまた、妥当要求と結びついているということは、規範が異議申し立ての対象となりうることを意味している。規範の正当性は成員間の合意に基づいているのだから、その正当性に合意できないと考える成員が現れたとき、共同体において了解されているものとは異なる妥当要求が掲げられることにはなんらの不思議もない。「殺した者は死ななければならない」という発話の正当性を根拠づける死刑制度の正当性そのものに異議申し立てが行われることは、至極まっとうなことでありうる。そしてこのような異議申し立てが行われるとき、当為妥当の両義的性格が顕著に現れる。

ある共同体において事実として妥当している規範について異議申し立てが行われるときには、その規範が事実として妥当しているかどうかが問題とされているのではない。このとき問題とされているのは、当該の規範の事実的妥当（Geltung）そのものであり、その規範が事実として妥当していることそのことであって、妥当している規範の妥当性（Gültigkeit）である。「規範が社会的に妥当していることは、まだそれだけでは、その規範が妥当性をもつことまでを意味するとは言えない」（*ibid.*）。ある共同体において死刑制度が事実規範として妥当しているとしても、妥当していることそのことは問いうるのであり、死刑制度の妥当性は問題化できる。逆にこのような異議申し立てが行われないときというのは、ある規範を根拠として掲げられる正当性要求が認められるとともに、同時に規範の妥当性そのものも認められていることになる。(5) ある共同体においては、「殺した者は死ななければならない」という発話の正当性が認められると同時に、死刑制度の正当性も認められていることになる。規範に対する異議申し立てが行われないときは、規範が事実として社会的に妥当していることと規範が妥当性をもつこととがいわば重なり合っているのだが、異議申し立てが行われるや否や、それらを重ね合わせることが疑問視され、事実としての社会的妥当と妥当性とは異なりうることが顕在化する。異議申し立ての結果、討議を通じて規範が修正されれば、従来の規範は事実として社会的に妥当していたにすぎず、妥当性はもっていなかった、ということが判明し、異議申し立てがあっても討議によって従来の規範を修正する必要がないことで合意が形成されれば、その規範は事実として社会的に妥当しているし、また妥当性ももっている、ということが明確になる。妥当要求と無関係に成立するわけではない規範は、このように規制的言語行為とともに掲げられる妥当要求がそのつど討議において吟味されることによって、妥当性を認められたり、認められなかったりするのである。「道徳的判断が妥当性をもつための制約についての問いは、直接、実践的討議の論理へと結びついてゆく」（MkH, 72）というハーバーマスの言葉は、無論、道徳的判断のみならず法的判断や法的発話ないし法的言語行為一般に当てはまる。法的規範もまた、了解された妥当要求にほかならないからである。

3 『啓蒙とは何か』

以上、事実確認的言語行為と規制的言語行為との相違に着目し、規範の妥当性は規範の事実的妥当からは区別されることを明らかにした。第1節では、理論的に正しいとされる規範は、それが現に遵守されるかどうかということとは関係なく実践的にも妥当性をもつ、というカントの「理論と実践」における考え方を示したが、前節では、現に遵守されているとしても、やはりそのことからは独立して当該の規範の妥当性は問われうるものであり、それは討議においてそのつど吟味されることを通じていわば更新され続けるものであることが示された。発話の真理性について一言しておくならば、それは、発話が事態の描写に成功し、実在を正確に言い当てているかどうかに依存している。しかし真理の合意説をとるハーバーマスにおいては、話し手と聞き手は発話が事態の描写に成功し、実在を正確に言い当てているかどうかについても合意を形成する必要があり、この点では命題的真理性の妥当要求も、規範的正当性の妥当要求と変わるところはない。さて、前節でのハーバーマスの妥当要求に対する注目は、第1節でのカントの「理論と実践」の議論を端緒としていた。この節では、ハーバーマスの妥当要求の議論を用いて、カントの『啓蒙とは何か』を読み、カントおよびハーバーマスの現代的意義を探ることとしよう[6]。

後見人を頼りとするのではなく、自分で考えることに啓蒙の眼目を見出すカントは、このような啓蒙のために必要とされることを、「万事において自分の理性を公的に使用する自由」(Aufklärung, VIII, 36) に見ている。公職などに就く者が、その立場において理性を使用するとき、通常、理性は私的に使用されている。たとえば、聖職者が自分の教区で定められた信条書を使って説教する場合や、軍人が上官の命令通りにふるまう場合、私的な理性使用がなされている。それに対して、「全公衆を前にして学者として理性を使用する」(Aufklärung, VIII, 37) とき、理性は公的に使用されているとカントは言う。それは、公衆を前にして、信条書の内容に疑問をもった聖職者が自説を展開するとき、あるいは軍務における欠陥について軍人が所見を述べるときであり、ここで聖職者や軍人といった話し手は、それまで真とされてきた事柄（信条書の内容）、あるいは正当とされてきた事柄（上官の命令）に異議申し立てを行い、新たな真理性要求、正当性要求を行っている。このとき聞き手である公衆は、それまで受け入れていた信条書の真理性や軍務の正当性をいったん括弧に入れ、話し手によって掲げられた真理性要求、正当性要求が受け入れ可能なものであるかどうか、了解できるものであるかどうか、みずから吟味するよう迫られることになる。これまで理性を私的に使用し、信条書や軍務が真であり正当であることを前提してきた当人たち（聖職者や軍人）が、目の前でこれらに異議申し立てを行っているからである。吟味に際して、聞き手が話し手に対して妥当要求を認証するよう求めるなら、話し手は聞き手に対して説得力のある理由を挙げなければならず、聞き手が挙げられた理由に納得できなければ、話し手はさらに自己の妥当要求を根拠づける必要がある。このような討議を通じて聞き手は自分で考えることになるため、「万事において自分の理性を公的に使用する自由」こそが、啓蒙のために必要とされるのである。

さて、『啓蒙とは何か』においてカントが、啓蒙の重点をとりわけ「宗教に関する事柄」（Aufklärung, VIII, 41）においたということはたしかだろう。しかしカントは同時に、立法に関して国民が自分たちの理性を公的に使用し、現行法を率直に批判しつつその考えを公的に提示することにも言及している（*ibid.*）。現行法は、理性が私的に使用される際に根拠とされる規範であり、事実として社会的に妥当している。ところが、理性が公的に使用されるとき、現行法の規範としての正当性について異議申し立てが行われ、場合によっては新たな規範が提案される。ここでは、現行法が事実として社会的に妥当しているかどうかではなく、現行法が妥当性をもつかどうかが問われることになる。異議申し立てとともに掲げられる妥当要求が、討議を通じて聞き手によって了解されるとき、現行法は社会的に妥当していただけであって妥当性はもっていなかったことが判明し、逆に妥当要求が聞き手によって了解されないとき、現行法は依然として社会的に妥当するとともに、妥当性をもつものでもあることが明白になる。こうして理性が公的に使用されるたびに、現行法は修正される可能性を含め、その妥当性が吟味され、確認され、更新され続けるのである。

＊　＊　＊

ジャン＝フランソワ・リオタールの「大きな物語の終焉[7]」という言葉に代表されるポスト・モダン状況の出現が語られるようになってすでに久しい。モダニズムとは異なり、理念や理想といった大きな物語を前提することができなくなった結果としていまなお蔓延しているのは、Anything goes という相対主義および相対主義と表裏一体をなすシニシズムである。もちろん、言葉の厳密な意味において文字通り Anything goes が実現するのであれば、それはことによるとただちにひどい状況だとは言えないかもしれない。ところが、Anything goes が実現することはない。実際には、妥当要求に権力要求（Machtanspruch）がとって代わり、実現されるのは力である。こうした状況は、モダニズムにおいてであれば大きな物語を根拠として批判することも可能だったわけだが、いまや批判の根拠それ自体が冷笑の対象であるため、権力要求の支配する現状はシニカルに肯定されるだけ、ということになってしまうだろう。この現代の状況に対抗するうえで、まず、カントが『純粋理性批判』（一七八一／八七年）を書いた時代背景を想起したい。カントは、この著作の序論で、かつてあらゆる学の女王だった形而上学に対して軽蔑の念を示すことこそが時代の好尚となっていると言う（vgl. A VIII）。あらゆる学の女王に君臨することを可能にするような、大きな物語を語ることのできた形而上学が、根拠を欠いた独断論にすぎないことが判明したとすれば、これを冷ややかに軽蔑して見せることも大いにありうるだろう。カント自身、独断論としての形而上学を「古びた虫食いだらけ」（A X）と形容し、否定的にとらえるとともに、独断論同士を闘わせその無知に気づかせる「懐疑的手法」（A 757/B 785）を一定程度評価し、独断論に疑いの目を向けその試みをそのつど吟味する懐疑論の営みを有益だと考えている（A 763f./B 791f.）。だが、懐疑論は原理的な思考そのものを疑うがゆえに、なぜ独断論が誤っているのかを探究することはできず、ただ独断論の営みを「嘲笑し軽蔑する」（A 757/B 785）だけである。しかもこの嘲笑や軽蔑の根は深い。なぜなら、カントも記すように、疑いのまなざしは独断論を批判する自分自身にも向けられ、「懐疑論はつねに打ちのめされる」（A 767/B 795）からである。独断論が根拠を欠いていることに対する自らの指摘そのものに、根拠が欠けていることを承知の上でその指摘を続けるなら、自らも嘲笑や軽蔑の対象となるほかない。ところが懐疑論がまさしく自らも嘲笑や軽蔑の対象とすることを通じて自分自身に「哲学的声望」（A 757/B 785）を与えるのだとしたら、それは自らを笑ってみせることによって他より優位に立とうとするポスト・モダン的なシニシズムと非常に近いものがあるだろう。

結局、独断論同士の紛争は、カントによれば「理性に基づく立法において」（A 752/B 780）解決が求められることになる。そこでは、独断論はもとより、懐疑論にとどまることも克服されることになる。現代の状況に反映させて言えば、それはシニシズムの克服を意味する。すでに見てきたように、立法には特有の二義性があり、理性が公的に使用されることによって規範の事実的妥当に異議申し立てが行われ、討議を通じてその妥当性が更新され続けていく。こうしたプロセスそのものがシニシズムの克服にほかならず、ここにこそカントおよびハーバーマスの現代的意義を見出すことができるのではあるまいか。

注

（1）Vgl. Hauke Brunkhorst, Regina Kreide, Cristina Lafont（Hg.）, *Habermas Handbuch*, J. B. Metzler, 2009, S. 176.

（2）Vgl. Jürgen Habermas, *Vorstudien und Ergänzungen zur Theorie des kommunikativen Handelns*, Suhrkamp, 1984, S. 353–357; ders., *Nachmetaphysisches Denken*, Suhrkamp, 1988, S. 75–81, S. 123–128.

（3）Jürgen Habermas, *Moralbewusstsein und kommunikatives Handeln*（=MkH）, Suhrkamp, 1983, 67ff. また、以下の拙論を参照せよ。「パトナムによるハーバーマス批判とカントの道徳論——道徳的規範に関する認知主義をめぐって」『現代カント研究13　カントと現代哲学』加藤泰史・舟場保之編著、晃洋書房、二〇一五年、八五頁以下。

（4）ハーバーマスのこうした科学的実在論を想起させる主張も重要な問題を含んでいると思われるが、少なくともここでは、規範の特徴を際立たせるためにだけ、言及することとする。

（5）ここでは議論を単純化している。たとえば、ひとつの規制的言語行為の正当性は認めないが、この正当性を認める者が根拠づけのためにもち出す規範の正当性は認める、ということも十分にありうる。

（6）言うまでもなく、『啓蒙とは何か』もまた、歴史的制約を免れることはできない。それはとりわけ、「女性」を表す表現（das schöne Geschlecht）（Aufklärung, VIII, 35）や、すべての女性が未成年状態から抜け出る歩みをわずらわしく思ったり、危険だと考えているようにみなされている点（*ibid.*）、君主に対する評価（Aufklärung, VIII, 41）などに、明確に現れている。

（7）Jean-François Lyotard, *La condition postmoderne*, Les Éditions de Minuit, 1997.

25 超越論的記号論と価値の超越論的論証

シェーンリッヒとコースガード

近堂　秀

1　超越論的論証をめぐる論争

本章では、筆者は、現代の超越論哲学の流れを汲むゲアハルト・シェーンリッヒ（1951–　）の「超越論的記号論（Transzendentale Semiotik）」[(1)]を手がかりにして、現代の言語哲学の観点からカントの超越論哲学の独自性を明らかにする。カントの超越論哲学は言語分析哲学によって解体されたという見解が支配的な状況で、なおもカントに着想を求め、超越論的論証を用いる言語分析哲学の試みがある。超越論的論証は、懐疑論を論駁するために、その疑いの不整合を指摘する論証である。言語分析哲学が超越論的論証の妥当性を問うなか、後述するようにシェーンリッヒは、記号論の枠組みでカントの超越論哲学を再構成する超越論的記号論を構想する。筆者の考えでは、超越論的論証を実践哲学の問題に用いる超越論的記号論の展開には、言語分析哲学に対して外界へと開かれた心のあり方を主張するカントの超越論哲学の独自性が認められる。そこで筆者は、超越論的論証をめぐる論争の経緯をたどったうえで、超越論的記号論の構想と展開を検討する。これにより、カントの超越論哲学の今日的意義の一端もまた認められるはずである。

さて、超越論的論証をめぐる論争は、ピーター・F・ストローソン（1919-2006）が「概念枠（conceptual scheme）」における「特殊者同定（particular-identity）」という世界に対する思想の構造を明らかにするさい、外界の懐疑論を論駁するみずからの論証を「超越論的」と表現したことから始まった。(2) リュディガー・ブプナー（1941-2007）は、「自己関係性（Selbstbezüglichkeit）」の構造に訴えるかたちで超越論的論証を定式化した。これに対してリチャード・ローティ（1931-2007）は、概念枠と内容との区別を破棄するドナルド・デイヴィドソン（1917-2003）の論証を引き合いに出し、超越論的論証を自己論駁的とみなした。こうして一連の論争は、言語分析哲学と現代の超越論哲学の対立構図を浮き彫りにしながらも、いったんは超越論哲学の終焉を印象づけた。ところが、言語分析哲学は、物理世界における心のあり方を考察するなかで還元主義の傾向を強めると、超越論的論証を信念の問題に用いるようになる。

例えばバリー・ストラウド（1935- ）は、「野心的」なストローソンの超越論的論証に対して、より弱い形式の超越論的論証を信念の問題に用いることを試みる。(3) ストラウドによれば、ストローソンは、「考える」や「信じる」などの心理学的な動詞による心理学的な前提から出発して、物のあり方を述べる心理学的ではない結論を引き出そうとしたが、それを断念した。むしろ、超越論的論証が明らかにすべき論証目標は、ある信念の「必要不可欠性（indispensability）」が「論駁不可能性（invulnerability）」を含意することにある。ある信念は、独立した世界についての何らかの考えや一連の信念の内で呈示されているならば、世界を考えることと整合的に破棄されえないので必要不可欠である。世界についての何らかの思想や信念をもつために必要な信念は、何らかの思想や信念が自己に帰属させられているならば、偽とみなされえないので論駁不可能である。このようにしてストラウドは、デイヴィドソンが展開する意味の理論や現代の心の哲学における内容外在主義に対して、より弱い形式の超越論的論証によって信念の必要不可欠性と論駁不可能性を明らかにしようとする。

もっとも、筆者の考えでは、カントの超越論哲学が論証目標とするのは、より高い要求の超越論的論証のみが明らかにする客観的妥当性である。[4] 超越論的論証は、⑴デカルト主義的な外界の懐疑論に対して、⑵実在論の制約のもと、⑶外界におけるある事実に訴えてその疑いの不整合を指摘する点に構造上の特徴がある。他方、カントは、⑴経験主義的な懐疑論に対してアプリオリな認識の可能性を擁護し、⑵超越論的観念論の立場をとり、⑶超越論的証明が間接的であってはならないとする（vgl. A 789/B 817）。ところが、カントは、『純粋理性批判』では超越論的証明の根拠を「可能的経験」に認める（vgl. A 94, A 155/B 194, A 737/B 765, A 783/B 811）。したがって、超越論的論証は、『純粋理性批判』に即して、⑴外界のアプリオリな認識として、⑵外界の構造の必然的性質を真理ないしは世界に向けられる機能の内で、⑶経験的表象に関する何らかの理論によって正当化すると考えることができる。そのさいに論理形式は次のようになる。①（タイプAの）経験がある。②（タイプAの）経験が先行するならば、Bである。それゆえ、Bである。こうして表象される対象の制約をその表象の必然的な制約に関する理論によって正当化する点で、カント、ストローソン、デイヴィドソンの論証は超越論的と表現することができる。ただし、超越論的論証は前提にある表象の理論が心と世界を橋渡しする原理を正当化しなければならないが、ストラウドの論証はこれを論証目標にはしない。

以上の経緯により、超越論的論証をめぐる論争はいったん下火となりながらも、言語分析哲学がより弱い形式の超越論的論証を信念の問題に用いるようになる。しかし、言語分析哲学の超越論的論証とカントの超越論哲学の間には依然として看過し難い異質さがあるといわざるをえない。

2　超越論的記号論の構想

ところで、超越論的論証をめぐる論争では、アーペルの超越論的言語遂行論におけるコミュニケーション共同体の究極的基礎づけと超越論的論証との構造上の特徴に共通性が認められるという指摘があった。これに対してシェーンリッヒは、超越論的記号論としてカントの超越論哲学を再構成し、ブプナーやアーペルとは異なる超越論的論証の構造を主張する。

シェーンリッヒは、超越論的記号論の構想のもと、超越論的構文論と超越論的意味論として『純粋理性批判』の超越論的論理学を読み換える。超越論的構文論は、判断の論理的機能を記号使用の「普遍可能性（Allgemeinheitsfähigkeit）」の規則に読み換え、構文論的な「意義（Sinn）」が一致する記号使用の理解可能性を明らかにする。超越論的意味論は、純粋悟性概念を記号使用の「意味可能性（Bedeutungsfähigkeit）」の規則に読み換え、カテゴリーがコードとなって現象を解釈することを明らかにする。こうして『純粋理性批判』の超越論的論理学を読み換えるならば、超越論的統覚の相関概念としてカテゴリーの総体を指す超越論的客観は（vgl. A 107, A 253, B 304f.）、記号使用と「意味（Bedeutung）」とが一致する連関点となる。

シェーンリッヒによれば、言語記号における対象性と使用の規則として超越論的客観が連関点となるならば、記号使用と意味とが一致しうるようになる。これを規則措定の規則として理性の「審廷」で基礎づけるのが、「破れた自己関係性（gebrochene Selbstbezüglichkeit）」である。記号の媒介性は、記号の構造の面からみて、原理的に記号表記が記号内容を指示することを意味する。超越論的主観に循環を認める『純粋理性批判』の誤謬推理批判の議論に従って考えるならば、次のようになる。自己意識の統一は「私」という記号の表記にのみその意味の内で接近しうる一方で、「私」はそれが意味する事態の記号に留まる。ブプナーによれば、超越論的論証が訴える自己関係性は、「それが述べるところのものを述べるとともにそれ自体についても何かを述べる」関係性となる。しかし、アプリオリな自己関係性は、ブプナーが考えたような絶対的な自己生成の関係性ではなくて、記号の外的構造を必然的に伴う破れた関係性、つまり自己をつねにみずからの外に対して自己とする関係性でなければならない。

このようにしてシェーンリッヒは、記号論の枠組みで『純粋理性批判』の超越論的論理学を読み換え、破れた自己関係性を超越論的論証の構造とする。シェーンリッヒによる超越論的記号論の構想は、カントの超越論哲学との関係に限定するならば、可能なかぎりで『純粋理性批判』全体を再構成することに成功しているとひとまずいってよいであろう。

3 超越論的記号論の展開

続いてシェーンリッヒは、ハーバーマスとアーペルの討議倫理学を検討し、法と道徳の関係を考察する。(5) ハーバーマスは道徳的な観点への方向づけを今にも失いそうになり、アーペルは道徳的な方向づけそのものの意義を疑わしくさせる。しかし、討議への自由な同意という構想の内で自由の概念がより強い意味をもち、討議倫理学のシステムを突破するほどまでに力動性を拡大するので、超越論的言語遂行論による討議倫理学の根本規範の究極的基礎づけは完全には要求が満たされない。そこでシェーンリッヒは、超越論的記号論に基づいて文化における理性の自己限定の形態として法と道徳を考えて、討議倫理学とは異なるかたちで規範的なモメントを共同体のシステムにみいだそうとする。(6)

シェーンリッヒによれば、超越論的記号論は、文化が「記号行為（Zeichenhandeln）」として理性の「解釈性（Interpretativität）」を解放し、理性が法と道徳の形態へと自己を限定することを明らかにする。例えばバリ島の闘鶏は、バリ島の文化が羽、血、群衆、金銭を媒介にして社会的情熱を解釈する記号行為であり、理性の要請として自己を解明する。同時に理性は、法の形態では自然の野蛮さに固執して外的な自由を脅かす者に強制を適用するが、道徳の形態では文化対立における異文化への破壊的な干渉を禁止する。このように考えるならば、ローティが主張するような文化相対主義に対して、文化に依存しない理性のミニマリズム的な核心部分が確保される。さらに記号論の枠組みでカントの法哲学のカテゴリーを読み換えるならば、共同体の強制へと至る規則の懐疑論に対して、次のように考えることができる。共同体は、システムにおける「制度化を制度化すること（Institutionalisierung des Institutionalisierens）」が手続きに従って普遍性、平等性、相互性という規範的なモメントを産み出し、その手続き自体に規範的なモメントが反省的に適用される。例えばアザンデ族の鶏の神託と西ドイツ技術監査協会の設立は、制度化の手続きでの普遍性、平等性、相互性が制度に従う者の関係での普遍性、平等性、相互性を保証する限りで、規範的には対等である。

筆者のみるところ、シェーンリッヒによる超越論的記号論の展開について注目すべきは、討議倫理学に対して物理世界における心のあり方を問う点である。シェーンリッヒの考えでは、カントによる図式の説明は、知覚には能動的な選択があるとする認知心理学のスキーマの考え方と整合するかたちで、文化の働きを明らかにする試みとして読み直すことができる。超越論的記号論は、異なる文脈に適合するように知覚図式を補完するコード化という解釈の働きに、文化の非機能主義的な働きをみいだす。また、カントによる直観と判断の説明は、認知機能を正しく理解するために、「精神内在的なもののパラダイス」から表象内容を追放する試みとして読み直すことができる。超越論的記号論は、「直観の現れ」と「直観内容」をインデックス的個物記号とイコン的性質記号に読み換え、直観の現れによる直観内容の指標化を明らかにする。記号使用は、直観の現れが「外延量」（A 162/B 202）となり、現実に存在する客観に「感覚の実在的なもの」（B 207）として関わるように求める。こうして超越論的記号論は、現代の心の哲学における内容外在主義の立場から、次のように主張することになる。すなわち、判断の真理条件はあらゆる文脈で一定であり、客観が与えられる心のあり方は状況に依存するが、直観の現れにおける指標化が直観内容を概念的に把握可能なものにする。

シェーンリッヒによれば、討議倫理学は、自己を「間人格的（interpersonal）」なものとみるが、そのさいに行動主義の因果的な刺激—反応の関係に心のあり方を限定する。これに対して超越論的記号論は、「人格内的（intrapersonal）」な次元へと考察を展開し、外界へと開かれた心のあり方から、解釈という文化の非機能主義的な働きを明らかにするのである。

4　価値の超越論的論証

近年の研究動向ではクリスティーン・コースガード（1952‒）が超越論的論証を用いているが[7]、シェーンリッヒは、カントの哲学体系に即してコースガードの論証を修正する[8]。コースガードは、価値の理論を展開するさい、カントが『人倫の形而上学の基礎づけ』で人間性の法式を導出する議論に従って次のような論証を用いて、これを超越論的と表現する。

われわれは、われわれの目的をそのいくつかが明らかに条件つきであっても善とみなす。われわれは、十全な合理的自律でもってそれらが選択されている場合はつねにそれらを善とみなす。したがって、十全な合理的自律それ自体は価値源泉である。

さらにコースガードは、同様の論証を用いて、道徳の理論に関する自然主義と実在論に対して道徳的義務の前提条件を明らかにしようとする。コースガードによれば、道徳の規範性は「反省的認証（reflective endorsement）」という方法で確証される。そうしようとする自分の傾向を反省し、自分の傾向が行為に要求する「権威」を受け入れるかあるいは拒絶することができる、その決定に従って行為することができると想定する。こうして道徳を正当化する方法が反省的認証である。人間の心は自己意識的であり、人間の意識の反省的な構造から義務が生じる。そのさい、人間は「反省的行為主体（reflective agent）」として自己自身に価値を認めなければならない。要するにコースガードは、道徳の理論として、超越論的論証に従って反省的行為主体が目的自体として自己自身に価値を認めなければならないので、自己自身に道徳的同一性を認めなければならず、それゆえに道徳的義務を認めなければならないと主張しているのである。

他方、シェーンリッヒは、カントが『判断力批判』で考察する「満足（Wohlgefallen）」という心のあり方を「賛成態度（Pro-Einstellung）」に読み換え、価値判断を次のようにして定式化する。pであることが善い／価値であるのは、以下のSが存在する場合に限る。すなわち、⑴Sは（適切な状況のもとで）内容pに関してΨをもつかもしれず、⑵Ψは賛成態度であり、⑶内容pに関してΨをもつことは適合的である。そのうえでシェーンリッヒは、コースガードによる価値の超越論的論証を次のようにして修正する。

① われわれは、われわれの目的のいくつかが明らかに道具的であっても、その目的を善い／価値とみなす。
② すべての道具的価値にとって、少なくとも究極的価値が価値源泉として存在しなければならない。
③ われわれが目的を善い／価値とみなすのは、それが合理的自律のもとで定立される場合である。
④ ……。
⑤ それゆえ、合理的自律は絶対的な究極的価値としてすべての価値にとっての価値源泉である。

シェーンリッヒによれば、コースガードの論証は、懐疑論者ですら受け入れる前提から出発するという超越論的論証の典型的なモデルに従っているが、前提③と前提⑤の間に必要な前提④が欠けている。そこで、「合理的自律」が「合理的自己愛」という信念や願望、情念的感情などの賛成態度に置き換えられるとする。賛成態度の客観が価値評価にふさわしいという意味でその態度を「適合的」とするならば、客観性により正当化が可能である。価値自体のために評価される「究極的価値」と、Sがpを考えうるすべての観点で評価される「絶対的価値」という二つの価値概念を導入すると、前提④は次のようになる。④Sが合理的自律を究極的価値とみなす（目的それ自体として定立する）ならば、そのなかでSの合理的自律が絶対的価値として表明される。そのさい、自己愛が適合的な賛成態度であるならば、一つの価値を述べており、自己愛が「価値評価主体（wertschätzendes Subjekt）」にとって究極的に適合的な賛成態度であるならば、究極的に一つの価値を述べている。また、自己愛の合理性‐条件のもとでは、普遍化が可能であることが要求されている。

このようにしてシェーンリッヒは、コースガードによる価値の超越論的論証を修正して、目的の価値を否定する懐疑論者の主張を退ける。シェーンリッヒの考えでは、価値評価主体としての「私」が合理性‐条件の充足を前提に自己自身を評価して、合理的自律という形態で自己にとって価値であると主張することは、現実的には偽とみなしえないので論駁不可能である。ただし、超越論的論証の構造では、「私」が合理的存在者であることを破棄せずに自己自身を評価しないことがありうるか、自己価値評価が必要不可欠か否かは明らかでなくともよい。

筆者のみるところ、コースガードが展開する価値の理論や道徳の理論もまた、超越論的論証を用いるにあたって物理世界における心のあり方を問う点を指摘することができる。シェーンリッヒは、この点がより明確になるように、カントの哲学体系全体に即してコースガードの論証を修正する。したがって、シェーンリッヒの超越論的記号論が明らかにする「記号利用者（Zeichenbenutzer）」の破れた自己関係性は、自己をつねにみずからの外に対して自己とする心のあり方として、道徳的義務における反省的行為主体では合理的自律を、認識と行為を媒介する価値評価主体では合理的自己愛を意味することになる。カントの哲学体系全体に立ち返るならば、アプリオリに可能であるべき「対象一般」についての「認識様式」の超越論的認識によって（vgl. B 25）、外界へと開かれた心のあり方を主張する点に超越論哲学の独自性が認められる。

鶏の概念のもとで目の前の一羽の鶏を鶏とするさい、そこには羽や鳴き声などからなる知覚図式の働きがある。バリ人ならば、闘鶏における動物性の知覚図式の働きとなり、アザンデ族ならば、鶏の神託における超越性の知覚図式の働きとなる。いずれの場合も、自己は心をみずからの外の世界へと開こうとしており、そうする自己にまず価値がある。このようにシェーンリッヒの超越論的記号論に従って筆者が主張したところで、現代の言語哲学の観点からカントの超越論哲学の独自性と意義を明らかにすることを試みた本章の結論としたい。

注

（1）Gerhard Schönrich, *Kategorien und transzendentale Argumentation. Kant und die Idee einer transzendentalen Semiotik*, Frankfurt am Mein: Suhrkamp, 1981. さらに次の拙著を参照。近堂秀『『純粋理性批判』の言語分析哲学的解釈——カントにおける知の非還元主義』晃洋書房、二〇一八年。

（2）超越論的論証をめぐる論争の詳細については、次の文献を参照。竹市明弘編『超越論哲学と分析哲学——ドイツ哲学と英米哲学の対決と対話』産業図書、一九九二年。

（3）Barry Stroud, "The Goal of Transcendental Arguments," in: Robert Stern (ed.), *Transcendental Arguments—Problems and Prospects*, Oxford University Press, 1999, pp. 155–172.

（4）Vgl. Thomas Grundmann, "Was ist eigentlich ein transzendentales Argument?," in: Dietmar H. Heidemann und Kristina Engelhard（Hrsg.）, *Warum Kant heute?*, Walter de Gruyter, Berlin/New York 2004, S. 44–75.

（5）ゲアハルト・シェーンリッヒ『カントと討議倫理学の問題——討議倫理学の限界と究極的基礎づけの価値／代償について』加藤泰史監訳、晃洋書房、二〇一〇年。

（6）ゲアハルト・シェーンリッヒ「理性と文化的図式機能」加藤泰史・星揚一郎訳、坂部恵／ゲアハルト・シェーンリッヒ／加藤泰史／大橋容一郎編『カント・現代の論争に生きる』下、理想社、二〇〇〇年、四〇七—四四七頁。ゲアハルト・シェーンリッヒ「規則に従うことの制度化——記号論的自然状態からの脱却」近堂秀訳、『光環 CORONA——南山ゲルマニスティック』第一七号、二〇〇六年、一六三—一八七頁。Vgl. Gerhard Schönrich, "Externalisierung des Geistes? Kants usualistische Repräsentationstheorie," in: Dietmar H. Heidemann und Kristina Engelhard（Hrsg.）, *Warum Kant heute?*, Walter de Gruyter, Berlin/New York 2004, S. 126–149.

（7）クリスティーン・コースガード『義務とアイデンティティの倫理学』寺田俊郎・三谷尚澄・後藤正英・竹山重光訳、

岩波書店、二〇〇五年。Cf. Christine Marion Korsgaard, "Aristotle and Kant on the Source of Value," in: *Ethics*, Vol. 96, No. 3, University of Chicago Press, 1986, pp. 486-505.

（8）ゲアハルト・シェーンリッヒ「尊厳・価値・合理的な自己愛」高畑祐人訳、『思想』第二号（第一一一四号）、岩波書店、二〇一七年、一三四―一六四頁。

カント年譜

物語風に

菅沢龍文
小谷英生

カントの家を描いた絵画（F. H. ビルス作，1842年）

〈凡　例〉

一、本年譜はカントの学問的業績を時系列的に紹介するのみならず、人間カントの生涯を分かりやすく伝えることを重視して、すべてを網羅的に列挙するよりも、物語風の叙述になるよう努めた。

一、文章の主語がカントの場合には、明瞭であるかぎり原則的に主語を省いた。

一、これまでの日本語年譜になく、とくに重要な事実については☆を付した。

一、主に参考にした従来の日本語年譜は次の二つである。

菅沢龍文・平野登士・小野原雅夫編「カント年譜」『カント事典』弘文堂、一九九七年

門屋秀一編「年譜」『カント全集 別巻』岩波書店、二〇〇六年

なお、マンフレッド・キューン著『カント伝』（菅沢龍文・中澤武・山根雄一郎訳、春風社、二〇一七年）には多くを負っている。

一、カントの著作・論文名については原則として岩波書店版『カント全集』に準じたが、一部日本語訳を改めたところもある。

一七二四年（0歳）　四月二二日午前五時にケーニヒスベルク市城外街区（フォアデレ・フォアシュタット）二二番地の家で誕生。洗礼名「エマヌエル」。父ヨハン・ゲオルクは馬具職の親方。母アンナ・レギーナ（旧姓ロイター）。カントは四番目の子供だったが、当時生きていたのは五歳の姉（レギーナ・ドロテーア）だけだった。母は自分の祈禱書に「わが神よ、［…］エマヌエルへのご加護あれ」と記す。ケーニヒスベルクはすでに一三四〇年にハンザ同盟に加わり、重要な交易地として十八世紀を通じて成長し、一七八六年頃になると五万六千人ほどの住民がいた。

一七二八年（4歳）　フリードリヒ・ヴィルヘルム一世が、東プロイセンでの牧師職に就くには敬虔派のアブラハム・ヴォルフの「信心深さと学識の証明書」を要す、と布告。

一七二九年（5歳）　祖父カスパー・ロイターが亡くなる。

一七三〇年（6歳）　聖ゲオルク救貧院と結びついた救貧学校（Hospitalschule）へ通い始める。「読み、書き、算術」の基礎を学ぶ。

一七三一年（7歳）　敬虔派のフランツ・アルバート・シュルツがケーニヒスベルクに赴任。母は、シュルツの開いた聖書勉強会に年上の子供たちを連れて通った。

一七三二年（8歳）　シュルツの勧めにより、「敬虔派宿泊施設」フリードリヒ学院への通学を始める。学校では月曜から土曜

まで、午前七時から午後四時まで拘束された。帰宅後には宿題があり、日曜日も教会参列後には教理問答の練習があった。ギムナジウムでは多様な教科が教えられたが、そのなかでラテン語が最も重視された。哲学は正規授業で、ヴォルフ派哲学が教えられた。ほとんどの授業を「最優秀」で終えたが、さらに授業外で、友人たちと一緒に古典作家の作品を読んだ。

一七三三年（9歳）☆家族全員で、鞍作り通り（ザトラー・ガッセ）にある祖母レギーナ・ロイターの家へ引っ越す。このころから鞍作職に押されて馬具職が広く衰退し、家族の生計が苦しくなる。

一七三五年（11歳）☆祖母レギーナ・ロイターが亡くなる。一一月に弟ヨハン・ハインリヒ誕生。

一七三七年（13歳）一二月一八日に母アンナ・レギーナが四〇歳で亡くなる。後にカントは、母親が友人を看護してその病に感染して没したと説明する。

一七四〇年（16歳）五月三一日にフリードリヒ・ヴィルヘルム一世が亡くなる。七月二〇日に新王フリードリヒ二世の忠誠式典に参加、数週間後の卒業式で第二席として式辞を述べる。九月二四日、ケーニヒスベルク大学に「エマヌエル・カント」が学籍登録される。生家が建て替えられるが、後の一七六九年に城外街区の大火災で焼尽する。哲学部の論理学と形而上学の員外教授クヌッツェンが『キリスト教の真理の哲学的証明』を出版し、イギリスの理神論に対してキリスト教を擁護。クヌッツェンはカントに強い影響を与えたが、☆カントを弟子とみなすことはなかった。

一七四三年（19歳）☆ケーニヒスベルクでクリスティアン・ガブリエル・フィッシャーがスピノザ的観点による『自然についての理性的思想』を出版し、これが翌年に同地で大騒ぎを引き起こす。

一七四四年（20歳）☆彗星が現れ、予言が当たったとしてクヌッツェンがケーニヒスベルクで有名になった。クヌッツェンは『彗星についての理性的思想』を出版したが、レオンハルト・オイラーに反論される。☆年末に父親が脳卒中で倒れる。

一七四六年（22歳）父ヨハン・ゲオルクが亡くなる。「三月二四日に私の愛する父は幸せな死によって召された。[…]この世では多くの楽しみを父に許さなかった神よ、永遠の楽しみに与ることを父に許したまえ」と家族用大型聖書に記す。姉と二人の妹（マリア・エリーザベト、一七二七年生まれ、カタリーナ・バルバラ、一七三一年生まれ）と弟のうち、若い方の妹と弟が家に残された。後に一二歳の弟が、おじの靴職人リヒターに引き取られる。夏学期中に「エマヌエル・カント」ではなくて、「イマヌエル・カント」の署名でドイツ語の卒業論文『活力測定考』を哲学部に提出し、伯父リヒターから費用の半額援助を得て、印刷を始める。

一七四七年（23歳）処女作『活力測定考』の校正を行い、医学教授クリストフ・ボーリウスへの献辞を書く。

一七四八年（24歳）九月にケーニヒスベルクを去り（時期については異説あり）、リトアニアのユッチェンで改革派説教師アンデルシュ家の家庭教師を始める。一〇月二七日にユッチェンの洗礼登記簿に洗礼式の代父として記載され、その肩書きは「哲学の研究者」とある。

一七四九年（25歳）『活力測定考』刊行、アルブレヒト・フォン・ハラーに献本し、書評を希望する。本書について二年後にレッシングが「カントは活力を測定するのだが、自分の活力だけは測定しない」と揶揄《やゆ》する。

一七五一年（27歳）プロイセンのアルンスドルフ（ケーニヒスベルク南西約九五km）でフォン・ヒュルゼン家の家庭教師となり、三人の息子たちを指導。後にケーニヒスベルクに戻ってから、一七五四年八月二〇日に、この息子たちに歴史とラテン語の教科書や、絵画を贈る。トマス・ライトの宇宙論についての論評（『ハンブルク自由見解』掲載）を読む。『天界の一般自然史と理論』執筆を計画。クヌッツェンが亡くなる。

一七五四年（30歳）八月までにケーニヒスベルクに戻る。カイザーリンク家の家庭教師をする。「地球自転論」、「地球老化論」を『ケーニヒスベルク週報』に発表。

一七五五年（31歳）四月一七日、哲学修士の学位取得のためのラテン語論文『火について』を哲学部に提出。おじのリヒターが学位取得に必要な手数料を支払った。六月一二日に学位を授与される。講義資格を取得するためにラテン語学位論文がもう一つ必要なため『形而上学的認識の第一原理の新解明』を哲学部に提出、九月二七日の公開討論審査で擁護した。冬学期から当時カントが住んでいたキュプケ教授の家の講義室で講義を始める。教科書は通常バウムガルテンの『形而上学』、ゲオルク・フリードリヒ・マイアーの『理性論からの抜粋』（『論理学綱要』）やバウムガルテンの『倫理学』などであった。講師として聴講者から受け取る収入は最初の二年ほどは厳しかったが、その後に事態は改善した。

この年の春に国王への献辞を付したカントの『天界の一般自然史と理論』の出版が予定されたが、出版社が破産し、全在庫が差し押さえられて、本書の大半は廃棄処分となり、残部が六〇年代に流通したが注目されなかった。本書『一般自然史』の学説は、一七九六年にラプラスが唱えた理論と似ていたため、十九世紀には「カント＝ラプラス理論」として高く評価された。

☆ゲオルク・ダーヴィド・キュプケ（カントの友人）が東洋語の正教授になる。同キュプケは英語も教え、ロック著『知性指導論』のドイツ語訳を出版。

一七五六年（32歳）前年一一月一日のリスボン大地震をめぐって「地震原因論」、「地震の歴史と博物誌」、「地震再考」を『ケーニヒスベルク週報』に相次いで発表。少なくとも三つのラテン語論文を公開で擁護していることが正教授に就く条件であり、これを満たすために『自然モナド論』を哲学部に提出、四月一〇日に公開討論審査で擁護。四月二九日にフリードリヒ大王がザクセン進撃、七年戦争が始まる。故クヌッツェンの有していた論理学と形而上学教授職に書簡で応募したが、七年戦争勃発による財政的事情で教授職の補充はなくなり、この書簡は保管されるにとどまる。夏にハーマンと知り合う。

一七五七年（33歳）　四月一三日「自然地理学講義要綱および公告」を公表。ケーニヒスベルクのギムナジウム、クナイプホーフ学校の教師職に応募するも合格せず。

一七五八年（34歳）　一月二二日にロシア軍がケーニヒスベルクに進軍。一月二四日の忠誠式典で教授陣とともにロシア女帝エリザヴェータに忠誠を誓う。ロシア人総督が任命された。講義で多くのロシア人将校を教え、個人教授も行った。四月一日「運動と静止についての新学説」を公表。郊外の屋敷に引っ越したカイザーリンク家の息子の一人を教育するために屋敷へ通う。この時期にカントは「趣味のよい馬鹿であるほうが、趣味のない馬鹿であるよりもよい」などの格率に従う社交家であった。カイザーリンク伯爵夫人のお気に入りである他、何人もの女性と知り合った。☆その一人がシャルロッテ・アマーリエ・フォン・クリングスボアで、彼女は一七七二年になって書簡でこの時期のカントの「好意的な指導」に謝意を表している。ヨハン・ダーヴィト・キュプケ（カントの友人キュプケのおじ）が亡くなり、空いた論理学と形而上学の職に応募。これにはクヌッツェンに気に入られた学生の一人であるブックと並んでカントも選ばれ、サンクト＝ペテルブルクに応募書類が送られたが、教暦の長いブックの方がこの職に就く。

一七五九年（35歳）　カントやその友人たちと親しかったハーマンがロンドンでの仕事および生活に失敗して、啓蒙思想を捨てキリスト教信仰に救いを見出し、三月にケーニヒスベルクに戻る。カントは七月にヨハン・クリストフ・ベーレンスに請われて一緒にハーマンを訪問して、フランス『百科全書』（ディドロとダランベール監修）からいくつかの事項を翻訳させようと試みたが無駄であった。逆にハーマンは自分が理解するヒュームの思想に基づいて、ベーレンスとカントを哲学から信仰へと導こうとした。そのうえこの年にハーマンは『ソクラテス追憶録』を出版してベーレンスとカントの誤りを示そうとした。ハーマンはカントに一連の手紙を書き、子供のための自然学の教科書を書くカントの計画を手伝うと申し出たが、その教科書は聖書の説明に基づくことを条件とした。これに対してカントは返事を書かなかった。

☆クルージウスの思想を称賛するダニエル・ヴァイマン（一七三一―九五年）がケーニヒスベルク大学で講義資格を得るため、一〇月七日にラテン語学位論文『最善でない世界について』を公開討論審査で擁護した。これをきっかけに、一〇月七日に講義公告『オプティミズム試論』を出版し、ヴァイマンに触れずに、ライプニッツに反対するクルージウスの立場を根本的に攻撃した。☆これに対して一週間後にヴァイマンが応答を公表した。それは「ひどい怒り」、「思い込み」、「尊大」、「曲解」等々で溢れていたので、カントは沈黙によって答えた。

一〇月一八日付リントナー宛書簡で「私のほうは、教卓の金敷を前にして坐り、お互いに似た講義という重いハンマーを単調な拍子で打ち下ろし続けています」と記す。

一七六〇年（36歳）　親しい学生ヨハン・フリードリヒ・フォン・フンク（一七三八―六〇年）が亡くなり、フンクの個人教師に請われ、人生の意味への反省もこめて、その「早世を悼む」文を執筆して印刷に付す。

一七六一年（37歳）　一二月二五日、エリザヴェータ女帝が亡くなる。フリードリヒ大王を崇拝するピョートル三世が後を継ぎ、プロイセンへの敵対行動をやめ、プロイセンと同盟してデンマークに宣戦布告した。

一七六二年（38歳）　六月二八日に、エカチェリーナが恋人のクーデターでロシアの女帝として権力を継承。ロシアの司令官は、すでにケーニヒスベルクの統轄を公的にやめていたが、これを機に新たに占領軍であるとの宣言を布告。しかし、女帝は占領地維持に関心がなく、ロシアへの帰国を命じたので、ロシア人はケーニヒスベルクから去った。その後は、フリードリヒ大王がプロイセンの将校たちに学識を身につけることを要求したので、その将校たちを教える。友人キュプケが市の近郊に住居を入手したので、カントは修士通り（マギスター・ガッセ）のプレーゲル河に面した部屋に遷る。八月にヘルダーがケーニヒスベルクにやって来て、最初はカンター書店で働く。カンターは、ヘルダーが大学でカントの講義その他の聴講ができるようにはからった。ヘルダーはカントの講義その種の講義ノートを残した。後にヘルダーは「思索のために作られたカントの額には、明朗さが宿っていた」と述べてこの時代を振り返った。冬学期初め『三段論法の四つの格のもつ誤った煩雑さ』を刊行。一二月二一日に『神の存在を論証する唯一可能な証明根拠』（刊行は一七六三年）が刷り上がる。マルティン・ランペがカントの召使いとなる（一八〇二年まで）。一二月三一日に懸賞論文「自然神学と道徳の諸原則の判明性についての探究」を応募のため発送。

一七六三年（39歳）　六月までに『負量の概念を哲学に導入する試み』を仕上げ、出版。夏にケーニヒスベルク北西のモディッテンの小屋で『美と崇高にかんする観察』を執筆。

一七六四年（40歳）　☆一月一四日にヴァイマンは『神の存在証明に関するカント修士の唯一可能な証明根拠についての疑惑』を出版した。二月に『美と崇高の感情についての観察』出版。その直後に自家用本に「覚書」を書き込んだ。その「覚書」には、「私は〔…〕何も知らない下層民を軽蔑していた。ルソーがその私を正してくれた。〔…〕私は人間性を敬うことを学ぶ」と書き込まれた。同月に『ケーニヒスベルク学術政治新聞』に匿名論文「脳病試論」を発表。同月のハーマン書簡によれば、ケーニヒスベルクの竜騎兵連隊長かつ司令官マイアー将軍宅にほぼ毎日出迎えられ、数学と自然地理学の講義をし、食事をした。カイザーリンク家も訪問し続けていた。三月二三日『ケーニヒスベルク学術政治新聞』に『ジルバーシュラーク著『火球の理論』についての論評』を発表。その火球は一七六二年七月二三日に現れたものであった。五月一三日、『自然神学と道徳の原則の判明性』（懸賞論文）刊行。出版費用はアカデミーが負担し、メンデルスゾーンの一等受賞論文との合本であった。☆この年月の間に、ケーニヒスベルク軽騎兵連隊将軍フォン・ロッソウの屋敷にしばしば招かれ、東の国境の地ゴルダップ（ケーニヒスベルクから約一二〇㎞）に出かける。

一七六五年（41歳）「一七六五―六六年冬学期講義計画公告」を発表。理性批判というアイディアがはじめて公にされる。この年、カントの新著として『形而上学の本来の方法』なるものが見本市の目録に載る。しかしこの著作は結局断念された。代わりに、この年始まったランベルトとの文通のなかで『自然哲学の形而上学的諸原理』と『実践哲学の形而上学的諸原理』を発表する計画があることを告げている。自分の「あらゆる努力は、主として形而上学の本来的方法を、この方法を通じてまた全哲学の方法を目標としている」と述べており、哲学方法論への関心が高まっていく。ラスペによるライプニッツ『哲学著作集』が出版され（独訳は六八―八〇年）、『人間知性新論』が初めて刊行される。また、ニコライが『一般ドイツ文庫』を創刊。カントの著作に対する重要な書評も多く掲載される。生涯の友となるイギリス人ジョセフ・グリーンと知己を得たのもこの頃である。グリーンは商人でありながら学者精神を持った人物であった。カントは彼から時間厳守の精神を学び、多くの学問対話を行った。

一七六六年（42歳）批判期の到来を暗示する重要著作『形而上学の夢によって解明された視霊者の夢』を匿名で出版する。同時代の視霊者スウェーデンボリを皮肉たっぷりに批判しつつ、形而上学の方法論について論ずる。この著作はメンデルスゾーンを通じてベルリン啓蒙思想家たちに献本された。メンデルスゾーンも『一般ドイツ文庫』に書評を書いている。曰く、「ここには重要な考察の種や、魂の本性に関するいくつかの新しい思想、そして既知の〔形而上学〕体系に対するいくつかの反論が含まれており、この反論はまじめに議論されるに値する」。前年応募していたケーニヒスベルク王立図書館副司書官に就任し、毎週水・土曜日の午後一時から四時まで勤務する。冬はインクが凍りつくような暗い館内で蔵書整理に勤《いそ》しみ、収入は改善された。この頃、博物美術標本室監督も兼任し、鉱物学研究のきっかけを得る。

一七六七年（43歳）夏学期講義より「自然法講義」を開始する。

一七六八年（44歳）「空間における方位の区別の第一根拠について」を発表（『ケーニヒスベルク週報』六―八号）。右手と左手のような不一致対称物に着目しつつ空間論を展開する。この頃、カンター書店の三階に移り住む。軽度の狭心症に悩まされる（☆後に不治の病と自覚し、症状を無視することで集中力を維持することを覚える）。

一七六九年（45歳）エアランゲン大学の論理学・形而上学の教授に招聘される。一度承諾するものの、ケーニヒスベルク大学でポストが空きそうなことや、自身の「虚弱な体質」などを理由に辞退する。後にこの年を振り返り、「大いなる光の年」と呼んでいる（この「大いなる光」とは時間と空間の観念性の発見であると一般に推測されている）。

一七七〇年（46歳） 一月、イェナ大学から哲学教授職への就任を打診されるが辞退する。三月一五日、同僚で神学および数学教授のラングハンゼンが亡くなったのに応じて、カントは政府にポストの入れ替えを提案。これにより三月三一日にカントが論理学および形而上学の正教授に任命され、同職にあったブック教授は数学教授に転じることになった。カントの俸給は一六〇ターラー六〇グロッシェン。図書館司書の俸給よりも一〇〇ターラーほど多く、イェナ大学が提案した俸給よりも四〇ターラーほど少なかった。五月には図書館司書の職を辞す。八月二一日に正教授就任論文『可感界と可想界の形式と原理について』が公開審査にかけられ、遅くとも九月には出版される。九月二日付ランベルト宛書簡で、一年前から「今後は拡張の必要があっても変更を迫られることには決してならない」見解に到達していると述べ、「人倫の形而上学」を書き上げる計画にも言及。一〇月一三日付カント宛書簡でランベルトはカントの「素晴らしい論文」を批判した。ズルツァーは一二月八日付カント宛書簡でカントの理論を「綿密であるだけではなく、重要でもある」と評した。この論文の寄贈を受けたメンデルスゾーンは一二月二五日のカント宛書簡で返礼して、時間論について理解できない点を伝えた。

一七七一年（47歳） ☆四月にクリスティアン・ヤーコプ・クラウスがケーニヒスベルク大学に入学、以後カントの弟子、友人となり、八一年にはカントの推挙もあり同僚となる。六月七日のヘルツ宛書簡で、ランベルトとメンデルスゾーンからの書簡のおかげで「長い一連の研究に巻き込まれた」と述べ、『感性と理性の限界』を執筆中と語る。☆七月五日と一二日の『ケーニヒスベルク学術政治新聞』に「ある懐疑論者の夜想」と題する文章が掲載され、そこでは因果性問題が出ていた。実はこれはヒュームの『人間本性論』第一部の結論部をハーマンがドイツ語に訳したものであった。一一月二五日、正教授就任論文についてのヨハン・シュルツによる書評が『ケーニヒスベルク学術政治新聞』に掲載された。その後半は批判的で、知的直観を不可能とするカントの主張が退けられた。ヘルツがカントの正教授就任論文の注釈書『思弁哲学からの考察』を出版。

一七七二年（48歳） 二月二一日付ヘルツ宛書簡で「理論的認識および知的であるかぎりの実践的認識の本性を含む純粋理性批判を提示できる」と述べる。☆当年より七六年にかけて、後に歴史家となるバチコがケーニヒスベルク大学の学生となり、カントの講義にも出席。冬学期「人間学」の講義を初めて行う。

一七七三年（49歳） 年末のヘルツ宛書簡で、「ほぼ完成させている相当な仕事」、「本来は純粋理性批判である私の超越論的哲学」に言及、その完成後に「自然の形而上学と人倫の形而上学」をこの順に出版すると述べる。

一七七四年（50歳）　ヘルダー『人類最古の記録』が出版され、カントは本書に大きな関心を示す。

一七七五年（51歳）　夏学期講義告知として『さまざまな人種について』を発刊（七七年に改訂版を公表）。四月二八日付ラーヴァター宛書簡で、「真のキリスト教」は「純粋な道徳的信仰」に一致すると述べる。一〇月、クルージウスが亡くなる。☆一二月、クルージウス哲学を教えることが教会および教育問題の担当大臣フォン・ツェードリッツにより禁止され、かつてカントと対抗したヴァイマンが教壇を去る。

一七七六年（52歳）　三月に『ケーニヒスベルク学術新聞』で「汎愛学舎論」を匿名で発表（七七年三月にも同新聞に同名の第二論文を発表）。夏学期に初めて哲学部長を務める。夏学期の授業時間は週一六時間であった。冬学期に初めて実践的教育学の講義を担当し、この学期はバゼドウの『方法書』（一七七〇年）を教科書に用いた。カントの親友の英国商人マザビーに依頼されて、マザビーの息子をバゼドウが創立した汎愛学舎に推薦。一一月二四日付ヘルツ宛書簡で、「純粋理性の批判、規律、基準、建築術」を基礎づける仕事に翌年の夏も充てると述べる。

一七七七年（53歳）　ケーニヒスベルクを訪問したモーゼス・メンデルスゾーンが、ハレ大学教授の候補を探している大臣フォン・ツェードリッツに委託されて、八月一八日にカントの二つの講義を聴く。八月二〇日付ヘルツ宛書簡で、研究が「体系的な形態」をとると語る。隣人の飼う雄鶏の鳴き声に悩まされ、年末ごろにカンターの家を出て「牛市場に面した」住居に転居。

一七七八年（54歳）　二月、フォン・ツェードリッツによって初任給六〇〇ターラーでハレ大学哲学教授に指名できないか打診されたが、カントはこれを断ったので、さらに給与二〇〇ターラーの増額および宮廷顧問官の称号を提示されるも、カントはやはり断り、二三六ターラーの給与のままケーニヒスベルク大学にとどまる。☆アントン・ヴィリッヒがケーニヒスベルク大学で医学を学び始め、八一年にかけてカントの講義にも出席する。☆医師ヴィリッヒは後の九八年に英国で最初のカント書の一つ『批判哲学の基礎』を出版する。☆カントの講義録を利用してヒッペルが小説『上り調子の人生行路、付録A、B、C付き』を七八、七九、八一年の三巻に分けて出版、そのなかでカントが「おじいちゃん教授」および「閣下」として登場、カントの批判哲学を最初に紹介したとも見られる。

一七七九年（55歳）　五月一七日付ヘルダー宛ハーマン書簡によると、カントが「純粋理性批判の道徳」に着手した。冬学期、二度目の哲学部長となる。

一七八〇年（56歳）　ケーニヒスベルク大学評議員会会員となる。『純粋理性批判』の原稿が完成し、一〇月には出版社への引渡しに同意している。カント自身の言葉を信じるならば、『純粋理性批判』は一二年以上考えた材料を四、五カ月ほどでまとめ上げたものである。☆伝記作家ヤッハマンによれば、カントはその内容を親友のグリーンに逐一示し、公平な判断を仰ぎながら書き進めていったという。

一七八一年（57歳）五月、主著『純粋理性批判』がハレのハルトクノッホ書店より出版される。その刷り上りにはカントも満足していたようである。すぐに見本市に出品されたものの、反響もほとんどなく、売り上げも悪かった。ハーマンはその分厚さに辟易し、メンデルスゾーンは本を開こうとさえしなかったと伝えられる。メンデルスゾーンのこの対応を耳にしたカントは「きわめて不愉快だ」と漏らした。

一七八二年（58歳）年頭に『純粋理性批判』の最初の本格的書評が匿名で発表される。これはガルヴェが書いた元原稿をフェーダーが加筆修正したものであり、一般に「ガルヴェ＝フェーダー書評」「ゲッティンゲン書評」と呼ばれる。その中で自身の思想がバークリーと同一視されたため、カントは『プロレゴーメナ』や『純粋理性批判』第二版「観念論反駁」で反論を余儀なくされる。クーアラント在住の弟ヨーハン・ハインリヒから、当地では『純粋理性批判』に注目が集まっていることを伝えられるものの、☆「カントはバークリそしてヒュームと同様の懐疑論者である」という見解は、同時代人たちに広く共有されたものだった。二月に「ランベルト往復書簡集の公告」を、四月に「医者たちへの告示」をそれぞれ発表（『ケーニヒスベルク学術政治新聞』）。

一七八三年（59歳）同年出版されたガルヴェの大著『キケロ論』を熱心に読む。同書はフリードリヒ二世の要請に従ってガルヴェがキケロ『義務について』を独訳し長大なコメンタールを付したものであり、多くの同時代人たちに読まれた。カントは同書の反駁書を準備するが、この著作は実現せず、代わりに『人倫の形而上学の基礎づけ』が執筆された。『キケロ論』は『基礎づけ』のターミノロジーに少なからぬ影響を与えているとも考えられている。四月、八〇年代に展開される歴史哲学の端緒とも言える「シュルツ著『宗教の区別なき万人のための人倫論試論』についての論評」発表。ヨーハン・ハインリヒ・シュルツ（同僚のシュルツではなく、「辮髪のシュルツ」）の宿命論的自由論を批判する。同じ頃『プロレゴーメナ』を出版。基本的には『純粋理性批判』のエッセンスを伝える著作であるが、論争的性格を持ち、ヒュームが高く評価されるとともに、「ゲッティンゲン書評」を痛烈に批判している。カントがとくに憤りを覚えたのは同書評が匿名であったことである。この批判を受けて評者の一人であるガルヴェはカントに自身が書評者であることを告げる謝罪と弁明の書簡を送り、和解。以後、学説上の対立は続くものの、良好な友人関係を築いていく。

メンデルスゾーンは『純粋理性批判』が「神経を消耗する著作である」とカントに伝え、翌年にはライマールスに宛てて、「カントを理解できない」と告白する。一方のカントはメンデルスゾーン『イェルザレム』を賞賛した。ゲーディケとビースターによって『ベルリン月報』が刊行される。以後、カントは同誌に数多くの論文を寄稿することとなる。冬学期には再び学部長職に就く。大学行政上の問題をめぐる諸問題にも巻き込まれ、神経をすり減らす。著作の評判が芳しくないのとは裏腹に、カントの講義には多くの人が聴講に訪れた。年末、終の棲家となるベッカー未亡人の家を購入する（翌年に引越し）。家財道具は終生質素であり、書き物机の上にはルソーの肖像画が掛けられていた。☆壁紙はパイプやストーブ、ろうそくの煙で黒くなり、指で字が書けるほどだったという。

一七八四年（60歳）　カント六十歳記念の祝賀会が催される。表にカント、裏にメンデルスゾーン発案の像と碑文のある記念メダルが贈呈される。引っ越した新居は近隣に監獄があり、囚人たちが賛美歌を歌うため騒がしかった。カントはこれに抗議したが、せいぜい監獄の窓を閉めさせることぐらいしかできなかったという。また、家の壁越しに不良少年が投石するため、新居はあまり安全とは言えなかった。一一月に「世界市民的見地における普遍史の理念」を、一二月に「啓蒙とは何か」を発表（『ベルリン月報』）。『人倫の形而上学の基礎づけ』の原稿を出版社に渡す。同僚ヨーハン・シュルツの『純粋理性批判』理解に満足するとともに、彼の『カントの純粋理性批判についての解説』出版準備を喜ぶ。☆出版当初、この書物はケーニヒスベルク以外でほとんど影響力がなかったと言われているが、九一年に再版され（海賊版も現れた）、十九世紀には仏語訳もされている。

一七八五年（61歳）　復活祭に『人倫の形而上学の基礎づけ』を出版。いわゆるカント倫理学の基礎を築く。ヘルダー『人類史哲学考』についての書評・論考を『一般文芸新聞』で展開すると、人類史をめぐる論争が勃発。端緒はヘルダーの同書第一部に対するカントの書評（第一論評）であった（一月）。この書評におけるヘルダー批判に対し、ハーマンはヘルダー宛書簡で不満を漏らし、ラインハルトは匿名の論評でヘルダーを擁護した。ヘルダー自身も、この年出版された『人類史哲学考』第二部でカントの「普遍史の理念」を暗に批判した。これに対し、カントは第二論評でラインハルトの批判に（三月）、第三論評すなわち『人類史哲学考』第二部の書評でヘルダーの批判にそれぞれ応えた（一一月）。三月に「月の火山について」、五月に「偽版の違法性について」、一一月に「人種の概念の規定」を発表（『ベルリン月報』）。☆一〇月にメンデルスゾーンが自著『朝の時間、あるいは神の現存在に関する講義』をカントに贈る。『純粋理性批判』を「すべてを破砕するカントの著作」と評す一方、カントは『朝の時間』を「独断的形而上学最後の遺産」と評した。冬学期に学部長を務める。この頃カントは無神論者だという根拠のない噂が広まる。

一七八六年（62歳）　一月四日にメンデルスゾーンが亡くなる。一月二日・九日の『一般文芸新聞』上で、メンデルスゾーンを論評した前年一一月末のシュッツ宛カント書簡が「ある人物の判断」として掲載される。三月、大学総長に就任。任期は半年。ゼーネヴァルト作の細密画のモデルとなる。五月、

『自然科学の形而上学的原理』を出版。八月にフリードリヒ二世が崩御し（在位一七四〇―八六）、フリードリヒ・ヴィルヘルム二世が即位すると、宮廷中庭で忠誠式典が行われ、六〇〇人の学生が参加する中、大学代表として忠誠の誓いを行う。「純粋理性批判が売り切れたので、第二版が半年後に出版されるだろう」と述べる。一月に「人類史の憶測的起源」（『ベルリン月報』）を、四月に「自然法の原則に関するフーフェラントの試論に対する論評」（『一般文芸新聞』）を発表。また、「L・H・ヤーコプの『メンデルスゾーンの『朝の時間』の検討』に対する二、三の覚え書き」を執筆。これは同書に添付されて八月に出版された。

この年、カントはスピノザ主義をめぐる汎神論論争に公式に介入する。一七八〇年に始まったこの論争に興味を持ち続けてきたが、「カントの空間概念はスピノザの精神で書かれている」というヤコービの主張を耳にし、またメンデルスゾーンを擁護するよう弟子のヘルツに求められたこともあって、一〇月に「思考の方向を定めるとはどういうことか」を発表（『ベルリン月報』）。そこではヤコービもメンデルスゾーンも共に批判の対象となった。

この頃から『基礎づけ』に関する批判的な書評が数多く公表される（フラット、ピストリウス、ティッテル、レーベルクなど）。一方で、ラインホルト「カント哲学についての書簡」（『ドイツ・メルクーア』。九〇―九二年に書籍として出版）、シュミート『純粋理性批判講義要綱』など、批判哲学の入門的著作も公表される。カントの親友で商人のジョセフ・グリーンが亡くなる。カントは打ちひしがれ、夜の外食に出かけることもなくなった。☆翌年からグリーンと同じように料理人を雇って自宅で食事会を開催するようになる。以後、友人を招いた晩餐はカントにとって大切な時間となっていった。年末、ベルリン・アカデミーの会員に選ばれる。

一七八七年（63歳）四月、『純粋理性批判』第二版序文を脱稿、同書を六月に出版する。同じ月には『実践理性批判』を仕上げて印刷に入り、「趣味批判」にとりかかる意志を表明している。一二月にはラインホルトに「趣味判断」の「アプリオリな原理」を発見したと伝える。年末、『実践理性批判』が一七八八年のクレジットで刊行される。

一七八八年（64歳）一月・二月、「哲学における目的論的原理の使用について」発表（『ドイツ・メルクーア』）。ヨーハン・フリードリヒ・ヴェルナーがツェードリッツに代わり法務大臣の職につき、宗教・文教行政も担当する。七月には宗教勅令、一二月には新検閲令を発布され、プロイセンの学問の自由と宗教的寛容に暗雲が立ち込める。奇しくもこの年、カントは二度目の大学総長を務める。エーベルハルトが反カント哲学の『哲学雑誌』の刊行を始める（～九二年）。この頃カントは自説の敵対者たちへの反論をシュルツやクラウスといった友人・弟子に行わせるようになっていたが、二年後エーベルハルトに対しては直接論陣を張ることになる。

一七八九年（65歳）『人倫の形而上学』を翌年復活祭までには仕

上げたいという希望を表明。しかし実際の刊行は一七九七年であった。ヘルツがカントにザロモン・マイモンを紹介。マイモンは翌年『超越論的哲学に関する試論』として出版される「原稿」を送ってカントに意見を求めるが、カントは拒絶し、「原稿」をヘルツに送り返す。七月一四日フランス革命勃発。カントはこれを喜び、革命を公的に擁護した。☆共和国樹立に際しては「今や召使を自由にしてやりたまえ、世界の幸福を目の当たりにしたのだから」と叫んだという。一〇月には『判断力批判』の原稿が完成していたが、清書と最終校正がすんでいないために出版社への発送を延期する。「F・H・ヤコービのために」という声明をヤコービに委ね、そのなかで汎神論論争でヤコービを辱めたという噂を否定する。ヤコービはこの一文を公表しなかった。

一七九〇年（66歳） 復活祭に『判断力批判』を出版。いわゆる三批判書が完成する。同時にエーベルハルトへの論駁書『純粋理性批判の無用論』を出版。本年から始まるラインホルトの連作『カント哲学についての書簡』の影響力も手伝って、この頃からカントの名声は不動のものになっていく。しかしラインホルト自身はカントの思想を発展させるべく、カント哲学そのものから徐々に距離をとっていく。ケーニヒスベルク大学に教育学研究室が設置されたため、教育学講義の担当から解放される。

一七九一年（67歳） 学部長（夏学期）と検閲委員会委員を務める。九月、「弁神論の哲学的試みの失敗」を発表（『ベルリン月報』）。これは保守反動化したプロイセン高等宗務院に対する事実上の攻撃と受け取られかねないものであり、カントの著述活動が当局によって禁止されているのではないかという噂がベルリンで流れる。七月から一〇月までフィヒテがカントを訪問する。フィヒテはカントの講義に出席したものの感銘は受けず、「カントの弱々しい身体は、かくも偉大な精神が宿るには疲れ切っている」と評した。そこで、より学問的な交流を持ちたいと願い、『あらゆる啓示の批判の試み』を約六週間で書き上げ、この原稿をカントに届けるとともに出版社の紹介を願い入れる。カントはこれに応えて尽力し、原稿は九二年に出版された。講義が退屈であることについてはカントも自覚していた。☆この頃から衰弱が激しくなり、声は小さく、時折話が混乱してしまうことがあったようである。八月二九日に最初の遺言状を書いている。

一七九二年（68歳） 四月、後の『宗教論』第一章となる「人間の本性における根本悪について」を発表（『ベルリン月報』）。同雑誌は発行地をプロイセン国外に移していたが、カントはあえてプロイセンの検閲を受ける。当局はこの論文が学者向けであると判断し印刷を許可。しかし続く「人間の支配をめぐる善原理と悪原理の戦いについて」（後の『宗教論』第二章）に対しては、出版不許可の決定が下る。そこでカントは『宗教論』第一・第二論文と残りの二論文を合わせて、ケーニヒスベルク大学神学部に提出し、是非を問うた。神学部には検閲権がないとの返答を得て、イェナ大学神学部に判定を求め、最終的に印刷許可を得た。同年、ガルヴェが『道徳、文学、社会生活から得られる種々の対象に関する試論』所収の「忍耐について」の注でカントの実践哲学を批判。カントは翌年これに応答する。匿名出版された『あらゆる啓示の批判の試み』の著者がカントであるとする書評が発表される(『一般文芸新聞』)。これに対しカントは同書の著者がフィヒテであるという「訂正」を発表した(『一般文芸新聞』)。これによりフィヒテは一躍有名人に躍り出る。ボロフスキによるカントの伝記の原稿が完成。これはカント自身による加筆訂正を経たものであった(ただしカントの没後に出版された際には、カント未見の大部の原稿が追加されている)。

一七九三年(69歳) 復活祭、『たんなる理性の限界内における宗教』(『宗教論』)を出版。九月、『それは理論では正しいだろうが、実践では役立たないという俗言について』を出版。第一部でガルヴェ批判、第二部でホッブズ批判、第三部でメンデルスゾーン批判を展開する。九一年に批判哲学の解説書を書く仕事をベックに斡旋していたため、便宜を図り「判断力批判第一序論」を彼に託す。『人倫の形而上学』の法的・政治的事柄を扱う章の論述がうまくいかないため、自分より先にこの仕事をやり遂げてほしいとフィヒテに伝える。同月、フィヒテはその仕事には半生を要するし、逆に自分の方がそれを参照したい、と応じる。『ベルリン月報』から無断で論文を選択掲載した『I・カント小品集』に対する警告「書籍商諸氏へ」を発表(『一般文芸新聞』)。この頃からベルリン・アカデミーの懸賞論文に応募するため、「形而上学の進歩にかんする懸賞論文」を執筆し始める(未完成)。

一七九四年(70歳) 春、『宗教論』改訂第二版を出版。五月に「月が天候に及ぼす影響について」を、六月に「万物の終わり」をそれぞれ発表(『ベルリン月報』)。三月にはプロイセン国王フリードリヒ・ヴィルヘルム二世が大臣ヴェルナーに宛ててカントの諸著作は有害であると伝えていたが、ついに一〇月一日付で、カントが宗教・神学に関する講述を行うことを禁ずる勅令が出されるに至る。カントは勅令の嫌疑には当たらないと自己弁護するが、「国王陛下の最も忠実なる臣下として」勅令を甘受し、宗教に関する「あらゆる公的な発言を完全に控える」ことを誓う。ロシアのペテルブルク科学アカデミーの会員に選ばれるが、手違いで九七年まで正式登録されなかった。

一七九五年(71歳) 一〇月、平和条約と称する休戦条約とヨーロッパ諸国による植民地政策を批判したパンフレット『永遠平和のために』を出版。反響が高く、たちまち売り切れる。検閲の厳しさを理由に論文「諸学部の争い」(後の『諸学部の争い』第一部)の出版を見合わせる。シュロッサーが『シラクサの国家改革に関するプラトンの書簡』の独語訳を出版。注釈のなかでカント的な理性主義に対する批判を展開する。

一七九六年(72歳) 『永遠平和のために』改訂第二版出版。前年結ばれたプロイセンとフランスの平和条約の中に秘密条項があることが発覚し、その批判のために「第二追加条項」を増補した。同書はフランスでも影響が大きく、無許可の仏語訳出版が出回っていたため、出版者はカントと相談した上で、改訂第二版の仏語訳を出版する。シェイエスがフランス憲法草案についてカントに意見を求めようとするも実現しなかった。この頃、カントが「立法者、公安の創始者」としてフランスに招聘される予定であるという噂が新聞で報道される。五月にはシュロッサー、レオポルドらを批判した「哲学における最近の高慢な口調」を、一〇月にはライマルスの批判に応える「誤解から生じた数学論争の解消」をそれぞれ発表(『ベルリン月報』)。一二月、「フォン・ヒッペルが著作者であることを求めての声明」を執筆、翌年初頭に公表される(『一般文芸新聞』)。自身がヒッベルの『結婚について』と『上り調子の人生行路』の著者でないことを公言する。解剖学者ゼンメリンクが書簡のなかで行った問題提起に対して、「魂の器官について」を執筆。翌年刊行されたゼンメリンク『魂の器官について』に付録として掲載される。夏学期の総長を辞退。高齢のため講義ができなくなり、七月二三日の論理学講義が事実上の最終講義となる。しかし規則正しい生活はなんとか維持され、著述活動も行われた。

一七九七年(73歳)一月に『人倫の形而上学』の第一部「法論の形而上学的原理」を、八月頃に第二部「徳論の形而上学的原理」を出版。五月に「シュレットヴァインとの著作上の争いに関する声明」(『一般文芸新聞』)を、七月に「哲学における永遠平和条約の締結が間近いことの告示」を発表(『ベルリン月報』終刊号)。九月にはコンスタンからの批判に応える形で「人間愛から嘘をつく権利と称されるものについて」を発表(ビースター編集の新雑誌『ベルリン雑誌』)。「再び始まる問い 人類はより善いものに向かう絶えざる進歩のうちにあるかどうか」の原稿(後の『諸学部の争い』第二部)が検閲にかかり、印刷不許可の決定が下される。一一月、フリードリヒ・ヴィルヘルム二世が崩御し、フリードリヒ・ヴィルヘルム三世が即位する。彼は前王の保守的・反啓蒙的な政策を踏襲しなかった。検閲が緩和され、ヴェルナーの宗教審査委員会も閉鎖された。ヴェルナー自身も翌年初頭に失脚した。

一七九八年(74歳)夏、『法論の形而上学的原理』改訂第二版を出版。ブータヴェークに反論するために「付録 法論の形而上学的原理への注釈的覚書」を増補した。二月、「自己の病的な身体的感覚についての心意の力」(後の『諸学部の争い』第三部)をフーフェラントに送付する。同論文は同年出版されたフーフェラント編『実用医学および外科医術の雑誌』に掲載され、同時にフーフェラントによる序文と注をつけた版がイェナで刊行された。九月、『実用的見地における人間学』を出版。晩秋、『諸学部の争い』を出版。序文に、宗教に関する公的発言を禁止する一七九四年の勅令とカントの返書を掲載。フリードリヒ・ヴィルヘルム二世存命中のみ勅令に従うという誓約をしたことを強調し、現在はその勅令から解放されている旨を宣言する。『出版稼業について』出版。第一書簡ではメーザーを、第二書簡ではニコライをそれぞれ批判する。思考能力や記憶力が衰えていくなかでも、「自然科学の形而上学的原理から物理学への移行」という課題に取り組み続けていた。この試みは完成には至らなかったものの、一連の草稿は今日『オプス・ポストゥムム』として知られている。☆晩年のカントは同時代の他の哲学者たちについては辛辣で、ラインホルトに対しては肩をすくめ、フィヒテやヘルダーについては感情的にならずに言及することができなかったほどであった。

一七九九年（75歳）　八月には「フィヒテの知識学にかんする声明」を発表（『一般文芸新聞』）。フィヒテの体系を非難する。これに対しフィヒテは「カントの声明に対する反論」を発表する（『一般文芸新聞』）。これにはシェリングの手による序が付された。衰弱が激しくなり、「私を子どものように取り扱ってもらわねばなりません」と語る。しかし、カントは死を恐れてはいなかったと伝えられている。

一八〇〇年（76歳）　この頃からヴァシャンスキがカントの世話をするようになる。一月、「R・B・ヤッハマン著『カントの宗教哲学の検討』への序文」を同書に寄せる。この著作はヴィルマンスのカント批判に対する再批判であった。また、「Ch・G・ミールケ編『リトアニア語・ドイツ語辞典』へのあとがき」を同書に寄せる（時期不明）。リンクとイェッシェに手稿や講義ノートを託し、編集出版を委ねる。九月、イェッシェ編集の『論理学』を出版。

一八〇一年（77歳）　五月、書籍商フォルマーが無断で出版した『カント自然地理学』に対し、抗議声明「フォルマーのもとで不当に出版された『イマヌエル・カントの自然地理学』にかんする読者への報告」を発表。一一月には大学評議員を辞任する最後の公式「声明」を発表し、希望通り免職となる。

一八〇二年（78歳）　歩行が困難になる。ときおり死への希望を口にするようになっていく。約四〇年間カントに仕えた召使マルティン・ランペを解雇。ヴァシャンスキが次の召使カウフマンを手配する。新しい召使をランペと呼んでしまうことが多々あったため、「ランペの名は今後忘れてしまわねばならぬ」とメモに記す。春、リンク編集の『自然地理学』が出版される。同時にリンクとフォルマーとの間に版権をめぐる争いが始まる。☆この頃のカントに残されたわずかな喜びの一つは、毎春やってくるシジュウカラを眺めることであったという。

一八〇三年（79歳）　五月、リンク編集の『教育学』が出版される。すでに他界している弟の末娘ヘンリエッテが結婚、祝福の手紙を送る。現存するカント最後の書簡であるが、すべてヴァシャンスキの代筆によるものである。長年の友人であったシェフナーによれば、カントは三月には「もはや三語を連ねて話すこともない」ほどの衰弱状態にあった。夏は小康状態を保つものの、一〇月八日、妹に導かれて自宅で歩いているときに倒れてしまう。その原因はチーズとパンの過食であった。以後カントは意気消沈し、死に向かっていく。一一月には自分の名前も書けなくなり、匙も見分けられなくなる。
☆眠るように座っているだけの日々が続く。
一八〇四年（79歳）　激しい衰弱が続き、ほとんど何も食べられず、夜通し眠ることができなくなる。それでも時折意識が目覚めることがあり、あるときには往診に来た医師を立ち上がって迎えて「まだ人間性に対する感情を失っていません」と告げた。二月一二日、末妹カタリーナやヴァシャンスキが見守るなか、カントは他界した。その最期は安らかなものであったと伝えられている。ワインを水で薄め、砂糖を混ぜたものを口にし、「Es ist gut（おいしい、これでよし）」と言ったのが最後の言葉であった。二月二八日、大学墓地に埋葬。カントは簡素な葬儀を望んでいたが、葬儀は一六日間続き、数千人が参加したと言われている。死後、復活祭にはリンク編集の未完の論文「形而上学の進歩に関する懸賞論文」が出版された。

【カントの生涯と学説の特徴】

カントの活動の場は、ヨーロッパの東北の果て、バルト海沿岸のプレーゲル河沿いの良港を持つ都市ケーニヒスベルクとその周辺の域を出なかった。この地でカントは、ケーニヒスベルク大学（別名アルベルティーナ）の大学人としての生涯を送った。このように移動範囲は限定されていたにもかかわらず、カントの知的活動は広範に及んでいる。カントはあらゆる理性的存在者を射程に収め、超越論的な地平で主著『純粋理性批判』を初めとする三批判書を著し、自然や道徳についての形而上学を探究した。そのうえ経験的な学問にかんしても、カントは「人間学」や「自然地理学」の講義を好み、人間についての経験的な知見について、当時知られるようになった全地球上の地域や人間への関心に基づいて論じた。このように、カントは純粋理性的な知ばかりか、経験的な知をも重んずる、グローバルな視野をもつ思想家であった。

その一方でカントは、ケーニヒスベルクで知識人や貴族とはもちろん、グリーンやマザビーらの商人とも交流し、ときとしては将校たちとも教師として交わるなど、多くの人間関係のなかで生きていた。それでも、カントの人生は大学で似たような講義をくり返し、ひたすら著作に従事しただけの人生のようにも見える。だが、その歩みは薄氷を踏んで河を渡るようなものであった。処女作『活力測定考』では、大学人としての成功を無視した知的冒険をあえて行い、私講師時代にはクルージウス哲学を奉じてヴォルフ主義を却下する人気講師で敬虔派のヴァイマンとの対立を乗り越え、正教授となってからは、いわゆる沈黙の一〇年を置いて『純粋理性批判』を出版し、後年には当局と衝突するのを恐れずに『宗教論』出版に賭けている。結果としてみれば哲学者としても大学人としても成功したが、自らの理性以外の権威を認めずに飽くなき知的冒険を続けたのがカントという哲学者であった。本年譜がカントの生涯ばかりか、カントの生き方も鳥瞰するのに役立てば幸いである。

【関連主要文献】（凡例に既出のもの以外の邦語文献）

ボロウスキー、ヤッハマン、ヴァジャンスキー『カント――その人と生涯』芝烝訳、創元社、一九六七年（ただし本年譜ではボロフスキ、ヤッハマン、ヴァシャンスキと表記）

アルセニイ・グリガ『カント――その生涯と思想』西牟田久雄・浜田義文訳、法政大学出版局、一九八三年

エルンスト・カッシーラー『カントの生涯と学説』門脇卓爾・浜田義文・高橋昭二監修、みすず書房、一九八六年

カントの書簡およびカント宛書簡。岩波書店版『カント全集　第21巻』北尾宏之・竹山重光・望月俊孝訳、二〇〇三年と『第22巻』木阪貴行・山本精一訳、二〇〇五年

【付記】

本年譜は、菅沢が一七二四年から六四年および一七七〇年から一七七九年を担当し、小谷が一七六五年から一七六九年および一七八〇年から一八〇四年を担当し、お互いの担当箇所について意見交換をして作成した。

編者あとがき

「序論」で述べたように、編者は読者をいわば「知の地球儀を俯瞰する冒険」へと誘うよう試みた。あとがきでは、この冒険の旅のフィナーレにふさわしい「歴史の物語り」を提示してみたい。言い換えれば、カントが生活したケーニヒスベルクと読者の生きている日本との「思いがけないえにしの糸」をたぐることにする。それによって、「グローバル化時代の新たなカント像」をいっそう鮮明にイメージできるはずである。

第一は、カントの故郷ケーニヒスベルクの特徴と、彼の世界市民主義的な思想へのその影響にかんする「歴史の物語り」である。ケーニヒスベルク（現在、ロシア領カリーニングラード）は、当時東プロイセンの首都であり、いまのバルト三国の一つリトアニアと、ポーランドに挟まれた位置にあった。その特徴を一言でいえば、この町は当時としては稀有な国際都市であり、多様な民族が共存する貿易港のある、経済的にも文化的にも栄えた町であった。カントは、この都市の固有性を『実用的観点から見た人間学』のなかで次のように紹介している。「さまざまな言語や風習をもつ遠方および近隣の国々とも交易するのに便のよいような都市――例えばケーニヒスベルクのような都市は世間知や人間知をも拡張するのにふさわしい場所である」（A, VII, 120）。カントの生地は、バルト三国の住民やポーランド人、ユダヤ人、ロシア人、イギリス人なども居住する多文化社会であり、この都市で、カントは国内外の情報をいち早く入手することができた。さらに彼は、しばらくの間、書籍業者の住居に寄宿していたため、それによって自由な読書と思索ができる条件に恵まれた環境にあった。

加えて、カントが実際に異民族、少数民族への敬意とそれと結びついた多文化主義的な観点の持ち主であったことにも、読者に注意を促しておきたい。彼はミールケ編『リトアニア語＝ドイツ語辞典』のあとがき（一八〇〇年）を執筆しており、そのなかで「プロイセンのリトアニア人は、彼らに隣接した諸民族よりもはるかにへつらうことをしない人たちであり、上位の者に対しても対等で親密な率直さをもった口調で話すことを習慣としている」（A, VIII, 445）と述べ、リトアニア人や、プロイセンに併合されたポーランド人の言語と民族教育の重要性を指摘している。

こうした生活空間のなかで生きたカントには、フィヒテ以降のドイツ哲学者に顕著なドイツ民族の精神性を強調する民族主義的・国家主義的思想は見られない、と言ってよい。むしろ多くの論者が指摘してきたように、カントの哲学には世界市民主義的な特徴が顕著である。カントには、故郷の地政学的な影響を受けた、マージナル・マンとしての性格が見られる。カントのこうした思想は、『永遠平和のために』の「永遠平和の第三確定条項」のなかで明言されているように、当時のヨーロッパ列強によるアメリカ大陸やアフリカ、インド等の植民地支配に対する厳しい批判として展開されている。実際、カントは、「彼ら〔われわれ大陸の文明化された諸国家〕にとって訪問は征服と同一のことである」（A, VIII, 358）と看破し、ヨーロッパ列強に対して中国や日本が鎖国政策をとったことは「思慮深いことであった」（A, VIII, 359）、と評価している。ちなみにカントは、当代およびそれ以降のドイツ哲学者のなかで、日本および日本人に立ち入って言及した数少ない哲学者であると言われている。ここで触れておきたいことは、カントが数十回にわたる「自然地理学の講義」のなかで、日本人の宗教観に注目して、「日本の宗教の宗派は三種類ある」（理想社版『全集』第十五巻、三七七頁）と述べて、神道、仏教、儒教の名を挙げ、それぞれ簡単に特徴を紹介している点にある。カントのこの論述は、後述の四聖像の存在を念頭に置くとき、興味深い事実を浮き彫りにしてくれる。

第二は、日本で描かれたカントの肖像画をめぐる「物語り」である。かつて高峯一愚氏は、著書『カント純粋理性批判入門』（論創社、一九七九年四月刊）の「まえがき」のなかで、この書の口絵に掲載されたカント像が日本最古のものであると指摘した。「釈迦、孔子、ソクラテス、とともに四聖像として描かれたものであるが、これは明治十八年（一八八五年）、井上円了（一八五八—一九一九）の嘱により、画家渡辺文三郎（一八五三—一九三六）の筆に成るもの」（まえがき」v）であった。ちなみに、編者は高峯氏とともに井上家所蔵のこの四聖像の実物を目にする機会を得た（一九八一年一一月二二日、東京都中野区にある哲学堂の床の間に掲げられていた）。ここで編者が読者と共有したい点は、この事実にあるわけではない。上記の四聖像とは別に、現在東洋大学が所有する四聖像（橋本雅邦筆）も存在していることが知られている。この事実は、高峯一愚氏がつとに『カント事典』（弘文堂、一九九七年刊、二〇頁）のなかで、渡辺文三郎作の四聖像を紹介するとともに井上円了が「一八九三年画家橋本雅邦にも四聖像を描かせ、その模写を一九〇二年の欧州外遊に際しケーニヒスベルクのカント記念館に寄贈した」と記述していたからである。

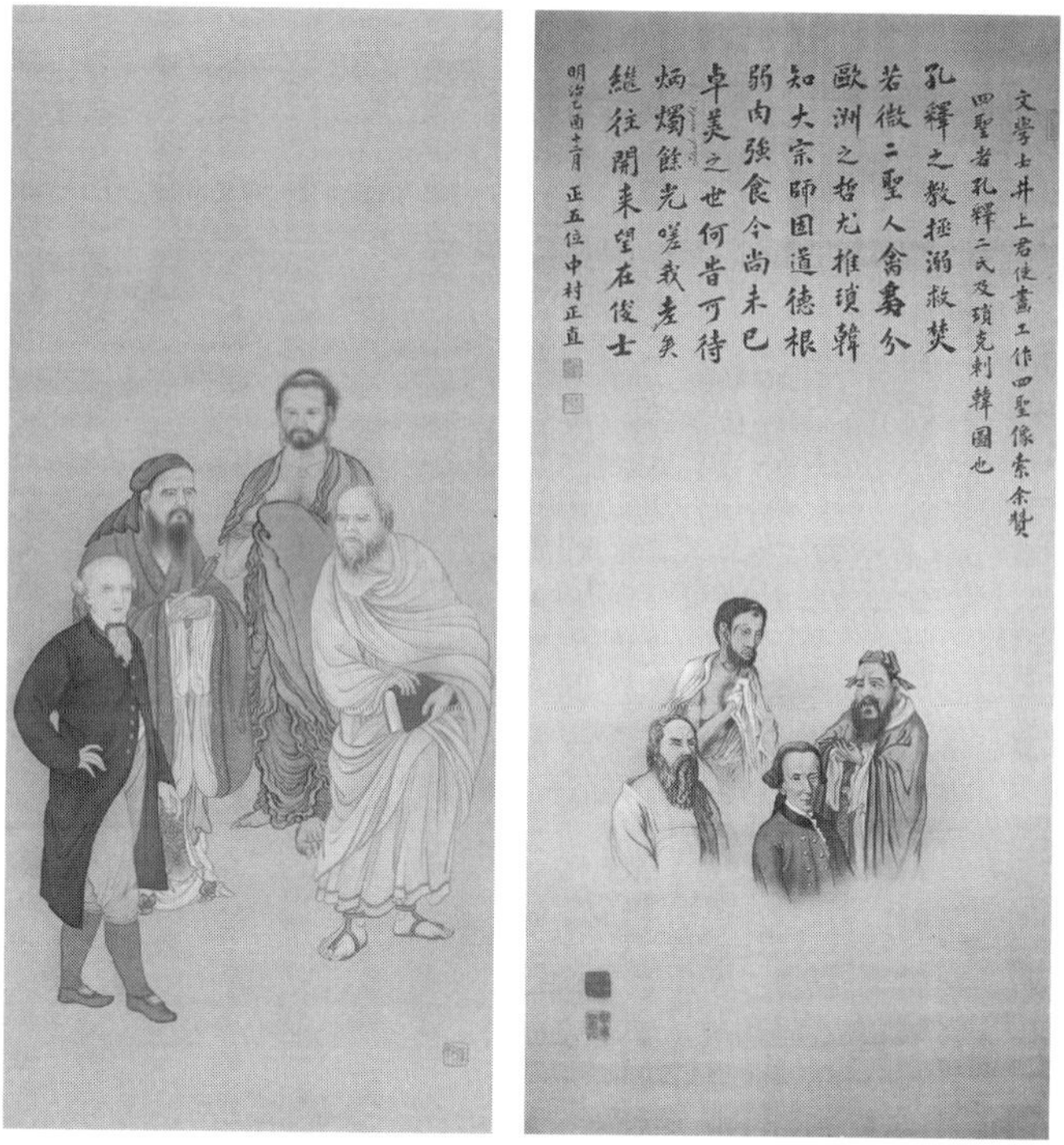

井上円了が描かせた二種類の「四聖像」
右：渡辺文三郎筆（複製．写真提供＝東洋大学井上円了研究センター）
左：橋本雅邦筆（東洋大学井上円了研究センター蔵）

ところで、この四聖像の彩色画の複製が現在、ドイツのデュイスブルク市にある「ケーニヒスベルク記念館」（Museum Stadt Königsberg）に所蔵されている。編者は、当地でこの四聖像も見る機会があった。要するに、カントを含む四聖像の原画は、二種類とも日本に現存しているのである。

かつて井上円了が訪れたケーニヒスベルクは、しかし、第二次大戦中のイギリス軍や旧ソ連軍の爆撃と砲撃によって灰塵に帰した。とくに一九四四年の夏の爆撃により旧市街は壊滅し、五千人以上の市民が死亡したと言われている。だが、幸いにも、カントの墓碑や立像の台座は残り、新しいカント像はその後、カリーニングラード国立大学(現在、イマヌエル・カント記念ロシア国立バルト連邦大学)に再建・設置された。戦後一九五二年、歴史から消滅したケーニヒスベルクのいわば代理都市となったデュイスブルク市に、やがて「ケーニヒスベルク記念館」が建設され、そこにカントと縁のある文献、写真、絵画、肖像画などが収蔵されることになる。上記の四聖像は、それらの貴重な資料の一つであったのである。

ところで、そうした経緯を顧みると、この肖像画の位置づけはやや錯綜してくる。まず、哲学者のカントが、釈迦、孔子、ソクラテスとともに四聖の一人として描かれたことが妥当であるかどうかが問われるべきであろう。だが、この問いは、井上円了の哲学観やカント観にかかわる大きな課題であるので、いま、これに立ち入る暇はない。ただし、この事実は日本におけるカント受容史のある種の傾向を物語っていることはたしかである。例えば、漢字文化圏に影響を与えた桑木厳翼著『カントと現代の哲学』(岩波書店、一九一六年刊)のなかで、著者は「カントの眼に映じた日本は、或る意味に於て Primat der praktischen Vernunft〔実践理性の優位〕を認めた国であったらうと思はれる」(二七七頁)と解釈している。ここで編者は、二人の興味深いカント解釈に対する論評を控えて、読者と共有すべき次の諸点の事実を指摘することにしたい。

カント没後二〇〇年記念に「ケーニヒスベルク記念館」から刊行されたカタログによれば、この四聖像の彩色画は、「一九〇二年に日本の哲学者井上哲次郎(Tetsujiro Inoue)がケーニヒスベルクを訪れ、東京にある哲学堂(Tempel der Philosophen)に(今でも)」所蔵されている像の複製を、この町に寄贈した」(二三五頁)とされている。

ドイツ人や「ケーニヒスベルク記念館」を訪れた多くの観覧者は、この説明文に疑問を持たないであろうが、この説明には事実と異なる記述がある。「井上哲次郎」の表記は、「井上円了」の誤りであろう。その推測の理由として編者は、二点を挙げることができる。第一に、この四聖像の彩色画が、カタログには橋本雅邦の筆だと明記され、それが哲学堂に今も所蔵されているとされる点である。第二に、一九〇三年（高峯説や上記のカタログの説明にある、一九〇二年ではない）に井上円了がケーニヒスベルクを訪れているからである。

編者は、この推測の裏付けをとるため、東洋大学井上円了研究センターに問い合わせたところ、推測通り、東洋大学には、いまも橋本雅邦の作による四聖像の彩色画が保存され、井上円了が一九〇三年五月七日と八日にケーニヒスベルクを訪れた事実を確認することができた（井上円了『世界旅行記』中「三五、カントの墓所」二一三―二一四頁参照、柏書房、二〇〇三年刊。渡辺章悟『井上円了の世界旅行――旅する創立者　海外編』東洋大学史ブックレット8、二五―三三頁を参照）。センターの担当者も、その折、井上円了がその複製を持参して町に寄贈したのではないかとの編者の推測を支持された。つまり、百年以上前に、カントを四聖人の一人として尊崇した井上円了がさまざまな困難を乗り越えて、遠くカントの生地まで、そして墓所まで訪れていたのである。この事実は驚くべきことである。明治時代に三度も「世界旅行」を果たした彼は、グローバル化時代の哲学分野における先駆者の一人として、あらためて記憶すべき人物であろう。こうした先達の残した知的財産の上に、今日のわれわれのカント像が形成され、連綿たる研究が成立してきたことを想起しておきたかったのである。

第三に、本書成立の経緯について触れておきたいことがある。編者は原稿執筆依頼のさいに、イランおよびロシアのカント研究者との直接交渉の過程で、またメキシコのカント研究者への原稿依頼の過程でも、海外の執筆者が自国におけるカント哲学の受容と研究の現状・課題について、他国に向けて情報発信する情熱に強い共鳴を感じた。編者は、拙編著『東アジアのカント哲学』（法政大学出版局、二〇一五年）刊行のさい、韓国、中国・台湾の研究者との共同研究のなかで、やはり同様の体験をした。例えば、イランのカント研究者からは本書の英語版刊行の提案をいただき、ロシア人とメキシコ人の研究者には、編者からの依頼なしに原稿の積極的な加筆・修正の作業を行っていただいた。すでに韓国では、二〇〇九年に、拙著『カントを読む』（岩波書店、二〇〇三年）とともに、編者も編集委員に加わった『カント事典』（弘文堂、一九九六年）のハングル訳が刊行されている。このたび本書の刊行により、『読本』の性格を最大限に利用して、文字通り「カント哲学のグローバルな展開」と日本のカント研究の水準および内実を広く読者に提供できたとすれば、編者としては望外の幸せである。

これまでの哲学者『読本』シリーズにはみられない本書の企画に賛同され、ご寄稿くださった国内外の執筆者の方々には、編者として、心よりお礼を申し上げたい。企画段階から原稿執筆依頼を経て二年間弱で順調に刊行が実現したのは、ひとえに執筆者および訳者の皆様の全面的なご協力の賜物である。とくに本書は、『読本』シリーズの原点に帰るという基本方針に従って、一段組の編集とそれに伴う文字数の制限、章ごとのアンバランスに陥らないような工夫に努めて編集作業に当たった。執筆者および訳者の方々には、編者および版元の編集者による諸々の注文にも気持ちよく、迅速にご対応くださり、この機会に重ねて感謝申し上げたい。

またロシアのカント研究者の原稿依頼時には、編者の本務校の同僚でロシア政治学の専門家である下斗米伸夫教授に仲介の労を取っていただいた。さらにロシア科学アカデミーのアロンソン教授の英語論文に付せられたロシア語文献の日本語訳のさいには、福島大学の吉川宏人教授と小野原雅夫教授にご尽力いただいた。両氏の短期間での献身的な翻訳作業がなければ、本書の刊行は、このように順調に進まなかったであろう。この場をお借りして、先生方には、深く感謝申し上げたい。さらに東洋大学井上円了研究センターの担当者の方々にも心から謝意を表する。

とりわけ鵜澤和彦（法政大学大学院講師）、近堂秀（法政大学文学部講師）、相原博（法政大学文学部講師）、大森一三（法政大学文学部講師）の諸氏には、編者のサポート役としてご協力いただいた。「カント関連文献目録」「人名・事項索引」の作成にあたり、諸氏の献身的なご尽力には、衷心よりお礼申し上げたい。

最後に、法政大学出版局編集部長の郷間雅俊氏には、深甚の謝意を表する。郷間氏には、本書の企画段階以降、多数の論文からあとがきまでの校正、そして図版の選定や装丁にいたるまで有益なアドヴァイスをいただき、これまで多数の『読本』の刊行に携わってこられた経験に基づいて、このシリーズの課題についても的確にご指摘くださった。本書が多くの読者に受け入れられたとすれば、それは氏のご尽力に負うところが多い。氏には、深甚の謝意を表する次第である。

二〇一八年 一月

編者 牧野英二

カント関連文献目録

鵜澤和彦 編／近堂秀・相原博・大森一三 編集協力

凡 例

1．以下の文献目録は，アカデミー版（ドイツ語）全集，ケンブリッジ版（英訳）全集，岩波書店版全集，理想社版全集の他，日本で刊行されたカントに関する単行書（著書・翻訳書・論集）の主要なものを収集した。入門書・概説書（新書，文庫等）および包括的な日本語文献の目録は，佐藤労氏の文献目録（岩波書店版『カント全集』別巻およびカント研究会編「カント研究」の第11巻と第12巻）を参照されたい。
2．文献の配列は以下のとおりである。
I. A. ドイツ語版全集，B. 英語版全集，C. 岩波書店版全集，D. 理想社版全集
II. その他のカントの著作の主要な邦訳
III. カントに関する主要な文献（A. 著書，B. 翻訳書，C. 論集）
3．カントに関する文献は，全集版以外は年代順に配列し，さらに同一刊行年の文献は，著者名をもとにして五十音順に並べた。なお，A. 著書とB. 翻訳書については，読者の便宜を図るために，1947年以降に刊行された主要な著書と翻訳書を収録した。
4．書誌情報は，著者名・書名・（翻訳の場合は訳者名・発行元・刊行年）の順に記載した。
5．本目録では，2017年11月現在既刊の文献を収録した。

I 全集

A. アカデミー版『カント全集』（Kants gesammelte Schriften, Bd 1-22 hrsg. von der Preussischen Akademie der Wissenschaften, Bd 23 von der Deutschen Akademie der Wissenschaften zu Berlin, ab Bd 24 von der Akademie der Wissenschaften zu Göttingen）

第1部：著作

Bd 1（I/1）Vorkritische Schriften I: 1747-1756

Bd 2（I/2）Vorkritische Schriften II: 1757-1777

Bd 3（I/3）Kritik der reinen Vernunft

Bd 4（I/4）Kritik der reinen Vernunft. Prolegomena. Grundlegung zur Metaphysik der Sitten. Metaphysische Anfangsgründe der Naturwissenschaft

Bd 5（I/5）Kritik der praktischen Vernunft. Kritik der Urteilskraft

Bd 6 (I/6) Die Religion innerhalb der Grenzen der blossen Vernunft. Die Metaphysik der Sitten
Bd 7 (I/7) Der Streit der Fakultäten. Anthropologie in pragmatischer Hinsicht
Bd 8 (I/8) Abhandlungen nach 1781
Bd 9 (I/9) Logik. Physische Geographie. Pädagogik
第 2 部：書簡
Bd 10 (II/1) 1747–1788
Bd 11 (II/2) 1789–1794
Bd 12 (II/3) 1795–1803. Anhang
Bd 13 (II/4) Anmerkungen und Register
第 3 部：遺稿集
Band 14 (III/Band 1) Mathematik – Physik und Chemie – Physische Geographie
Band 15 (III/Band 2) Anthropologie
Band 16 (III/Band 3) Logik
Band 17 (III/Band 4) Metaphysik, Erster Theil
Band 18 (III/Band 5) Metaphysik, Zweiter Theil
Band 19 (III/Band 6) Moralphilosophie, Rechtsphilosophie und Religionsphilosophie
Band 20 (III/Band 7) Bemerkungen zu den Beobachtungen über das Gefühl des Schönen und Erhabenen – Rostocker Kantnachlaß – Preisschrift über die Fortschritte der Metaphysik
Band 21 (III/Band 8) Opus postumum, Erste Hälfte
Band 22 (III/Band 9) Opus postumum, Zweite Hälfte
Band 23 (III/Band 10) Vorarbeiten und Nachträge
第 4 部：講義録
Bd 24 (IV/1) Vorlesungen über Logik
Bd 25 (IV/2) Vorlesungen über Anthropologie
Bd 26.1 (IV. 3/I) Vorlesungen über Physische Geographie
Bd 27 (IV/4) Vorlesungen über Moralphilosophie
Bd 28 (IV/5) Vorlesungen über Metaphysik und Rationaltheologie
Bd 29 (IV/6) Kleinere Vorlesungen und Ergänzungen I
アカデミー版カント全集索引
Band 1/2 Wortindex zu Band 1–9. A–K, L–Z
Dritte Abteilung Personenindex zu Kants gesammelten Schriften

B. ケンブリッジ版『イマヌエル・カント全集』（The Cambridge Edition of the Works of Immanuel Kant, Cambridge University Press）

1. Theoretical Philosophy, 1755–1770, edited by David Walford, with Ralf Meerbote, 1992.
2. Critique of Pure Reason, edited by Paul Guyer, Allen W. Wood, 1998.
3. Theoretical Philosophy after 1781, edited and translated by Henry Allison, Peter Heath, translated by Gary Hatfield, Michael Friedman, 2002.

4. Practical Philosophy, edited by Mary J. Gregor, Introduction by Allen W. Wood, 1996.
5. Critique of the Power of Judgment, edited and translated by Paul Guyer, translated by Eric Matthews, 2000.
6. Religion and Rational Theology, edited and translated by Allen W. Wood, George di Giovanni, 1996.
7. Anthropology, History, and Education, edited and translated by Robert B. Louden, Günter Zöller, 2007.
8. Natural Science, edited by Eric Watkins, 2012.
9. Lectures on Logic, edited by J. Michael Young, 1992.
10. Lectures on Metaphysics, edited and translated by Karl Ameriks, Steve Naragon, 1997.
11. Lectures on Ethics, edited and translated by Peter Heath, edited by J. B. Schneewind, 1997.
12. Opus postumum, edited by Eckart Förster, Michael Rosen, 1993.
13. Notes and Fragments, edited and translated by Paul Guyer, translated by Curtis Bowman, Frederick Rauscher, 2005.
14. Correspondence, edited by Arnulf Zweig, 1999.
15. Lectures on Anthropology, edited and translated by Robert B. Louden, Allen W. Wood, translated by Robert R. Clewis, G. Felicitas Munzel, 2012.

C. 岩波書店版『カント全集』（坂部恵・有福孝岳・牧野英二 編，1999–2006）

第1巻　前批判期論集（1）

活力測定考（大橋容一郎 訳）
地球自転論（大橋容一郎 訳）
地球老化論（大橋容一郎 訳）
火について（松山壽一 訳）
地震原因論（松山壽一 訳）
地震の歴史と博物誌（松山壽一 訳）
地震再考（松山壽一 訳）

第2巻　前批判期論集（2）

天界の一般自然史と理論（宮武昭 訳）
形而上学的認識の第一原理（山本道雄 訳）
自然モナド論（松山壽一 訳）
自然地理学講義要綱および公告（植村恒一郎 訳）
オプティミズム試論（加藤泰史 訳）
フンク君の早世を悼んで（加藤泰史 訳）
三段論法の四つの格（田山令史 訳）
美と崇高の感情にかんする観察（久保光志 訳）
脳病試論（加藤泰史 訳）
ジルバーシュラーク著『火球の理論』についての論評（加藤泰史 訳）

第3巻　前批判期論集（3）

神の存在の唯一可能な証明根拠（福谷茂 訳）
負量概念の哲学への導入（田山令史 訳）
自然神学と道徳の原則の判明性（植村恒一郎 訳）
一七六五—六六年冬学期講義計画公告（田山令史 訳）
視霊者の夢，空間における方位の区別の第一根拠について（植村恒一郎 訳）
可感界と可想界の形式と原理（山本道雄 訳）
モスカティ著『動物と人間の構造の身体上の本質的相違について』の論評（福田喜一郎 訳）
さまざまな人種について（福田喜一郎 訳）
汎愛学舎論（福田喜一郎 訳）
第 4 巻　純粋理性批判 上（有福孝岳 訳）
第 5 巻　純粋理性批判 中（有福孝岳 訳）
第 6 巻　純粋理性批判 下（有福孝岳 訳），『プロレゴーメナ』（久呉高之 訳）
第 7 巻　実践理性批判（坂部恵・伊古田理 訳），
人倫の形而上学の基礎づけ（平田俊博 訳）
第 8 巻　判断力批判 上（牧野英二 訳）
第 9 巻　判断力批判 下（牧野英二 訳）
第 10 巻　たんなる理性の限界内の宗教（北岡武司 訳）
第 11 巻　人倫の形而上学（樽井正義・池尾恭一 訳）
第 12 巻　自然の形而上学（犬竹正幸 訳）
第 13 巻 批判期論集
ランベルト往復書簡集の公告（谷田信一 訳）
医師たちへの告示（谷田信一 訳）
七つの公開声明（北尾宏之 訳）
シュルツ著『宗教の区別なき万人のための人倫論試論』についての論評（福谷茂 訳）
偽版の違法性について（円谷裕二 訳）
G. フーフェラント著『自然法の原則にかんする試論』についての論評（円谷裕二 訳）
L. H. ヤーコプの『メンデルスゾーンの「暁」の検討』に対する二，三の覚え書き（円谷裕二 訳）
思考の方向を定めるとはどういうことか（円谷裕二 訳）
純粋理性批判の無用論（福谷茂 訳）
弁神論の哲学的試みの失敗（福谷茂 訳）
哲学における最近の高慢な口調（福谷茂 訳）
誤解から生じた数学論争の解消（田山令史 訳）
魂の器官について（谷田信一 訳）
哲学における永遠平和条約の締結が間近いことの告示（遠山義孝 訳）
人間愛からの嘘（谷田信一 訳）
出版稼業について（谷田信一 訳）
R・B・ヤッハマン著『カントの宗教哲学の検討』への序文（谷田信一 訳）
Ch・G・ミールケ編『リトアニア語＝ドイツ語辞典』へのあとがき（谷田信一 訳）

形而上学の進歩にかんする懸賞論文（円谷裕二 訳）
第 14 巻　歴史哲学論集
世界市民的見地における普遍史の理念（福田喜一郎 訳）
啓蒙とは何か（福田喜一郎 訳）
J・G・ヘルダー著『人類史の哲学考』についての論評（福田喜一郎 訳）
人種の概念の規定（望月俊孝 訳）
人間の歴史の臆測的始元（望月俊孝 訳）
哲学における目的論的原理の使用について（望月俊孝 訳）
理論と実践（北尾宏之 訳）
万物の終わり（酒井潔 訳）
永遠平和のために（遠山義孝 訳）
第 15 巻　人間学
実用的見地における人間学（渋谷治美 訳）
人間学遺稿（高橋克也 訳）
第 16 巻
自然地理学（宮島光志 訳）
第 17 巻
論理学（湯浅正彦・井上義彦 訳）
教育学（加藤泰史 訳）
第 18 巻
諸学部の争い（角忍・竹山重光 訳）
遺稿集
『美と崇高の感情にかんする観察』への覚え書き（久保光志 訳）
『理論と実践』準備原稿（北尾宏之 訳）
『永遠平和のために』準備原稿（遠山義孝 訳）
『人倫の形而上学』準備原稿（樽井正義・池尾恭一 訳）
『諸学部の争い』準備原稿（角忍 訳）
『自然地理学』補遺（宮島光志 訳）
第 19 巻　講義録 1
形而上学 L1（八幡英幸・氷見潔 訳）
形而上学 L2（氷見潔 訳）
第 20 巻　講義録 2
コリンズ道徳哲学（御子柴善之 訳）
人間学講義（中島徹 訳）
ペーリッツ論理学（湯浅正彦 訳）
第 21 巻　書簡 1（北尾宏之・竹山重光・望月俊孝 訳）
第 22 巻　書簡 2（木阪貴行・山本精一 訳）
別巻
第 1 部　カント入門
第 2 部　カント哲学

資料
付録 日本におけるカント文献目録　一八九六年—二〇〇五年
年譜

D. 理想社版『カント全集』（高坂正顕・金子武蔵・原佑編集，1965–1988）
第 1 巻　自然哲学論集（亀井裕 訳）
第 2 巻　前批判期論集（一）（山下正男 訳）
第 3 巻　前批判期論集（二）（川戸好武 訳）
第 4 巻　純粋理性批判（上）（原佑 訳）
第 5 巻　純粋理性批判（中）（原佑 訳）
第 6 巻　純粋理性批判（下），プロレゴメナ（原佑・湯本和男 訳）
第 7 巻　人倫の形而上学の基礎づけ，実践理性批判（深作守文 訳）
第 8 巻　判断力批判（原佑 訳）
第 9 巻　宗教論（飯島宗享・宇都宮芳明 訳）
第 10 巻　自然の形而上学（高峯一愚 訳）
第 11 巻　人倫の形而上学（吉澤傳三郎・尾田幸雄 訳）
第 12 巻　批判期論集（門脇卓爾 訳）
第 13 巻　歴史哲学論集（小倉志祥 訳）
第 14 巻　人間学（山下太郎・坂部恵 訳）
第 15 巻　自然地理学（三枝充悳 訳）
第 16 巻　教育学・小論集・遺稿集（尾渡達雄 訳）
第 17 巻　書簡集 I（門脇卓爾・磯江景孜 訳）
第 18 巻　書簡集 II（観山雪陽・石崎宏平 訳）

II　その他のカントの著作の主要な邦訳

天野貞祐 訳『純粋理性批判』（岩波書店，改訂版，1947，重版，講談社，1979，一穂社，2005）
大西克礼 訳『判断力批判』（岩波書店，重版，1948，一穂社，2005）
高坂正顕 訳『永遠平和のために』（岩波書店，1949，重版，一穂社，2005）
篠田英雄 訳『判断力批判』（岩波書店，1964，重版，1992）
土岐邦夫・観山雪陽 訳『プロレゴーメナ』，野田又夫 訳『人倫の形而上学の基礎づけ』（中央公論新社，1972，重版，1979，2005）
高峯一愚 訳『純粋理性批判』（河出書房新社，1974，重版，1989, 2004）
原佑 訳『純粋理性批判』（理想社，重版，1981，平凡社，2005）
宇都宮芳明 訳・注解『道徳形而上学の基礎づけ』（以文社，1989，重版，2004）
樫山欽四郎 訳，坂田徳男 訳，土岐邦夫 訳『実践理性批判・判断力批判・永遠の平和のために』（河出書房新社，1989，増補版 2004）
宇都宮芳明 訳・注解『実践理性批判』（以文社，1990，重版，2004）

副島善道 訳・校訂『判断力批判への第一序論』(行路社, 1991)
宇都宮芳明 訳・注解『判断力批判』(以文社, 1994, 重版, 2004)
宇都宮芳明 監訳『純粋理性批判』(以文社, 2004)
熊野純彦 訳『純粋理性批判』(作品社, 2012)
熊野純彦 訳『実践理性批判』(作品社, 2013)
石川文康 訳『純粋理性批判』(筑摩書房, 2014)
池内紀 訳『永遠平和のために』(集英社, 2015)
熊野純彦 訳『判断力批判』(作品社, 2015)

III　カントに関する主要な文献

A. 著 書

原佑『カント哲学の体系的解釈』(東海書房, 1947)
赤松元通『カント美学と目的論』(大丸出版印刷, 1948)
小塚新一郎『カント認識論の研究』(創元社, 1948)
岸本昌雄『カント判断力批判——カント研究の基礎づけのために』(夏目書店, 1948)
岸本昌雄『カントの世界観』(理想社, 1949)
竹田寿恵雄『カント研究——アナロギアの問題を中心として』(刀江書院, 1950)
舘熙道『理性の運命——カントの批判哲学に於ける理性の限界と神の問題』(日本学術振興会, 1950)
三渡幸雄『カント批判哲学の構造』(日本学術振興会, 1957)
山崎正一『カントの哲学——後進国の優位』(東京大学出版会, 1957)
三渡幸雄『カント批判哲学の構造(続編)』(日本学術振興会, 1960)
田辺元『田辺元全集』第3巻　カントの目的論(筑摩書房, 1963)
高坂正顕『高坂正顕著作集』第2–3巻　カント研究(理想社, 1964)
岩崎武雄『カント「純粋理性批判」の研究』(勁草書房, 1965)
小倉貞秀『カント倫理学研究——人格性概念を中心として』(理想社, 1965)
矢島羊吉『カントの自由の概念』(創文社, 1965, 増補版, 福村出版, 1986)
浜田義文『若きカントの思想形成』(勁草書房, 1967)
三渡幸雄『カント歴史哲学の研究』(日本学術振興会, 1967)
高橋昭二『カントの弁証論』(創文社, 1969)
小倉志祥『カントの倫理思想』(東京大学出版会, 1972)
三渡幸雄『カント哲学研究』(協同出版, 1974)
原田鋼『カントの政治哲学——ドイツ近代政治思想の「性格学」序説』(有斐閣, 1975)
坂部恵『理性の不安——カント哲学の生成と構造』(勁草書房, 1976)
小牧治『国家の近代化と哲学——ドイツ・日本におけるカント哲学の意義と限界』(御茶の水書房, 1978)
森口美都男『「世界」の意味を索めて——哲学論集(一)』(晃洋書房, 1979)
片木清『カントにおける倫理・法・国家の問題——「倫理形而上学(法論)の研究」』(法律

文化社，1980）
小西國夫『カントの実践哲学――その基盤と構造』（創文社，1981）
浜田義文『カント倫理学の成立――イギリス道徳哲学及びルソー思想との関係』（勁草書房，1981）
三渡幸雄『カント実践哲学の研究』（京都女子大学，1981）
稲葉　稔『カント「道徳形而上学の基礎づけ」研究序説』（創文社，1983）
高橋昭二『カントとヘーゲル』（晃洋書房，1984）
量　義治『カントと形而上学の検証』（法政大学出版局，1984）
鈴木文孝『カント研究――批判哲学の倫理学的構図』（以文社，1985）
量　義治『カント哲学とその周辺』（勁草書房，1986）
木場猛夫『カント道徳思想形成―前批判期―の研究』（風間書房，1987）
久保元彦『カント研究』（創文社，1987）
中島義道『カントの時間構成の理論』（理想社，1987）
三渡幸雄『カント哲学の基本問題』（同朋舎出版，1987）
川島秀一『カント批判倫理学――その発展史的・体系的研究』（晃洋書房，1988）
知念英行『カントの社会哲学――共通感覚論を中心に』（未来社，1988）
香川豊『超越論的な問いと批判――カント『純粋理性批判』超越論的分析論の研究』（行路社，1989）
鈴木文孝『共同態の倫理学――カント哲学及び日本思想の研究』（以文社，1989）
牧野英二『カント純粋理性批判の研究』（法政大学出版局，1989，重版 1993）
有福孝岳『カントの超越論的主体性の哲学』（理想社，1990）
井上義彦『カント哲学の人間学的地平』（理想社，1990）
小倉貞秀『カントとドイツ近代思想』（以文社，1990）
佐藤全弘『カント歴史哲学の研究』（晃洋書房，1990）
量義治『宗教哲学としてのカント哲学』（勁草書房，1990）
岩隈敏『カント二元論哲学の再検討』（九州大学出版会，1992）
小熊勢記『カントの批判哲学――認識と行為』（京都女子大学，1992）
黒積俊夫『カント批判哲学の研究――統覚中心的解釈からの転換』（名古屋大学出版会，1992）
中島義道『モラリストとしてのカント』（北樹出版，1992，改訂版，1994）
中野重伸『カント倫理学序説――『道徳形而上学の基礎づけ』を読む』（高文堂出版社，1993）
新田孝彦『カントと自由の問題』（北海道大学図書刊行会，1993）
宮地正卓『カント空間論の現代的考察』（北樹出版，1993）
三渡幸雄『カント宗教哲学の研究――キリスト教と浄土仏教との接点』（同朋舎出版，1994）
川島秀一『カント倫理学研究――内在的超克の試み』（晃洋書房，1995）
中村博雄『カント『判断力批判』の研究』（東海大学出版会，1995）
村上嘉隆『カントの弁証論』（村田書店，1995）
石川文康『カント第三の思考――法廷モデルと無限判断』（名古屋大学出版会，1996）
氷見潔『カント哲学とキリスト教』（近代文芸社，1996）

平田俊博『柔らかなカント哲学』（晃洋書房，1996，増補版，1999）
牧野英二『遠近法主義の哲学――カントの共通感覚論と理性批判の間』（弘文堂，1996）
坂部恵ほか 編『カント事典』（弘文堂，1997，縮刷版，2014）
長倉誠一『カント知識論の構制』（晃洋書房，1997）
中島義道『カントの人間学』（講談社，1997）
量義治『批判哲学の形成と展開』（理想社，1997）
宇都宮芳明『カントと神――理性信仰・道徳・宗教』（岩波書店，1998）
香川豊『カント『純粋理性批判』の再検討』（九州大学出版会，1998）
檜垣良成『カント理論哲学形成の研究――「実在性」概念を中心として』（溪水社，1998）
細谷昌志『カント表象と構想力』（創文社，1998）
岩田淳二『カントの外的触発論――外的触発論の類型学的・体系的研究』（晃洋書房，2000）
黒積俊夫『カント解釈の問題』（溪水社，2000）
中島義道『空間と身体――続カント解釈の冒険』（晃洋書房，2000）
中村博雄『カント政治哲学序説』（成文堂，2000）
門屋秀一『カント第三批判と反省的主観性』（京都大学学術出版会，2001）
北岡武司『カントと形而上学――物自体と自由をめぐって』（世界思想社，2001）
中島義道『カントの時間論』（岩波書店，2001，増補版，講談社，2016）
保呂篤彦『カント道徳哲学研究序説――自由と道徳性』（晃洋書房，2001）
石浜弘道『カント宗教思想の研究――神とアナロギア』（北樹出版，2002）
円谷裕二『経験と存在――カントの超越論的哲学の帰趨』（東京大学出版会，2002）
山本博史『カント哲学の思惟構造――理性批判と批判理性』（ナカニシヤ出版，2002）
牧野英二『カントを読む――ポストモダニズム以降の批判哲学』（岩波書店，2003）
村山保史『カントにおける認識主観の研究――超越論的主観の生成と構造』（晃洋書房，2003）
湯浅正彦『存在と自我――カント超越論的哲学からのメッセージ』（勁草書房，2003）
倉本香『道徳性の逆説――カントにおける最高善の可能性』（晃洋書房，2004）
中島義道『カントの自我論』（日本評論社，2004，増補版，岩波書店，2007）
藤田昇吾『カント哲学の特性』（晃洋書房，2004）
松山壽一『若きカントの力学観――『活力測定考』を理解するために』（北樹出版，2004）
内田浩明『カントの自我論――理論理性と実践理性の連関』（京都大学学術出版会，2005）
金田千秋『カント美学の根本概念』（中央公論美術出版，2005）
菊地健三『カントと二つの視点――「三批判書」を中心に』（専修大学出版局，2005）
佐藤康邦『カント『判断力批判』と現代――目的論の新たな可能性を求めて』（岩波書店，2005）
松井富美男『カント倫理学の研究――義務論体系としての『道徳形而上学』の再解釈』（溪水社，2005）
山口修二『カント超越論的論理学の研究』（渓水社，2005）
山根雄一郎『〈根源的獲得〉の哲学――カント批判哲学への新視角』（東京大学出版会，2005）
岩城見一『〈誤謬〉論――カント『純粋理性批判』への感性論的アプローチ』（萌書房，

2006）
宇都宮芳明『カントの啓蒙精神——人類の啓蒙と永遠平和にむけて』（岩波書店，2006）
坂部恵『生成するカント像』（岩波書店，2006）
鈴木晶子『イマヌエル・カントの葬列——教育的眼差しの彼方へ』（春秋社，2006）
中島義道『カントの法論』（筑摩書房，2006）
廣松渉・牧野英二・野家啓一・松井賢太郎『カントの「先験的演繹論」』（世界書院，2007）
牧野英二『崇高の哲学　情感豊かな理性の構築に向けて』（法政大学出版局，2007）
角忍『カント哲学と最高善』（創文社，2008）
山本道雄『カントとその時代——ドイツ啓蒙思想の一潮流』（晃洋書房，2008，改訂増補版，2010）
福谷茂『カント哲学試論』（知泉書館，2009）
宮崎裕助『判断と崇高——カント美学のポリティクス』（知泉書館，2009）
湯浅正彦『超越論的自我論の系譜——カント・フィヒテから心の哲学・ヘンリッヒへ』（晃洋書房，2009）
米澤有恒『カントの凾』（萌書房，2009）
犬竹正幸『カントの批判哲学と自然科学——『自然科学の形而上学的原理』の研究』（創文社，2011）
中島義道『悪への自由——カント倫理学の深層文法』（勁草書房，2011）
山根雄一郎『カント哲学の射程——啓蒙・平和・共生』（風行社，2011）
杉田聡『カント哲学と現代——疎外・啓蒙・正義・環境・ジェンダー』（行路社，2012）
細川亮一『要請としてのカント倫理学』（九州大学出版会，2012）
渡邉浩一『『純粋理性批判』の方法と原理——概念史によるカント解釈』（京都大学学術出版会，2012）
牧野英二『「持続可能性の哲学」への道——ポストコロニアル理性批判と生の地平』（法政大学出版局，2013）
城戸淳『理性の深淵——カント超越論的弁証論の研究』（知泉書館，2014）
浜野喬士『カント『判断力批判』研究——超感性的なもの，認識一般，根拠』（作品社，2014）
増山浩人『カントの世界論——バウムガルテンとヒュームに対する応答』（北海道大学出版会，2015）
望月俊孝『物にして言葉——カントの世界反転光学』（九州大学出版会，2015）
鈴木文孝『カント研究の締めくくり』（以文社，2016）
相原博『カントと啓蒙のプロジェクト—『判断力批判』における自然の解釈学』（法政大学出版局，2017）
金慧『カントの政治哲学——自律・言論・移行』（勁草書房，2017）
鈴木宏『カントの批判哲学の教育哲学的意義に関する研究』（風間書房，2017）
冨田恭彦『カント哲学の奇妙な歪み——『純粋理性批判』を読む』（岩波書店，2017）

B. 翻訳書

G. マルチン 著，門脇卓爾 訳『カント——存在論および科学論』（岩波書店，1962）

E. アディッケス 著，赤松常弘 訳『カントと物自体』(法政大学出版局，1974)
G. ジンメル 著，浅井真男 訳『カント，カントの物理的端子論』(ジンメル著作集 4，白水社，1976)
W. S. ケルナー 著，野本和幸 訳『カント』(みすず書房，1977)
L. ゴルドマン 著，三島淑臣・伊藤平八郎 訳『カントにおける人間・共同体・世界――弁証法の歴史の研究』(木鐸社，1977)
G. プラウス 著，観山雪陽・訓覇曄雄 訳『認識論の根本問題―カントにおける現象概念の研究』(晃洋書房，1979)
D. ヘンリッヒ 著，門脇卓爾 監訳『カント哲学の基本問題』(理想社，1979)
H. ハイムゼート 著，小倉志祥 監訳『カントと形而上学』(以文社，1981)
H. ハイムゼート 著，須田朗・宮武昭 訳『カント哲学の形成と形而上学的基礎』(未来社，1981)
A. グリガ 著，西牟田久雄・浜田義文 訳『カント―その生涯と思想』(法政大学出版局，1983)
G. ドゥルーズ 著，中島盛夫 訳『カントの批判哲学』(法政大学出版局，1984，再翻訳 國分功一郎訳，筑摩書房，2008)
N. ヒンスケ 著，石川文康ほか 訳『現代に挑むカント』(晃洋書房，1985)
L. W. ベック 著，藤田昇吾 訳『カント「実践理性批判の注解」』(新地書房，1985)
E. カッシーラー 著，門脇卓爾ほか 監修『カントの生涯と学説』(みすず書房，1986)
J. シュヴァルトレンダー 著，佐竹昭臣 訳『カントの人間論―人間は人格である』(成文堂，1986)
H. J. ペイトン 著，杉田聡 訳『定言命法―カント倫理学研究』(行路社，1986)
H. アーレント 著，ロナルド・ベイナー 編，浜田義文 監訳『カント政治哲学の講義』(法政大学出版局，1987，　仲正昌樹・浜野喬士 訳，明月堂書店，2009)
P. F. ストローソン 著，熊谷直男ほか 訳『意味の限界――純粋理性批判論考』(勁草書房，1987)
M. ハイデガー『物への問い――カントの超越論的原則論に向けて』ハイデッガー全集 第41巻 (創文社，1989)
H. メルテンス 著，副島善道 訳『カント『第一序論』の注解』(行路社，1989)
H. ライス 著，樽井正義 訳『カントの政治思想』(芸立出版，1989)
J.-F. リオタール 著，中島盛夫 訳『熱狂』(法政大学出版局，1990)
O. ヘッフェ 著，薮木栄夫 訳『イマヌエル・カント』(法政大学出版局，1991)
G. プラウス 著，中島義道ほか 訳『カント認識論の再構築』(晃洋書房，1992)
P. プラース 著，犬竹正幸ほか 訳『カントの自然科学論』(哲書房，1992)
J. D. マクファーランド 著，副島善道 訳『カントの目的論』(行路社，1992)
J. A. メイ 著，松本正美 訳『カントと地理学』(古今書院，1992)
A. フィロネンコ 著，中村博雄 訳『カント研究』(東海大学出版会，1993)
K. スミス 著，石井健吉 訳『カントの永久平和論』(近代文芸社，1996)
H. ハイムゼート 著，山形欽一 訳『カント『純粋理性批判』註解――超越論的弁証論　魂・世界および神』(晃洋書房，第一部 1996，第二部 1999)

N. ヒンスケ 著，有福孝岳ほか 編訳『批判哲学への途上で』（晃洋書房，1996）
G. ペルトナー 著，渋谷治美 訳『美と合目的性』（晃洋書房，1996）
坂部恵ほか 編訳『カント・現代の論争に生きる』（理想社，上 1998，下 2000）
I. マウス 著，浜田義文・牧野英二監訳『啓蒙の民主制理論――カントとのつながりで』（法政大学出版局，1999）
N. K. スミス 著，山本冬樹 訳『カント『純粋理性批判』註解』（行路社，2001）
A. シュヴァイツァー 著，斎藤義一・上田閑照 訳『カントの宗教哲学』（白水社，2004）
G. ジンメル 著，大鐘武 編訳『ジンメルとカント 対決』（行路社，2004）
U. P. ヤウヒ 著，菊地健三 訳『性差についてのカントの見解』（専修大学出版局，2004）
J. デリダ 著，湯浅博雄・小森謙一郎 訳『エコノミメーシス』（未來社，2006）
J. ボーマン／M. ルッツ－バッハマン 編，紺野茂樹・田辺俊明・舟場保之 訳『カントと永遠平和――世界市民という理念について』（未來社，2006）
T. ロックモア 著，牧野英二 監訳『カントの航跡のなかで――二十世紀の哲学』（法政大学出版局，2008）
G. シェーンリッヒ 著，加藤泰史 監訳『カントと討議倫理学の問題――討議倫理学の限界と究極的基礎づけの価値／代償について』（晃洋書房，2010）
M. フーコー 著，王寺賢太 訳『カントの人間学』（新潮社，2010）
M. ホルクハイマー 著，服部健二・青柳雅文 訳『理論哲学と実践哲学の結合子としてのカント『判断力批判』』（こぶし書房，2010）
A. ヴェルマー 著，加藤泰史 監訳『倫理学と対話――道徳的判断をめぐるカントと討議倫理学』（法政大学出版局，2013）
U. エーコ 著，和田忠彦・柱本元彦 訳『カントとカモノハシ　上下』（岩波書店，2013）
W. ケアスティング 著，舟場保之・寺田俊郎 監訳『自由の秩序――カントの法および国家の哲学』（ミネルヴァ書房，2013）
R. J. バーンスタイン著，阿部ふく子・後藤正英・齋藤直樹・菅原潤・田口茂 訳『根源悪の系譜――カントからアーレントまで』（法政大学出版局，2013）
H. E. アリソン 著，城戸淳 訳『カントの自由論』（法政大学出版局，2017）
M. キューン 著，菅沢龍文・中澤武・山根雄一郎 訳『カント伝』（春風社，2017）

C. 論 集

浜田義文 編『カント読本』（法政大学出版局，1989）
カント研究会 編『超越論哲学とはなにか』（理想社，1989，重版，晃洋書房，1996）
廣松渉・加藤尚武・坂部恵 編『講座ドイツ観念論 2　カント哲学の現代性』（弘文堂，1990）
カント研究会 編『批判的形而上学とはなにか』（理想社，1990，重版，晃洋書房，1997）
カント研究会 編『実践哲学とその射程』（晃洋書房，1992）
竹市明弘ほか 編『カント哲学の現在』（世界思想社，1993）
浜田義文・牧野英二 編『近世ドイツ哲学論考――カントとヘーゲル』（法政大学出版局，1993）
カント研究会 編『自然哲学とその射程』（晃洋書房，1993）
牧野英二・大橋容一郎・中島義道 編『カント――現代思想としての批判哲学』（情況出版，

1994）
カント研究会 編『社会哲学の領野』（晃洋書房，1994）
日本カント協会 編『カントと現代』（晃洋書房，1996）
土山秀夫ほか 編著『カントと生命倫理』（晃洋書房，1996）
宇都宮芳明・熊野純彦・新田孝彦 編『カント哲学のコンテクスト』（北海道大学図書刊行会，1997）
カント研究会 編『自由と行為』（晃洋書房，1997）
カント研究会 編『超越論的批判の理論』（晃洋書房，1999）
日本カント協会 編『日本カント研究 1　カントと現代文明』（理想社，2000）
日本カント協会 編『日本カント研究 2　カントと日本文化』（理想社，2001）
カント研究会 編『自我の探究』（晃洋書房，2001）
日本カント協会 編『日本カント研究 3　カントの目的論』（理想社，2002）
日本カント協会 編『日本カント研究 4　カント哲学と科学』（理想社，2003）
日本カント協会 編『日本カント研究 5　カントと責任論』（理想社，2004）
カント研究会 編『近代からの問いかけ』（晃洋書房，2004）
日本カント協会 編『日本カント研究 6　批判哲学の今日的射程』（理想社，2005）
日本カント協会 編『日本カント研究 7　ドイツ哲学の意義と展望』（理想社，2006）
日本カント協会 編『日本カント研究 8　カントと心の哲学』（理想社，2007）
カント研究会 編『理性への問い』（晃洋書房，2007）
坂部恵・佐藤康邦 編『カント哲学のアクチュアリティー』（ナカニシヤ出版，2008）
日本カント協会 編『日本カント研究 9　カントと悪の問題』（理想社，2008）
日本カント協会 編『日本カント研究 10　カントと人権の問題』（理想社，2009）
カント研究会 編『判断力の問題圏』（晃洋書房，2009）
日本カント協会 編『日本カント研究 11　カントと幸福論』（理想社，2010）
日本カント協会 編『日本カント研究 12　カントと日本の哲学』（理想社，2011）
有福孝岳・牧野英二 編『カントを学ぶ人のために』（世界思想社，2012）
日本カント協会 編『日本カント研究 13　カントと形而上学』（理想社，2012）
カント研究会 編『世界市民の哲学』（晃洋書房，2012）
日本カント協会 編『日本カント研究 14　カントと政治哲学の可能性』（知泉書館，2013）
日本カント協会 編『日本カント研究 15　カントと日本国憲法』（知泉書館，2014）
日本カント協会 編『日本カント研究 16　カントと最高善』（知泉書館，2015）
カント研究会 編『カントと現代哲学』（晃洋書房，2015）
牧野英二 編『東アジアのカント哲学』（法政大学出版局，2015）
日本カント協会 編『日本カント研究 17　『判断力批判』をどう読むか』（知泉書館，2016）
日本カント協会 編『日本カント研究 18　3・11 後の「公共」とカント』（知泉書館，2017）

人名索引

1．イマヌエル・カント（Immanuel Kant）の名は頻出するので，本索引では省略する。
2．年譜および関連文献目録に記載された人名については，すべて除外する。
3．本文および注に記載された文献中の著者・編者以外の訳者・監訳者名は，すべて省略する。
4．翻訳論文に記載された多数の人名のうち，重要人物と判断できない人名については，訳者および編者の判断で，割愛した場合がある。

ア 行

アーペル，カール＝オットー　Karl-Otto Apel　31, 275, 327, 338–40
アリー，イマーム（最高指導者）　Imam Ali　52
アリストテレス　Aristoteles　99, 205–07, 210, 233
アリソン，ヘンリー　Henry E. Allison　26, 29, 181
アーレント，ハンナ　Hannah Arendt　xi, 80, 169, 180, 225, 229, 232, 320
イエス・キリスト　Jesus Christus　183, 187–88, 191, 194
井上円了　367–69
井上哲次郎　89, 92
ウィトゲンシュタイン，ルードヴィッヒ　Ludwig Wittgenstein　8, 63
ヴィラシェック，マルクス　Marcus Willaschek　88
ウィリアムズ，バーナード　Bernard Williams　275
ヴィレーショーヴェル，ハーマン・ジャン・デ　Herman Jean de Vleeschauwer　9
ヴェイユ，エリック　Eric Weil　10, 18
ウェーバー，マックス　Max Weber　169
ヴォルフ，クリスティアン　Christian Wolff　4, 73, 86–87, 97–100, 103, 107–11, 113–14, 116, 118–19, 140, 241, 255
ウッド，アレン　Allen W. Wood　23, 31
ヴュイユマン，ジュール　Jules Vuillemin　9–10, 18, 285
エーベルハルト，ヨーハン　Johann A. Eberhard　87, 255
エムンツ，ディーナ　Dina Emundts　248, 256–58, 262–64
エンゲルハート，トリストラム，Jr.　Tristram Engelhardt, Jr.　277
オイケン，ルドルフ　Rudolf C. Eucken　58
王国維　56–57
王陽明　57
大森荘蔵　134–38
オナッシュ，エルンスト＝オットー　Ernst-Otto Onnasch　252, 259–64
オニール，オノラ　Onora O'Neill　22, 32, 273, 278, 309
オルテガ・イ・ガセット，ホセ　José Ortega y Gasset　33, 39, 44

カ 行

ガイアー，ポール　Paul Guyer　23, 26, 31, 102, 106
カウルバッハ，フリードリヒ　Friedrich Kaulbach　170, 180
ガーチェフ，ゲオルギイ　Georgii D. Gachev　79, 83
カッシーラー，エルンスト　Ernst Cassirer　10, 39, 42, 87, 125, 192, 194–95, 262

カール，ヴォルフガング　Wolfgang Carl 25, 83
ガルヴェ，クリスティアン　Christian Garve 96, 250–51
ガルシア・デ・メンドーサ，アダルベルト Adalberto García de Mendoza　42
ガルシア・モレンテ，マヌエル　Manuel García Morente　33, 38–39, 44
キケロ，マルクス・トゥリウス　Marcus Tullius Cicero　318
キーゼヴェッター，ヨーハン　Johann G. Kiesewetter　251
キッチャー，パトリシア　Patricia W. Kitcher　27, 32
ギブソン，ジェームズ　James J. Gibson 131, 293–96
キューン，マンフレッド　Manfred Kuehn 99, 104–05, 122, 253, 262–63
グリガ，アルセニイ　Arseniy Gulyga　17, 71, 78
クリューガー，ゲルハルト　Gerhard Krüger　10, 18
クルィシトープ，リュドミラ　Ludmila E. Kryshtop　73, 79, 81
クルグローフ，アレクセイ　Alexei N. Krouglov　74, 78–79, 81–83
グレゴール，メアリ　Mary J. Gregor　170, 180
桑木厳翼　57, 59, 164–66
ケアスティング，ヴォルフガング Wolfgang Kersting　170, 180, 307–08
ゲアハルト，フォルカー　Volker Gerhardt 88, 248–49
ケプラー，ヨハネス　Johannes Kepler　243
ケーベル，ラファエル　Raphael von Koeber 89
ケルナー，ステファン　Stephan Körner 51, 145
ゲルー，マルシアル　Martial Gueroult　9, 12
高坂正顕　321, 324
黄振華　63–65
康有為　56
コーエン，ヘルマン　Hermann Cohen 30–31, 38, 87
コジェーヴ，アレクサンドル　Alexandre Kojève　10
コースガード，クリスティーン　Christine Korsgaard　22, 30–32, 273, 291, 336, 342–46
コンスタン，バンジャマン　Benjamin H. Constant de Rebecque　169, 285
コンディヤック，エティエンヌ・ボノー・ド Étienne Bonnot de Condillac　5

サ 行

蔡元培　57
坂井秀寿　145
坂部恵　167, 256, 262, 291, 321, 323–24
サール，ジョン　John Searle　xiv
サルメロン・ロイス，フェルナンド Fernando Salmerón Roiz　44–45
シエイエス，エマニュエル・ジョゼフ Emmanuel Joseph Sieyès　4
ジェイムズ，ウィリアム　William James 164, 233–35
シェリング，フリードリヒ　Friedrich Wilhelm J. von Schelling　34, 41, 79, 123, 222, 254–55
シェーンリッヒ，ゲアハルト　Gerhard Schönrich　336, 339–46
シュヴァイツァー，アルベルト　Albert Schweitzer　183, 194, 203
ジュチコーフ，ウラジーミル　Vladimir A. Zhuchkov　72, 79, 81–82
シュミット，カール　Carl Schmitt　80, 83–84
シェーネッカー，ディーター　Dieter Schönecker　86
シェーラー，マックス　Max Scheler　42–44
ジダーノフ，アンドレイ　Andrei A. Zhdanov　59

シャムソッディン＝エ・アディブ・ソルターニー　Shamssoddin-e Adib Soltani　49
朱子　57
シュトイトリン，カール・フリードリヒ　Carl Friedrich Staüdlin　185
章太炎　56
ショーペンハウアー，アルトゥーア　Arthur Schopenhauer　89, 180
シラー，ヨハン・クリストフ・フリードリヒ・フォン　Johann Christoph Friedrich von Schiller　14, 169
シーラーズィー，サアディ＝エ　Saadi-e Shirazi　52
スダコーフ，アンドレイ　Andrey K. Sudakov　79, 81, 83
ストラウド，バリー　Barry Stroud　24, 31, 337–38, 345
ストローソン，ピーター　Peter F. Strawson　21, 23–24, 26, 28–29, 31–32, 162–63, 337–38
スピノザ，バルーフ・デ　Baruch de Spinoza　7, 9, 18, 42, 254–55
スミス，アダム　Adam Smith　302
セネカ，ルキウス・アンナエウス　Lucius Annaus Seneca　318
セラーズ，ウィルフリド　Wilfrid Sellars　28, 145, 149
ソクラテス　Sokrates　37, 207
ソロヴィヨフ，エリフ・ユーリエヴィチ　Erikh Jurievitch Soloviev　76–78, 83

タ 行

ダーウィン，チャールズ　Charles R. Darwin　283
ダッレビディ，マヌーチェフル＝エ・サネイ＝エ　Manoochehr-e Sanei-e Darrebidi　49–50
ダントー，アーサー　Arthur C. Danto　323
張君勱　57–58
ツェラー，ギュンター　Günter Zöller　26
鄭昕　57–58
デイヴィドソン，ドナルド　Donald Davidson　29, 32, 337–38
ディオゲネス　Diogenes　312–13, 318
ディルタイ，ウィルヘルム　Wilhelm Dilthey　123
デカルト，ルネ　René Descartes　6, 42, 90–91, 101, 103, 234, 236, 239, 241, 338
テーテンス，ニコラス　Johann N. Tetens　74, 76, 107–10, 112, 114–17, 119–20
デリダ，ジャック　Jacques Derrida　13–14, 19, 182, 193–95
デルフリンガー，ベルント　Bernd Dörflinger　86–87
デル・ペロホ，ホセ　José del Perojo　34–35, 38
トゥシュリング，ブルクハルト　Burkhard Tuschling　71, 253–56, 263
ドゥルーズ，ジル　Gilles Deleuze　6, 11–14, 16–19, 232
ドストエフスキー　Fëdor Dostoievski　ix
トマジウス，クリスティアン　Christian Thomasius　98–100, 103, 106, 108
トラシ，デステュット・ド　Destutt de Tracy　5, 17, 41
トランプ，ドナルド　Donald Trump　iii
ドリーシュ，ハンス　Hans A.E. Driesch　58
トルストイ，レフ・ニコラエヴィチ　Lev Nikolaevich Léon Tolstoi　ix

ナ 行

中江兆民　56
ナザーリー，ベフウロス＝エ　Behrous-e Nazari　49
夏目金之助（漱石）　89–92
ナトルプ，パウル　Paul Natorp　39, 42, 87, 205–06
ナンシー，ジャン＝リュック　Jean-Luc Nancy　13–14, 19
西田幾多郎　89, 92, 165–66
ニュートン，アイザック　Isaac Newton　131, 239–45, 247, 293

ヌスバウム，マーサ　Martha Craven Nussbaum　318, 320
ノージック，ロバート　Robert Nozick　302, 308

ハ 行

バイザー，フレデリック　Frederick C. Beiser　23, 164
ハイデガー，マルティン　Martin Heidegger　8, 14, 42–44, 80, 165, 205–08, 222
バウム，マンフレート　Manfred Baum　86, 88
白琮鉉　68–70
バークリ（バークリー），ジョージ　George Berkeley　6, 24, 90–92, 101, 140, 142
ハサン，イマーム（最高指導者）　Imam Hassan　52
バジール　Basile, G. P.　262
パース，チャールズ・サンダース　Charles Sanders Peirce　233–36
パスカル，ブレーズ　Blaise Pascal　9
パーソンズ，チャールズ・デイカー　Charles Dacre Parsons　146
ハードウィッグ，ジョン　John Hardwig　286–87, 291
ハーバーマス，ユルゲン　Jürgen Habermas　275, 320, 325, 327–28, 330–31, 334–35, 340
ハーマン，バーバラ　Barbara Hermann　22
ハルトマン，ニコライ　Nicolai Hartmann　42, 44, 121, 125, 165
ハーンリーダー，フリードリヒ　Friedrich A. Hahnrieder　78
ピヒト，ゲオルク　Georg Picht　182, 194
ヒューム，デイヴィッド　David Hume　4, 23, 25–27, 76, 86, 91, 97, 101, 103–04, 118, 140, 142, 144
ヒルベルト，ダーフィト　David Hilbert　134, 138
ビルンバッハ，ディーター　Dieter Birnbacher　278
フイエ，アルフレッド　Alfred Fouillée　56
フィッシャー，クーノ　Kuno Fischer　35, 37, 250
フィヒテ，ヨーハン・ゴットリープ　Johann Gottlieb Fichte　9, 34, 41, 44, 92
フィロネンコ，アレクシス　Alexis Plilonenko　13
フェーダー，ヨハン・ゲオルク・ハインリヒ　Johann Georg Heinrich Feder　96, 102, 104–06
フェルスター，エッカート　Eckart Förster　21–22, 31, 249, 252–53, 258–59, 263
フォースター，E. M.　Edward Morgan Forster　322
フォルーギー，モハンマド・アリー　Mohammad Ali Forooghi　48
フーコー，ミシェル　Michel Foucault　9–11, 15, 18, 80, 250, 275
フッサール，エトムント　Edmund Husserl　42–44, 223, 229
プラトン　Plato　9, 124–25, 207
ブランシュヴィック，レオン　Léon Brunschvicg　9
ブラント，ラインハルト　Reinhard Brandt　87–88, 249
フリードマン，マイケル　Michael Friedman　22, 258
ブルーメンベルク，ハンス　Hans Blumenberg　213, 220
フレーゲ，ゴットロープ　Friedrich Ludwig Gottlob Frege　233
フンケ，ゲルハルト　Gerhard Funke　62
ペイトン，ハーバート・ジェームズ　Herbert James Paton　173, 180
ヘーゲル，ゲオルク・ヴィルヘルム・フリードリヒ　Hegel, Georg Wilhelm Friedrich　10, 28, 31, 34, 41, 44, 59, 62, 74, 80, 121–25, 164–66, 169, 222, 323
ベック，ルイス・ホワイト　Lewis White Beck　173, 180
ヘッフェ，オットフリート　Otfried Höffe

78, 83, 88
ベーメ，ゲルノート　Gernot Böhme　209, 216–17, 220
ベルクソン，アンリ　Henri Bergson　6–9, 11, 14, 17, 58
ベンサム，ジェレミー　Jeremy Bentham　275
ベンヤミン，ヴァルター　Walter Benjamin　216
ヘンリッヒ，ディーター　Dieter Henrich　31, 62, 141–42
牟宗三　58, 63–65
ホッブズ，トマス　Thomas Hobbes　23, 28, 300

マ 行

マイモン，ザロモン　Salomon Maimon　9, 12, 19
マクダウェル，ジョン　John McDowell　28, 145, 149
マチュウ，ヴィットリオ　Vittorio Mathieu　256, 262, 264
ママルダシヴィリ，メラブ　Merab Mamardashvili　80
マラブー，カトリーヌ　Catherine Malabou　15, 20
マルクス，カール　Karl Marx　74, 80
ミーアボーテ，ラルフ　Ralf Meerbote　29, 32
三木清　166
ミル，ジョン・スチュアート　John Stuart Mill　275
ムーア，ジョージ　George E. Moore　21, 275
ムハンマド（預言者）　Prophet Mohammad　52
メイヤスー，クァンタン　Quentin Meillassoux　6–8, 11, 15, 17–18
メーヌ・ド・ビラン　Maine de Biran　6
メネンデス・ペラヨ，マルセリーノ　Marcelino Menéndez Pelayo　34, 36
メルマン，ヨハン・ヴィルヘルム・L　Johann Wilhelm L. Mellmann　78
メルロ＝ポンティ，モーリス　Maurice Merleau-Ponty　223
メンツァー，パウル　Paul Menzer　73, 87
モトロシーロヴァ，ネッリ　Nelly Motroshilova　71

ヤ 行

ヤコービ，フリードリヒ　Friedrich H. Jacobi　260
ヤスパース，カール　Karl Jaspers　51
ユークリッド　Euclid of Alexandria　132–37
楊祖漢　64
ヨナス，ハンス　Hans Jonas　275

ラ 行

ライプニッツ，ゴットフリート・ヴィルヘルム・フォン　Gottfried Wilhelm von Leibniz　4, 42, 109, 140, 146, 239, 241, 255
ラクー＝ラバルト，フィリップ　Philippe Lacoue-Labarthe　13
ラシディアン，アブドルカリム　Abdolkarim Rashidian　49
ラッセル，バートランド　Bertrand Russel　21, 49, 63
ラフマティ，エンシャ＝アッラー　Ensha-Allah Rahmati　49
ランベルト，ヨハン　Johann H. Lambert　107–14, 116–20
リオタール，ジャン＝フランソワ　Jean-François Lyotard　13–15, 19, 333, 335
リクール，ポール　Paul Ricœur　10, 18
李瑞全　64
リッケルト，ハインリヒ　Heinrich Rickert
李定稷　65
リーデル，マンフレート　Manfred Riedel　145
リード，トマス　Thomas Ried　96, 101–02
リベラ・デ・ロサレス・チャコン，ハシント

ワ 行

事項索引

1. 本事項索引は，本書所収の論文およびコラムの本文のなかから重要とみられる主要項目および『書名』を収録した。
2. 注，年譜および関連文献目録に記載された項目や書名などは収録していない。

ア 行

カ 行

サ 行

タ 行

ナ 行

ハ 行

マ 行

ヤ 行

ラ 行

三谷尚澄（みたに・なおずみ） 1974年生。信州大学人文学部准教授。哲学・倫理学。著書：『哲学してていいですか』，『若者のための〈死〉の倫理学』（以上，ナカニシヤ出版）。

河野哲也（こうの・てつや） 1963年生。立教大学文学部教授。哲学。著書：『エコロジカルな心の哲学』（勁草書房），『いつかはみんな野生にもどる――環境の現象学』（水声社），J. コール『スティル・ライブズ』（共訳，法政大学出版局）。

宇佐美公生（うさみ・こうせい） 1957年生。岩手大学教育学部教授。倫理学・哲学。共著：『尊厳概念のダイナミズム』（法政大学出版局），『倫理学の地図』（ナカニシヤ出版），訳書：ヨナス『主観性の復権』（東信堂）。

石田京子（いしだ・きょうこ） 1979年生。慶應義塾大学文学部助教。倫理学。論文：「カントによる〈世界共和国否定論〉の再検討」（日本哲学会『哲学』第65号），共訳書：ケアスティング『自由の秩序』（ミネルヴァ書房）。

野家啓一（のえ・けいいち） 1949年生。東北大学名誉教授・総長特命教授。哲学・科学基礎論。著書：『物語の哲学』『歴史を哲学する』（以上，岩波現代文庫），『科学哲学への招待』（ちくま学芸文庫），『パラダイムとは何か』（講談社学術文庫）。

舟場保之（ふなば・やすゆき） 1962年生。大阪大学大学院文学研究科教授。哲学。共編著：『グローバル化時代の人権のために』（上智大学出版），『カントと現代哲学』（晃洋書房），共監訳書：ケアスティング『自由の秩序』（ミネルヴァ書房）。

近堂 秀（こんどう・しゅう） 1965年生。法政大学ほか非常勤講師。著書：『『純粋理性批判』の言語分析哲学的解釈――カントにおける知の非還元主義』（晃洋書房），共訳書：ロックモア『カントの航跡のなかで』（法政大学出版局）。

菅沢龍文（すがさわ・たつぶみ） 1957年生，法政大学文学部教授。哲学。論文：「ヨブの幸福とカント――最高善概念を手がかりに」（『法政大学文学部紀要』第70号），共訳書：M. キューン『カント伝』（春風社）。

小谷英生（こたに・ひでお） 1981年生。群馬大学教育学部准教授。哲学・倫理学・社会思想史。共著：『原子論の可能性』（近刊，法政大学出版局），『現代カント研究14』（晃洋書房）。

小野原雅夫（おのはら・まさお） 1961年生。福島大学人間発達文化学類教授。倫理学専攻。共編著『現代カント研究11 判断力の問題圏』（晃洋書房），監訳書：シセラ・ボク『共通価値――文明の衝突を超えて』（法政大学出版局）。

大森一三（おおもり・いちぞう） 1982年生。法政大学文学部兼任講師。哲学。論文：「隠されたアンチノミーとその解決――カントにおける文化の進歩と道徳について」（法政大学博士論文），「カント「教育論」における「道徳化」の意味とその射程」（『教育哲学研究』107号）。

中島義道（なかじま・よしみち） 1946年生。元電気通信大学教授。哲学。「哲学塾カント」主宰。著書：『哲学の教科書』（講談社学術文庫），『カントの人間学』（講談社現代新書），『カントの自我論』（岩波現代文庫）。

高田珠樹（たかだ・たまき） 1954年生。大阪大学教授，哲学・ドイツ思想史。著書：『ハイデガー 存在の歴史』（講談社学術文庫）。訳書：スローターダイク『シニカル理性批判』（ミネルヴァ書房），ハイデガー『存在と時間』（作品社）。

相原 博（あいはら・ひろし） 1975年生。法政大学・法政大学大学院兼任講師・国士舘大学非常勤講師。哲学。著書：『カントと啓蒙のプロジェクト――『判断力批判』における自然の解釈学』（法政大学出版局）。

円谷裕二（つぶらや・ゆうじ） 1952年生。九州大学哲学講座教授。哲学。著書：『経験と存在――カントの超越論的哲学の帰趨』（東京大学出版会），『知覚・言語・存在――メルロ＝ポンティ哲学との対話』（九州大学出版会）。

伊藤邦武（いとう・くにたけ） 1949年生。龍谷大学文学部教授。哲学。著書：『プラグマティズム入門』（ちくま新書），『物語 哲学の歴史』（中公新書），訳書：パース『連続性の哲学』，ジェイムズ『純粋経験の哲学』（以上，岩波文庫）。

犬竹正幸（いぬたけ・まさゆき） 1952年生。拓殖大学政経学部教授。哲学。著書：『カントの批判哲学と自然科学』（創文社），『哲学と人間観』（梓出版社），訳書：『カント全集12 自然の形而上学』（岩波書店）。

加藤泰史（かとう・やすし） 1956年生。一橋大学大学院社会学研究科教授。哲学・倫理学。論文：「尊厳概念史の再構築に向けて」（『思想』第1114号），編著：『尊厳概念のダイナミズム』（法政大学出版局），共著：『思想間の対話』（法政大学出版局）。

蔵田伸雄（くらた・のぶお） 1963年生。北海道大学大学院文学研究科教授。倫理学。論文：「カント倫理学と動機内在主義」（加藤・舟場編『現代カント研究13 カントと現代哲学』晃洋書房）。

ハイナー・F. クレンメ（Heiner F. Klemme） 1962年生。マルティン・ルター大学教授。哲学。著書：『カントの主体の哲学』『自律の理念』『カントとヨーロッパ啓蒙思想の将来』『カントの『人倫の形而上学の基礎づけ』体系的コンメンタール』。

千葉清史（ちば・きよし） 1972年生。早稲田大学社会科学総合学術院准教授。哲学。著書：*Kants Ontologie der raumzeitlichen Wirklichkeit*（Walter de Gruyter），論文：「直観主義数学の非時間的真理概念」（『東北哲学会年報』第30号）。

望月俊孝（もちづき・としたか） 1960年生。福岡女子大学国際文理学部教授。哲学。著書：『漱石とカントの反転光学——行人・道草・明暗双双』，『物にして言葉——カントの世界反転光学』（以上，九州大学出版会）。

長田蔵人（おさだ・くらんど） 1972年生。明治大学農学部講師。哲学史。論文：「カントの事象性と感覚印象の理論」（『日本カント研究』第18号），「スコットランド啓蒙の形而上学」（同第16号）。

佐藤慶太（さとう・けいた） 1977年生。香川大学大学教育基盤センター准教授。哲学史。共著：『カントを学ぶ人のために』（世界思想社），論文：「テーテンスとカント——「超越的／超越論的」をめぐって」（『哲学』第66号）。

加藤尚武（かとう・ひさたけ） 1937年生。京都大学名誉教授。哲学・環境倫理学・生命倫理学。著書：『現代倫理学入門』（講談社学術文庫），『ヘーゲル哲学の形成と原理』『哲学原理の転換』（以上，未來社），『加藤尚武著作集』（全15巻，未來社，刊行中）。

植村恒一郎（うえむら・つねいちろう） 1951年生。東京女子大学非常勤講師。哲学。著書：『時間の本性』（勁草書房，和辻哲郎文化賞）。訳書：カント『視霊者の夢』（『カント全集第3巻』岩波書店），バークリ『視覚新論』（勁草書房）。

鵜澤和彦（うざわ・かずひこ） 1960年生。法政大学大学院人文科学研究科兼任講師。哲学。論文：“Einbildungskraft – Philosophische Bildtheorie bei Leibniz, Hume und Kant”（ミュンスター大学学位論文），「感性的概念の図式」（『日本カント研究』第13号）。

湯浅正彦（ゆあさ・まさひこ） 1956年生。立正大学文学部哲学科教授。哲学・倫理学。著書：『存在と自我』（勁草書房），『超越論的自我論の系譜』（晃洋書房），共編著：『哲学はじめの一歩』（春風社）。

大橋容一郎（おおはし・よういちろう） 1952年生。上智大学文学部哲学科教授。哲学・文化交渉学。著書：『ドイツ哲学と日本哲学』（昭和堂），訳書：『カント全集 第1巻』（岩波書店），論文：「新カント学派と近代日本」（『思想』1118号）。

執筆者紹介

（掲載章順）

牧野英二（まきの・えいじ） 1948年生。法政大学文学部哲学科教授。哲学。著書：『カントを読む』（岩波書店），『遠近法主義の哲学』（弘文堂），『崇高の哲学』『「持続可能性の哲学」への道』（以上，法政大学出版局），『東アジアのカント哲学』（編著，法政大学出版局）。

宮﨑裕助（みやざき・ゆうすけ） 1974年生。新潟大学人文学部准教授。哲学。著書：『判断と崇高』（知泉書館），共訳書：デリダ『哲学への権利2』（みすず書房），同『有限責任会社』（法政大学出版局），ド・マン『盲目と洞察』（月曜社）。

城戸 淳（きど・あつし） 1972年生。東北大学大学院文学研究科准教授。哲学。著書：『理性の深淵――カント超越論的弁証論の研究』（知泉書館），訳書：アリソン『カントの自由論』（法政大学出版局）。

ドゥルセ・マリア・グランハ・カストロ（Dulce María Granja Castro） メキシコ市立大学教授。哲学。著書：『スペイン語圏におけるカント――文献目録』，『メキシコにおける新カント派』，『ソクラテス思想入門――倫理学の誕生』。

中野裕考（なかの・ひろたか） 1975年生。お茶の水女子大学准教授。哲学。共著：『哲学の体系性　現代カント研究14』（近刊，晃洋書房），論文：“Die Selbstaffektion in der transzendentalen Deduktion”, in: *Kant-Studien* 102.

セイェド・アリー・マフムーディ（Seyed Ali Mahmoudi） 2003年Ph.D（政治学）取得。School of International Relations 准教授。政治哲学・道徳哲学。著書：*Kant's Political Philosophy, Political Thought in the Realm of Theoretical and Moral Philosophy*, Negahe Moaser, 2008.

寺田俊郎（てらだ・としろう） 1962年生。上智大学文学部教授。哲学・倫理学。共著：『グローバル化時代の人権のために』（上智大学出版），訳書：ダーウォル『二人称的観点の倫理学』（法政大学出版局），論文：「共同の哲学的探究としての倫理学」（『倫理学年報』63）。

ダニール・アロンソン（Daniil Aronson） 1988年生。ロシア科学アカデミー哲学会西洋哲学史部門リサーチ・フェロー。論文「カントの実践哲学における超越論的演繹」（『哲学と文化』第11号），「思弁なき哲学　カントのアイネシデモスへの応答」（『哲学史年鑑2016』）。

滝沢正之（たきざわ・まさゆき） 1973年生。駒澤大学総合教育研究部文化学部門講師。哲学。論文「カントにおける行為の自由と合理性」（『現代カント研究13』），「認識論的な合理性と感性的直観」（『駒澤大学　文化』第35号）。

新・カント読本

2018年2月22日　初版第1刷発行

編　者　牧野英二

発行所　一般財団法人　法政大学出版局

〒102-0071 東京都千代田区富士見 2-17-1
電話 03 (5214) 5540　振替 00160-6-95814
組版：HUP　印刷・製本：日経印刷

ISBN978-4-588-15089-0

デカルト読本
湯川佳一郎・小林道夫 編 …… 3300円

ライプニッツ読本
酒井潔・佐々木能章・長綱啓典 編 …… 3400円

ヒューム読本
中才敏郎 編 …… 3300円

カント読本
浜田義文 編 …… 3300円

ヘーゲル読本
加藤尚武 編 …… 3300円

続・ヘーゲル読本
加藤尚武・座小田豊 編訳 …… 2800円

シェリング読本
西川富雄 監修　高山守 編 …… 3000円

ショーペンハウアー読本
齋藤智志・高橋陽一郎・板橋勇仁 編 …… 3500円

ベルクソン読本
久米博・中田光雄・安孫子信 編 …… 3300円

ウィトゲンシュタイン読本
飯田隆 編 …… 3300円

ハイデガー読本
秋富克哉・安部浩・古荘真敬・森一郎 編 …… 3400円

続・ハイデガー読本
秋富克哉・安部浩・古荘真敬・森一郎 編 …… 3300円

サルトル読本
澤田直 編 …… 3600円

リクール読本
鹿島徹・越門勝彦・川口茂雄 編 …… 3400円

表示価格は税別です

尊厳概念のダイナミズム　哲学・応用倫理学論集
加藤泰史 編 …… 5000円

承認　社会哲学と社会政策の対話
田中拓道 編 …… 5200円

思想間の対話　東アジアにおける哲学の受容と展開
藤田正勝 編 …… 5500円

底無き意志の系譜　ショーペンハウアーと意志の否定の思想
板橋勇仁 著 …… 4200円

石の物語　中国の石伝説と『紅楼夢』『水滸伝』『西遊記』を読む
ジン・ワン著／廣瀬玲子 訳 …… 4800円

コスモロギア　天・化・時　キーワードで読む中国古典 1
中島隆博 編／本間次彦・林文孝 著 …… 2200円

人ならぬもの　鬼・禽獣・石　キーワードで読む中国古典 2
廣瀬玲子 編／本間次彦・土屋昌明 著 …… 2600円

聖と狂　聖人・真人・狂者　キーワードで読む中国古典 3
志野好伸 編／内山直樹・土屋昌明・廖肇亨 著 …… 2600円

治乱のヒストリア　華夷・正統・勢　キーワードで読む中国古典 4
伊東貴之 編／渡邉義浩・林文孝 著 …… 2900円

日本国と日本人
K. ローゼンクランツ 著／寄川条路 訳 …… 2000円

大正知識人の思想風景　「自我」と「社会」の発見とそのゆくえ
飯田泰三 著 …… 5300円

訳された近代　文部省『百科全書』の翻訳学
長沼美香子 著 …… 5800円

古代西洋万華鏡　ギリシア・エピグラムにみる人々の生
沓掛良彦 著 …… 2800円

虜囚　一六〇〇～一八五〇年のイギリス、帝国、そして世界
L. コリー 著／中村裕子・土平紀子 訳 …… 7800円

表示価格は税別です